Vielleicht liegt es ja daran, dass Sendling so viel älter ist als München, dass die Bewohner von Sendling eher sagen, sie seien Sendlinger als dass sie sagen sie wären Münchner. Vielleicht liegt es auch daran, dass man recht zufrieden ist mit dem Angebot der Umgebung und für Anderes „in die Stadt" fährt. Jedenfalls gibt es eine deutliche Grenze zwischen Sendling und „der Stadt". Wo immer die auch ist. Denn Sendling ist groß und jeder Sendlinger, resp. Sendlingerin definiert sein Sendling etwas anders. Es kommt halt auf den Standort d' rauf an – und die Blickrichtung. Viele sagen aber schon, dass sie hier gerne sind und es eigentlich nicht so genau darauf ankommt, wo man eigentlich her ist, ja auffallend oft ist auch die Rede davon, dass man hier angekommen ist: in Sendling daheim.

So groß Sendling ist, so vielfältig ist es inzwischen auch. Der Kern liegt schon noch am Sendlinger Berg und an der alten Untersendlinger Kirche, gegenüber der Schmied von Kochel: Wache und Auftrag. Vieles konnten die Sendlinger in ihrer traditionsgeprägt kämpferischen Art verhindern: den Durchbruch durch den Sendlinger Berg für eine Autobahn, die Auflassung der Stemmerwiese, überhaupt ist die Erinnerung an die Herkunft als bäuerliches Dorf zumindest erhalten geblieben.

Aber Manches ist auch verloren: Mittersendling als Dorf ist passé. Und neue Verluste stehen auch an wie der Großmarkt in seiner jetzigen Funktion als städtische Einrichtung. Aber durch die verbesserten Nahverkehrsmittel und den Ausbau einzelner Plätze wie dem Harras sind inzwischen viele Orte entstanden, an denen sich urbanes Leben mit mehr oder weniger Trubel entwickelt hat.

Wenn man, wie in diesem Buch, alle drei Sendlinger Dörfer in ihrer Entwicklung betrachten mag, dann sind es natürlich gewaltige Unterschiede, die sich auf den weit über tausend Hektar auftun: vom bäuerlichen Erinnerungsort zur großstädtischen Verdichtung, von Boomtown Obersendling bis zu den unendlichen Weiten der Einfamilienhaussteppen und Schrebergartenmeere. Wenigstens ist im Hintergrund immer ein Hochhaus: ADAC, Fraunhofer und Ex-Siemens lassen grüßen.

Vielleicht ist es deswegen nicht so schwer, seinen Platz in Sendling zu finden. Zu kämpfen wird es aber in naher Zukunft auch genug geben: Philharmonie am Heizkraftwerk, Großmarkthalle, Obersendling als Ganzes: lauter Baustellen. Es bleibt spannend.

Franz Schiermeier
München, im Frühjahr 2019

Inhalt

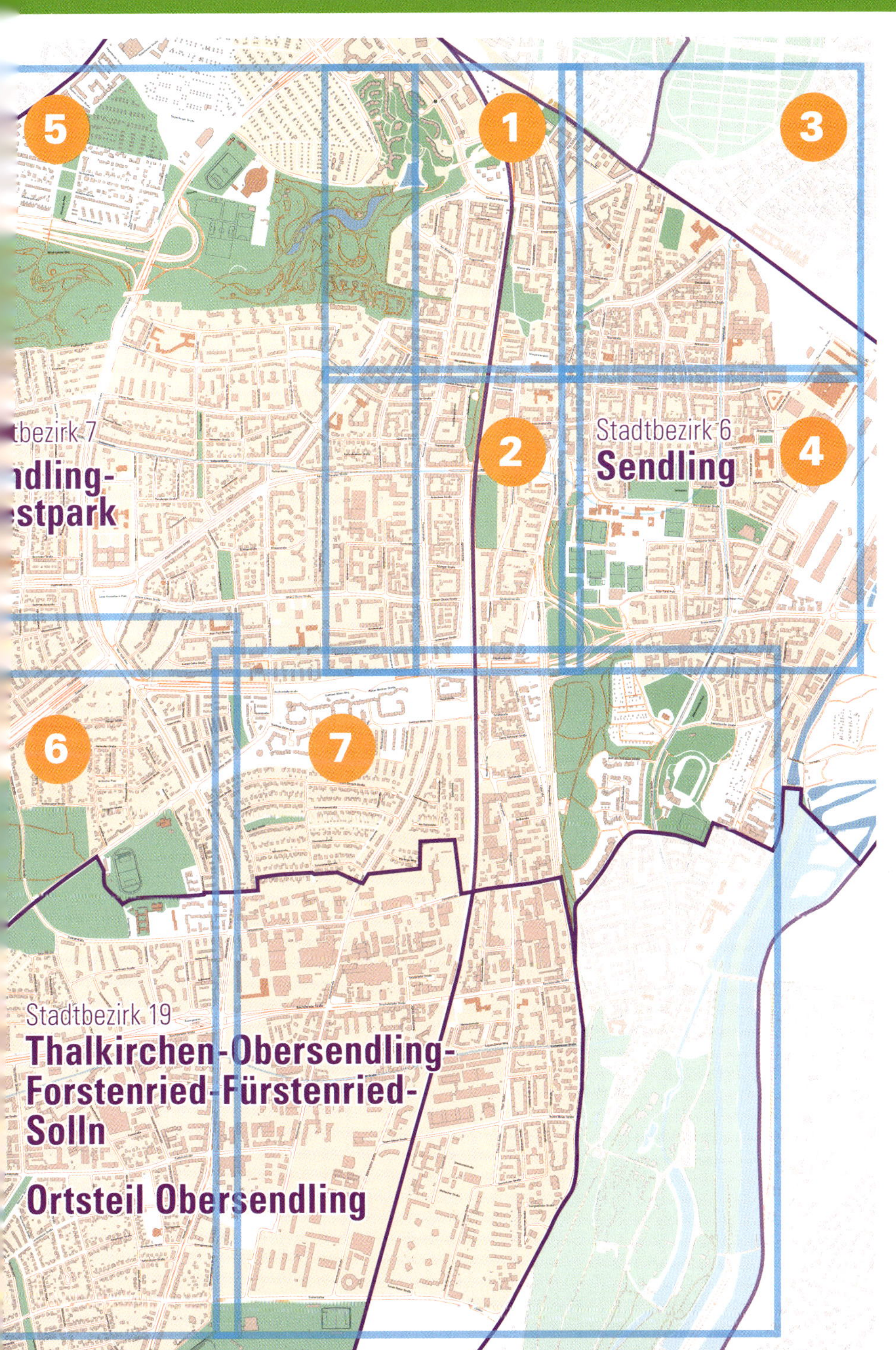

5
1
3
2
4
6
7
Stadtbezirk 6
Sendling
…tbezirk 7
…ndling-
…stpark
Stadtbezirk 19
Thalkirchen-Obersendling-
Forstenried-Fürstenried-
Solln
Ortsteil Obersendling

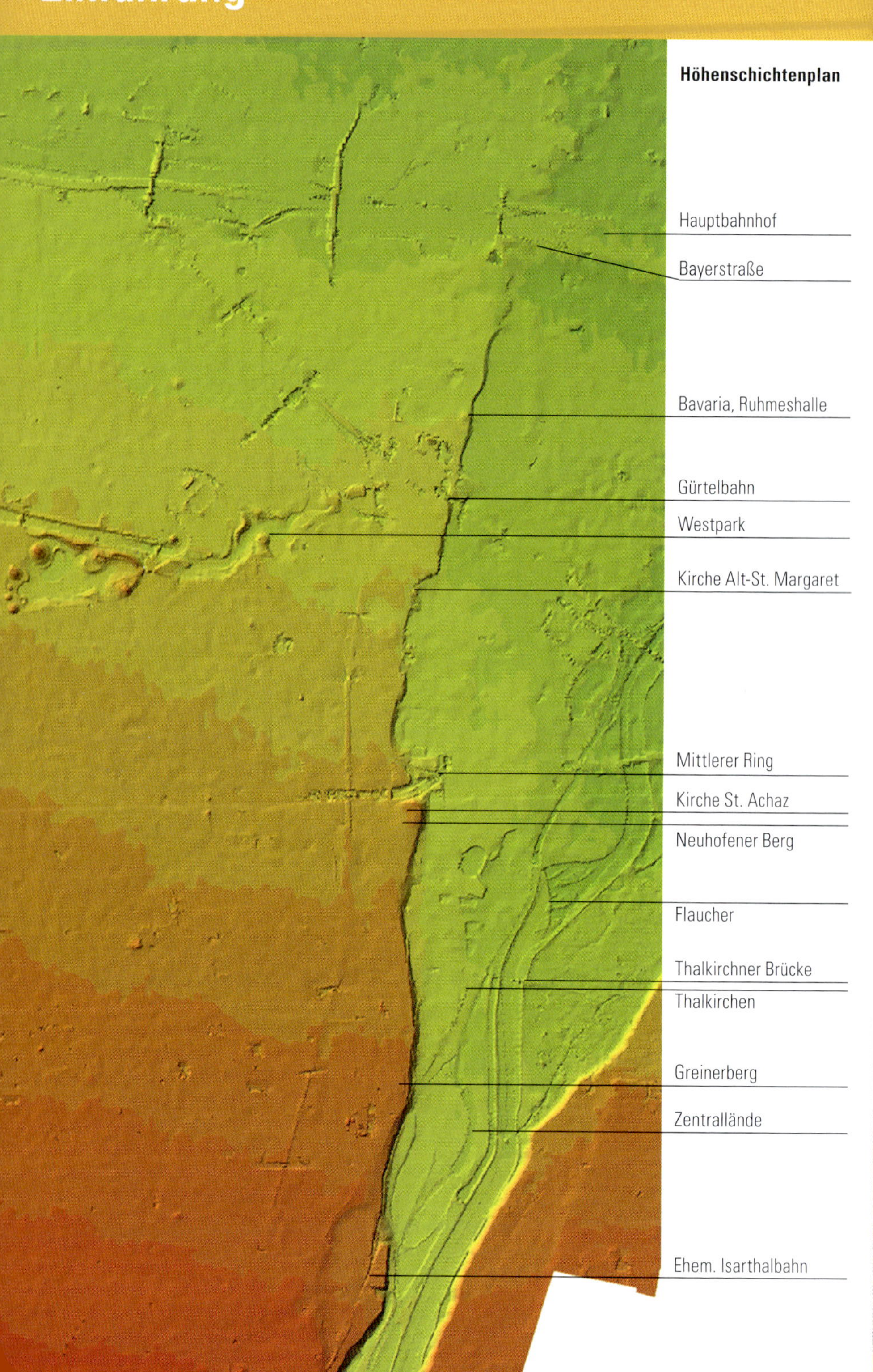
Höhenschichtenplan
Hauptbahnhof
Bayerstraße
Bavaria, Ruhmeshalle
Gürtelbahn
Westpark
Kirche Alt-St. Margaret
Mittlerer Ring
Kirche St. Achaz
Neuhofener Berg
Flaucher
Thalkirchner Brücke
Thalkirchen
Greinerberg
Zentrallände
Ehem. Isarthalbahn

Topographie

Der Bereich der heutigen Stadtbezirke Sendling, Sendling-Westpark und Thalkirchen-Obersendling-Forstenried-Fürstenried-Solln umfasst links der Isar mehrere Höhen-Terrassen, die sich über viele Jahrtausende gebildet haben. Die untere Ebene direkt an der Isar setzt sich im Norden in der Isarvorstadt fort und ist geprägt durch ihren Wasserreichtum und die Stadtbäche. Durch ein Wehr am heutigen Flauchersteg wurde der Große Stadtbach abgeleitet, von dem neben dem Dreimühlenbach alle linksseitigen Stadtbäche gespeist wurden. Die mittlere Terrasse ist in der Isarvorstadt durch den Höhenzug unterhalb des Alten Südlichen Friedhofs gekennzeichnet und verläuft nach Süden bis nach Thalkirchen.

München und Umgebung, 1826

Auf ihr liegt das Sendlinger Unterfeld mit Wiesen und Feldern. Die obere Terrasse, die Sendlinger Heide, wird im Norden von Sendling durch den Höhenzug an der Bavaria oberhalb der Theresienwiese geprägt und setzt sich nach Süden über Untersendling, Mittersendling und Obersendling fort.

Die Höhenkante bildete sich in der letzten, sogen. Würm-Eiszeit als westliches Ufer der damals ca. 1.000 m breiten Isar – der Abfluss der Wassermassen der abschmelzenden Gletscher. Direkt unterhalb dieser Höhenkante waren die Wiesen oft feucht, unmittelbar an der Hangkante trat auch Grundwasser direkt aus, wie man es heute noch auf der anderen Uferseite der Isar in der Au beobachten kann. Diese Grundwasseraustritte wurden auch genutzt, z.B. als Zufluss für die Sendlinger Roßschwemme direkt unterhalb der heutigen Plinganserstraße. Das bei Thalkirchen austretende Grundwasser wurde schon im 15. Jahrhundert für die Trinkwasserversorgung der Innenstadt herangezogen. Auf Vorschlag von Max Pettenkofer legte man Mitte des 19. Jahrhunderts im Bereich der Thalkirchner-/Dietramszeller Straße Quellstollen und Sammelkanäle an, die das Wasser zum 1866 eröffneten Brunnhaus leiteten, das auch nach dem Initiator benannt wurde. Der gesamte Bereich der Wassergewinnung wurde mit einem Bauverbot belegt.

Verkehrsverbindungen für schwere Wagentransporte von der mittleren Terrassen-Ebene zur höheren gab es bis ins 19. Jahrhundert im Verlauf der Höhenkante nur wenige. Am nördlichen Rand der Sendlinger Heide die Auffahrt Richtung Landsberg und Augsburg, die heutige Landsberger Straße, in Untersendling an der alten Kirche St. Margret die Auffahrt zum Sendlinger Berg für die Landstraße vom Sendlinger Tor her nach Wolfratshausen und Starnberg, die heutige Lindwurmstraße und die Auffahrt von Thalkirchen her zur heutigen Wolfratshauser Straße.

Blick vom Sendlinger Unterfeld auf Neuhofen, links die Restauration, rechts die Kirche St. Achaz

Höhenweg nach Sendling, 1789, Wilhelm v. Kobell

Sendlinger Höhenweg

Der Weg ist Teil der westlichen Isarhangkante, die im Stadtgebiet von München von Großhesselohe her nach Norden bis über die Bahnstrecke zum Hauptbahnhof hinaus zum Maßmannsbergerl verläuft und sich irgendwo in Westschwabing verliert. Im Gebiet von Sendling führt die Hangkante vom Greinerberg über den Neuhofener Berg, zum Sendlinger Berg und zur Theresien- und Schwanthalerhöhe, die lange zu Sendling gehörten. Der Höhenweg, eine der ältesten Straßen im heutigen Stadtgebiet, war ungestört von Überschwemmungen und sicher schon vor der Stadtgründung von Bedeutung.

Um 1800 war die Hangkante noch kaum bebaut. Im Verlauf der Landstraße standen in Mittersendling mehrere Bauernhöfe und andere Gebäude zwischen der Straße und der hier etwas zurückspringenden Hangkante. Nördlich von Mittersendling blieb der Hang frei, erst im Bereich des heutigen Harras am Abzweig der Straße nach Fürstenried gab es wieder Gebäude direkt am Hang und bis zur alten Untersendlinger Kirche standen einzelne Kleinhäuser oben am Hang und einzelne Schuppen auch darunter, so auch das erste Pritschenhaus. Direkt an der Kirche befand sich der Schmied und der Schmiedwirt, später auch das sogen. Doktorhaus. Direkt unterhalb der Kirche waren das Armenhaus und einige Kleinhäuser ebenfalls direkt in den Hang gebaut. Die großen Bauernhöfe lagen alle mit Ausnahme des Obermeierhofs westlich der heutigen Plinganserstraße, die Höfe hatten natürlich auch große Felder im Unterfeld. Abfahrten ins Unterfeld für schwere Wagen gab es nur in Thalkirchen und direkt an der alten Untersendlinger Kirche, die heutige Lindwurmstraße. Einfache Fußwege und steilere Hangwege gab es an mehreren Stellen, z.B. von Mittersendling ein Weg, an dem eine Nepomukfigur stand und in Untersendling Abgänge zur Roßschwemme. Der Höhenweg führte nördlich von Untersendling direkt an der Hangkante entlang, wie die oben abgebildete Zeichnung von Kobell zeigt, nach Nordwesten zweigte der Neuhauser Weg ab, der heute nur noch bruchstückhaft nachzuverfolgen ist. Von der Hangterrasse aus hatte man natürlich einen schönen Blick auf die Stadt. „Überall eröffnen sich auf diesem Höhenwege die angenehmsten Aussichten auf die Stadt, das Isarthal und das Hochgebirge", schreibt Rudolph Marggraff 1846 in seinem Reiseführer zu München. Heute ist dieser Weg entlang der Hangkante vielfach unterbrochen, verändert und zugebaut.

Die Verbauung begann mit den ersten Villen, z.B. für den Metzgermeister Obermeier (1885), die Villa Oberhummer am Harras für den Besitzer des Kaufhauses Roman Mayr und in Mittersendling die Villa des Hofphotographen Joseph Albert, die Villa Deiglmeir, gen. Birkenschlößchen und das Landhaus der Familie Kalteis bei der Kirche St. Achaz, weitere Villen an der Wolfratshauser Straße. Um 1900 drängten die ersten großstädtischen Geschoßbauten an die Hangkante, v.a. am Harras entstand im Verlauf der Zeit eine fast durchgehende Bebauung am Hang, die sogen. Frankenbergerhäuser, die bis 1910 fertiggestellt waren und heute noch weitgehend erhalten sind.

Blick auf die Untersendlinger Kirche mit dem Hang unterhalb der Plinganserstraße, um 1910

Die besondere Lage hat nicht nur die Münchner Bürger zum Bau von Villen und Sommerhäusern angeregt, die der Enge der Stadt entkommen wollten und die gute Luft und den frischen Westwind zu schätzen wussten, sondern war auch eine gute Lage für die Restauration Neuhofen in Mittersendling, die mit der 1894 eröffneten Straßenbahn noch besser zu erreichen war. Heute hat man eigentlich nur noch vom Neuhofener Berg eine gute Sicht auf die Stadt: vom kleinen Rundtempel, der auf dem Kriegsschutt des Zweiten Weltkriegs aufgeschüttet wurde.

Theodor Fischer hatte sich schon 1895 mehrfach detailliert dazu geäußert, dass eine intensivere Bebauung der Steilhänge unbedingt zu vermeiden sei und merkte zur Situation in Untersendling an:

„In welch häßlicher Weise durch derartige Anlagen die natürliche Schönheit der Uferhänge zerstört wird, ersieht man leicht an dem abschreckenden Beispiel der Kidlerstraße."
Die letzte Möglichkeit, einen Blick auf das Unterfeld zu ermöglichen, wurde mit dem Neubau an der Plinganserstraße 2017 vertan. Immerhin hat man einen weiteren Abgang geschaffen, der zur Kidlerstraße führt.

Neuhofener Berg

Aufgang von der Kidlerstraße

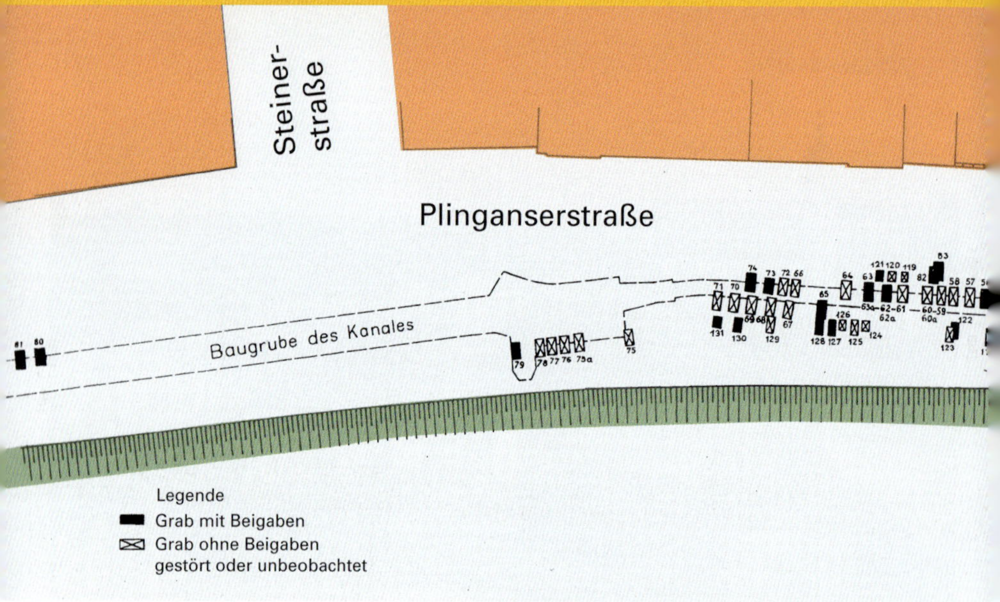

Einführung

Steiner-
straße

Plinganserstraße

Baugrube des Kanales

Legende
Grab mit Beigaben
Grab ohne Beigaben
gestört oder unbeobachtet

Sendlinger Frühgeschichte

Als Siedlungsgebiete kamen in der Frühgeschichte nur Orte in der Nähe von Fließgewässern und Gegenden mit einer geringeren Grundwassertiefe von 4 – 6 m in Betracht. Da das Münchner Stadtgebiet auf einer Fläche liegt, die erst in der letzten Eiszeit ca. 18.000 Jahr vor unserer Zeit topographisch geformt worden ist, finden sich für die Zeit davor keine Befunde. Auch für die frühen Ackerbauern war die Münchner Schotterebene wegen schlechter Erträge kaum interessant, eher schon die Lößlehmböden im Osten der heutigen Stadt.

Glockenbecherleute

Zwei Keramik-Gefäße aus dem Sendlinger Gräberfund an der Plinganserstraße, die aus der Zeit um 1800 v. Chr. stammen. Nach der Form der Gefäße wird die Epoche der Jungsteinzeit Glockenbecherzeit genannt. Die Siedler kamen wohl ursprünglich aus Spanien.

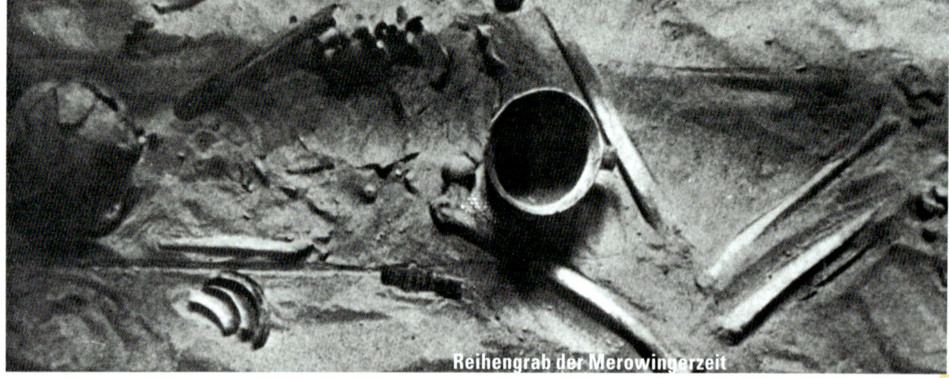

Reihengrab der Merowingerzeit

Ausgrabungen an der Plinganserstraße, 1908

Erst mit dem Entstehen der Fernhandelsrouten, auf denen Rohstoffe wie Kupfer und Zinn und vor allem das Salz aus dem Voralpenbereich transportiert wurden, lassen sich auch Spuren dieser Zeit im Münchner Bereich finden. Zu den bedeutenden und dokumentierten Zeugnissen im Münchner Stadtbereich gehören Funde aus der Merowingerzeit entlang des westlichen ehemaligen Isarufers, der Sendlinger Hangkante. Vieles wurde jedoch nie erforscht und gesichert, da die Erweiterungen der Stadt nach Westen weit vor einer seriösen wissenschaftlichen Bodendenkmalpflege geschahen und eventuelle Funde in den Baugruben gar nicht als solche erkannt wurden.

In der Plinganserstraße wurden 1906 bei Kanalisierungsbauten Hockergräber aus der Jungsteinzeit, der sogen. Glockenbecherzeit (um 1800 bis 1700 v. Chr.) und ein Reihengräberfeld aus der Merowingerzeit (5. bis 8. Jahrh. n. Chr.) gefunden. 1956 fand man Skelette – ebenfalls in der Plinganserstraße. Die Funde werden in der Archäologischen Staatssammlung aufbewahrt.

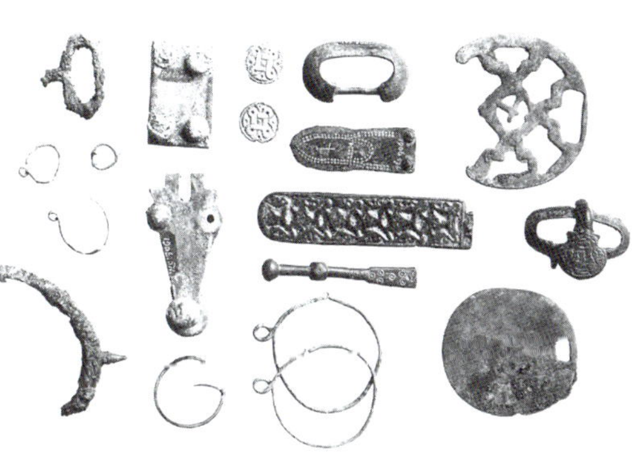
Funde aus einem Gräberfeld der Merowingerzeit (Plinganserstr.)

Einführung

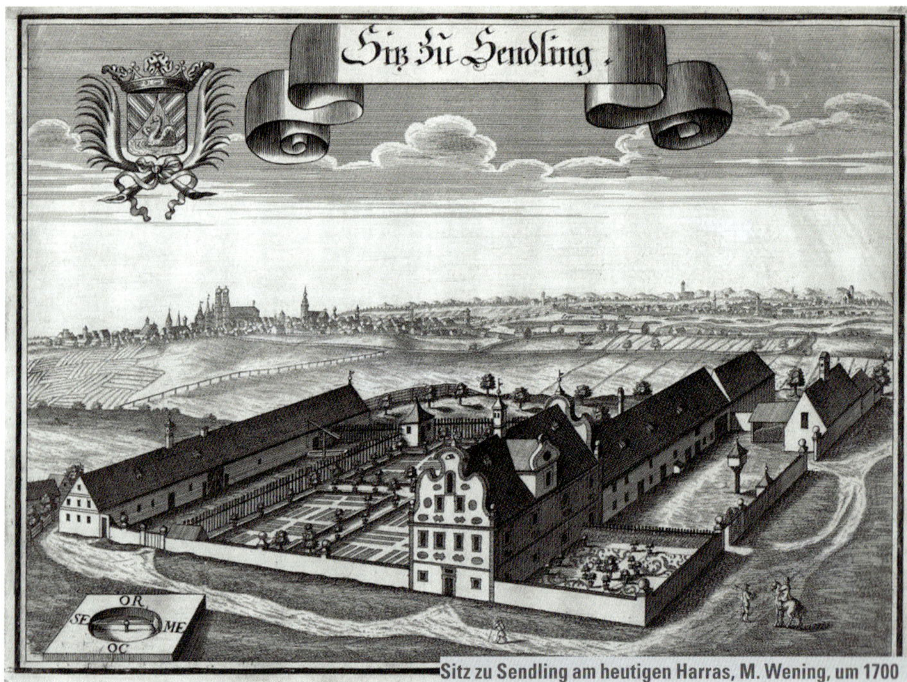

Sitz zu Sendling am heutigen Harras, M. Wening, um 1700

Sendling ist alt

Die erste nachweisbare Nennung von Sendling ist in einer Urkunde von 782 n. Chr. erhalten. Alpolt und sein Sohn Huasuni schenken dem 768 gegründeten Kloster Schäftlarn Besitzungen in Schwabing und Sendling. Ein großer Teil der Sendlinger Höfe und Grundflächen gelangte über Schenkungen an geistliche Institutionen, zu den Klöstern Schäftlarn, Wessobrunn und Tegernsee. Am Osterdienstag des Jahres 1333 schenkte Kaiser Ludwig der Bayer drei Höfe an das Heilig-Geist-Spital. Daher beschreibt der Historiker und Archivar Felix Joseph von Lipowsky in seiner Urgeschichte von München die Bewohner von Sendling als „reich und fromm", da so viele Besitzungen und Landgüter „schon damals an Kirchen und Klöster" vergeben waren.

Geschlecht der Sendlinger

Als Namensgeber Sendlings hat man einen Sentilo, na ja, eigentlich erfunden, es gab das Geschlecht der Sentilo, die vermutlich nach der Völkerwanderung um 475 n. Chr. hierher kam. Anfang des 13. Jahrhunderts wohl in das Stadtgebiet von München übergesiedelt, wurden die Sendlinger eine der reichsten und angesehensten Münchner Patrizierfamilien mit einem Stammschloss nahe der heutigen Ludwigshöhe und anderen großen Besitzungen, vermutlich alle im 30-jährigen Krieg zerstört. In München wurden die Sendlinger v.a. durch den Salzhandel und ihre Wechselgeschäfte bekannt und vermögend, daher erhielten sie den Namen „Wechsler". Sie hatten umfangreiche Besitzungen in ganz Bayern, waren großzügige Stifter u.a. für das Klarissinnen-Kloster, das in den Gebäuden der Franziskaner am Anger eingerichtet wurde, die 1284 in das Graggenauer Viertel umzogen. Auch Stiftungen für Altäre in der Peterskirche und der Frauenkirche sind belegt.

Die Mitglieder der Patrizierfamilien hatten Stimmrechte im Inneren Rat der Stadt, der entscheidenden Bürgervertretung, führten ein eigenes Wappen und durften an Turnieren teilnehmen. Konrad II., der Sendlinger war Bischof von Freising (1314–1322) und in der Schlacht von Mühldorf Verbündeter von Kaiser Ludwig dem Bayern.

Zu Beginn des 15. Jahrhunderts zogen sich die Sendlinger aus München zurück, möglicherweise wurden sie auch aus dem Burgfrieden verbannt. Nach anderen Überlieferungen ist das Geschlecht der Sendlinger um 1500 erloschen. Ihr Wappen ging an das Geschlecht der Andorfer von Bach und Landsberied über, auch heute ist es noch an der Südwand der Frauenkirche auf dem Grabstein von Jörg Andorfer zu sehen.

Blick auf Untersendling von Süden, um 1830

Grundbesitzer und Bauern in Sendling

Das Heilig-Geist-Spital in München besaß 1779 in Sendling insgesamt 9 Höfe und 6 Hofstätten, also kleinere bzw. Anteile von Bauernhöfen. Am längsten im Besitz des Spitals blieb der Heiligengeisthof Hausnr. 1, nördlich des heutigen Stemmerhofs, der Ende des 18. Jahrhunderts ca. 83 Juchert (Tagwerk) Ackerland besaß und 15 Tagwerk Änger, mehrere Krautgärten, 21 Pferde, 5 Ochsen, 86 Kühe, 67 Kälber, 42 Schweine und 80 Schafe, das Kleinvieh wie Hühner, Enten und Gänse wurde nicht gezählt. 1857 verkaufte der Stadtmagistrat als Rechtsnachfolger des Heilig-Geist-Spitals den Hof an Georg Welte für 50.000 Gulden, mindestens bis 1926 blieb der Hof in seiner Größe erhalten, danach wurde das Gelände durch die Anlage der Pfeuferstraße zerschnitten. Die Besitzverhältnisse der Bauern haben sich in den Jahren 1808 bis 1818 unter dem Minister Montgelas grundsätzlich verändert: Die Leibeigenschaft wurde beendet, ebenso der Dienstzwang, also die Spann- und Schardienste, die dem Grundherrn geleistet werden mussten und das Heimfallrecht, also der Rückfall von Besitzungen an den Grundherrn, wenn kein naher Blutsverwandter als Erbe vorhanden war. Durch die Säkularisierung 1803 verloren viele Bauern ihre v.a. geistlichen Grundherren, bzw. die Eigentumsrechte waren sehr günstig zu erwerben, oft wurden sie regelrecht verschleudert. Dadurch und durch sogen. Zertrümmerungen, also Aufteilungen der großen Höfe kamen viele Sendlinger Bewohner Anfang des 19. Jahrhunderts zu eigenen, meist kleinen Anwesen, die aber im Laufe der kommenden Jahrzehnte beachtliche Größen erreichten. Dazu gehörte u.a. der Angerbauer – später Frimmer, der Feichtenhansl – später Stemmer und der Wimbauer – Vorläufer der Familie Obermeier, der Bauer Schmolzn – später Lechner, der Schmoznmartl (Kafler), Draxn (Berger) und der Bäckerbauer im Besitz der uralten Familie Hochmeier. Eigentlich war diese Änderung der Besitzverhältnisse eine „große, allerdings friedliche Revolution", wie der Schuldirektor Lanzhammer in seiner Geschichte von Sendling schreibt.

Einführung

Mordweihnacht am Sendlinger Berg, 1705

Sendlinger Mordweihnacht

Das bedeutendste Ereignis in der Geschichte von Sendling bleibt der gescheiterte Versuch der Einnahme der Residenzstadt München im Siebenjährigen Krieg durch die oberländer Bauern, die gegen eine gnadenlose Unterdrückung und Ausbeutung durch die kaiserlichen Truppen um ihr Überleben und ihre Freiheit kämpften, während der bayerische Kurfürst sich ins Exil zurückgezogen hatte. Die Erinnerung an diese Vorgänge gehört zum Selbstverständnis Sendlings und wird in vielfältiger Weise belebt und diskutiert.

Gemüsemarkt auf dem Schrannenplatz, 1805

Versorgung der Großstadt

Da weder die Böden auf den Anhöhen der Schotterebene gut geeignet waren für den Getreideanbau noch die eher sumpfigen Wiesen und Äcker im Unterfeld, verlegten sich die Sendlinger Bauern vor allem auf die Viehzucht. In der zweiten Hälfte des 19. Jahrhunderts lieferten sie mehr als 500 Stück Schlachtvieh pro Jahr nach München, täglich an die 3.000 Liter Milch, dazu Milchprodukte, Eier, Geflügel, Gemüse und Obst. Die Sendlinger Bauern waren keine Kleinhäusler sondern Großgrundbesitzer und konnten durchaus ihren Gewinn aus der rasend größer werdenden Großstadt, den verbesserten Transportwegen und Marktverhältnissen ziehen.

Mit dem Neubau der städtischen Lagerhäuser, der Eröffnung der Bahnstrecke nach Braunau und der Anlage des Südbahnhofs, sowie dem Bau der Großmarkthalle wurden zwar die Wege kürzer, aufgrund der Gebietszuwächse der Residenzstadt musste für die Anlieferungen seitdem allerdings an der Zollstation in der Sendlinger Landstraße Pflasterzoll entrichtet werden. Dagegen protestierten die Sendlinger Bauern, verweigerten die Zahlungen und verlangten im Gegenzug einen eigenen Getreidezoll für Lieferungen, die über Sendlinger Gemeindegebiet zu den Lagerhäusern erfolgten – einer der Gründe, die schließlich zum erfolgreichen Abschluss der Eingemeindungsverhandlungen mit dem Münchner Magistrat führten.

Villen an der heutigen Lipowskystraße um 1880

Die Einverleibung am 1. Januar 1877

Im April des Jahres 1868 erließ die kgl. Verwaltung ein neues Gesetz über Heimat, Verehelichung und Aufenthalt, in dem auch die Gemeinden im Königreich verpflichtet wurden, für verarmte und erkrankte Gemeindemitglieder zu sorgen, sie durften nicht weiter in die Münchner Krankenhäuser verbracht werden. Um dem Gesetz Folge zu leisten brauchte Sendling – wie auch umliegende Gemeinden – ein neues Armen- und Krankenhaus. Sowohl die Suche nach einem Grundstück gestaltete sich schwierig als auch die Finanzierung. Schließlich stimmten die Sendlinger Gemeinderäte am 17. Juni 1875 für eine Vereinigung mit der Stadtgemeinde München und entledigten sich damit auch nach jahrelanger Verzögerung der notwendigen und aufwändigen Investition. Zum 1. Januar 1877 wurde schließlich die Landgemeinde Sendling mit Mittersendling und Neuhofen als XIX. Stadtbezirk in die Stadtgemeinde München aufgenommen, nachdem „Seine Majestät der König [dies] … allergnädigst zu genehmigen geruhte". Damit konnte das damals vorbildliche Allgemeine Krankenhaus an der Sendlinger Landstraße und andere soziale Einrichtungen der Residenzstadt genutzt werden wie auch die Kanalisierungsprojekte und später die neue Wasserversorgung. Aber es musste auch ein neuer Friedhof angelegt werden, da die innerstädtischen Friedhöfe nicht mehr zugelassen waren, schon am 2. Januar 1877 fand eine erste Bestattung auf dem neuen Friedhof an der heutigen Boschetsrieder Straße statt.

Künstlervillen und Sommerhäuser

Zur Zeit der Eingemeindung nach München zählte man im damaligen Gebiet von Sendling 5.805 Einwohner, wobei auch Teile des heutigen Westends und der Theresienwiese dazu gehörten. Eine stärkere Besiedlung lässt die kommenden Jahre noch auf sich warten, aber einzelne begüterte Münchner Familien und einige Künstler interessierten sich für die besondere Lage am Höhenweg mit einem schönen Blick auf die Stadt und in die Alpenkette und ließen sich direkt am Hang kleinere und größere Villen als Sommersitz oder Wohnhaus bauen. Dazu gehörte die Unternehmerfamilie Oberhummer, Besitzer eines der größten Kaufhäuser der Stadt „Roman Mayr" am Marienplatz, die Gattin des Verlegers Bruckmann, Offiziere und Handwerksmeister. Mehrere Künstler ließen sich Villen an der Theresienhöhe, heute Lipowskystraße bauen, u.a. die Maler Alfred Seifert, Ernst Adolph Meißner, Josef Schoyerer, Franz von Seitz wohnte hier, der Maler, Graphiker und Leiter der Kostümabteilung des Hoftheaters, der Großhändler Karl Mußbeck und auch der berühmte Graphiker und Illustrator Lothar Meggendorfer, der in seinem Garten allerlei Tiere hielt und Maulbeerbäume pflanzte für die Seidenraupenzucht. In Mittersendling stand die Villa des Hofphotographen Joseph Albert

Einführung

Kochel-Brauerei an der Schmied-Kochel-Straße, um 1905

Industrie und Städtische Betriebe

Schon vor der Eingemeindung hatten sich im Sendlinger Gemeindegebiet größere Industriebetriebe angesiedelt. Auslöser dafür war der Bau der Eisenbahnstrecke zum Ostbahnhof und die Anlage des zuerst Thalkirchner Bahnhof benannten Südbahnhofs an der Tumblingerstraße, der endgültig erst im Juli 2005 abgerissen wurde. Am 1. Mai 1871 wurde die Bahnstrecke eröffnet und kurze Zeit später siedelten sich schon die ersten Unternehmen in der Nähe an: 1872 die Lokomotivenfabrik Krauss an der Lindwurmstraße, nebenan die Eisengießerei Sugg, südlich der Lindwurmstraße (seit 1878 so benannt) die Kochelbrauerei. Direkt an der Bahnlinie bestand seit 1872 das städtische Magazin für Brennmaterialien, Holz, Kohlen und Torf als Ersatz für die bisherige Sammelstelle an der Oberen Floßlände am Westermühlbach. Von 1871 bis 1888 ließ die Stadt ebenfalls südlich der Bahn große Lagerhäuser als Lebensmittelvorräte anlegen für Getreide, Hülsenfrüchte, Malz und Sämereien. Hier entstand später die Großmarkthalle. Nördlich der Bahnstrecke eröffnete 1876 der neue Vieh- und Schlachthof. Die städtischen und privaten Einrichtungen südlich der Bahn befanden sich alle auf Sendlinger Gemeindegrund. Die Grundstücke waren teils schon in den 1860er Jahren von privaten Investoren erworben worden um hier einen Ersatz für die nicht mehr ausreichende Schrannenhalle zu errichten. Nach den negativen Erfahrungen mit der privaten Gasgesellschaft entschloss sich der Magistrat, den Lebensmittelmarkt in eigener Regie zu betreiben.

Arbeiterhäuser und Sozialisten

Die ersten größeren Ansiedlungen und Neubauten von Wohnhäusern folgten direkt den großen Industrieunternehmen mit ihren vielen Arbeitsplätzen. Für die Arbeiter des Krauss'schen Eisenbahnwerks und der benachbarten Eisengießerei entstanden südlich der Lindwurmstraße zwei- bis dreigeschoßige, recht schmale und einfache Wohnhäuser an der Senser- und Schmied-Kochel-Straße mit kleineren Wohnungen, bzw. einzeln vermietbaren Zimmern und gemeinsamen Toiletten und Küchen – sehr zum Missfallen der alteingesessenen Sendlinger. Offenbar kam es auch zu Übergriffen und Brandanschlägen – die Sendlinger Feuerwehr musste Wachen aufstellen. Mit der Arbeiterschaft kamen auch teils politisch anders ausgerichtete Bewohner nach Sendling und die Münchner Polizeidirektion beobachtete v.a. nach dem Beschluss der Sozialistengesetze ab 1878 genau, ob sich verbotene sozialistische, sozialdemokratische oder kommunistische Bewegungen in der Arbeiterschaft zeigten. Arbeiter der Industriebetriebe waren an der Gründung eines Sparvereins zur Unterstützung der Arbeiterschaft beteiligt wie auch an der Gründung des Konsum-Vereins München-Sendling, der nach dem Vorbild des schon seit 1864 bestehenden Konsum-Vereins in der Au für die Sendlinger Bevölkerung ab 1888 günstigere Einkaufsmöglichkeiten anbieten konnte. 1902 erwarb der Sendlinger Konsum-Verein ein großes Gelände an der Boschetsrieder Straße und konnte den Betrieb umfassend ausbauen.

Karikatur von M. Feldbauer, Zeitschrift „Die Jugend" 1902

Terraingesellschaften & Millionenbauern

Trotz der bedeutenden Veränderungen in Sendling im letzten Quartal des 19. Jahrhunderts war die Zunahme der Bevölkerungszahlen und damit die Besiedlung der großen freien Flächen nicht so stürmisch, wie es sich manche Landbesitzer und Kommunalpolitiker vorstellten. So war die Bevölkerungszunahme in den Jahren 1895 bis 1900 in Sendling nur bei ca. 25% während sie in Neuhausen, Laim und Nymphenburg bei weit mehr als 30% lag und in Schwabing bei über 44%. Ein Problem waren natürlich die schlechten Verkehrsanbindungen. Erst 1876 bestand die erste Wagenverbindung wenigstens bis zum Bergfuß des Sendlinger Bergs, 1898 folgte die erste elektrische Trambahnverbindung.

Vor allem die Terrainaktiengesellschaft Bavaria erstellte Planungen für dieses Gebiet, ein großer Teil der Häuser wurde von der Baufirma Heilmann & Littmann gebaut. Eine monumentale Wohnanlage an der Daiserstraße ließ der „Verein zur Verbesserung der Wohnverhältnisse in München" ab 1901 in mehreren Bauabschnitten erstellen. Die Sendlinger Bauern u.a. die Kafler, Stemmer und Berger haben sich schließlich mit den Landverkäufen schöne Vermögen erwirtschaftet. Bis zum Zweiten Weltkrieg waren die Sendlinger Fluren bei Weitem nicht mit Siedlungsbauten gefüllt, v.a. westlich der Holzkirchner Bahnlinie waren noch große Flächen frei. Das Bild unten zeigt die Weideflächen an der heutigen Hansastraße, die Gebäude links stehen an der Kreuzung Fuggerstraße/Martin-Behaim-Straße und entstanden bis 1918.

Auch die Grundbesitzer selbst, die alteingesessenen Sendlinger Bauernfamilien zögerten zunächst mit einem Verkauf ihrer Grundstücke an Terraingesellschaften, auch um später einen sich als wahrscheinlich abzeichnenden größeren Gewinn damit zu erwirtschaften. Schließlich entstanden um 1880 in größerem Umfang die Straßenplanungen der Daiser-, Dankl-, Valley- und Implerstraße, die sich aber erst deutlich nach 1900 mit Wohnbauten auffüllten.

Weideflächen an der heutigen Hansastraße, um 1920

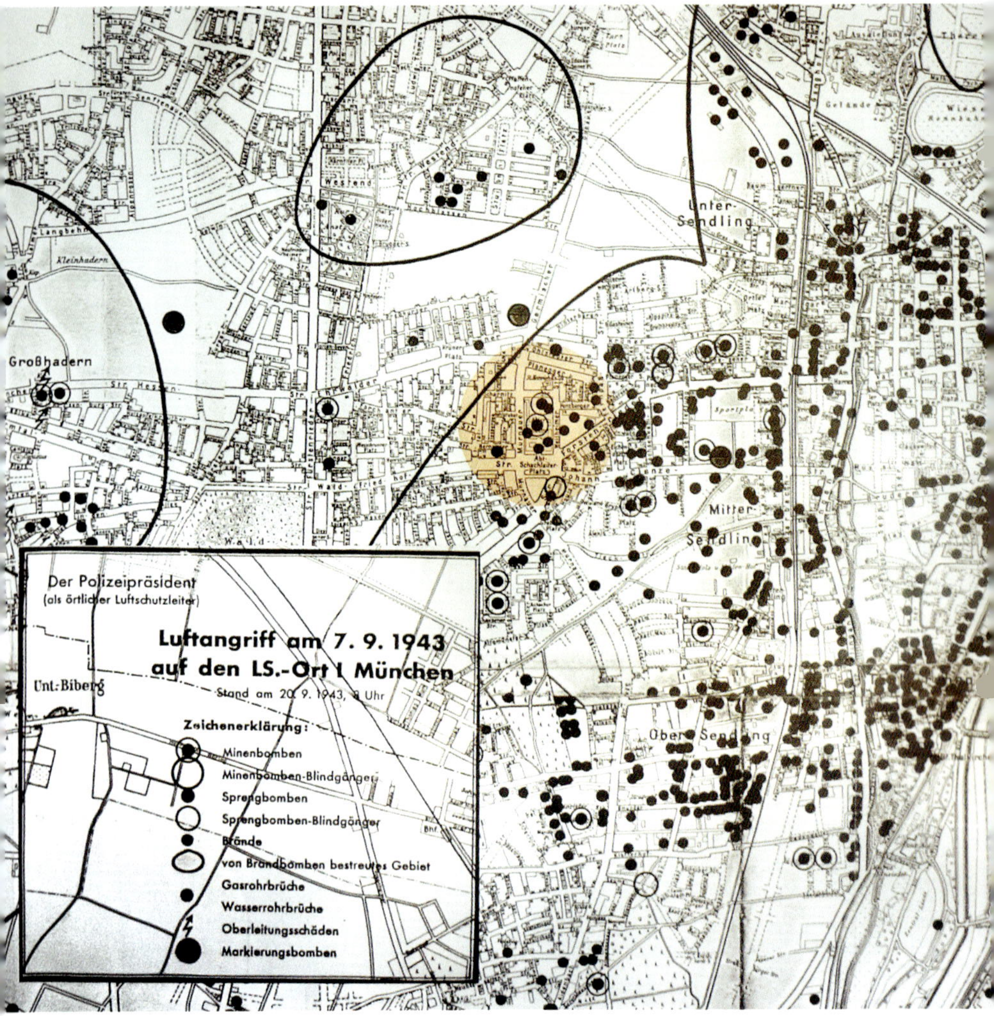

Einführung

Der Polizeipräsident
(als örtlicher Luftschutzleiter)

Luftangriff am 7. 9. 1943
auf den LS.-Ort I München

Stand am 20. 9. 1943, 8 Uhr

Zeichenerklärung:

Minenbomben
Minenbomben-Blindgänger
Sprengbomben
Sprengbomben-Blindgänger
Brände
von Brandbomben bestreutes Gebiet
Gasrohrbrüche
Wasserrohrbrüche
Oberleitungsschäden
Markierungsbomben

Zerstörungen im Zweiten Weltkrieg

Die beiden Pläne oben dokumentieren links einen der für Sendling schwersten Luftangriffe am 7. September 1943 und rechts eine Darstellung der Zerstörungen im Zweiten Weltkrieg des Kartographen Max Megele. Im Gebiet von Untersendling gab es zwar einzelne Treffer v.a. beim Angriff am 14. Juni 1944, die schwere Schäden an Gebäuden verursachten (Schwabenbauernhof, Himmelfahrtskirche, Schule und Großmarkt). Die flächendeckenden Zerstörungen wie in anderen Stadtvierteln blieben aber aus. Dadurch sind einige dörfliche Bauten in Sendling erhalten geblieben und v.a. die geschlossenen Straßenzüge im Sendlinger Unterfeld. Weit größere Schäden gab es im Obersendlinger Industriegebiet. Kaum ein Unternehmen blieb ohne Schaden.

Der zerstörte Schwabenbauernhof, 1944

Zerstörungen im Stadtgebiet nach dem Zweiten Weltkrieg, Max Megele

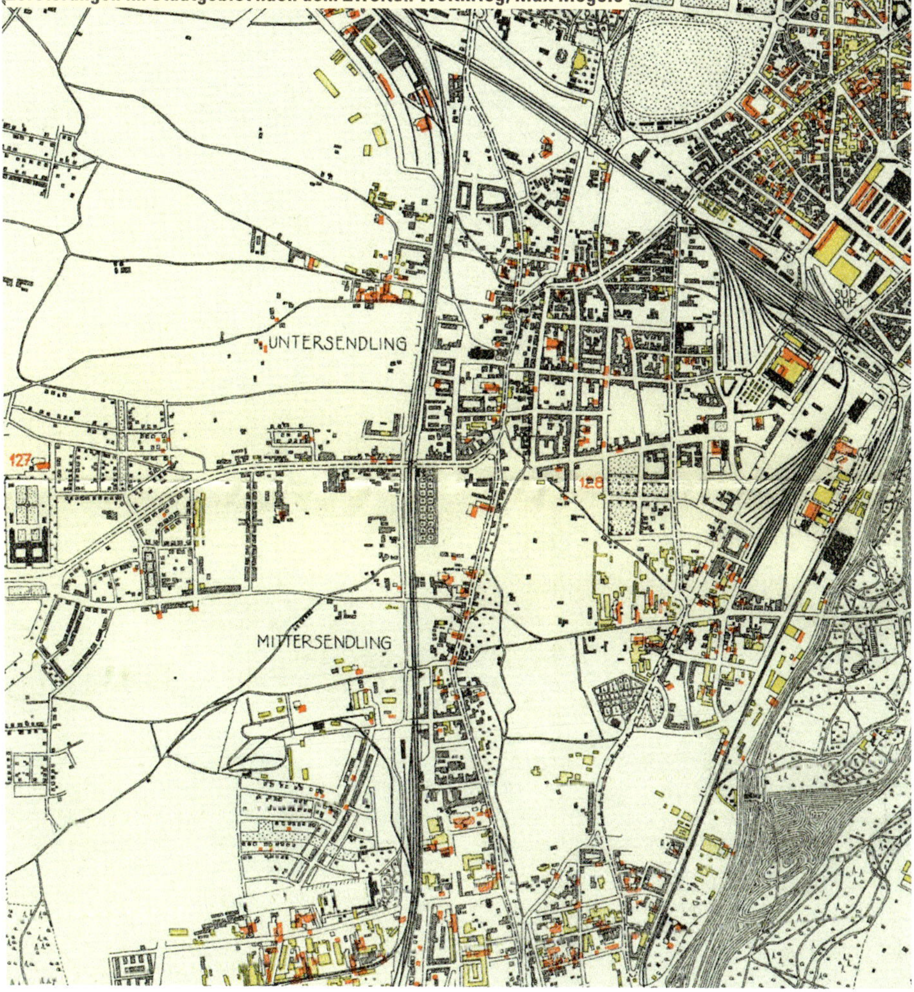

UNTERSENDLING
MITTERSENDLING
127
128
SÜD BHF

Zerschneidung des Viertels

Der Bau der Bahnstrecke nach Holzkirchen hat das Sendlinger Siedlungsgebiet schon im 19. Jahrhundert von der westlichen Ausdehnung abgeschnitten – eine Zäsur, die trotz der später entstandenen Unterführungen bis heute wirksam und deutlich ist. Aber den größten Einschnitt erfuhr das gesamte Gebiet von Sendling durch den Bau des Mittleren Rings neben dem aufgeschütteten Neuhofener Berg, der das alte Mittersendling heute fast nicht mehr nachvollziehen lässt. Eine wesentliche Korrektur der Einschränkungen und Störungen durch den Straßenverkehr im Bereich des Luise-Kiesselbach-Platzes hat der von der Bevölkerung erzwungene Bau des Straßen-Tunnels bewirkt.

Mittlerer Ring in Mittersendling, 2018

Einführung

1808 bis 1833

Bauerndörfer auf dem Weg nach München

Parallel zum Flusslauf der Isar verläuft die Fern-Handelsstraße aus dem Oberland oberhalb der Höhenkante. An ihr liegen die Bauerndörfer Ober-, Mitter- und Untersendling. Hier am Sendlinger Berg zweigt die Abfahrt in Richtung der Stadt München ab und führt zum Sendlinger Tor. Lange blieben die Sendlinger Dörfer – um einiges älter als München – selbständige Gemeinden und in ihrem Hausbestand unverändert, wenn auch die Bauernhöfe zu Beginn des 19. Jahrh. mehr und mehr in privates Eigentum übergingen, davor waren sie weitgehend in kirchlichem Besitz. Nur die beiden Adelssitze in Neuhofen und an der Abzweigung nach Forstenried heben sich von der bäuerlichen Struktur ab. 1850 hatten die drei Sendlinger Dörfer 787 Einwohner. 1814 wurde der Israelitische Friedhof an der Thalkirchner Straße angelegt. Einzelne Häuser entstanden an der Sendlinger Landstraße. Die künftige Ausdehnung der Stadt kündigt sich in der Anlage des Bavariaparks im Norden auf der Sendlinger Heid an.

Sendlinger Berg und Alt-St.-Margaret, um 1800

1858 bis 1883

Die Stadt rückt näher: Eisenbahn und Lagerhallen

Entscheidende Veränderungen bringen die neuen Eisenbahnlinien: 1854 wird die Strecke nach Hesselohe und später nach Holzkirchen eröffnet mit Bahnhöfen in allen drei Dörfern und 1871 die bedeutendere Strecke nach Braunau mit dem Südbahnhof. Dies führte unmittelbar zur Ansiedlung erster Industriewerke zu beiden Seiten der heutigen Lindwurmstraße: Lokomotivenfabrik Krauss, Eisengusswerk Sugg, Kochelbrauerei und den Bau von Arbeiterhäusern in deren Umgebung. Von städtischer Seite her war der Bahnanschluss entscheidend für die Anlage der städtischen Lagerhallen, auf deren Grund später die Großmarkthalle entstand und eine der wichtigen sanitären Maßnahmen des Magistrats: der Neubau eines Vieh- und Schlachthofs in der Ludwigsvorstadt. Der Bau dieser städtischen Einrichtungen hat sich auch direkt auf die Eingemeindung Sendlings ausgewirkt. Einwohnerzahl in Sendling um 1875: 5.805. Zur Gewinnung von Ackerland finden erhebliche Rodungen im Westen statt.

Städtische Lagerhäuser, 1908

Städtebauliche Entwicklung von Sendling

1883 bis 1908

1933 bis 1958

Industriegebiete und Arbeiterwohnungen

Zwei Siedlungsschwerpunkte gab es um die Jahrhundertwende: im Sendlinger Unterfeld wurden Straßen angelegt ausgehend von der Kidler- und Aberlestraße und die Gründung eines Industrieviertels in Obersendling ab 1903 durch den Investor Jakob Heilmann. Für die neuen Stadtquartiere und die Zunahme der Einwohnerzahlen wurden vielfältige Einrichtungen notwendig: u.a. neue Schulen am Gotzinger Platz und der Boschetsrieder Straße. Als Verkehrsverbindung stand 1892 eine Pferdetrambahn und 1898 eine elektrische Tram bis Untersendling zur Verfügung, die bald auch bis Obersendling führte. Auch die Straßenverbindungen wurden ausgebaut: mit der Pfeuferstraße als Verbindung ins Westend 1897 und dem Ausbau der Lindwurmstraße auf den Sendlinger Berg 1894. 1904 wurde die alte Forstenrieder Straße weitergeführt bis zum neu angelegten Waldfriedhof. Als kirchliches Zentrum entstand 1913 die neue große Kirche St. Margret. Und zur Versorgung mit Strom am Stadtbach ein Elektrizitätswerk. Aus manchen Sendlinger Bauern wurden Millionäre und aus den Gärtnereibesitzern auch.

Gotzinger Schule

Der Ausbau zum Wohnviertel

Bis 1939 hat sich das Sendlinger Unterfeld einigermaßen befüllt wie auch die Industriegebiete in Obersendling, in denen auch viele Wohnbauten errichtet wurden. Auch im Waldfriedhofviertel zu beiden Seiten der Waldfriedhofstraße sind umfangreiche Siedlungen mit Einfamilienhäusern entstanden, aber auch Großsiedlungen wie die Oberlandsiedlung und das städtische Altenheim St. Joseph. Weite Teile von Sendling blieben aber zum Kriegsende 1918 noch unbebaut. Zerstörungen durch die Luftangriffe der Alliierten gab es im Vergleich zu den innerstädtischen Quartieren deutlich weniger, allerdings gab es schwere Schäden im Obersendling. Ein großer Teil des Kriegsschutts wurde in den ersten Nachkriegsjahren zum Neuhofener Berg aufgeschüttet. Mit dem Umzug der Siemens AG von Berlin nach München wurde die weitere Entwicklung von Obersendling v.a. durch Siemens geprägt. Der Bau des Mittleren Rings Mitte der 1950er Jahre zerschnitt Mittersendling, wenigstens wurde der Durchbruch des Sendlinger Bergs verhindert. Ein letzter Waldrest blieb im Sendlinger Wald erhalten.

Isaria Zählerwerke, um 1912

Einführung

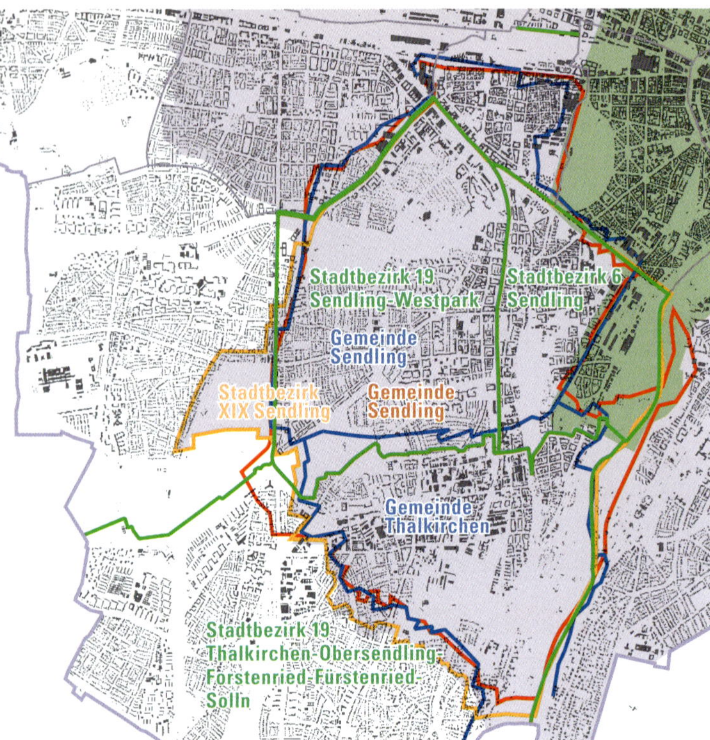

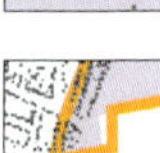

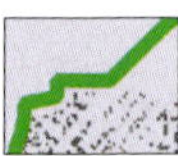

Wo ist Sendling ?

Sendling als Ort bzw. als „Dorf" ist viel älter als die 1158 gegründete Stadt München. Und der Sendlinger Marktbereich grenzte bis dahin unmittelbar an den Schwabinger Marktbereich. Bis zu Beginn des 19. Jahrhunderts gab es jedoch keine genau definierten Gemeindegrenzen auf dem Land. Erst mit der Staatsreform unter dem Minister Montgelas wurde das Königreich Bayern ab 1808 zunächst in Steuerdistrikte für die Erhebung v.a. der Grundsteuer und in der Folge auch in entsprechende Gemeindegrenzen eingeteilt. Mit dem Gemeindeedikt von 1818, dem Grundsteuergesetz von 1828 und endgültig dem Erlass der Bayerischen Gemeindeordnung vom 29. April 1869 waren die Gemeindegrenzen festgelegt.

Burgfrieden der Stadt München

Der Begriff des Burgfriedens erscheint in München erstmals 1380 in Gerichtsakten. Er bezeichnete den rechtlichen Einflussbereich der Stadt, den Bereich der Steuerhoheit und weiterer Privilegien. Enthalten ist im Burgfrieden natürlich die eigentliche Stadtfläche innerhalb der befestigten Mauern, aber auch das Umland mit allen dort befindlichen Einrichtungen. Vielfach wurde der Burgfrieden verändert und neu abgesteckt, größere Erweiterungen und v.a. eine genauere Beschreibung gab es 1724/28. Die Burgfriedensgrenze in Richtung Sendling verlief auf der eiszeitlichen Höhenkante oberhalb der heutigen Theresienwiese und dann in etwa im Verlauf der heutigen Eisenbahnstrecke bis zur Thalkirchner Straße und ihr entlang nach Süden. Eine der alten Burgfriedenssäulen, mit der die Grenzpunkte abgesteckt wurden, hat sich südlich der Hans--Straße erhalten, sie trägt die Jahreszahl 1460.

Steuerdistrikte und Gemeindegrenzen

Mit der Einrichtung von Landgerichten im September 1803 gelangte das Sendlinger Gebiet in das Landgericht München, davor gehörte es zum Landgericht Wolfratshausen. Der Steuerdistrikt Sendling reichte im Norden bis zur heutigen Landsberger Straße und grenzte an das Neuhauser Gemeindegebiet an, im Westen mehr oder weniger entlang der heutigen Fürstenriederstraße bis zum Kreuz mit der Starnberger Autobahn und dann in süd-östlicher Richtung bis zur Isar. Später wurde der Distrikt Thalkirchen abgezweigt. Eigene Gemeinden Sendling (mit Mittersendling) und Thalkirchen (mit Obersendling und Maria Einsiedel) hatten sich schon 1818 gebildet.

Grenzen

Die Einteilung in Pfarrgemeinden

Ursprünglich wurde das Sendlinger Gebiet vom 768 gegründeten Kloster Schäftlarn aus betreut. Eine eigenständige Pfarrei Sendling St. Margaret entstand vermutlich noch bevor die Stadt München gegründet wurde. Ab wann eine erste Kirche in der Pfarrgemeinde gebaut wurde ist nicht belegt, erste Friedhöfe in Unter- und Mittersendling gab es jedenfalls bereits 1315. Vollkommen unklar ist über Jahrhunderte, wo die Hauptkirche der Pfarrgemeinde steht: in Sendling, also Untersendling oder Thalkirchen. Selbst in Schriftstücken des Bistums wird wechselnd die Sendlinger oder die Thalkirchner Kirche als Filiale der jeweils anderen bezeichnet. Das führte auch zum Streit, schließlich ging es ja auch um Finanzmittel durch Spenden und Privilegien. 1790 bestimmte der Freisinger Bischof endgültig die Untersendlinger Kirche als Pfarrkirche. Erst 1903 wurde Maria Thalkirchen eine eigene Pfarrgemeinde.

Eingemeindung nach München

Mit der Eingemeindung nach München am 1. Januar 1877 wurde der Stadtbezirk XIX, Sendling geschaffen, der weit über das vorherige Gemeindegebiet hinausging, er umschloss neben Unter- und Mittersendling den heutigen Stadtbezirk Sendling-Westpark, nach dem Erwerb des Geländes für den Waldfriedhof gehörte auch dieser Bereich zum Stadtbezirk XIX. Thalkirchen wurde 1909 zum Stadtbezirk XXIV, inklusive der Flächen östlich der Thalkirchner Straße bis zur Isar.

Wappen von Sendling

Ein offizielles Wappen von Sendling gibt es nicht. 1938 wurde vom Stadtarchiv ein Vorschlag entwickelt, der sich an das Wappen der Patrizierfamilie der Sendlinger anlehnt und ein goldenes Einhorn mit einem roten Horn (rotbewehrt) und einer roten Zunge zeigt. Nach dem Aussterben der Patrizierfamilie der Sendlinger übernahm die Familie der Andorfer von Bach und Landsberied deren Wappen.

Stadtbezirke

Im Dritten Reich hatten die Stadtbezirksgrenzen keine Funktion. 1948 mit dem Erlass über die Bildung der Bezirksausschüsse teilte man vom Stadtbezirk 19, Sendling, das Waldfriedhofviertel ab als 34. Stadtbezirk, der Bezirk 19 erhielt allerdings wieder die Flächen östlich der Thalkirchner Straße. Der Stadtbezirk 24, Thalkirchen, erhielt Forstenried und Maxhof.
Mit der Neuordnung der Stadtbezirke 1992 wurde aus dem Bezirk 19 der Stadtbezirk 6, Sendling, aus dem Bezirk 34 der Stadtbezirk 7, Sendling-Westpark und der ehemalige Bezirk 24 enthält als neuer Stadtbezirk 19 die Ortsteile Thalkirchen, Obersendling, Forstenried, Fürstenried-West und Solln. Und wenn Sie heute einen Sendlinger fragen, wo Sendling ist, wird Ihnen jeder etwas anderes erzählen.

München 70

Das heute noch bei den „echten" Sendlingern, einer Band und einem Sportverein gebrauchte „Sendling 70" beschreibt eigentlich das Zustellpostamt München 70, das bis zur Einführung der fünfstelligen Postleitzahlen gültig war.

Sendlinger Mordweihnacht

Karl II.
König von Spanien
1661–1700

Maximilian II. Emanuel
Kurfürst von Bayern
1662–1726

Therese Kunigunde
Kurfürstin von Bayern
1676–1730

Leopold I.
Kaiser des Hl. Römischen Reiches
1640–1705

Ein bayerischer Mythos

Der Aufstand der nieder- und oberbayerischen Landbevölkerung gegen die kaiserlichen Besatzer 1705/06 gehört zu den bedeutendsten geschichtlichen Ereignissen in Bayern und wurde aus verschiedenen Gründen zum Mythos, dessen Erinnerung bis heute gerade in Sendling anhält. Die Deutung der Ereignisse wird nach wie vor von verschiedenen Positionen aus diskutiert und reicht vom Vorwurf des Majestätsverbrechens über den patriotischen Freiheitskampf bis zum revolutionären Volksaufstand.

Joseph Ferdinand
Kurprinz von Bayern, Prinz von Asturien
1692–1699

Max Emanuel und Bayern

Um 1700 bestand Bayern im Wesentlichen aus dem heutigen Ober- und Niederbayern einschließlich des Innviertels und der Oberpfalz. Regiert wurde das Land vom Kurfürsten Max Emanuel, der die Regentschaft 1679 mit 18 Jahren nach dem Tod seines Vaters Ferdinand Maria übernommen hatte. Während der Vater geordnete Staatsfinanzen hinterließ und sich weitgehend aus militärischen Abenteuern herausgehalten hatte, war Max Emanuel außerordentlich ehrgeizig und ruhmsüchtig. Im Alter von 21 Jahren hatte er mit der bayerischen Armee einen großen Anteil am Sieg gegen die Türken vor Wien. 1688 eroberte als Oberbefehlshaber der kaiserlichen Armee Belgrad im Kampf gegen die Türken. Noch heute erinnert sein Denkmal am Promenadeplatz an ihn als „Der Eroberer Belgrads". Das kleine, eher unbedeutende Bayern genügte ihm als Land bei weitem nicht. Sein eigener Bruder, Erzbischof Joseph Clemens in Köln, unterstellte ihm, dass er für eine Scheune in den Niederlanden eine Stadt in Bayern hergeben würde. Und er blieb nicht der letzte Wittelsbacher, der sein Land gegen ein anderes wie die Niederlande oder Gebiete in Italien eintauschen wollte.

Die Chance der Wittelsbacher auf ein Weltreich

Die erfolgversprechendsten Aussichten auf einen bedeutenden Machtzuwachs eröffneten sich für die Wittelsbacher, als der 6-jährige Sohn von Max Emanuel und der Kurfürstin Maria Antonia, Kurprinz Joseph Ferdinand als Universalerbe des spanischen Weltreichs vorgesehen war, die Kurfürstin war eine Tochter Kaiser Leopolds I. König Karl II., der letzte spanische Habsburger ohne eigene Nachkommen bestimmte 1698 den jungen Wittelsbacher zu seinem Nachfolger, aber bereits im nächsten Jahr verstarb der bayerische Kurprinz in Brüssel – er kränkelte schon lange vorher. Das gewaltige Erbe musste neu vergeben werden und Karl II. von Spanien bestimmte einen Enkel des französichen Königs Ludwig XIV., den Herzog Philipp von Anjou zum Nachfolger. Damit wollte sich jedoch die Familie des österreichischen Zweigs der Habsburger nicht zufrieden geben, Chef des Hauses war Leopold I., gleichzeitig Kaiser des Hl. Römischen Reiches deutscher Nation. Er forderte zumindest Teile des spanischen Weltreichs für sich und löste damit im Mai 1701 den Spanischen Erbfolgekrieg aus.

Die Gier nach Ruhm

Das Kurfürstentum Bayern war ein Teil des Hl. Römischen Reiches und Max Emanuel war letztlich ein Vasall des Kaisers. Er wurde von den österreichischen Habsburgern und den verbündeten Engländern umworben, er versprach sich jedoch territoriale Gewinne und weit größeren Machtzuwachs in einer Koalition mit Frankreich und Spanien. Anfang März 1701 wurde ein Bündnisvertrag zwischen Frankreich und Bayern in Versailles unterzeichnet. Als gegnerische Koalition schlossen sich England, die Vereinigten Niederlande und Habsburg-Österreich, also das deutsche Kaiserreich zusammen und erklärten im Mai 1702 den Krieg. Max Emanuel war seit 1692 Statthalter in den spanischen Niederlanden und residierte in Brüssel. Für die dortige Hofhaltung wurden an die 1 Mill. Gulden pro Jahr aufgewendet, für das Militär ebenfalls ein derart hoher Betrag, das Steueraufkommen in Bayern lag damals um die 1,4 Mill. Gulden. Am 8. September 1702 überfiel Max Emanuel mit seinen Truppen mitten im Frieden die freie Reichsstadt Ulm, daraufhin beschloss der kaiserliche Reichstag in Regensburg den Krieg gegen Bayern, das Kurfürstentum war damit ringsum von gegnerischen Parteien umschlossen.

Vernichtende Niederlage bei Höchstädt

Noch 1702 fielen kaiserliche Truppen in der Oberpfalz ein und in den folgenden Monaten auch in anderen bayerischen Gebieten. Plünderungen, Verwüstungen, Vergewaltigungen dauerten an, bis am 13. August 1704 die bayerisch-französischen Soldaten in der Schlacht bei Höchstädt und Blindheim von den alliierten britischen und österreichischen Truppen vernichtend geschlagen wurden. Die Franzosen zogen sich über den Rhein zurück, Kurfürst Max Emanuel musste Bayern verlassen und zog zunächst Richtung Niederlande. Seiner Gattin Therese Kunigunde hatte er die Regentschaft mit allen Vollmachten übertragen. Sie war ebenfalls schon auf der Flucht mit den Kurprinzen, musste aber auf Weisung Max Emanuels wieder nach München zurück. Ihr blieb nichts anderes übrig als den Alliierten gegenüber zu kapitulieren. In der Folge wurde die bayerische Armee aufgelöst und das Land mit seinen Festungen an die kaiserlichen Besatzer übergeben. Die Kurfürstin konnte mit ihren Kindern in der Münchner Residenz bleiben, das Rentamt München, also Oberbayern, blieb vorerst von der Besatzung verschont.

Die Ausbeutung des Landes

Auch wenn für das Kurfürstentum Bayern damit die Beteiligung am Erbfolgekrieg beendet war, blieben die Verhältnisse im Land so schrecklich wie vorher und sie wurden noch schlimmer, als den Rentämtern Landshut, Straubing und Burghausen ungeheure Kontributionen auferlegt wurden: Geldzahlungen, Lieferungen von Lebensmitteln, Unterbringungen für die kaiserlichen Truppen und neue Steuern. Im April 1705 ließ Kaiser Leopold I. auch das Rentamt München besetzen, bis dahin noch von der Kurfürstin Therese Kunigunde regiert (der zweiten Gattin des Kurfürsten), die aber im Februar des Jahres – von den Aufgaben vollkommen überfordert – nach Venedig abgereist war und bei ihrer beabsichtigten Rückkehr nicht mehr nach Bayern eingelassen wurde. Kaiser Leopold I. war inzwischen verstorben, sein Sohn Joseph I. führte die Politik seines Vaters fort.

Zwangsrekrutierungen

Auch im Rentamt München mussten daher Einquartierungen geleistet werden, Geldzahlungen und Verpflegungslieferungen. Aber viel schlimmer war die Situation in den ländlichen Gebieten außerhalb der Residenzstadt, dort kam gewalttätiges Verhalten der Soldaten hinzu, Unterdrückung der bäuerlichen Bevölkerung, Vergewaltigungen und Plünderungen. Weitere Steuern wurden ausgeschrieben und ab dem Sommer 1705 auch Zwangsrekrutierungen v.a. der jungen Bauernsöhne, Knechte und ledigen Burschen, die als Soldaten der kaiserlichen Armee im Ausland eingesetzt werden sollten. Wer nicht fliehen konnte, wurde vom Feld weg, „nachts aus den Betten, ja sogar während der Messe aus den Kirchen weggeschleppt, auf Wagen gefesselt und nach Ungarn oder Oberitalien abtransportiert", wie Manfred Peter Heimers in der Publikation „Memento 1705. Die Sendlinger Mordweihnacht" schreibt. Die Felder blieben unbestellt und die Versorgungslage damit noch drückender für die Bevölkerung.

Der Aufstand weitet sich aus

Gegen die rücksichtslosen Zwangsrekrutierungen rotteten sich in mehreren Gegenden Bayerns junge Bauern, Knechte, Handwerker und Ledige, auch ehemalige Soldaten der aufgelösten bayerischen Armee zusammen, um Widerstand zu leisten. Sie befreiten bereits rekrutierte Soldaten, überfielen Adelssitze, Pfarrhöfe und Amtsgebäude. Ihre Devise „Lieber bairisch sterben als in des Kaisers Unfug verderben" wurde für die gesamte Widerstandsbewegung zum Motto.

Viele der ehemaligen Soldaten der bayerischen Armee blieben im Land, quartierten sich zum Teil bei der Zivilbevölkerung ein und Prinz Eugen, dessen Hauptquartier als militärischer Oberbefehlshaber in Landshut war, befürchtete eine „sizilianische Vesper", also einen Aufstand der Zivilbevölkerung gegen die Besatzer. In mehreren Städten kam es bereits zu Reibereien mit den kaiserlichen Truppen. Schließlich waren es zu beiden Seiten des Inn mehrere tausend Aufständische, gegen die der Münchner Stadtkommandant Oberst Johann Baptist Freiherr de Wendt mit 600 Mann erfolgreich vorging.

Sendlinger Mordweihnacht

„Lieber bairisch sterben als in des Kaisers Unfug verderben"

Der Zustrom der Landbevölkerung zu den Aufständischen blieb aber ungebremst. Und sie konnten auch erste große Erfolge erzielen: am 16. November 1705 gelang ihnen die Einnahme von Burghausen, später der Festung Braunau. Die Aufständischen sahen sich als Vertreter ganz Bayerns, als „ganze Gemein der Kurlande Baiern" und forderten zunächst nur, die bisherigen Verhältnisse wieder herzustellen, was die Abgaben und Steuern betrifft, außerdem lehnten sie die Zwangsrekrutierungen für die kaiserliche Armee im Ausland ab. Mit wachsendem Erfolg forderten sie aber auch eine Beendigung der Besatzung. Schließlich versuchte Sebastian Plinganser, einer der Anführer der Rebellen, den Aufstand auszudehnen und rief unter Pseudonym dazu auf, „mit vereinbarten Kräften auf die Feinde loszugehen, solche aus dem Lande zu vertreiben, nächstdem die alt Churbaiersche Libertät empor zu heben". Damit wurde die lokale Erhebung zu einem landesweiten Aufstand gegen die kaiserlichen Besatzer.

Der Plan zur Eroberung von München

Weitere Erfolge der Aufständischen – die zeitweise Eroberung von Kelheim, von Landau an der Isar und mehrerer anderer Städte veranlassten den ehemaligen kurbayerischen Kriegskommissar Matthias Ägidius Fuchs Anfang Dezember dazu, auch eine Besetzung der Residenzstadt in Betracht zu ziehen, der Zustrom zu den Aufständischen war inzwischen so groß, daß kaiserliche Truppen unter dem Kommando des Freiherrn de Wendt aus dem Niederbayerischen bis in die Umgebung von München zurückgetrieben werden konnten. An die 16.000 Mann umfasste die Bewegung bereits in Niederbayern. Die kaiserliche Verwaltung reagierte mit äußerster Schärfe. Nicht nur, dass der „rottierten rebellischen Baurschafft" der Galgen und das Schwert angedroht wurden mit Einzug des Vermögens, auch deren Eltern wurde mit Brandschatzung und Plünderungen gedroht, wie auch ganzen Dörfern und Höfen, aus denen die Rebellen stammten.

Der Plan des Ägidius Fuchs zur Einnahme von München durch Oberländer Rebellen nahm konkretere Gestalt an. Fuchs konnte den Tölzer Pflegskommissär Dänkel als Unterstützer gewinnen, der Anzinger Postmeister Franz Kaspar Hierner verhandelte in München Mitte Dezember mit dem Weinwirt und Mitglied des Äußeren Stadtrats Johann Jäger, dem Weinwirt Johann Küttler und dem Brauer Georg Hallmayr, um weitere Unterstützer in der Stadt selbst zu finden. Besonders erfolgreich waren sie damit nicht, immerhin wollte der Eisenhändler Sebastian Senser – auch er war Mitglied des Äußeren Stadtrats – den Rebellen im Marsch auf München die Schlüssel zu den Stadttoren verschaffen. Max Daiser, der Sohn von Franz Daiser, Aumeister im Lehel, versicherte, die Zuflüsse zu den Stadtbächen abzusperren, um den Zugang zur Innenstadt zu ermöglichen. Eine wirkliche Solidarisierung mit den ländlichen Aufständischen war das beileibe nicht. Offensichtlich empfanden die Bewohner der Residenzstadt die kaiserliche Besatzung weit weniger belastend.

Trotzdem gingen die Vorbereitungen zur Einnahme der Hauptstadt weiter. Am 18. Dezember erschien in Tölz ein von den Rebellen in München (in erster Linie Johann Jäger und der Regierungsadjunkt Ignaz Haid) verfasstes Manifest mit der Forderung, die kaiserliche Besatzung notfalls mit Gewalt aus dem Land zu schaffen um den Frieden wiederherzustellen. Man wolle nicht gegen Kaiser und Reich aufbegehren, sondern handle aus eigener Notwehr. Der eigenen Ständevertretung, der Landschaftsverordnung kündigten sie wegen deren Kollaboration mit den Besatzern den Gehorsam auf.

Eine Fälschung zur Motivation

Um den 18. Dezember 1705 trafen sich im Tölzer Franziskanerkloster – organisiert von Fuchs und Dänkel – Beamte, Bauern und Landvolk der Umgebung. Sie wurden von der vermuteten Entführung der kurfürstlichen Prinzen nach Österreich informiert, die immer noch in der Residenz Hof hielten, während man der Kurfürstin die Einreise verweigert hatte. Außerdem wurde eine umfassende Mithilfe der Münchner Bürger versichert und zu den „maßlosen Übertreibungen" auch ein Mandat des Kurfürsten Max Emanuel selbst aus seinem Exil in Brüssel vorgetragen, in dem er seine Untertanen dazu aufforderte „solche unchristlichen Beschwerungen" der Kaiserlichen nicht länger hinzunehmen und damit nicht nur dem Landvolk, sondern v.a. den anwesenden Beamten der kurfürstlichen Verwaltung eine patriotische Pflicht übertrug, das Land zu retten.

Aber: das vermeintliche Mandat von Max Emanuel war eine Fälschung der Auständischen, es stammte aus der Feder des Geheimen Kanzleisekretärs Urban Heckenstaller, um weitere Mitstreiter zu gewinnen. Denn der Kurfürst hatte den Aufstand keineswegs gutgeheißen, sondern ganz allgemein als Revolte gegen die Obrigkeit verstanden. Kriegskommissar Fuchs verfasste in der Folge ein Schreiben, eigentlich einen Befehl der Landesdefension, in dem deren Angehörige aufgefordert wurden, sich am 22. Dezember mit ihren Waffen in Hohenschäftlarn einzufinden, um die kaiserlichen Truppen „aus dem landt zuverjagen und hierdurch unser liebes vatterlandt in einen sicheren rhuestandt zu setzen". Die sogen. Landesde-

Braunauer Parlament

Eigentlich eine Versammlung der Landesdefension, es sollte sich aus Vertretern des Adels, der Geistlichkeit, der Bürger und der Bauern zusammensetzen und die höchste Autorität des Aufstands bilden. Die Vertreter der Geistlichkeit fehlten allerdings völlig und nur wenige Mitglieder des Adels waren anwesend. Zum ersten Mal tauchte hier das Wort Parlament in Bayern auf.

Karikatur, erschienen in Österreich 1706.

fension umfasste die bürgerliche und bäuerliche Miliz, Schützengesellschaften und Gebirgsschützen, die vom Landesherrn in Kriegszeiten innerhalb des Landes eingesetzt werden konnte im Gegensatz zum stehenden Heer, das auch außerhalb der Landesgrenzen für offensive militärische Zwecke verwendet wurde. Die Anführer der Volkserhebung nutzten diese Organisationsform für den Aufstand. Der Befehl des Kriegskommissars Fuchs wurde handschriftlich vervielfältigt und den umliegenden Gemeinden zugestellt, damit war er für die Mitglieder der Landesdefension verpflichtend.

Aufbruch zum Marsch nach München

Über 2.700 Mann kamen schließlich aus den umliegenden Gemeinden tatsächlich in Hohenschäftlarn zusammen, die Gerichte in Weilheim und Murnau sowie die Klöster Ettal, Bernried und Polling waren der Aufforderung nicht nachgekommen. Erwartet hatten die Anführer um die 20.000 bewaffnete Männer. Die Ausrüstung der erschienenen „Landesverteidiger" war schlecht: nur 300 Mann waren beritten, 900 Mann hatten Feuerwaffen, alle anderen nur Spieße, Hellebarden und Morgensterne oder bäuerliche Werkzeuge wie Sensen, Mistgabeln und Stangen.

Zu den erschienenen Teilnehmern gehörten Mitglieder aller Schichten der ländlichen Bevölkerung, v.a. der bäuerlichen Schicht: Bauernsöhne, Knechte, Hilfskräfte in der Landwirtschaft, aber auch Handwerker, Wirte, viele ehemalige Soldaten der aufgelassenen bayerischen Armee, mehrere Beamte der kurfürstlichen Verwaltung und Hofbedienstete, die allermeisten jünger als 30 Jahre, nur der Adel und die Geistlichkeit fehlten.

Gegen den Willen des Schäftlarner Abtes berieten sich die Anführer am Nachmittag des 23. Dezember im Kloster. Die Voraussetzungen für eine Eroberung der Residenzstadt waren offensichtlich schlecht. Die Anzahl der erschienen Männer war zu gering, ihre Ausrüstung vollkommen ungenügend. Unklar war die Unterstützung durch die Münchner Bürger und zu den anrückenden niederbayerischen Rebellen hatte man keinen Kontakt: sie waren für eine Eroberung der Stadt unbedingt notwendig. Oberbefehlshaber wurde der Hauptmann Matthias Mayer, der zwar erklärte, das ganze Unternehmen sei zum Scheitern verurteilt, aber die Leitung übernahm, als man ihm mit der Erschießung drohte.

Zweifel und Unsicherheiten

Die berechtigten Warnungen vor einem übereilten Sturm auch von Maximilian Alram aus Valley und vielen ehemaligen Offizieren und Beamten wurden u.a. vom Münchner Jägerwirt, dem Juristen Passauer und dem Jäger Adam Schöttl in den Wind geschlagen und der Abmarsch für den nächsten Tag zur Mittagszeit festgesetzt. Am Mittag des 24. Dezember 1705 brachen die Männer auf, aber auch auf dem Weg nach München gab es noch Kritik und Absichten zum Rückzug. Teile des Aufgebots kehrten sogar um, wurden aber wieder mit Gewaltandrohungen eingefangen und zum Marsch Richtung Sendling gezwungen, viele der Aufständischen nutzten die allgemeine Unsicherheit zur Desertation wie der Tölzer Wirt Franz Jäger und der Kriegskommissar Fuchs, der eigentlich die Hauptverantwortung für den Zug der Oberländer trug.

Ankunft in Thalkirchen

Nachts um 22 Uhr waren ca. 2.200 Oberländer in Thalkirchen angekommen, Proviant und Bier wurden ausgegeben, das mit Flößen von Tölz hierher kam. Die Männer wurden in drei Gruppen geteilt: unter Führung des Leutnants Houis rückte eine Gruppe entlang der Isar vor bis zum Roten Turm, dem westlichen Brückenkopf der heutigen Ludwigsbrücke, eine Gruppe unter der Führung des ehemaligen Leutnants Aberle Richtung Glockenbach vor dem Angertor und die Berittenen und die eigentlich am schlechtesten bewaffneten Mannschaften blieben in Untersendling, wo auch das Hauptquartier beim Großwirt am heutigen Harras eingerichtet wurde.

Sendlinger Mordweihnacht

Panorama der Sendlinger Mordweihnacht, 1905

Kampf um den Roten Turm

Der Rote Turm an der Isarbrücke konnte kampflos eingenommen werden, von dort aus begannen die Schützen unter der Leitung des Hofkochs Engelhart mit den von den Kaiserlichen zurückgelassenen Geschützen auf die Stadt zu schießen. Da das vereinbarte Signal ausblieb, mit dem die Bereitschaft der Münchner Bürgerschaft signalisiert werden sollte, griffen die Aufständler vom Roten Turm aus um 4 Uhr früh die Befestigungen vor dem Isartor an – ohne Erfolg und wurden schließlich von der Stadt her von zwei fränkischen Kompanien und den vom Gasteig her anrückenden Truppen unter Befehl von Kriechbaum zurückgedrängt und aufgerieben. Nur wenige konnten entkommen, u.a. Leutnant Aberle. Der Rote Turm war wieder in der Hand der Kaiserlichen. Kriechbaum konnte mit seinen Truppen in die Stadt einziehen.

Gemetzel am Glockenbach

Vom Sendlinger Tor aus griffen berittene Kaiserliche die Gruppe der Aufständischen am Glockenbach an, die fränkischen Truppenteile kamen vom Isartor hinzu. Die schlecht ausgerüsteten Oberländer konnten keinen nennenswerten Widerstand leisten und wurden in einem gnadenlosen Gemetzel aufgerieben, verwundet, getötet oder gefangen genommen. Zu denen, die nach Sendling fliehen konnten, gehörte auch deren Kommandant, Oberleutnant Johann Clanze.

Das Ende der Oberländer in Untersendling

Von zwei Seiten gingen die kaiserlichen Truppen gegen die in Untersendling verbliebenen und die von den anderen Kampforten geflohenen Oberländer vor: Eine Kavallerie-Truppe unter dem Oberst Johann Graf von Eckh war vom Gasteig aus entlang des rechten Isarufers weiter südlich marschiert, hatte mit Mühe die Isar durchschritten und verfolgte gemeinsam mit den Münchner Kavallerie-Einheiten flüchtende Oberländer bis zum Forstenrieder Wald. Anschließend umstellten die ca. 650 Reiter Sendling. Stadtkommandant Johann Baptist de Wendt und der Befehlshaber des österreichischen Infanterie-Regiments, Generalwachtmeister Georg Friedrich von Kriechbaum marschierten mit ca. 2.000 Mann von der Altstadt durch das Sendlinger Tor nach Sendling, wo sie am 25. Dezember um 10 Uhr vormittags eintrafen und sich nördlich des Dorfes aufstellten.

Kapitulation der Oberländer

Damit waren die Oberländer eingeschlossen und auch der Münchner Jägerwirt hatte erkannt, dass alles verloren war. Er ritt zum Großwirt, legte sich dort ins Bett

und stellte sich krank. Bei den Aufständischen blieben nur noch Clanze, Aberle und Hauptmann Matthias Mayer, der sofort ein Trommelsignal, die „Chamade", schlagen ließ als Ankündigung der Kapitulation. Kriechbaum forderte zuerst die Offiziere unter den Aufständischen auf, das Dorf ohne Waffen zu verlassen und versprach dann den etwa 700 bis 800 noch in Sendling verbliebenen Männern Pardon, wenn sie ihre Waffen niederlegten und aus den Häusern, dem ummauerten Friedhof und ihren Stellungen herauskämen, was sie auch taten: Am nördlichen Rand des Dorfes, heute der kleine Park nördlich der Auffahrt zum Sendlinger Berg sammelten sie sich ohne Waffen, knieten nieder, erhoben die Hände und beteten mit ihren Rosenkränzen in der Hoffnung auf Gnade. Aber die kaiserlichen Reiter fingen sofort an, auf die wehrlosen Oberländer einzudreschen und ebenso die nachfolgenden Infanterietruppen.

Ein entsetzliches Blutbad folgte. Einige der Opfer konnten zurück ins Dorf fliehen und in die Kirche St. Margret. Aber auch dort wurden sie von den kaiserlichen Soldaten niedergemacht. Die Soldaten rissen den Opfern die Kleider vom Leib und plünderten in Untersendling jedes Haus, auch 150 Pferde der Sendlinger Bauern wurden konfisziert. Die „Sendlinger Bauernschlacht" wie sie zumeist genannt wird, war im Grunde genommen keine Schlacht mit annähernd vergleichbar ausgerüsteten Gegnern, sondern ein Gemetzel und eher ein Kriegsverbrechen der kaiserlichen Truppen, nachdem sich die Oberländer ohne Gegenwehr ergeben hatten. Die verantwortlichen Offiziere der Reichstruppen versuchten denn auch später, ihre Schuld an den Vorgängen zu negieren.

Die Opfer in Sendling und München

Insgesamt sind bei den drei Kampfstätten vor dem Isartor 400 Oberländer gefallen, am Glockenbach vor dem Angertor 200 und in Sendling ca. 400. Nach den Aufzeichnungen der Münchner Pfarrämter wurden 1.066 Tote bestattet: u.a. auf dem Alten Südlichen Friedhof 682, auf dem Friedhof der Frauenkirche 90 und auf dem Sendlinger Friedhof 204 Mann, einige der Geflüchteten, die sich verletzt in ihre Heimatgemeinden retten konnte, sind dabei nicht erfasst. Nur 107 Aufständische blieben unverletzt. Von den kaiserlichen Truppen wurden 40 Soldaten verletzt oder getötet.

Sendlinger Mordweihnacht

Der Bayrischen Rebellen Rädelsführer Erste EXECUTION Lohn und Warnung-Gesangs-Weiß vorgestellt;

Im Ton: Ach / daß ich Wasser und Thränen gnug hätte.

Im Jahr 1706.

Geköpft und gevierteilt

Zur Abschreckung vor weiteren Aufständen ließ man die Rädelsführer am 29. Januar 1706 auf dem damaligen Schrannenplatz, dem heutigen Marienplatz hinrichten: Johann Aberle, Johann Clanze, Sebastian Senser und Georg Küttler (Kidler) wurden mit dem Schwert enthauptet. Küttler, wie auch der erst im März hingerichtete Jägerwirt wurden gevierteilt und die Leichenteile an den vier Stadttoren aufgehängt. Ihre abgeschlagenen Köpfe wurden am Isartor aufgesteckt.

Ende des Aufstands in Niederbayern

Nach den in Steinhöring erhaltenen Meldungen über das Blutbad in Sendling gab der Befehlshaber der unterländer Aufständischen Johannes Hofmann den Befehl zum Rückzug. Ihm war klar, dass der gemeinsame Angriff der unter- und oberländer Mannschaften gescheitert war und eine Fortsetzung des Marsches auf München damit zu riskant. Beim Rückzug verlor Hoffmann zahlreiche Mannschaften. Am 8. Januar 1706 stellten sich die Mitglieder der Landesdefension in Niederbayern unter seinem Kommando bei Aidenbach und ergriffen in Panik die Flucht, als General von Kriechbaum mit seinen Truppen anrückte. Die Opferzahlen unter den Aufständischen waren noch höher als die in Sendling und München, man rechnete mit 2.500 bis 4.000 Toten auf der Seite der Aufständischen, bei den kaiserlichen gab es nur acht Tote und Verletzte.

Und der Kurfürst ?

Über Max Emanuel wurde im April 1706 die Reichsacht verhängt, damit verlor er alle Ämter und Würden, die kaiserlichen Alliierten eroberten im Mai 1706 Flandern und Brabant. Max Emanuel musste auch aus seiner Brüsseler Residenz fliehen und kam als „Graf von Haag" am Hof des französischen Königs Ludwig XIV. in Versailles unter. Im März 1714 wurde mit dem Rastatter Frieden der Spanische Erbfolgekrieg beendet, u.a. erhielt Österreich zahlreiche Gebiete der spanischen Krone. Dem Vorschlag Max Emanuels zu einem Tausch von Bayern gegen ein Königreich der Niederlande widersetzten sich u.a. Frankreich und Preußen, Österreich hätte dem zugestimmt. Max Emanuel erhielt die früheren Würden und seinen Besitz zurück und wurde wieder als Kurfürst von Bayern eingesetzt. Am 8. April 1715 betrat er wieder bayerischen Boden, in München fuhr er am 10. April nachts um 23 Uhr in aller Stille ein. 1726 starb er, sein Nachfolger Karl Albrecht übernahm eine Schuldenlast von 26 Mill. Gulden (die er allerdings noch vergrößerte).

Erstürmung des Roten Turms 1705, Franz v. Defregger, 1881

Deutungen

Kurfürst Max Emanuel, der nach Belgien und Frankreich geflohene Verursacher verurteilte den Bauernaufstand als Revolte gegen die Obrigkeit – wie auch die besetzenden Reichstruppen. Auch wenn er manche Rädelsführer – soweit sie nicht durch die Besatzungsmacht direkt hingerichtet worden waren – später wieder in Diensten nahm bzw. nicht verfolgte, eine Anerkennung als patriotische Heldentat war von ihm nicht zu erwarten, im Gegensatz zu einem seiner Nachfolger: König Ludwig I., der nach einem Vorschlag von Johann Andreas Schmeller von 1818 ein Erinnerungsdenkmal in Auftrag geben ließ, das bei Stiglmaier in Bronze gegossen und 1831 im Südlichen Friedhof eingeweiht wurde. Heute betrachten viele die Geschehnisse von 1705 als tatsächliche Revolution gegen die regierenden Fürsten und Volksaufstand.

Schmied von Kochel

Der Schmied von Kochel ist die bekannteste Figur des bayerischen Volksaufstands von 1705/06. Er soll bereits in den Türkenkriegen unter Max Emanuel eine heldenhafte Rolle eingenommen haben und im Alter von 70 Jahren bei dem Gemetzel an der Sendlinger Kirche als letzter Mann gefallen sein. Historische Belege gibt es dafür nicht. Der damalige Schmied von Kochel hieß Georg Heinrici und hat wahrscheinlich beim Aufstand gar nicht teilgenommen. Nur im Sterbebuch der Pfarrei Neukirchen ist bei den in der Mordweihnacht 1705 Gefallenen ein Schmied eingetragen: Balthasar Riesenberger aus dem Weiler Bach in der Grafschaft Valley. Bekannt wurde die sagenhafte Gestalt vor allem durch das Fresko von Wilhelm Lindenschmit an der Nordwand der alten Sendlinger Kirche, das er 1830 ausgeführt hat. Lindenschmit bezog sich selbst auf „Gehörtes", auf eine Sage von einem riesenhaften Mann, dem Schmied Balthasar Maier vom Kochelsee, der sich schon beim Angriff auf den Roten Turm als Held gezeigt hat. Eine im gleichen Jahr erschienene Publikation des Philologen und Sportpädagogen Hans Ferdinand Maßmann beschreibt ihn „nach der Überlieferung" und der Schriftsteller Ferdinand Joseph Gruber 1832 als denjenigen, der auf dem Sendlinger Schlachtfeld als letzter die „weißblaue bayerische „Löwenfahne" hochgehalten hat, nachdem er seine beiden Söhne hat sterben gesehen. Verbreitet wurde die Sage des Schmied von Kochel nicht nur durch zahlreiche Publikationen und Beschreibungen, sondern auch durch Gedichte, Theaterstücke, Volksschauspiele und Filme. In zahlreichen Gemälden und Zeichnungen wird er wahlweise mit der bayerischen Fahne, einer eisernen Keule oder einem Wagenbaum dargestellt, mit dem er den Roten Turm erstürmt haben soll. Der Schmied von Kochel wurde zum Nationalhelden als Symbol für die Tausenden von Freiheitskämpfern des Volksaufstands, als Identifikationsfigur bei Heimat- und Trachtenvereinen, politischen Gruppierungen und Vaterlandsvereinen und schließlich als prominentes Aushängeschild für den Sendlinger Kochelbräu.

Fresko von Wilhelm Lindenschmit

Der Historienmaler Wilhelm Lindenschmit d. Ä. (1806–1848) stammte aus Mainz, studierte in Wien und München und war Mitarbeiter des Malers Peter von Cornelius. Sein bekanntestes Werk ist die Darstellung der Sendlinger Bauernschlacht an der Nordwand der alten Sendlinger Kirche St. Margret aus dem Jahr 1830. Das originale Fresko wurde 1895 abgenommen, durch seinen Sohn Wilhelm Lindenschmit d. J. neu gemalt und 1896 nach dessen Tod von seinem Enkel Karl Heinrich Hermann fertig gestellt. Später folgten noch mehrere Abänderungen und Restaurierungen, zuletzt 2003/04. Im Fresko von Lindenschmit ist zum ersten Mal der Schmied von Kochel bildlich dargestellt und folgt der Beschreibung von Hans Ferdinand Maßmann, nach dem i.Ü. das Maßmannsbergl benannt ist.

Sendlinger Mordweihnacht

Straßenbennungen nach den Teilnehmern des Aufstands

Im Jahr 1878, ein Jahr nach der Eingemeindung nach München wurden die ersten Straßen in Sendling nach Personen benannt, die beim Bauernaufstand eine bedeutende Rolle eingenommen hatten, zunächst waren das Georg Sebastian Plinganser aus Postmünster bei Pfarrkirchen, Georg Meindl, der „Jägerwirt" Johann Jäger und Johann Sebastian Senser. Ende des 19. Jahrhunderts folgten weitere Straßenbenennungen auch nach den Herkunftsorten der Aufständischen.

Aberlestraße

Johann Georg Aberle (geb. in Esslingen) war Adjutant im Lützelburgischen Regiment, später Korporal der Leibgarde der Kurfürstin Therese Kunigunde. Aberle war eine der führenden Persönlichkeiten des Aufstands, v.a. in Tölz bei der Vorbereitung des Angriffs auf München. Er leitete die Einnahme des Roten Turms, beim Blutbad in Sendling konnte er entkommen und wurde 1706 verhaftet und auf dem Schrannenplatz mit dem Schwert hingerichtet.

Alramstraße

Maximilian Alram war kurfürstlicher Pfleger der Grafschaft Valley (etwa einem Landrat entsprechend) und gehörte zu den Organisatoren des Oberländer Aufstands. Einer Verhaftung kam er durch Flucht zuvor.

Clanzestraße

Johann Clanze (um 1667–1706), geboren in Warrenberg im Herzogtum Jülich, war um 1700 Soldat in der kurbayerischen Infanterie, zuletzt Oberleutnant. Nach der Schlacht bei Höchstädt und der Auflösung der Bayerischen Armee diente er in der Garde der Kurfürstin. In der Mordweihnacht gefangen genommen und am 29. Januar 1706 auf dem Schrannenplatz hingerichtet, wobei der Henker vier Hiebe mit dem Richtschwert benötigte, um seinen Kopf vom Rumpf zu trennen.

Daiserstraße

Franz Daiser (1635–1705) war Aumeister im Lehel und leitete am Nachmittag des 24. Dezember 1705 mit seinem Sohn Max das Wasser der Stadtbäche ab, um damit den Zugang zur Stadt für die Aufständischen zu ermöglichen. Der 70-jährige Franz Daiser wurde in der Mordweihnacht auf seinem Ritt zur Weihnachtsmette von kaiserlichen Soldaten erschossen.

Danklstraße

Joseph Ferdinand Dankl (auch Dänkel, 1676–1736) war kurfürstlicher Pflegskommissär in Tölz und einer der Organisatoren des Oberländer Aufstands. Er befehligte die 300 Reiter, die nach München zogen, zog sich aber zurück, als er erkannte, dass das Unternehmen aussichtslos war. Nach dem gescheiterten Aufstand versuchten Tölzer Bauern ihn am 28. Dezember zu lynchen, „weil er sie alle ins Unglück geführt habe". Er konnte fliehen. 1715 wurde er wieder in sein Amt eingesetzt.

Engelhardstraße

Sebastian Engelhard war Hofkoch in der Münchner Residenz. Er besetzte mit 50 Schützen den Roten Turm.

Heckenstallerstraße

Urban Heckenstaller (gest. 1748) war kurfürstl. Geheimer Kanzleisekretär. Er gilt als Mitverfasser der Manifestation der Landesdefension Oberland, die zum Aufstand führte. Nach der Niederschlagung des Aufstands flüchtete er nach Freising ins Franziskanerkloster, nach 1715 wurde er wieder in den kurfürstlichen Dienst aufgenommen.

Hofmannstraße

Johann Hofmann (geb. in Plystein) war kurfürstlicher Offizier und Oberst der Landesdefension. Er war militärischer Oberbefehlshaber der niederbayerischen Aufständischen. In der Schlacht bei Aidenbach ließ er seine Mannschaften im Stich und floh zu französischen Truppen in Oberitalien, wurde dort vom kaiserlichen Militär verhaftet und 1707 in Braunau enthauptet.

Jägerwirtstraße

Johann Jäger (geb. um 1667) war der Sohn eines Tölzer Bürgermeisters, Anführer der Münchner Bürgerwehr und Weinwirt in der Löwengrube. Auf Befehl des Kurfürsten Max Emanuel wurde er Mitglied des Äußeren Rats der Stadt. Am 17. März 1706 wurde er auf dem Schrannenplatz hingerichtet und gevierteilt.

Kidlerstraße

Johann Georg Küttler (auch Khidler, geb. um 1674) stammte aus Thanning bei Wolfratshausen und erhielt 1700 das Bürgerrecht in München. Durch Heirat kam er zu einem Weinhaus im Tal (heute Hausnr. 30). Küttler war wohlhabend und angesehen und mit Johann Jäger befreundet. Nach dem gescheiterten Aufstand flüchtete er sich in das Münchner Franziskanerkloster, aus dem er von Soldaten gewaltsam herausgeholt wurde. Küttler wurde am 29. Januar 1706 auf dem Schrannenplatz mit dem Schwert hingerichtet und gevierteilt.

Kyreinstraße

Johann Christoph Kyrein war einer der vier Bürgermeister von Tölz, die ihre Bürger unter Androhung des Verlustes der Bürgerrechte zur Teilnahme an der Landesdefension aufriefen, etwa 600 Mann folgten dem Aufruf und stellten damit eine der größten Gruppe im gesamten Aufgebot.

Matthias-Mayer-Straße

Matthias Mayer (1666– um 1720), ehemals Hauptmann der Bayerischen Armee und einer der Anführer der Oberländer. Als er erfuhr, dass die niederbayerischen Aufständischen nicht rechtzeitig zum Sturm auf München ankommen würden, warnte er vor einem überstürzten Angriff. Er kapitulierte in Untersendling, als die Aufständischen von den kaiserlichen Truppen eingeschlossen waren und setzte sich vergeblich für die wehrlosen Oberländer ein. Einkerkerung im Falkenturm, erst nach der Rückkehr des Kurfürsten 1715 kam er wieder frei und wurde 1716 auch wieder in den kurbayerischen Dienst aufgenommen.

Meindlstraße

In Weng im Innviertel als Sohn eines Tafernwirts geboren, lernte Georg Meindl (1682–1767) am Jesuitengymnasium in Burghausen Sebastian Plinganser kennen. Meindl hatte vermutlich Jura studiert und war für seine Redegewandheit bekannt. Er wurde einer der militärischen Anführer des Aufstands in Niederbayern und war maßgeblich beteiligt an der Einnahme der Stadt Braunau. Nach der Aidenbacher Schlacht 1706 verbarg er sich zunächst in seiner Heimat und wurde später (möglicherweise unerkannt) Offizier beim Erzbischof von Salzburg. Er wurde zu einer legendären und sagenumwobenen Figur im Innviertel, da er nicht im „heldenhaften Kampf" gefallen war, sondern zielbewusst, mutig und schlau den Kaiserlichen begegnete.

Passauerstraße

Anton Passauer (geboren in Ingolstadt, gest. 1749 in Viechtach) studierte Jura in Ingolstadt. 1705 wohnte er beim Jägerwirt von Sendling. Er wurde zum Anführer der Tölzer Schützen und konnte in der Mordweihnacht fliehen. Er gilt als einer der radikalsten Befürworter des Aufstands. 1730 ist er in Viechtach nachweisbar.

Plinganserstraße

Georg Sebastian Plinganser (1878–1738) studierte Jura und war als kurfürstlicher Beamter im Pflegamt in Pfarrkirchen tätig. Er bestimmte in seiner Funktion als „kurbairischer Landesdefensions-Kriegskommissär" von Braunau aus die „revolutionären Ziele des Aufstands". 1706 in Altötting verhaftet, 1710 entlassen, danach Rechtsanwalt in München und bis zu seinem Tod Kanzler des Reichsklosters St. Ulrich in Augsburg. Plinganser wurde schon zu Beginn des 19. Jh. in Publikationen als vorbildlicher Patriot beschrieben. Beinahe hätte er um 1860 auch ein Denkmal in München erhalten, wenn nicht die kgl. Akademie mit dem Hinweis auf sein „wenig heroisches Gnadengesuch" Bedenken gehabt hätte.

Pognerstraße

Johann Pogner war Weinwirt im Tal. Er wurde 1706 auf dem Schrannenplatz geköpft und gevierteilt.

Schöttlstraße

Adam Schöttl (gest. 1727), genannt der Jäger-Adam von Fall war Anführer der Gebirgsschützen des oberen Isartals. Er nahm eine maßgebliche Rolle ein bei der Eroberung von München. Er konnte in der Mordweihnacht fliehen und wurde nach der Rückkehr von Max Emanuel kurfürstlicher Förster in Höhenkirchen.

Senserstraße

Johann Sebastian Senser (um 11665–1706) war Eisenhändler, Mitglied des Äußeren Rates der Stadt und Fähnrich der Münchner Bürgerwehr. Am 28. Dezember 1705 wurde er verhaftet und am 29. Januar 1706 auf dem Schrannenplatz hingerichtet.

Straßennamen nach den Herkunftsorten der Aufständischen

Arzbacher Straße, Dietramszeller Straße, Gaißacher Straße, Geltinger Straße, Gmunder Straße, Gotzinger Straße, Jachenauer Straße, Königsdorfer Straße, Lenggrieser Straße, Marbachstraße, Reutberger Straße, Schaftlachstraße (Thalkirchen), Tölzer Straße, Valleystraße, Waakirchner Straße, Wackersberger Straße.

Aidenbachstraße

Benannt nach dem Ort der Schlacht in Niederbayern am 7. Januar 1706.

Oberländer Straße

In Erinnerung an die Rebellen des Oberlands.

Schmied von Kochel-Straße

Bereits 1878 wurde eine Straße nach der legendären Gestalt des Schmied von Kochel benannt und 1911 sein Denkmal als Symbol für alle Aufständischen am Sendlinger Berg errichtet.

NS-Zeit in Sendling

Parteilokal der Ortsgruppen der NSDAP in der Daiserstraße 3.

Ausgrenzung jüdischer Mitbürger

In Sendling wohnten vergleichsweise wenige jüdische Familien und nur einige begüterte jüdische Unternehmer wie die Familien Gutmann und Both, denen größere Geschäfte in Sendling gehörten.

Arisierungen

Das Parteilokal der Ortsgruppen Mitter- und Untersendling war in der Daiserstraße 3, eine weitere Ortsgruppe existierte in Obersendling, sie organisierten auch Boykotte gegen die lokalen Geschäfte und beteiligten sich an Verwüstungen. Mit den „Nürnberger Gesetzen" vom 15. September 1935 verlangte das NS-Regime mit seinem rassistischen Antisemitismus den „Ariernachweis". Danach waren Eheschließungen zwischen „Ariern" und Juden verboten. Die jüdischen Mitbürger wurden systematisch aus dem öffentlichen Leben verdrängt. Nach der „Reichspogromnacht" des 9. November 1938 verschärften sich die Maßnahmen des NS-Regimes drastisch. Mehr als 10.000 Juden wurden allein in das Kozentrationslager Dachau verbracht. Danach nahmen auch die wirtschaftlichen Sanktionen gegen jüdische Betriebe zu. Schon seit März 1933 waren jüdische Betriebe von der Vergabe städtischer Aufträge ausgeschlossen. Nach 1938 wurden Juden auch die Gewerbescheine entzogen.

Viele jüdischen Bürger konnten sich zwar ab 1933 bis 1942 retten, ungefähr 3.000 in München lebenden Juden gelang dies jedoch nicht. Ein erster Transport von 1.000 jüdischen Münchnerinnen und Münchnern wurde am 20. November 1941 von Milbertshofen aus nach Kaunas in Litauen verbracht, dort wurden die meisten von ihnen erschossen.

Auch in Sendling wurden jüdische Unternehmer drangsaliert, verfolgt und ermordet. So wurde der Geschäftsmann Fritz Josephson und seine nichtjüdische Frau Marie schikaniert, ihr Besitz beschlagnahmt, beide verhaftet und Josephson gezwungen, seinen Vertrieb in der Plinganserstraße 76 zu verkaufen. Unter der Firmenbezeichnung „Kupor" vertrieb er Papier- und Pappmaché-Waren. Ähnliches geschah dem Pharmazeuten Abraham Reichold. Ihm wurde auch aus rassistisch-„gesundheitlichen" Gründen, die Herstellung seiner pharmazeutischen Produkte verboten und eine „Arisierung" seines Betriebs erzwungen. Reichold wurde im Juni 1942 nach Theresienstadt deportiert, kehrte aber nach Kriegsende in seine Wohnung in der Danklstraße zurück.

Max Rindsberg, Inhaber eines der größten Kaufhäuser in Sendling an der Lindwurmstraße 205, das er von Emanuel Gutmann erworben hatte, verkaufte unter dem Druck der Boykottmaßnahmen des NS-Regimes sein Geschäft an den Augsburger Kaufmann Albert Helfferich. Mit der Vertreibung der Juden aus ihren Wohnungen wurden auch in Sendling sogen. „Judenhäuser" geschaffen, in denen jüdische Bürger ghettoisiert wurden. Dazu nutzte die NS-Arisierungsstelle ab 1939 auch das Haus

Kyreinstraße 3, das ursprünglich im Besitz der jüdischen Geschwister Bella Weil und Martin Sundheimer war. Als die ehemaligen Besitzer nach Kriegsende ihren Besitz wieder zurück forderten, wurden sie mit einer geringen Summe abgespeist.

Der Textilhändler Joachim Both hatte ein gutgehendes Geschäft in der Lindwurmstraße 185: Both & Zeimer, das er trotz massiver Einschränkungen bis zur „Reichspogromnacht" am 9. November führen konnte. In dieser Nacht wurde sein Geschäft geplündert und er in seiner Wohnung durch SA-Männer ermordet. Die genaueren Umstände hat Helga Doerfler von der Initiative Historische Lernorte in Sendling recherchiert und in der Publikation „Sendling 1933–1945" veröffentlicht.

Zwangsarbeiter

Nach Kriegsbeginn 1939 wurden im gesamten Deutschen Reich an die 5,7 Millionen zivile ausländische Arbeitskräfte beschäftigt, dazu kamen zahlreiche Kriegsgefangene und KZ-Häftlinge, die Zwangsarbeit leisten mussten. In München arbeiteten zur Hochphase um 1943 ca. 60.000 ausländische Zwangsarbeiter. Auf dem Land waren sie v.a. in landwirtschaftlichen Betrieben eingesetzt, im Münchner Stadtgebiet in erster Linie in Gewerbe- und Industriegebetrieben, z. B. dem Feinmechanik-Werk Deckel und der Firma Uher, beide waren für die Rüstung tätig. Auch für die Firma Georg Robel & Co. und die Baufirma Karl Stöhr waren jeweils 70 bis 100 Kriegsgefangene tätig. Die Firmen Deckel, Uher und Robel hatten eigene Kriegsgefangenenlager, ein weiteres Lager gab es an der Implerstraße. Die Zwangsarbeiter wurden in der Regel von der Bevölkerung ferngehalten und je nach Nationalität und den diskriminierenden Grundsätzen der „NS-Rasse-Ideologien" untergebracht und versorgt, am schlechtesten behandelt wurden die Kriegsgefangenen aus Osteuropa, v.a. aus der Sowjetunion Russland.

KZ-Häftlinge als Zwangsarbeiter

In Sendling bestanden zwei Außenkommandos des Dachauer Konzentrationslagers. Für den Bau von drei Rüstungsbetrieben der Firmen Grunow, Widmaier und Linhof an der Koppstraße östlich der Bahnlinie wurden ab März 1942 auch Häftlinge aus dem KZ Dachau verwendet. Die Bauarbeiten unterstanden dem Architekten Karl Bückers und konnten nicht in der geforderten Zeit fertig gestellt werden. Für den dritten Bauteil wurden 40 Häftlinge aus dem KZ Dachau abgestellt. Ihre Baracken-Unterkünfte mussten die Häftlinge selbst bauen, verorgt wurden sie – allerdings schlecht – von einem naheliegenden Restaurant. Als der Rohbau fertig war, kehrten die Häftlinge wieder zurück nach Dachau.

Widerstand

Auch Widerstand gegen die NS-Herrschaft gab es in Sendling. Zwei junge Männer, Josef Krotter und Josef Rasso Mayer wurden wegen „Vorbereitung eines hochverräterischen Unternehmens" zu einer Zuchthausstrafe verurteilt. Sie hatten illegale kommunistische Schriften verbreitet. Eine Gruppe von vier Widerstandskämpfern, die der kommunistischen Arbeiterbewegung nahestand, wurde beim Druck einer Widerstands-Zeitung in der Sendlinger Rottenbucher Straße 25 verhaftet, verurteilt und monatelang in Konzentrationslagern gefangen gehalten: Franz Schneider, Ludwig Stark, Sebastian Steer und Hugo Scheurer.

Quelle: Schalm/Bösl, Sendling 1933–1945

Historische Lernorte Sendling

Zu den Vorgängen in Sendling während der NS-Zeit hat in umfangreicher Weise die Initiative „Historische Lernorte Sendling" beigetragen. Mit vielen Recherchen, Aktionen und Ausstellungen hat die Aktionsgruppe Orte und Ereignisse der NS-Zeit in Sendling der heutigen Einwohnerschaft in Erinnerung gebracht. Im Sommer 2008 hat die Initiative zusammen mit dem Künstler Wolfram Kastner die Aktion „20 Koffer, weiß" in Szene gesetzt. Schon an mehreren Stellen in Sendling wurden vom Künstler Gunter Demnig „Stolpersteine" gesetzt: am 17. Mai 2009 und am 20. November 2011 in der Kyreinstraße 3, dem ehemaligen Judenhaus und am 18. April 2013 in der Lindwurmstraße 2015 vor dem ehemaligen Kaufhaus Gutmann, als Erinnerung an die dort lebenden jüdischen Mitbürgerinnen und Mitbürger. Insgesamt wurden bisher bereits 14 Stolpersteine in Sendling gesetzt.

Stolpersteine am Haus Kyreinstraße 3

D'Sendlinga san do

„Mir san keine Münchner, mir san Sendlinger"

Der Sendling galt als robust, nahezu unverwüstlich: gute Qualität, eine vorbildliche Konstruktion und schön war er auch noch. Die Rede ist vom Dieselmotor, der bei den Sendlinger Motorenwerken seit 1899 hergestellt wurde. Manche Sendling-Diesel laufen noch heute. Die Firma von Otto Vollnhals hatte den Namen für ihre Motoren wohl nicht nur nach dem Herstellungsort gewählt. Sendling – das war auch eine Marke, die für ein solides Produkt stand. Nicht ganz entfernt von dem Selbstverständnis mancher Sendlinger von heute, die sich zum einen eine gewisse Gelassenheit und Bodenständigkeit nachreden lassen – ganz im Gegensatz zu den Bewohnern der „g'schleckten" Viertel wie dem Glockenbachviertel und zum anderen eine gewisse – na ja – Hartnäckigkeit. Die Marke Sendling funktioniert immer noch: wenn etwa der „Rapper" MC Harras alias Philipp Goller seinen Anspruch auf „Represendling" definiert: *„Nur Sendling, Mann, ist endskorrekt"* und Georg Ringsgwandl fast romantisch sein *„Untersendling"* besingt.

Die Bezeichnung Sendling gibt es erstaunlicherweise für eine ganze Reihe von Produkten: eine Schlepptender-Lokomotive, ein Feuerwehrauto, ein Sofa, ein Brillenmodell und eine wetterfeste Außenleuchte, um nur einige zu nennen: alle recht robust.

In der Geschichte von Sendling hat es immer genügend resolute und durchsetzungsfähige Exemplare gegeben, allen voran und für nicht wenige Sendlinger der erste, den sie nennen, wenn es um die Beschreibung ihres Viertels geht: der Schmied von Kochel, prominent am Sendlinger Berg aufgestellt. Und dabei spielt es gar keine Rolle, dass es den Schmied ja gar nicht gegeben hat.

Und d'rausbringen lassen sich die Sendlinger nicht so leicht und gefallen lassen sie sich erst recht nichts. Legendär sind die „Schlachten", die sich die Sendlinger Burschen speziell mit den Giesingern auf der anderen Isarseite geliefert haben und schon Lorenz von Westenrieder berichtet in seiner Urgeschichte von München, dass es selbst bei den einfachen Pfingstbräuchen zu schweren Raufereien gekommen ist, wenn die jungen Bauernburschen zu den benachbarten Dörfern geritten sind und dort einen gereimten Pfingstspruch vor den fremden Häusern aufgesagt haben – es wurde halt dann verboten.

Auch ein Sendlinger: Der Illustrator Josef Mauder zeichnet die Sendlinger Feuerwehr, 1919

Im Sendling-Film von Reinhold Rühl singt eine ältere Sendlingerin noch den Spruch auf, den sie schon als Schulmädchen gelernt hat:

„Sendlinger samma, mir lassen uns nix g'foin,
ob's uns heit oda moing in Woidfriedhof naus trogn,
hollaradii, hollaradio, hollaridiiaho, d' Sendlinga san do.
Mir fürchtn fünfe ned, sechse, sieme aa net, mir ham
ja scho achte g'haut, und Muatta, de hot g'schaut.
Hollaradii hollaradio, hollaridiiaho, d' Sendlinga san do."

Es ist unmöglich, auch nur die wichtigsten Sendlingerinnen und Sendlinger hier aufzuführen, aber einige müssen schon noch genannt werden: als größte die Bavaria auf der Theresienhöhe, die damals, als sie aufgestellt wurde noch zu Sendling gehörte, August Schichtl mit seinem Klassiker *„Heute Hinrichtung"*, den er außer den Oktoberfestzeiten im Elysium in der Kidlerstraße aufgeführt hat und Uschi Obermaier – 68er-Ikone und laut Spiegel „Münchens schärfster Export". Ob man ihn mag oder nicht: Franz Josef Strauß – der Große Vorsitzende; Carolin Reiber – Fernsehikone; OB Thomas Wimmer – der Erfinder von *„Rama dama"* und *„O' zapft is"*, woran auch heute noch jeder OB gemessen wird, auch der jetzige: auch Dieter Reiter ist ein Sendlinger.

Sendling-Film

Der Filmproduzent Reinhold Rühl hat 2015 einen Dokumentarfilm über Sendling gedreht: „Sendling – wo man leben könnte. Ein Stadtteil zwischen Tradition und Gentrifizierung. Eine filmische Hommage an ein Münchner Stadtviertel im Umbruch". Der Film zeigt viele Facetten von Sendling: Persönlichkeiten, die sich für den Stadtteil engagieren wie Leo Brux, Gabi Duschl, Ernst Dill und Markus Lutz, der Vorsitzende des BA 6 Sendling. Besondere Orte, die den Stadtteil prägen: Großmarkthalle, Stemmerwiese, Harras, der Bunker unter der Berufsschule an der Lindwurmstraße, der Flaucher als Naherholungsparadies. Und er zeigt die Bereitschaft der Sendlinger, ihre Heimat zu verteidigen: bei der Verhinderung des Sendlinger Berg-Durchbruchs, bei der Rettung der Stemmerwiese und des Tannengartens.

Aber auch die Veränderung des Viertels wird schmerzhaft deutlich, wenn der letzte Schmied von Sendling, Christian Heinecker, seine Werkstatt in der Pfeuferstraße räumt und nach Grafrath ziehen muss. Reinhold Rühl zu seinem Film: *„Ein Film, der auch in anderen Großstädten gedreht werden könnte. Denn Stadtviertel „wo man leben könnte" gibt es viele. Die Frage ist nur: Wie lange noch?"*
www.dokumacher.de

Menschen in Sendling

Vom Werden und Sein, G'schichten aus Sendling
mit Fotografien von Stefan Caspari.
Angefangen hat es bei der ersten Stadtteilwoche in Sendling 1994. Damals hat der Fotograf und Künstler Stefan Caspari in einem mobilen Fotostudio während der Stadtteiltage 1.400 Sendlingerinnen und Sendlinger fotografiert und viele der Portraits mit Texten von Annette Jäger im Buchendorfer Verlag veröffentlicht. Inzwischen ein Kultobjekt und ein Zeitdokument, das vom Stadtarchiv München übernommen wurde. Gut 20 Jahre später, im Frühjahr und Sommer 2015 wiederholte Stefan Caspari die geniale Aktion, mit vielen der mittlerweile um 20 Jahre Älteren von 1995, die oft auch extra angereist sind und mit vielen „neuen" Sendlingerinnen und Sendlingern. In Zusammenarbeit mit der Sendlinger Kulurschmiede wurden viele der Fotos anlässlich der Stadtteilkulturwoche in den Geschäften an der Plinganserstraße ausgestellt.

Künstler in Sendling

Wolfgang Aichner, HP8
www.wolfgang-aichner.de

Ludwig Arnold
www.ludwig-arnold.de

Petra Bachmann, Fotografie
www.petra-bachmann-fotowerke.de

Benjy Barnhart, HP8
www.benjybarnhart.com

Reinhard Blumenschein
Illustrator
Schäftlarnstraße 10/Kontorhaus 1
www.blumenschein.com

Bildhaueratelier Demenat
Offene Bildhauerwerkstatt
Kidlerstraße 3
www.bildhaueratelier-demenat.de

Gisela Drescher
Freie Werkstatt für Bildhauerei und Gestaltbildung
Kidlerstraße 19 Rgb.
www.gisela-drescher.de

Gertrud Fassnacht
KunstRaum Spaziergänge
www.fengshui-raum-erwachen.de

Atelier Wolfgang Flatz
www.heaven7.flatz.net

Lore Galitz
Objekte, Malerei und Performance
www.loregalitz.de

Maximilian Gehring
www.serientaten.de

Glitzerstein Perlenladen
Sonja Sauer
Kidlerstraße 21
www.glitzerstein.com

Ekkeland Götze
Projekte mit Erde

Doris Hahlweg, HP8
www.dorishahlweg.de

Martina Hamberger-Sticken
Malerei und Skulptur
www.hamberger.com

Andrea Hillen
Malerei, Zeichnung
Gotzingerstr. 52b/2. Hof
andreahillen.com

Galerie Huren und Soehne
Kistlerhofstr. 70, Geb. 79
www.galeriehurenund-soehne.de

Niko Jahn
Malerei, Skulptur
www.nikojahn.de

Dietmar Janz
Zeichnungen, Buchunikate
www.dietmar-janz.com

Mone Kante
moving objects
Daiserstraße 44c Rgb.
mo-ob.de

Carolina Kreusch, HP8
www.carolinakreusch.com

Fred Krueger
Urbane Marterl

Christoph Lammers, HP8
www.christophlammers.com

Carolin Leyck
Malerei
www.carolin-leyck.de

Heidi Mayer
fotografie/gestaltung
Daiserstraße 40
www.heidi-mayer.de

Elsa Nietmann
Bildhauerwerkstatt
Senserstraße 5
www.elsanietmann.de

Berit Opelt
Acrylmalerei, Drucktechniken und Zeichnung
Meindlstraße 19
www.berit-opelt.de

Wilfried Petzi
Photography
Alramstraße 29
www.wilfried-petzi-fotografie.de

Susanne Pittroff, HP8
susannepittroff.de

Sybille Rath, HP8
www.sybille-rath.com

Danklsalon, Danklstraße 11

Danklsalon

Seit April 2016 wird der „Sendlinger Freiraum" als Ort für Begegnung und Gemeinschaft von der Wohnungsgenossenschaft Wogeno München eG unterhalten.

Der Raum kann für unterschiedlichste Befürfnisse gebucht werden: von der Organisatiion der „Fridays for future"-Bewegung bis zur Kunstausstellung.
www. danklsalon.wogeno.de

Kunstquartier HP8

Für fünf Jahre will der Gasteig das Areal an der Hans-Preißinger-Straße 8 als Interimslösung während des Gasteig-Umbaus nutzen. Es wird eng auf dem Grundstück, auf dem sich in den letzten Jahren eine kreative Community entwickelt hat: Künstler, Fotografen, Grafiker, Handwerker.

Die verbliebenen Künstler zeigten im Mai 2019 noch einmal in einer gemeinsamen Ausstellung ihre Arbeiten auf dem Gelände. Die meisten von ihnen werden wahrscheinlich doch nach Gesprächen mit der Gasteig GmbH während des Umbaus und der Interimsnutzung hier verbleiben können.

Goldenes Haus, Eva Schoeffel

Werksgelände Stadtwerke: Raum für Künstler und Musik im Kunstquartier HP8

Reinhold Rühl
Dokumentarfilmer
Film&Medienproduktion
www.dokumacher.de

Christophe Schneider
Photographie
Implerstraße 67a
www.christophe-schneider.de

Martin Schneider, HP8
Steinbildhauer
Hans-Preißinger-Straße 8

Eva Schöffel, HP8
www.evaschoeffel.de

Elke Schütz, /Malerei
Kistlerhofstr. 70, Geb. 88
www.pearlschuetz.de

Peter Stötter, Malerei
www.peter-stötter.de

Jennifer Tuttlies
himmelsgrün malatelier
www.himmelsgrün.de

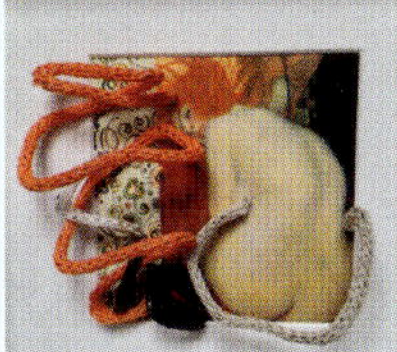

Andrea Unterstraßer
Materialien und Techniken neu ausloten
Atelier Fruchthof
Gotzinger Straße 52 b
www.unterstrasser.com

Liz Walinski
Malerei & Cyanotypie
Atelier Plinganserstr. 23
www.lizzart.de

Ralf Weiss
kamera und fotografie
www.ralfweiss.com

kunst
in sendling

Kunst in Sendling

Eines der doch eher wenigen kulturellen Highlights im Sendlinger Kulturbetrieb, aber dafür höchst spannend: wenn viele der Sendlinger Künstlerinnen und Künstler ihre Ateliers öffnen und ihre Kunst mit den Besuchern diskutieren. Zusätzlich gibt es noch zentrale Einrichtungen, die von vielen auch Nicht-Sendlinger Künstlern genutzt werden. Seit 2003 findet „Kunst in Sendling" jeweils im Oktober statt. Leider werden die offenen Ateliers immer etwas weniger.
Trotzdem: Hingehn !
www.kunst-in-sendling.com

Sendlinger Kulturschmiede Daiserstraße 20

Ausstellungen, Lesungen, Filme, Diskussionen
Vorerst kultureller Mittelpunkt von Sendling
www.sendlinger-kulturschmiede.de

SüdpART
:der Park

SüdpART

Der Südpark als Stadtwald im Münchner Süden hat in den vergangenen Jahren unter Sturm, Trockenheit und Schädlingsbefall sehr gelitten. Mit ein Grund, weswegen die Künstlerin Lore Galitz 2016 das Kunstprojekt SüdpART initiiert hat und weiterhin jedes Jahr betreut.
www.suedpart.de

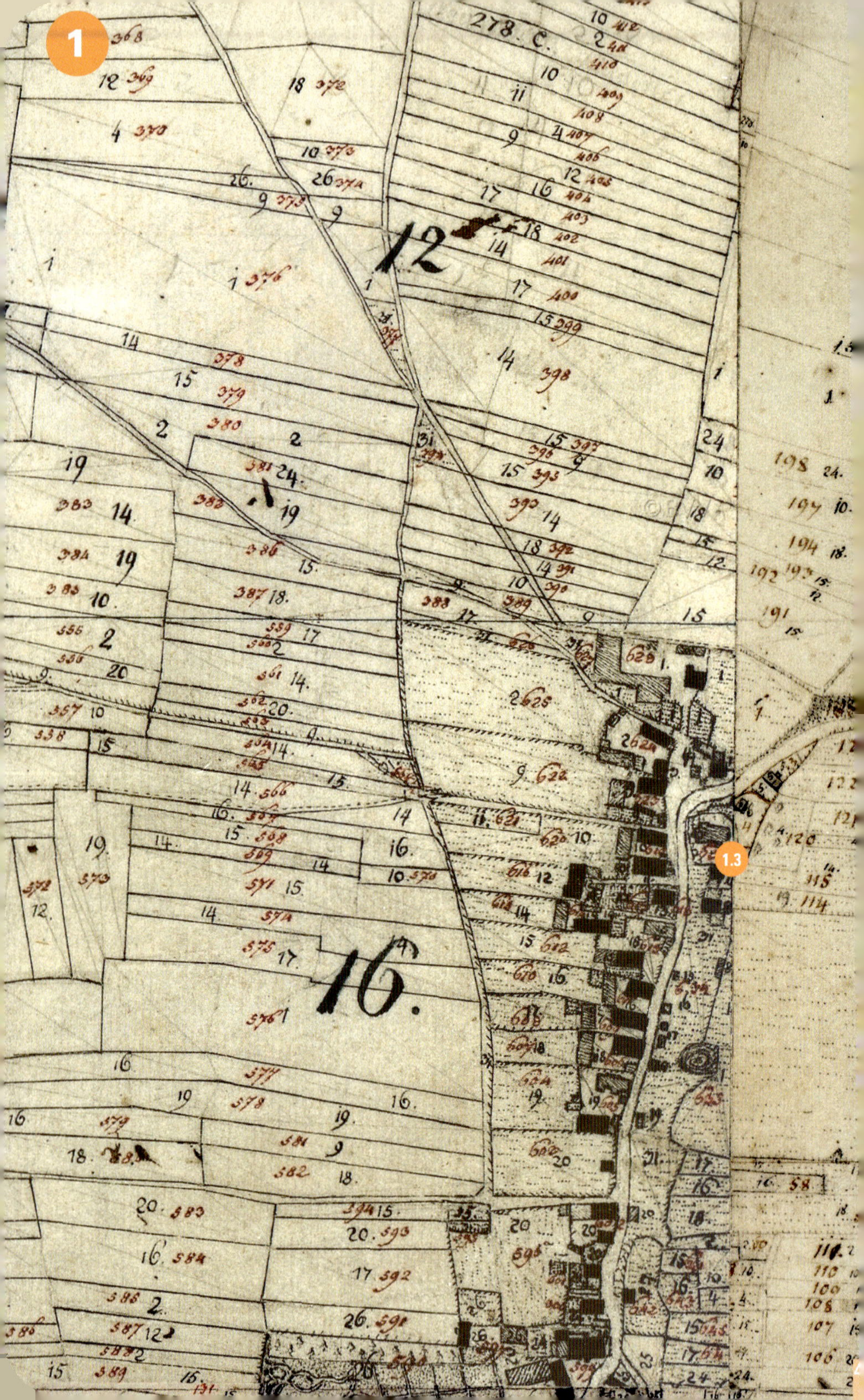
1
1.3

Untersendling 1813

1

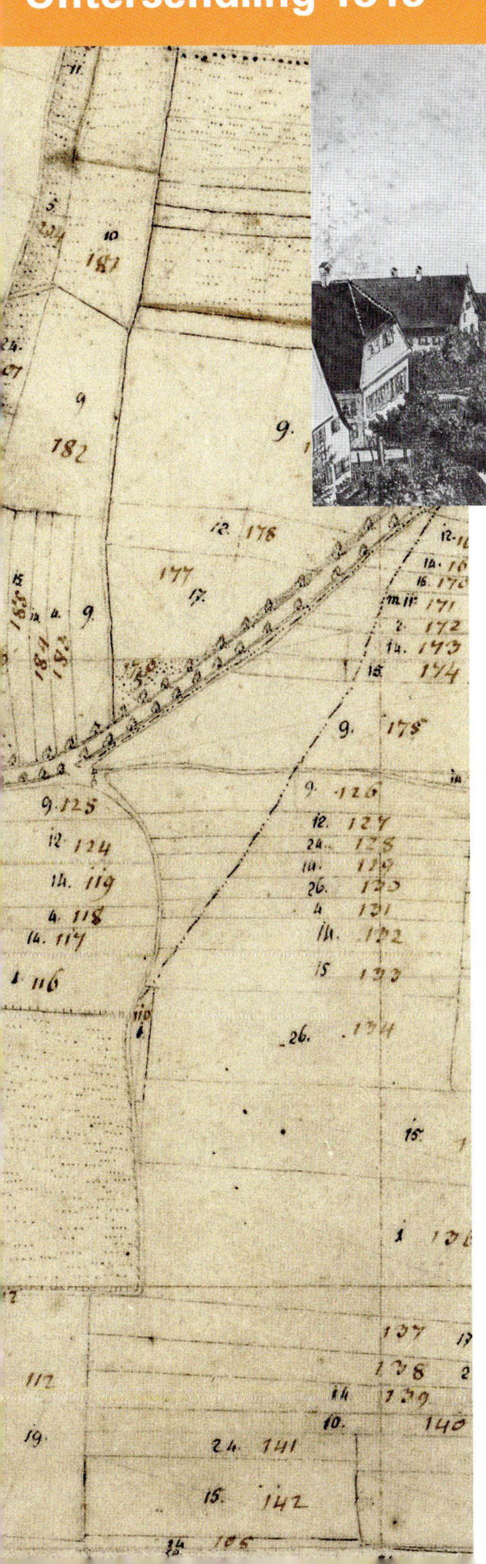

Das Bauerndorf

Die Katasterkarte zur Grundsteuervermessung zeigt das Bauerndorf Untersendling um 1813. Von der Auffahrt zum Sendlinger Berg bis zum heutigen Harras mit dem Garten des Löwenhofs, einer ehemaligen kleinen Schlossanlage eines kurfürstlichen Kammerherren. Westlich der heutigen Plinganserstraße reihen sich die Bauernhöfe auf, die teils erhebliche Wirtschaftsflächen sowohl im Oberfeld als auch im Sendlinger Unterfeld haben. Die Höfe und Gebäude sind mit schwarzen Zahlen nummeriert, den damaligen Hausnummern, die den ebenfalls schwarzen Bezeichnungen in den Feldern entsprechen. Neben den Wegen zur Erschließung der Acker- und Weideflächen ist auch der Neuhauserweg von der Hauptstraße am nördlichen Ortsende Richtung Nordwesten zu sehen. Er führt nach Neuhausen und Nymphenburg.

An der Kreuzung liegt der Sedelhof mit der Hausnr. 1, der bis 1857 dem Heilig-Geist-Spital bzw. dem Magistrat als Verwalter des Spitals gehörte. Gegenüber, Hausnr. 2, der Angerbauerhof, damaliger Besitzer Georg Frimmer. Hausnr. 4 bezeichnet den Wiedenbauernhof direkt am Hang, Besitzer damals Anton Lechner mit seiner Frau, einer geborenen Schmotz, späterer Besitzer war Georg Obermaier bis 1894, als der Hof wegen der Regulierung der Auffahrt zum Sendlinger Berg aufgelassen wurde. Hausnr. 9 bezeichnet den einzigen Bauernhof, der zumindest baulich bis heute erhalten ist, den Stemmerhof, damaliger Hofname „Zum Feichtenhansl" und eines der größten Anwesen in Untersendling. Hausnr. 10 ist der „Schwabenbauernhof", dessen Wohngebäude heute noch steht. Vor dem Haus stand bis 1894 eine überlebensgroße Statue des heiligen Rochus. Auf der Grundfläche des südlich gelegenen Nebengebäudes steht heute das Café Schuntner. Unterhalb der Kirche am Hang, Hausnr. 5, das Gemeinde-Armenhaus.

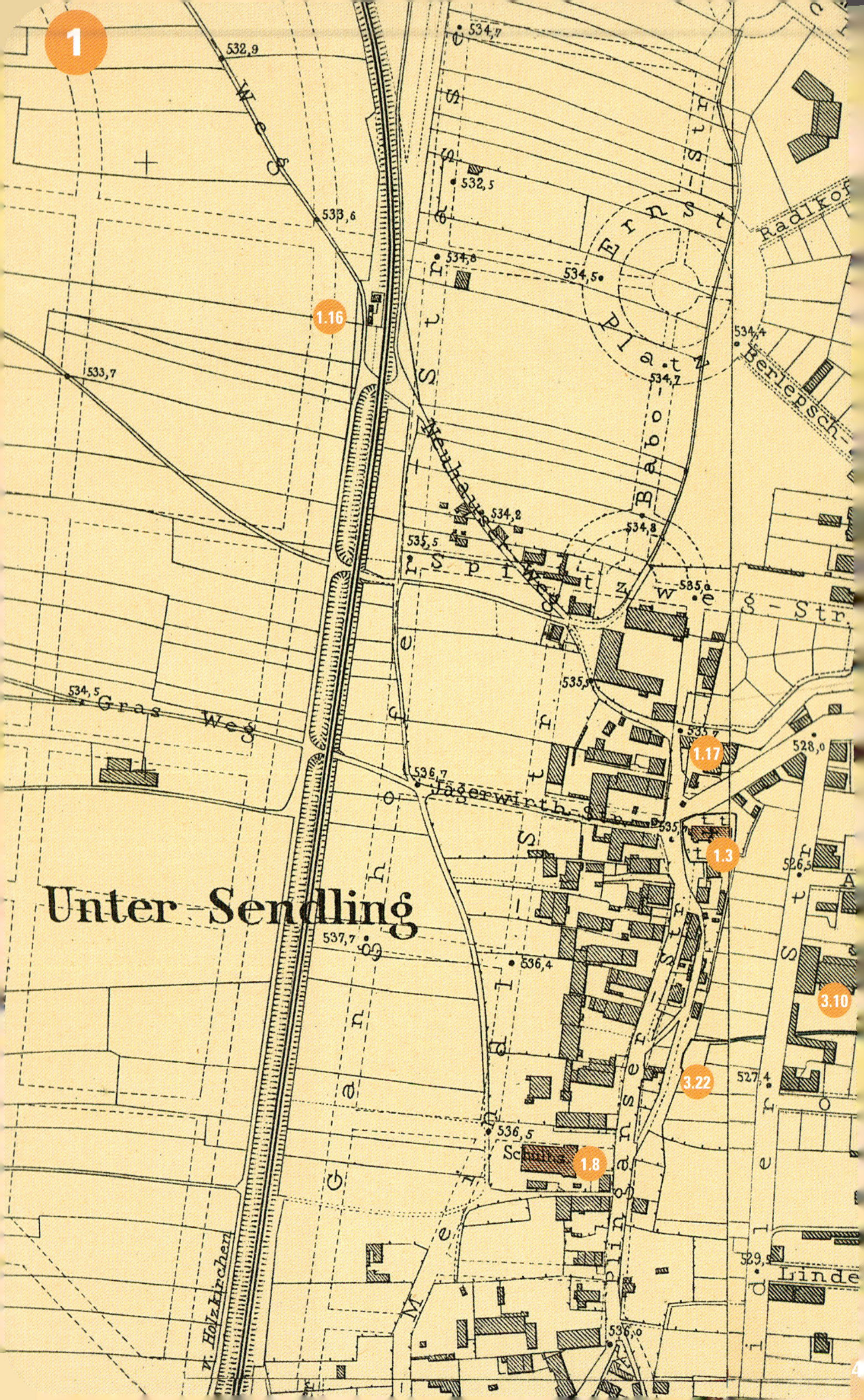
1
Unter Sendling
Weg
Gras Weg
Jägerwirth-Str.
Spitzweg-Str.
Neuhauser-Str.
Ernst Platz
Babo-Str.
Radlkofer
Berlepsch-
Schule
Linde
1.16
1.17
1.3
1.8
3.10
3.22
v. Holzkirchen

Untersendling 1891

1

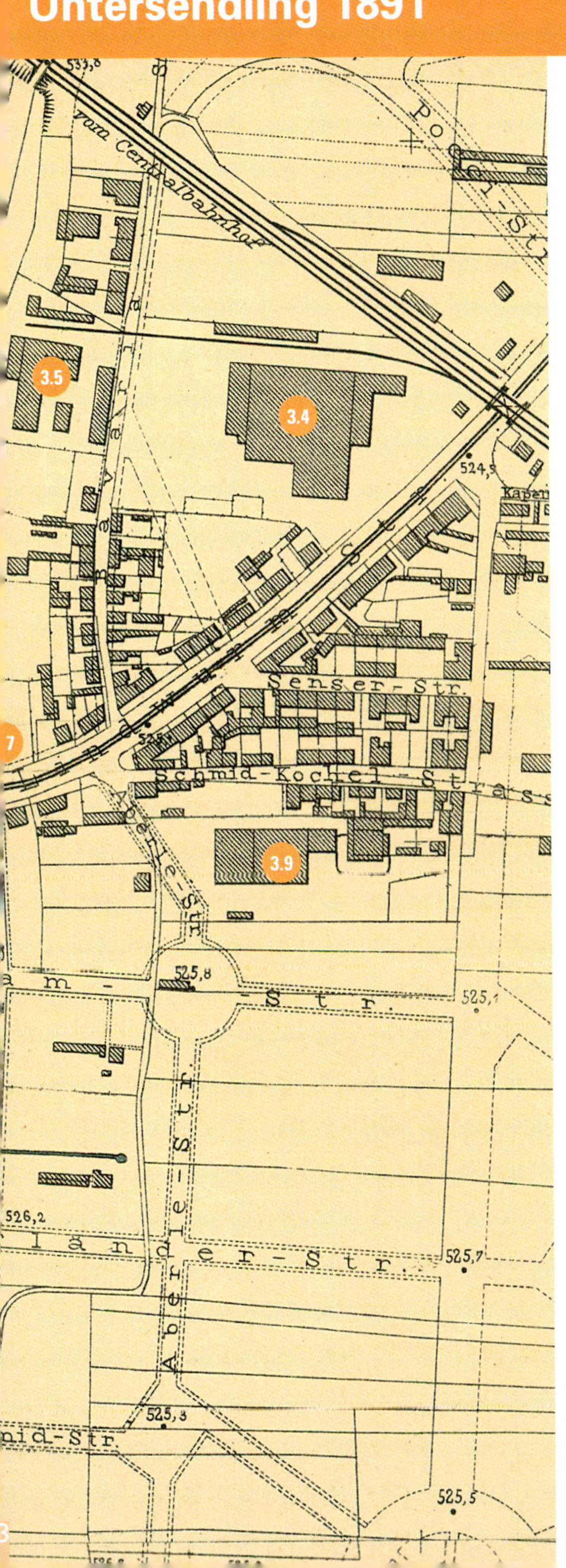

Die Großstadt rückt näher

In der Stadtkarte links von 1891 sind die beiden wesentlichen Vorlagen für eine weitere städtebauliche Entwicklung von Untersendling zu sehen: zum Einen die Bahnlinie, die 1871 vom damaligen Zentralbahnhof nach Braunau angelegt wurde mit dem Südbahnhof außerhalb von Sendling und die Eisenbahnstrecke nach Holzkirchen links im Bild, die einen massiven Einschnitt in die zukünftige Ausdehnung des Gebiets bewirkte.

Die drei Ortsteile von Sendling – Unter-, Mitter- und Obersendling – blieben zunächst von den Erweiterungen der Großstadt verschont. Aber das Sendlinger Unterfeld geriet nach 1871 in großstädtische Planungsabsichten. Auslöser war der Bau des Südbahnhofs an der Bahnverbindung nach Braunau. Neben mehreren städtischen Einrichtungen, wie den Lagerhallen auf Sendlinger Gebiet und dem Vieh- und Schlachthof in der Ludwigsvorstadt siedelte sich hier auch 1870 die Krauss'sche Lokomotivenfabrik an und 1872 die Eisengießerei von Sugg. Bereits 1866 entstanden Werksgebäude für die Kochelbrauerei an der Schmied-Kochel-Straße. Begleitende Wohnbebauungen vorwiegend für die Arbeiter wurden lediglich entlang der Lindwurm-, Bavaria-, Senser- und Schmied-Kochel-Straße gebaut.

Schon bei den ersten Straßenanlagen im Sendlinger Unterfeld diente die Sendlinger Bauernschlacht und ihre Protagonisten als Namensgeber für die neu angelegten Straßen: Daiserstraße (1886), Senserstraße und Schmied-Kochel-Straße (1878), Aberlestraße und Alramstraße (1887), Oberländerstraße (1890) und Lindenschmitstraße (1891). Im Norden von Untersendling hatte Stadtbaurat Zenetti noch einen Rundplatz geplant, aus dem in der Zeit von Theodor Fischer der Herzog-Ernst-Platz in seiner jetzigen Form wurde. Eine weitere Straße entstand in den frühen 1880er Jahren direkt an der Höhenkante, zunächst als Theresienhöhe benannt – die Lipowskystraße, die ab 1883 v.a. mit Villen und vornehmen Doppelhäusern bebaut wurde. Durch die bevorzugte Lage an der Höhenkante mit einem schönen Blick in die Stadt und zur Isar hatten sich hier mehrere Künstler niedergelassen.

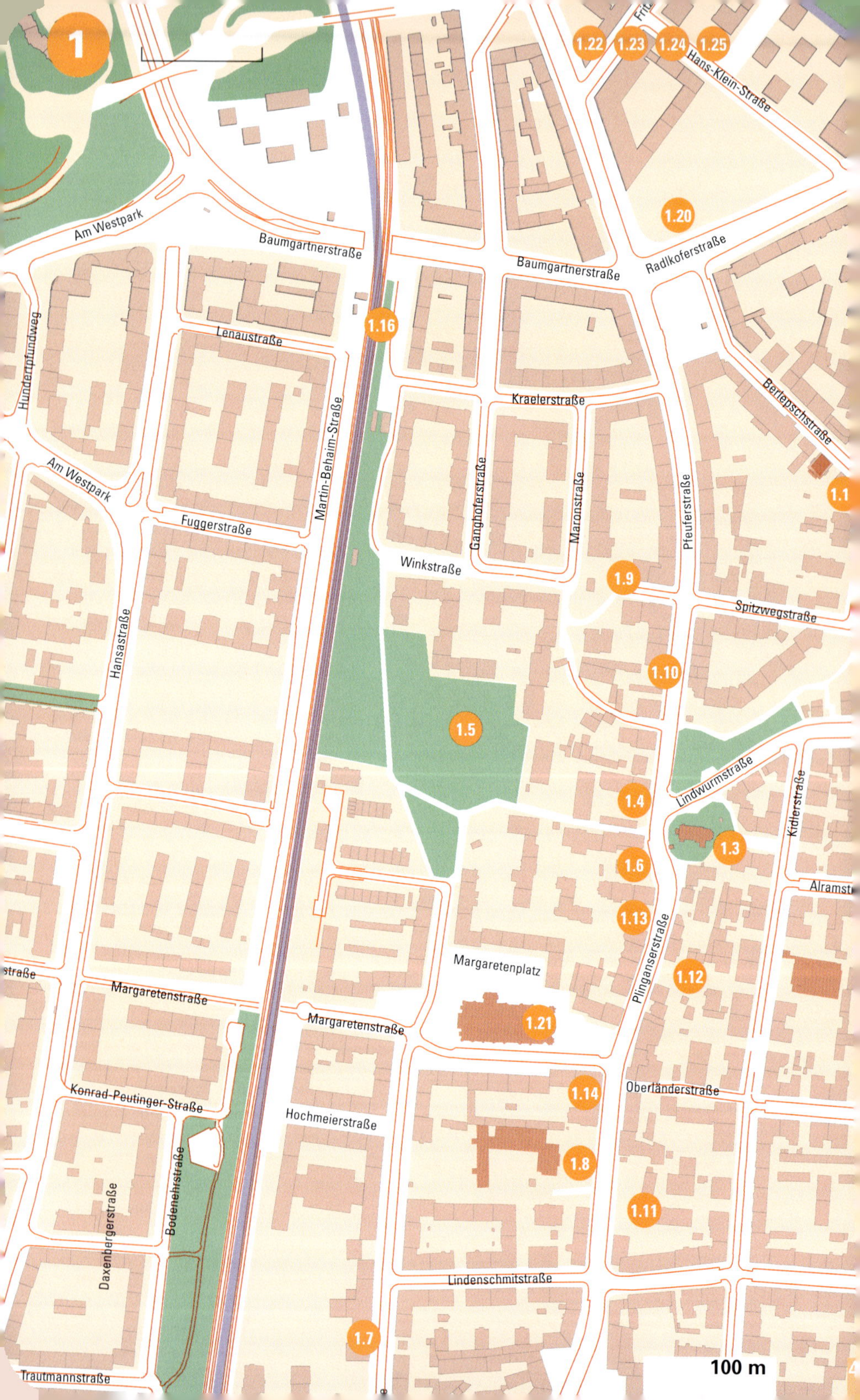
1
1.22
1.23
1.24
1.25
Hans-Klein-Straße
1.20
Am Westpark
Baumgartnerstraße
Radlkoferstraße
1.16
Lenaustraße
Hundertpfundweg
Martin-Behaim-Straße
Kraelerstraße
Berlepschstraße
Am Westpark
Ganghoferstraße
Maronstraße
Pfeuferstraße
1.1
Fuggerstraße
Winkstraße
1.9
Spitzwegstraße
Hansastraße
1.10
1.5
Lindwurmstraße
Kidlerstraße
1.4
1.3
1.6
Alramst
1.13
Plinganserstraße
Margaretenplatz
1.12
straße
Margaretenstraße
Margaretenstraße
1.21
Konrad-Peutinger-Straße
1.14
Oberländerstraße
Hochmeierstraße
Bodenehrstraße
1.8
Daxenbergerstraße
1.11
Lindenschmitstraße
1.7
100 m
Trautmannstraße

Untersendling heute 1

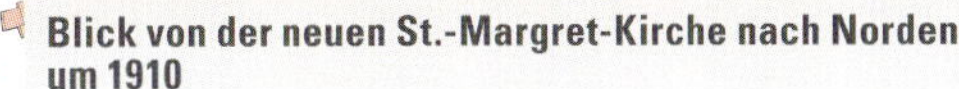

Blick von der neuen St.-Margret-Kirche nach Norden, um 1910

Wiederaufbau und Verdichtung

Der Sendlinger Kern – das denkmalgeschützte Ensemble Untersendling – hat nach dem Zweiten Weltkrieg, von dem es halbwegs verschont blieb, bis heute verschiedenen Angriffen getrotzt: Der Durchbruch des Sendlinger Bergs für den Anschluss der Lindwurmstraße an die Lindauer Autobahn wurde abgewehrt, die Stemmerwiese wurde zumindest zu einem Teil erhalten und der Familie Stemmer ist es wahrscheinlich zu danken, dass der Stemmerhof noch an die bäuerliche Vergangenheit erinnert und gleichzeitig ein urbaner Treffpunkt geblieben ist. Die Alte Sendlinger Kirche St. Margaret und die anschließende Häuserzeile an der Plinganserstraße zeigen noch den bäuerlichen Ursprung und die Veränderungen auf dem Weg zur Großstadt und stehen deshalb zurecht als Ensemble unter Denkmalschutz. Auch wenn man sich wünschen würde, dass manche Gebäude an der Hangkante angemessener behandelt würden.

Das Verkehrsproblem am Sendlinger Berg – so alt wie Sendling selbst – ist geblieben trotz der Verbreiterung der Lindwurmstraße und dem Abriss des Obermeierhofs, aber gerade die Auffahrt auf den Sendlinger Berg mit der Kirche St. Margaret, dem Stemmerhof und dem Denkmal für den Schmied von Kochel ist quasi ein symbolisches Bild für die Eigenständigkeit von Sendling und seine Geschichte.

1 Untersendling

Sendlinger Berg

Die Auffahrt zum Sendlinger Berg war Teil einer der wichtigsten Fernverbindungen von der Münchner Innenstadt nach Süden und wurde über die Jahrhunderte mehrfach den Anforderungen des Wagenbetriebs angeglichen. Nicht selten kam es an dieser Stelle in Sendling auch zu festlichen Empfangsfeiern für die Fürstenfamilie der Wittelsbacher, etwa wenn König Ludwig I. von einer Italienreise in die Residenzstadt zurückkehrte.

Stellwagen und Trambahn

Erst nach der Eingemeindung konnte man mit einem Stellwagen von München nach Sendling fahren, bis dahin musste man zu Fuß gehen, wenn man keinen eigenen Wagen hatte. Der Fuhrwerksbesitzer Reichelmeier nahm 1877 einen Stellwagen vom Färbergraben bis zur Sendlinger Kirche in Betrieb. Vielleicht wegen der geringen Gebühr von 20 Pfennigen war das Unternehmen unrentabel und wurde bald wieder eingestellt. Seit dem 12. November 1882 gab es eine Pferdetrambahn der privaten Münchner Trambahngesellschaft des belgischen Ingenieurs Edouard Otlet vom Sendlinger-Tor-Platz zunächst nur bis zur Bahn-Unterführung an der Lindwurmstraße – die Blaue Linie –, zwei Jahre später bis zum Maibräu gegenüber der Kidlerstraße. 1894 wurde die Plinganserstraße reguliert und die Auffahrt verbreitert: dann musste das Pferd den Wagen bis zur Straße hochziehen, wobei meist ein zweites Pferd beim Maibräu eingespannt wurde und die Fahrgäste oft aussteigen mussten, wenn der Wagen zu voll war. Am 6. Juli 1898 nahm ein Triumphbogen die erste elektrische Bahn mit ihren Ehrengästen oben am Berg in Empfang. Drei Jahre später verlief die umbenannte Linie 6 bereits bis zur Boschetsrieder Straße bzw. Hofmannstraße und erschloss damit die wachsende Anzahl der Industriebetriebe in Obersendling, aber sicher auch die Gastwirtschaft in Neuhofen, den Bauernwirt in Mittersendling an der Plinganserstraße 79 und die Grafeneiche in der Wolfratshauser Straße 34. Auch die berühmte Linie 8, von Weiß Ferdl besungen führte auf dieser Strecke von der Hofmannstraße über den Harras (*Waldfriedhof umsteigen… aber Leid lasst's doch d'Leid naus*), Ruppertstraße, Stachus bis zum Kurfürstenplatz.

Aufstieg zum Sendlinger Berg vor der Regulierung, um 1890

Sendlinger Landstraße, Carl Gustav Wenng, um 1865

Bauernhof von Simon Kafler an der Plinganserstraße, 1885

Auffahrt zum Sendlinger Berg, 2019

1.1 Postamt 24 und Mordfall Brühne

Im denkmalgeschützten Gebäude Lindwurmstraße 213 befand sich um 1900 das Postamt 24 im Erdgeschoß. Nach der Verlegung der Post zum Harras richtete der Gynäkologe Dr. Otto Praun hier 1931 ein Wannenbad ein. Praun wurde zum Einen bekannt, weil er und weitere Familienmitglieder nach dem Zweiten Weltkrieg zur Führung der westdeutschen Geheimdienste gehörten. In der NS-Zeit hatte er trotz Mitgliedschaft in der NSDAP Menschen durch Atteste vor dem Zugriff der NS-Diktatur bewahrt. Und berühmt wurde er, als er 1960 zusammen mit seiner Haushälterin und Geliebten Elfirede Kloo – vermutlich – von Vera Brühne, seine Chauffeuse und Verwalterin seiner Besitzungen in Spanien und dem Büchsenmacher Johann Ferbach in seiner Villa in Pöcking ermordet wurde.

Brühne und Ferbach wurden zu lebenslanger Haft verurteilt, einer der großen Skandal-Prozesse der Adenauerzeit beim Landgericht München II. Bis heute aufgrund schlampiger Ermittlungen und tendenzieller Bewertung der Fakten durch die Justiz letztlich ungeklärter Fall. Spekulationen gab es aber auch um Praun selbst wegen möglicher Waffenschiebereien.

1.2 Kaufhaus Gutmann

Das denkmalgeschützte Mietshaus in der Lindwurmstraße 205 entstand bis 1899 nach Plänen der Architektin Rosa Barbist, die zusammen mit ihrem Mann Alois in Sendling ca. 20 Bauten geplant hat.

Das Haus wurde um 1910 von den jüdischen Eheleuten Sophie und Emanuel Gutmann erworben, die hier 1912 das Kaufhaus Gutmann eröffneten, eines der größten in Sendling. Angeboten wurden v.a. Textilien. 1931 verkauften die Gutmanns das Kaufhaus an Max Rindsberg, der es unter dem alten Namen weiterführte. Unter dem Druck der NSDAP-Arisierungsstelle verkaufte Rindsberg im April 1934 das Geschäft für rund 64.000 RM an den Augsburger Kaufmann Albert Helfferich, der es unter dem Namen Kaufhaus Helfferich, vormals Gutmann weiterführte. Emanuel Gutmann und seine Frau Sophie wurden im Sommer 1942 in das Ghetto Theresienstadt deportiert, wo beide starben. Am 18. April 2013 wurden vom Künstler Gunter Demnig für das Ehepaar zwei Stolpersteine verlegt – auf privatem Grund, da der Stadtrat bisher das Verlegen von Stolpersteinen auf städtischem Grund nicht zulässt.

Untersendlinger Kirche, Zeno Diemer, um 1890

1.3 Alt-Pfarrkirche St. Margaret

Die Pfarrei Sendling begründete der Freisinger Bischof Otto um 1146. Sie umfasste den gesamten Bereich links der Isar von Pullach bis Schwabing einschließlich der im Jahr 1158 gegründeten Stadt München, in der mit St. Peter erst 1164 eine eigene Pfarrei entstand. Ein Kirchenbau in Untersendling wird aber schon Ende des 8. Jahrhunderts als Filialkirche des Klosters Schäftlarn erwähnt. Darauf weisen auch die beiden Patrone der Kirche hin: die heilige Margaret und der hl. Georg, zwei der volkstümlichen 14 Nothelfer. Vom vermutlich gotischen Vorgängerbau der heutigen Kirche ist nicht viel bekannt. Bei den Kampfhandlungen der Sendlinger Mordweihnacht Ende des Jahres 1705 wurde auch der Kirchenbau schwer beschädigt, geplündert und entweiht. Anfang des folgenden Jahres wieder konsekriert, erfolgte in den nächsten Jahren ein weitgehender Neubau, in dem nur wenige erhaltene Bauteile im Chor- und Turmbereich einbezogen wurden. Baumeister der neuen, barocken Kirche war Wolfgang Zwerger d.J. (um 1649–1715), unter Pfarrer Caspar Soyer (Amtszeit 1712–18) konnte die noch nicht ganz fertig gestellte Kirche im Jahr 1713 geweiht werden. Der Baumeister Wolfgang Zwerger d.J. hat u.a. auch die Barockisierung der Pfarrkirche in Ramersdorf und die Restaurierung der Kirche St. Johann Baptist in Solln geleitet und die Kirche St. Lorenz in Oberföhring erbaut.

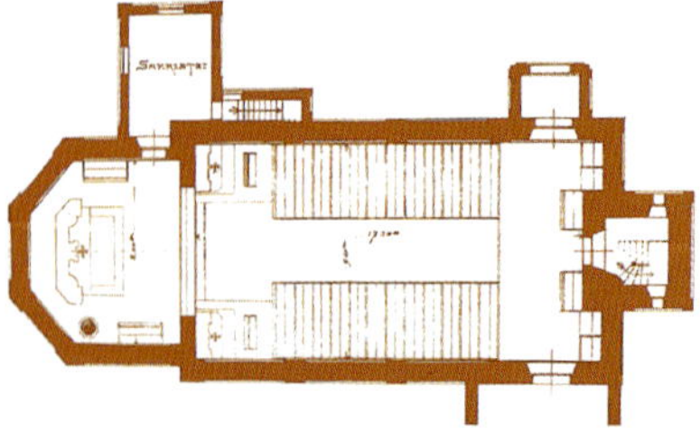

Kennzeichnend für die Position der Untersendlinger Kirche ist die Lage unmittelbar am Rand des Sendlinger Höhenzugs und neben der wichtigen Auffahrt von München her. Der Bau entspricht einer barocken Dorfkirche mit einem eingezogenen Chor und einem Westturm, Eingang und Sakristei liegen an der Südseite. Ein weiterer Zugang liegt an der Nordseite unter dem großen Fresko der Sendlinger Bauernschlacht.

Der einfache Kirchenraum hat vier Joche, getrennt durch Wandvorlagen und Gurtbögen und eine leicht gedrückte Stichkappentonne. Der schöne Stuck des Innenraums stammt von Peter Franz Appiani (1670–1724), der auch im Kloster Fürstenfeld und in der Münchner Bürgersaalkirche tätig war. Stilistisch entspricht die Raumausstattung dem späten Barock und dem Übergang zum sogen. Régence-Stil.

Alte Pfarrkirche St. Margret 1

Die später teilweise übermalten Gemälde in den freskierten Deckenfeldern gehen auf Caspar Gottfried Stuber und seinen Sohn Nikolaus Gottfried zurück. Der Hochaltar, die zwei Seitenaltäre und die Kanzel stammen aus der Erbauungszeit, das Hochaltarbild zeigt eine Darstellung der hl. Margaret und wurde 1965 durch den Kunstmaler S. Hausinger erneuert. Margaret gehört wie die hl. Barbara und die hl. Katharina zu den *drei heiligen Madeln*: „Barbara mit dem Turm, Margret mit dem Wurm und Katharina mit'm Radl, des sind die heiligen drei Madl". Maler der Altarbilder war Johann Baptist Untersteiner, die Bildhauerarbeiten stammen vom Tölzer Franz Fröhlich und von Franz Ableitner. Ein kleines Glasbild mit der Darstellung der hl. Margaret stammt von 1493.

Jubilarfeier 1905 am Lindenschmit-Fresko

Gemälde der Bauernschlacht

Mit eigenen finanziellen Mitteln hat der aus Mainz stammende Künstler Wilhelm Lindenschmit d.Ä. (1806–1848) das große Fresko an der nördlichen Außenwand geschaffen, in dem zum ersten Mal die Figur des „Schmied von Kochel" nach der Erfindung von Hans Ferdinand Maßmann präsentiert wird. Im alten Friedhof der Untersendlinger Kirche sind auch zwei weitere gusseiserne Denkmäler von 1833, die an den finalen Ort der Sendlinger Bauernschlacht und an die Begräbnisstätte zahlreicher Opfer erinnern: ein Denkmal für die Gefallenen von 1705, das der ehem. bayerische Beamte Ritter Philipp von Zwackh mit einem jährlichen Messopfer stiftete und eine Stele, die an ihn selbst erinnert. Eine weitere Erinnerung an die Begräbnisstätte der Opfer des Bauernaufstands ist die kleine Friedhofskapelle neben dem Hauptzugang zur Kirche, in denen mehrere Totenköpfe hinter Eisengittern aufgebahrt sind. Da der Sendlinger Friedhof zu klein wurde, verlegte man ihn 1877 an die Albert-Roßhaupter-Straße.

1.4 Stemmerhof

Vermutlich gab es an der Stelle des Stemmerhofes schon vor 1000 n. Chr. eine Hofstelle. Die besondere Lage oberhalb des Sendlinger Hangaufstiegs – seit Menschengedenken ein wichtiger Verkehrsweg – und die Nähe zu einer Hangquelle am unteren Rand des Sendlinger Bergs, später Roßschwemme genannt, waren wichtige Voraussetzungen für einen Hof-Standort. Verbürgt ist eine älteste urkundliche Erwähnung des Stemmerhofs zum 24. April 1381. Ein herzoglicher Gouverneur und Oberrichter von Oberbayern, Otto von Pienzenau, hatte den Hof dem Heilig-Geist-Spital in München übereignet. Das Spital verpachtete den Hof über 500 Jahre lang als „Leibgeding" an verschiedene Bauernfamilien: ab 1487 an die Familie Münichner bis 1522. Nach der Zerstörung im Dreißigjährigen Krieg und dem Aufbau durch Veith Hochmayr hatte der Hof schon eine ähnliche Gestalt wie heute: ein Dreiseithof mit Wohnbau und Viehstallung unter einem Dach und zwei Nebengebäuden, einem Getreidestadl und einem Wagenschupfen. Von der Witwe des Johann Obermayer, ein Nachkomme von Hochmayr, wurde der Hof – nach mehreren Missernten, Viehseuchen und Brandschäden 1799 an Georg Stemmer verkauft, der den Hof zu einem der größten in Sendling ausbaute. 1827 hatte der Stemmerhof, damals wegen der Bauweise „Zum Feichtenhäusl" genannt fast 65 Tagwerk Äcker und Wiesen, über 17 Tagwerk Waldbesitz und ca. 25 Tagwerk Zupachtungen.

Stemmerhof an der Plinganserstraße, 1903

Erst 1864 wurde das Eigentum vom Heilig-Geist-Spital auch rechtlich auf Georg Stemmer übertragen gegen eine Zahlung von 5.595 Gulden. Bis heute ist der Hof im Besitz der Familie Stemmer, die ihn bis 1992 landwirtschaftlich nutzte, zuletzt waren hier 46 Kühe im Stall. Ein tragischer Unfall hatte zur Aufgabe der Landwirtschaft geführt: Georg Stemmer, der ein halbes Jahr zuvor den Hof von seinem verstorbenen Vater (der im Bild links unten zu sehen ist) übernommen hatte, verunglückte am Himmelfahrtstag 1992 bei einem Feuerwehrfest unmittelbar vor seinem Hof und der Sendlinger Kirche mit 27 Jahren tödlich.
Heute ist der Stemmerhof eine gute Adresse für Bioprodukte und ein vielfältiges Angebot von biologischen Baustoffen über Pflanzen, Künstlerwerkstätten bis zu regelmäßigen Veranstaltungen, begleitet von mehreren gastronomischen Angeboten – eine letzte Erinnerung an das Bauerndorf Sendling.

Stemmerhof, 1953

Stemmerhof, 2018

1.5 Stemmerwiese

Ursprünglich Teil der umfangreichen landwirtschaftlichen Flächen des Stemmerhofs. Mit zunehmender Verstädterung wurden die meisten der dem Hof gehörenden Flächen verkauft, ein Teil auch von der damit wohlhabend gewordenen Familie Stemmer für den Bauplatz der neuen Sendlinger Kirche gestiftet. Für die heutige Stemmerwiese gab es in den 1980er Jahren bereits Planungen für eine Bebauung, wogegen sich eine Bürgerinitiative gründete, die den letzten verbliebenen Freiraum in Untersendling erhalten wollte, aber scheiterte. Geblieben ist nur ein Reststück, das allerdings intensivst von den Bürgern genutzt wird.

Die Ereignisse fanden einen Niederschlag im Roman „Wurzelwerk" des Autors Bernhard Setzwein.

Sendlinger Honig

Seit 2011 betreut der Imker Andreas Bock 15 Bienenvölker an der Stemmerwiese mit fast einer halben Million Bienen. Trotz Bedenken im Bezirksausschuss haben sich Bienen und Benutzer der Stemmerwiese aneinander gewöhnt. Der Sendlinger Honig ist beliebt und hat gegenüber dem Landhonig ein besonderes Aroma, v.a. wegen der vielen Alleebäume. Gerade in Sendling mit seinen naheliegenden zahlreichen Kleingärten ist eine große Biodiversität mit zahlreichen Blüten geboten ohne den Einsatz von Pestiziden und Gentechnik. Verkauft wird u.a. auf dem Sendlinger Wochenmarkt. In Zusammenarbeit mit der VHS-Sendling und dem Münchner Familienpass finden auf der Stemmerwiese auch Kurstage statt. www.stadtimker.de

1 Untersendling

Blick von der Kirche Alt-St.-Margret, um 1950

Schwabenbauernhof

Der Hof lag an der Jägerwirtstraße, die nach einem der Anführer der Bauernschlacht benannt wurde, nach dem Wirt Johann Jäger, einem gebürtigen Tölzer, der im März 1706 in München hingerichtet wurde.

In den ehemals landwirtschaftlichen Gebäuden wurde eine Gastwirtschaft eingerichtet, benannt nach Maria Eich, der Wallfahrtsstätte in Planegg. Die zahlreichen Wallfahrten von Sendling aus dorthin führten durch die Jägerwirtstraße. Im ehemaligen Stallgebäude war die Bau- und Möbelschreinerei von Michael Müller und das „Gyps- und Cementlager" von Josef Bobleter untergebracht, Bobleter hatte mehrere Kaufhäuser in Sendling.

Dieses Gebäude (im Bild oben links) wurde im Zweiten Weltkrieg vollkommen zerstört und durch einen der ersten Neubauten in München nach dem Krieg ersetzt: das Bauvorhaben Nr. 2.

Café Schuntner

Von der Witwe Müller pachtete Therese Schuntner zunächst das Grundstück und ließ hier ab 1946 einen Neubau in Anlehnung an das vorher bestehende Gebäude errichten: Ein Café im Erdgeschoß, darüber ein Restaurant, die Antonius-Tenne, die von Anfang an auch eine besondere Verlängerung der Sperrstunde erhielt. Im Dachgeschoß fand Therese Schuntner mit ihren beiden Kindern eine neue Wohnung.

Gastwirtschaft Maria Eich, ehemaliger Schwabenbauernhof, 191

Auch für die Ausstattung ihres Cafés hatte Therese Schuntner genaue Vorstellungen und vieles von der originalen Einrichtung ist bis heute erhalten: die Wandvertäfelung, das Mobiliar, der Kachelofen mit einem Bild der alten Sendlinger Kirche St. Margaret und Bilder des Akademieprofessors Max Doerner aus dem Bestand der Familie. Bis in die frühen 1960er Jahre hatte Therese Schuntner das Café selbst betrieben, danach wurde es verpachtet.

Café Schuntner, 1950

Therese Schuntner hatte früh ihren Mann verloren und baute sich ihr Café mit großem Einsatz und Fleiß in der schwierigen Nachkriegszeit auf. Auch ihre beiden Kinder mussten helfen. Für Viele in Sendling galt der Neubau auch als ein Zeichen für einen Neuanfang. Besonderen Wert hatte Therese Schuntner von Anfang an auf die Qualität ihrer Kuchen und Torten gelegt – bald wurde das Cafe weit über Sendling hinaus dafür bekannt.

Eine besondere Attraktion in Sendling wurde der Gastgarten, zuerst als Provisorium zwischen den Gebäuden an der Plinganserstraße und später westlich davon, weitaus größer und schöner, hinter dem Haus auf dem Nachbargrundstück.

Der Eingang zum Café wurde zur Terrasse an der Plinganserstraße verlegt, dort gibt es noch einige Sitzplätze mit einem schönen Blick auf die Alte Sendlinger Kirche. Das Café Schuntner in Untersendling besteht inzwischen seit 70 Jahren. Seit 2012 betreibt der Konditor- und Bäckermeister Thomas Heinrich das Café. Noch immer werden alle Kuchen und Torten in der eigenen Backstube gefertigt. Außerdem gibt es täglich wechselnde Mittagsgerichte. Wie früher auch finden im Gastraum Veranstaltungen statt: Konzerte, Theateraufführungen, Geburtstagsfeiern, Familienfeste und: Buchvorstellungen.

CAFÉ SCHUNTNER
Seit 1947

Café Schuntner, 2017

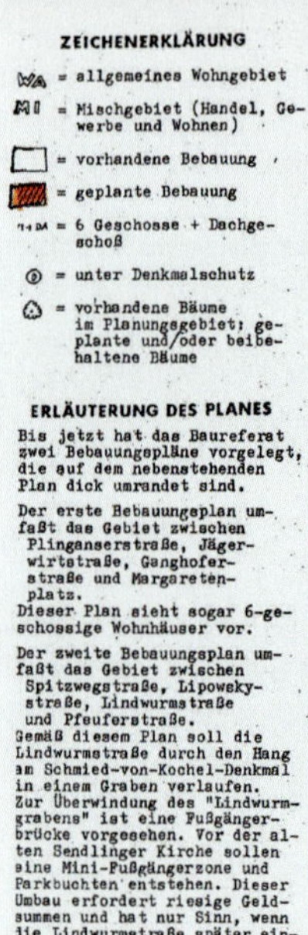

So wird der Sendlinger Berg kaputtgepla

ZEICHENERKLÄRUNG

WA = allgemeines Wohngebiet

MI = Mischgebiet (Handel, Gewerbe und Wohnen)

= vorhandene Bebauung

= geplante Bebauung

VI+DA = 6 Geschosse + Dachgeschoß

= unter Denkmalschutz

= vorhandene Bäume im Planungsgebiet; geplante und/oder beibehaltene Bäume

ERLÄUTERUNG DES PLANES

Bis jetzt hat das Baureferat zwei Bebauungspläne vorgelegt, die auf dem nebenstehenden Plan dick umrandet sind.

Der erste Bebauungsplan umfaßt das Gebiet zwischen Plinganserstraße, Jägerwirtstraße, Ganghoferstraße und Margaretenplatz.
Dieser Plan sieht sogar 6-geschossige Wohnhäuser vor.

Der zweite Bebauungsplan umfaßt das Gebiet zwischen Spitzwegstraße, Lipowskystraße, Lindwurmstraße und Pfeuferstraße.
Gemäß diesem Plan soll die Lindwurmstraße durch den Hang am Schmied-von-Kochel-Denkmal in einem Graben verlaufen. Zur Überwindung des "Lindwurmgrabens" ist eine Fußgängerbrücke vorgesehen. Vor der alten Sendlinger Kirche sollen eine Mini-Fußgängerzone und Parkbuchten entstehen. Dieser Umbau erfordert riesige Geldsummen und hat nur Sinn, wenn die Lindwurmstraße später einmal unterirdisch bis zur Hansastraße/Zillertalstraße verlängert wird. Dann wird die Lindwurmstraße zur Rennstrecke

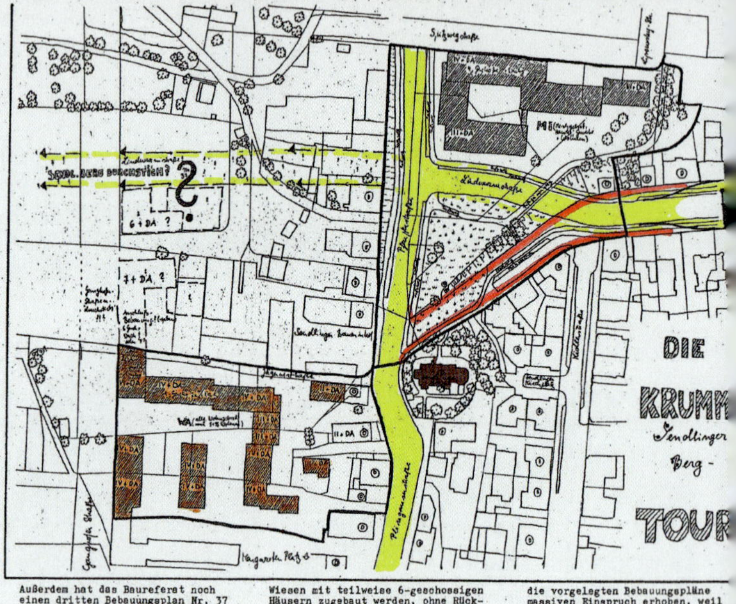

Außerdem hat das Baureferat noch einen dritten Bebauungsplan Nr. 37 (siehe großes ?) vorbereitet. Dieser Plan betrifft das Gebiet hinter dem Sendlinger Bauernhof zwischen

Wiesen mit teilweise 6-geschossigen Häusern zugebaut werden, ohne Rücksicht auf den vorhandenen Baumbestand.

die vorgelegten Bebauungspläne massiven Einspruch erhoben, weil die Verwirklichung dieser Pläne d Vernichtung von Wiesen, Bäumen un reizvollen Spazierwegen bedeutet.

Autobahn bis zum Sendlinger-Tor-Platz

Entscheidende Voraussetzung für die verkehrstechnische Entwicklung der Stadt München war seit 1963 der Generalverkehrsplan. Er führte zum Bau des Tunnels für den Altstadtring unter dem Prinz-Carl-Palais und auch zum Bau des Ifflandrings an der Prinzregentenbrücke. Geplant war der 6–8-spurige kreuzungsfreie Ausbau der Isar-Parallele am linken Ufer der Isar von der Brudermühlbrücke bis zur Prinzregenten-Brücke im Norden der Stadt. Im Südwesten war die Zuführung der Lindauer Autobahn A96 bis zum Sendlinger-Tor-Platz geplant. Entscheidendes Kriterium dafür war ein Ausbau der Lindwurmstraße und eine verkehrstechnisch angemessenere Lösung am Sendlinger Berg.

Demonstration gegen den Sendlinger Berg-Durchbruch, 1975

Beabsichtigt war tatsächlich ein Durchstich durch den Sendlinger Berg, wie sich allerdings erst 1977 definitiv nachweisen ließ, so Karl Klühspies in seinem Buch „München nicht wie geplant“. 1975 hatte Klühspies mit Unterstützung der Bürgerinitiative Sendlinger Berg und des Münchner Forums in seiner Streitschrift „Im Westen nichts Neues“ die beabsichtigte Planung thematisiert. Inzwischen war die ursprüngliche Verkehrsplanung einer direkten Zuführung der Autobahnen ins innere Stadtgebiet und auch die Isar-Parallele selbst bereits aufgegeben – nicht aber der geplante Durchstich des Sendlinger Bergs in der Fortführung der Lindwurmstraße. Eine Erhaltung der Idylle vor der Sendlinger Kirche mit den dortigen Bauernhöfen war nach Urteil des Baureferats ohnehin nicht zu halten.

Neben der Androhung von rechtlichen Schritten gegen Klühspies hatte die Kritik des Münchner Forums am Vorgehen der Stadtverwaltung auch eine massive Kürzung des städtischen Finanz-Zuschusses zur Folge, die Oberbürgermeister Erich Kiesl 1982 – am Stadtrat vorbei – im Haushaltsausschuss durchsetzte, womit auch die hauptamtliche Tätigkeit von Karl Klühspies im Münchner Forum endete.

Die beiden Kartenausschnitte rechts zeigen die ursprünglich geplante Verkehrsführung am Mittleren Ring mit einem kreuzungsfreien Anschluss der Lindauer Autobahn (heute A 96) bis zur Lindwurmstraße und weiter zum Sendlinger-Tor-Platz und unten die ausgeführte Lösung, die eine Anlage des Westparks überhaupt erst ermöglichte. (Aus: Karl Klühspies, München nicht wie geplant, Stadtpolitik, Bürgerwille und die Macht der Medien, hrsg. vom Münchner Forum)

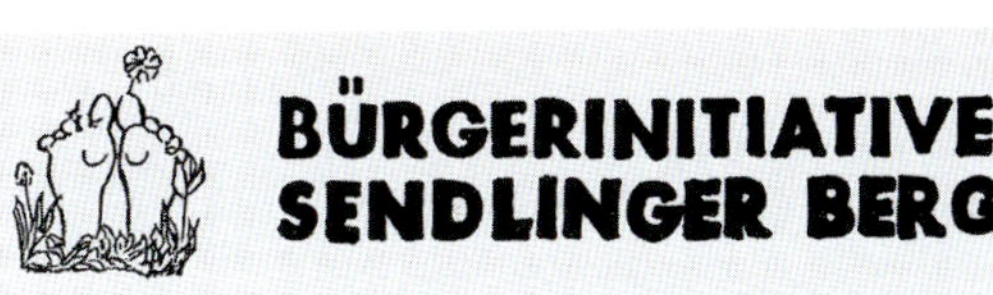

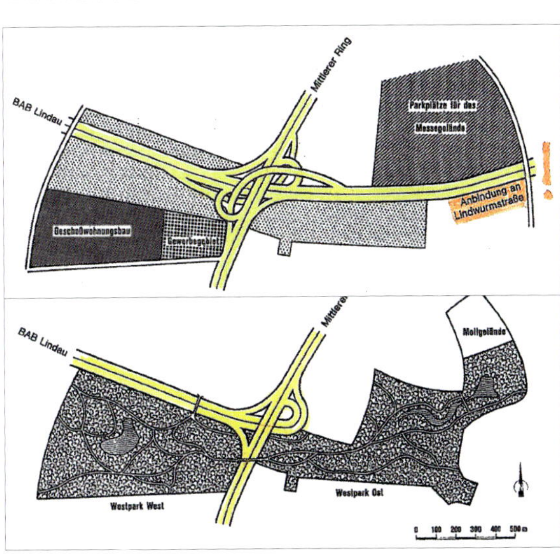

1.7 Sozialbürgerhaus Sendling-Westpark

Mit dem Neubau des Sozialbürgerhauses an der Meindlstraße und der Eröffnung im September 2012 wurden zwei bis dahin vorhandene Einrichtungen der städtischen Sozialfürsorge für die Stadtbezirke Sendling und Sendling-Westpark ersetzt: ein städtisches Gebäude an der Meindlstraße 20 und ein angemietetes Gebäude an der Kürnbergstraße 29. Aufgaben der Sozialbürgerhäuser sind u.a. Angebote von sozialen Leistungen und Hilfen zur beruflichen Integration, die Betreuung der Bezieherinnen und Bezieher von Arbeitslosengeld und die Hilfe bei der Suche nach Arbeit und Ausbildung – Dienstleistungen desSozialamtes, des Jugendamtes, des Amtes für Wohnen und Migration sowie des Allgemeinen Sozialdienstes. Im neuen Gebäude sind 140 städtische Mitarbeiter beschäftigt. U.a. sind hier auch die Geschäftsstellen der Bezirksausschüsse Sendling, Sendling-Westpark, Schwanthalerhöhe und Thalkirchen-Obersendling-Fürstenried-Forstenried-Solln untergebracht.
Das Gebäude ist barrierefrei. Im zweiten und dritten Untergeschoß wurde eine Anwohnertiefgarage mit 113 Parkplätzen eingerichtet.
(steidle architekten München/ realgrün Landschaftsarchitekten München; Kunst von Lars Arrhenius, Stockholm)

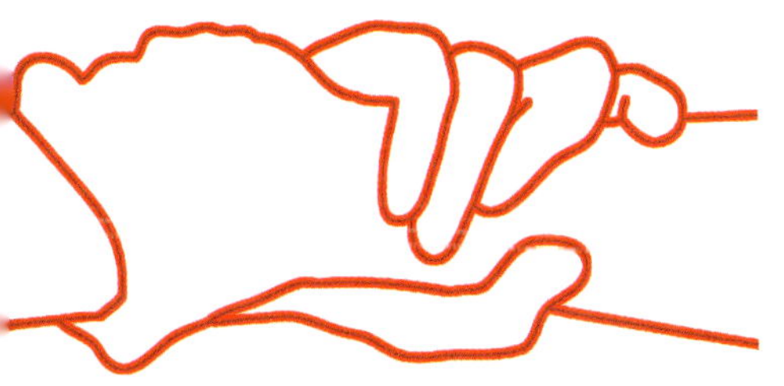

1 Untersendling

1.8 Schule an der Plinganserstraße

Über die ersten Schulhalter in Sendling gibt es wenige Daten, sie waren wohl vom Kloster Schäftlarn ausgesandt und oft gleichzeitig Mesner, Organist und Lehrer, wobei sich der Unterricht eher auf religiöse Erziehung beschränkt hat. Einzelne Namen der Lehrer sind bis zum Jahr 1638 nachweisbar. Eine detailliertere aber ernüchternde Beschreibung des Sendlinger Schulwesens lieferte der Lokalschulinspektor Thomas Graf im Juli 1827. Er wunderte sich, dass nahe der Residenzstadt noch eine Schule auf einer derart niedrigen Stufe stehen kann, beschreibt dass 12-jährige Kinder nicht einmal notdürftigst lesen und schreiben können, genauso wenig wie rechnen. Das Schullokal sei ungenügend, teils war es das Wohnzimmer des Mesners und aufgrund der wachsenden Zahl der Kinder musste der Unterricht in Schichten abgehalten werden.

Ja, ich bin eine Plingans
(Melodie: Ein Männlein steht im Walde)

Ja, ich bin eine Plingans,
das hab ich gern,
denn hier ist meine Schule
wo ich viel lern.
Lachen, spielen, heisasa,
dafür ist die Schule da.
Ja, ich bin eine Plingans
und ruf hurra.

Die Lehrer hielt der Schulinspektor für vollkommen unfähig. Noch im gleichen Jahr sandte die kgl. Regierung des Isarkreises einen Mittenwalder Hilfslehrer, Alois Pippich, nach Sendling. Ein Schullokal wurde im März 1828 im ersten Stock des Schmiedeanwesens an der Plinganserstraße neben der Kirche eingerichtet. Die Verhältnisse blieben trotzdem ungenügend, v.a. was die Bezahlung der Lehrer aber auch die Unterbringung der Schulklassen betraf. Im Jahr 1847 begann man mit den Bauarbeiten zu einer neuen Schule an der Ostseite der Plinganserstraße, an der später das neue Feuerwehrhaus errichtet wurde (heute der Ort des Clearinghauses).

Damals besuchten 40 Buben und 33 Mädchen die Werktags- und Feiertagsschule. Die Bevölkerungszunahme in Sendling erforderte schon knapp 30 Jahre später neue Planungen für ein größeres Schulhaus, das schließlich 1873 westlich der Plinganserstraße gebaut wurde und heute noch im Kern erhalten ist. Der zunächst zweigeschoßige Schulhausbau kam auf ca. 50.000 Gulden, allein das Grundstück des Oekonomen Hochmeier kostete 8.000 Gulden. In vier Klassenzimmern wurden jeweils 100 Kinder unterrichtet, nach der Eingemeindung 1877 wurde die Klassengröße allerdings auf max. 60 beschränkt. Daher musste 1885 ein weiteres Stockwerk aufgesetzt werden. Weitere Anbauten folgten, v.a. auch ein Turnsaal, der den neuesten städtischen Vorgaben zu einer „gesunden" Erziehung entsprach. 1889 besuchten 379 Buben die Schule und 439 Mädchen, der Schulsprengel reichte damals aber auch noch bis zur Landsberger Straße und bis zum Isartalbahnhof im Brudermühlviertel, die Schulen im Westend und im Sendlinger Unterfeld entstanden erst später. Dass alle diese Schulneubauten nicht für die zu unterrichtenden Kinder ausreichten und mehrere Baracken zum Ausgleich erstellt werden mussten, zeigt nur wie unvorhersehbar und und mächtig die Zunahme der Bevölkerung im Sendlinger Gebiet in dieser Zeit war.

1.9 Gasthaus Tannengarten

Biergarten und Gasthaus an der Pfeuferstraße 32 bestehen seit 1889 und waren über Jahrzehnte bei der Sendlinger Bevölkerung sehr beliebt. 2014 wurde bekannt, dass eine Bauvoranfrage bei der Lokalbaukommission vorlag, in der der historische Anbau an das Hauptgebäude aus der Zeit um 1910 abgerissen werden und an dieser Stelle ein Wohn- und Geschäftshaus errichtet werden soll. Eine geplante Tiefgarage mit einer Abfahrtsrampe hätte den Biergarten mit seinem alten schützenswerten Baumbestand zerstört. Daraufhin gründete sich auf Initiative von Rainer Klamt die „Initiative zur Erhaltung des historischen Ensembles Tannengarten", die mit großem Engagement für den Erhalt des Gartens kämpfte. Betreiber war damals die Gastwirtschaft „Spektakel". Der Tannengarten war auch schon in früheren Jahren bedroht, als es Planungen gab, die Spitzwegstraße nach Westen weiterzuführen. Gegen den genehmigten Vorbescheid der LBK reichte eine angrenzende Eigentümergemeinschaft Klage ein. Das Gasthaus Spektakel mit seinem Pächter Werner Ostheimer musste Ende Februar 2015 schließen, der Pachtvertrag mit der Hacker-Pschorr-Brauerei lief aus und wurde nicht verlängert. In Folge der heftigen Bürgerproteste – an die 5.000 Bürger hatten gegen die Planungen unterschrieben – beschloss die Hausverwaltung Frimmer-Ferreira als Eigentümerin, die Planungen aufzugeben. 2017 wechselte schließlich die Brauerei und der Pächter, das Gasthaus Tannengarten wird seitdem von der Pianka Service GmbH und der Erdinger Weißbräu betrieben mit Bier der Augustinerbrauerei. Der Biergarten wurde im Mai 2015 wieder geöffnet, das „Gasthaus Tannengarten" nach einer Renovierung wieder im Mai 2016. Am 15. Februar 2019 musste die Gastwirtschaft wieder schließen – aus unbekannten Gründen.

1.10 Bergschmiede – Kunst am Berg

Mit etwas Glück kam der Maler Denis Stepanovic zu seinem Atelierhaus Bergschmiede an der Pfeuferstraße 36. Über die Vermieter lernte er den in Berlin lebenden Erben einer alten Sendlinger Familie kennen, der ihm das Angebot machte, aus dem ehemaligen Spenglerbetrieb ein Atelierhaus zu machen. Unterstützung erhielt er durch seine Sammler, den Gastronomen Michael Käfer und Heike Wilms.

Auf zwei Etagen stehen 12 Ateliers für Künstler zur Verfügung für Maler, Fotografen, Sänger, Klangkünstler, Gesangspädagoginnen, Designer, die Band Me + Marie und eine Messermanufaktur. In den Ausstellungsräumen finden Ausstellungen und Veranstaltungen statt: Yoga-Kurse, Live-Musik, Konzerte.

„Sapperhäusl" an der Plinganerstraße, rechts der Abgang zur Oberländerstraße, 1912

Im Feuerwehrhaus an der Plinganserstraße war auch ein Wannenbad enthalten. Es befand sich gegenüber dem neuen Schulgebäude.

1.11 Feuerwehrhaus Plinganserstraße

Die Geschichte des Feuerwehrwesens in Sendling ist nicht nur von heldenhaften Ereignissen geprägt: 1886 brannte beispielsweise der Bauernwirt vollständig ab, weil man zwar schon an die Wasserversorgung der Stadt München angeschlossen war aber noch keine Hydranten hatte, was der Magistrat dann in der nächsten Sitzung genehmigte. Und schon 1869 war das Gemeindehaus abgebrannt, weil die Feuerspritze im Stadel des Heilig-Geist-Hofs eingesperrt war und man einen Boten in die Sendlinger Straße schicken musste um dort den Schlüssel zu holen, was natürlich viel zu lange dauerte. Als man den Stadel aufbrach, war die Spritze von Gerümpel verstellt und als man sie endlich an den Brandherd geschleppt hatte, funktionierte sie nicht. Am 1. Oktober 1899 konnte jedenfalls ein neues Feuerwehrhaus auf dem Gelände des ersten Schulhauses an der Plinganserstraße bezogen werden. Es wurde im Zweiten Weltkrieg komplett zerstört.

1.11 Clearinghaus Plinganserstraße

In München gibt es mehrere Clearinghäuser, in denen in Not geratene Familien kurzfristig Wohnungen zur Verfügung stehen. Das Haus in der Plinganserstraße steht in der Trägerschaft des Katholischen Männerfürsorgevereins und enthält 31 möblierte Wohnungen mit ein bis drei Zimmern. Mit sozialer Betreuung wird den Bewohnern geholfen bei der Bewältigung der Notlage und einer Rückkehr in eigene Wohnungen. Die Notwendigkeit für solche Einrichtungen gerade in München ist unbestritten, dass eines der letzten freien Grundstücke am Hang bebaut wurde, hat allerdings vielen Sendlingern nicht gefallen – und nicht nur ihnen.

1.12 Handwerkerhaus

Das kleine Haus an der Plinganserstraße 19 gehört zu den einfachen Handwerkerhäusern, die Mitte des 19. Jahrhunderts entstanden sind und an die frühere dörfliche Bebauung erinnern. 1863 arbeitete hier ein Schäffler, später war hier eine Färberei untergebracht.

1.13 Vorstadthaus

Das Haus mit seinem Giebel zur Straße wurde um 1860 gebaut an der Stelle eines Bauernhofs und zeigt damit die Wandlung Untersendlings vom Bauerndorf zu einer vorstädtischen Bebauung.

Kaflerblock von 1899

1.14 Großstädtisches Haus

Die Häusergruppe Plinganserstr. 24 und 26 wurde 1899 nach Plänen von Friedrich Kroher gebaut. Bauherr war der „Oekonom" Simon Kafler, dessen Bauernhof auf diesem Grundstück stand. Mit dem Verkauf ihrer Grundstücke für eine großstädtische Bebauung wurden manche der Sendlinger Bauern Millionäre.

Lipowskystraße

Die Straße ist Teil des Höhenwegs auf der eiszeitlichen Hangkante und hatte bis 1912 auch die Bezeichnung Theresienhöhe als südliche Fortsetzung des Wegs im Westend, benannt wurde sie nach dem Juristen und Historiker Felix von Lipowsky. Seit 1883 erhielt die Lipowskystraße eine Bebauung mit Villen und Doppelhäusern auf der westlichen Seite, die östliche Seite mit dem teils steil abfallenden Hang blieb zunächst frei. Aufgrund des freien Blicks nach Osten in Richtung Isar und Stadt ließen sich hier einige Münchner Künstler nieder, wenn auch die Lage der Krauss'schen Eisenbahnfabrik und der Eisengießerei Sugg unterhalb der Höhenstufe die Lage deutlich verschlechterten. So wohnten hier der Portraitist und Genremaler Alfred Seifert, die Landschaftsmaler Ernst Adolph Meißner, (1837–1902) und Josef Schoyerer (1844–1923).

1.14 Pedagogium Español de Múnich

María de la Paz von und zu Bourbón, Infantin von Spanien (1862–1946) hatte 1883 den wittelsbacher Prinzen Ludwig Ferdinand geheiratet und wurde dadurch zur bayerischen Prinzessin. Sie war als Schriftstellerin und Malerin tätig und half nach der Befreiung des KZ Dachau den aus Spanien stammenden ehemaligen Häftlingen, die in der Franco-Ära inhaftiert wurden. Seit ca. 1908 engagierte sie sich für ein Bildungsprojekt, das es begabten aber armen Kindern aus Spanien ermöglichte, eine Grundschule in München zu besuchen und danach eine weiterführende Schule, das *Pedagogium Español*, das unter der Leitung des Domkanonikers Gonzalo Sanz aus Salamanca stand, Schulbetrieb war seit 1913. Trotz der schlechten Ernährungslage im Ersten Weltkrieg konnte María de la Paz das *Pedagogium Español* weiterführen. Mit der Revolution von 1918, der Absetzung der Wittelsbacher und der späteren Räterepublik wurde der Betrieb eingestellt. Mehrere Jahre befand sich das Pädagogische Institut im Gebäude Lipowskystraße 24, einer Villa von 1884 des Baumeisters Heinrich Strobl mit einem Atelieranbau von 1888/89 von Oskar Dietrich und Heinrich Vogt, in dem der Genremaler Alfred Seifert gewohnt hatte.

Lothar Meggendorfer

Auch der berühmte Graphiker und Illustrator von Kinderbüchern Lothar Meggendorfer (1847–1925) hat an der Lipowskystraße 1882 ein Wohnhaus gebaut. Meggendorfer studierte an der Münchner Akademie und lieferte schon ab 1866 Graphiken für die Fliegenden Blätter und die Münchner Bilderbögen. Ab 1889 veröffentlichte er Illustrationen unter seinem eigenen Namen. Meggendorfer wurde berühmt für seine Kinderbücher, die er mit beweglichen Teilen und raffinierten Schiebe- und Klappelementen ausstattete, Vorläufer und Vorbilder der heutigen Pop-Up-Bücher. Regelmäßig vergibt die Movable Book Society in Salt Lake City den Meggendorfer Prize als Auszeichnung für besonders gelungene Bucheditionen in Anerkennung der Leistungen des Münchner Graphikers.

Observatorium von Steinheil, Lipowskystraße, um 1895

1.15 Optik-Firma C.A. Steinheil & Söhne

Das Unternehmen wurde 1855 vom Physiker, Astronomen und Optiker Carl August von Steinheil (1801–1870) gegründet. Steinheil hat in vielen Bereichen der Technik geforscht, er konstruierte 1836 einen ersten Schreibtelegraphen und stellte 1839 zusammen mit Franz von Kobell (Mineraloge und Dichter: Der Brandner Kaspar) auch die ersten Fotographien in München her. Auf persönlichen Wunsch König Maximilians II. gründete er 1855 eine optische Werkstätte in Schwabing zum Bau von Teleskopen und Kameras, später Optisch-Astronomische Anstalt C.A. Steinheil & Söhne. Ab 1890 war der Sitz des Unternehmens auf dem südlichen Abschnitt der Theresienhöhe, heute der Bereich an der Lipowskystraße 2. Hier hatte die Firma 1880 auch ein Observatorium errichten lassen, das 1926 abgebrochen wurde, die Werkstätten 1938 an die Stadt München verkauft und erst 1962 abgerissen.

Um die Jahrhundertwende gehörte Steinheil zu den bedeutendsten Herstellern von Objektiven und Teleskopen. In der NS-Zeit wurde der bis dahin kleine Betrieb mit max. 60 Mitarbeitern zu einem großen Rüstungsbetrieb mit bis zu 2.000 Beschäftigten. Das Unternehmen wurde 1962 in die USA verkauft, 1987 Teil der British Aerospace und 1995 aufgelöst.

Erste Fotographie in München, 1839

Für die Feuerwache auf dem Turm der Peterskirche entwickelte Steinheil 1844 ein sogen. Pyroskop in Verbindung mit einem gezeichneten Panorama, mit dem Brände v.a. außerhalb des Stadtgebiets genau lokalisiert werden konnten. Mit einem 2m langen Sprachrohr wurde die Feuerwehr auf dem Jakobs-platz benachrichtigt – jedenfalls bis eine ständige Telephonleitung gelegt war: die erste in München.

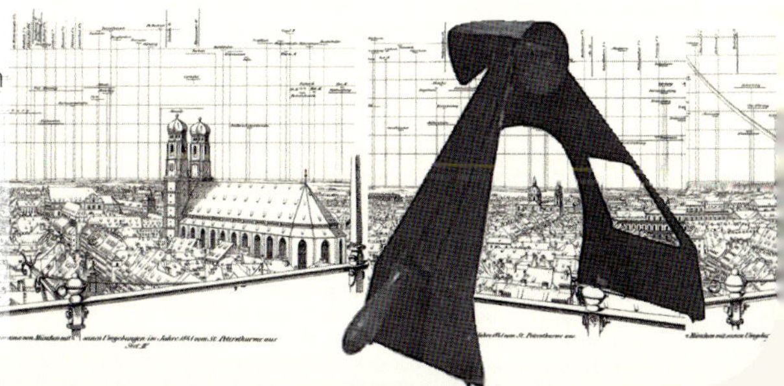

Blick von Süden Richtung Untersendling, um 1915. In Bildmitte die neu angelegte Pfeuferstraße.

Pfeuferstraße

Mit dem Heranwachsen der Großstadt wurden auch die Verkehrsverbindungen ausgebaut. Als Fortsetzung der Ganghoferstraße im Westend stellt die Pfeuferstraße eine Verbindung zur Plinganserstraße her. Um 1900 hat man den Verlauf festgesetzt, erste Bauten entstanden an der Kreuzung zur Spitzwegstraße wie der Gasthof Tannengarten um 1910. Das Foto oben von ca. 1915 zeigt in Bildmitte die neu angelegte Pfeuferstraße, in der ab 1920 bis 1970 auch die Trambahnlinie 22 verkehrte.

1.16 Bahnwärterhaus

Ein letztes Relikt der Staats-Bahnlinie vom damaligen Zentralbahnhof nach Holzkirchen, die 1857 eröffnet wurde: das kleine Bahnwärterhäuschen an der Martin-Behaim-Straße.

Obermaierhof, um 1885, rechts die Lindwurmstraße

1.17 Obermeier-Hof

Der Hof stand unmittelbar nördlich der Abfahrt zum Sendlinger Unterfeld gegenüber der alten St.-Margaret-Kirche. Im Foto von 1885 ganz rechts die heutige Lindwurmstraße. Vor dem Hof stand das Sendlinger Kriegerdenkmal, das an die Gefallenen des Kriegs von 1870/71 erinnerte. Als die Lindwurmstraße ab 1891 reguliert wurde, ließ man 1894 den Hof abbrechen. Seit 1911 steht hier das Denkmal für den Schmied von Kochel und dahinter liegt eine kleine Grünanlage.

1.18 Lycée Français Jean Renoir

In den Jahren 1929/30 entstand an der Berlepschstraße 3 ein Lehrlings- und Jugendheim nach einem Entwurf des Architekten Max Fleißner. Bauherr war der Verein Lehrlingsschutz, der aber große Mühe mit der Finanzierung hatte, da durch die Inflation die bereits angesparten Gelder vernichtet waren. Heute ist das Haus eines der beiden Gebäude der privaten Deutsch-Französischen Schule München, dem Lycée Jean Renoir, das 1953 gegründet wurde und den Kindern hier lebender Franzosen eine Ausbildung nach dem französischen Schulsystem bietet.

1.19 Kraelerstraße

Die Figurengruppe steht vor den Wohnanlagen in der Kraelerstraße, die in den 1920er Jahren entstanden sind und soll den genossenschaftlichen Zusammenhalt darstellen. Sie wurde zu Beginn der 1930er Jahre aufgestellt. Die Gebäude gehörten zur Münchner Wohnungsfürsorge AG, die Ende 1924 gegründet wurde und in der NS-Zeit der DAF (Deutsche Arbeitsfront) zugeteilt wurden. Nach dem Zweiten Weltkrieg kamen sie in den Besitz der Neuen Heimat.

1.20 Sendlinger Wüste

Bis zum Jahr 2002 war hier das städtische Bauzentrum, seitdem lag die 20.000 qm große Fläche am Herzog-Ernst-Platz brach und wurde zur „Sendlinger Wüste". Realisiert werden soll ab 2019 eine Mischung von Wohnungen und Gewerbeeinheiten nach einer Planung der Architekten Steidle und Partner, die schon vor 20 Jahren einen Bebauungsentwurf für die Nachfolgenutzung des ehemaligen Messegeländes vorgeschlagen haben. Verzögert wurde das Projekt v.a. durch Festlegungen des Bebauungsplans, die einen hohen Anteil an Gewerbeflächen erforderten.

1.21 Startschwierigkeiten

Nach der Eingemeindung Sendlings 1877 stieg die Bevölkerungszahl stetig an, 1892 lebten hier fast 19.000 Katholiken. Die alte Pfarrkirche St. Margaret in Untersendling war damit viel zu klein. Stadtpfarrer G.R. Marinus Reiner gründete daher einen Kirchenbauverein, der Gelder für einen Neubau sammeln sollte. Drei Großbauern, die Familien Kafler, Stemmer und Berger überließen der Pfarrgemeinde Grundstücke, 1897 wurde der Architekt Michael Dosch mit der Planung für einen 4.000 Besucher fassenden Bau beauftragt. Prinzregent Luitpold hatte das Protektorat über den ehrgeizigen Neubau übernommen, den man auch dem Beginn des Königreichs Bayern 1806 widmete und war auch bei der Grundsteinlegung am 6. Juli 1902 anwesend. Schon vier Jahre später konnte man Richtfest feiern. Mitten in der Bauphase kam es jedoch zu massiven Schwierigkeiten bei der weiteren Finanzierung. Eine Sonderabgabe für den Kirchenbau, die man in den Jahren 1903 bis 1905 in der Gemeinde festlegte, führte zu erheblichem Missmut in der Gemeinde, der bei der Wahl zur Kirchenverwaltung 1906 und 1909 den Sozialdemokraten unter Erhard Auer und Martin Gruber eine Mehrheit einbrachte. Sie wollten eine Umlagerung der Kosten auf die Gemeinde verhindern. Erst mit Pfarrer Reiner als Nachfolger von Pfarrer Gilg konnten weitere Spenden gesammelt werden, Architekt Dosch trat zurück und wurde durch Franz Xaver Boemmel ersetzt, der den Bau in wesentlichen Punkten vereinfachte.

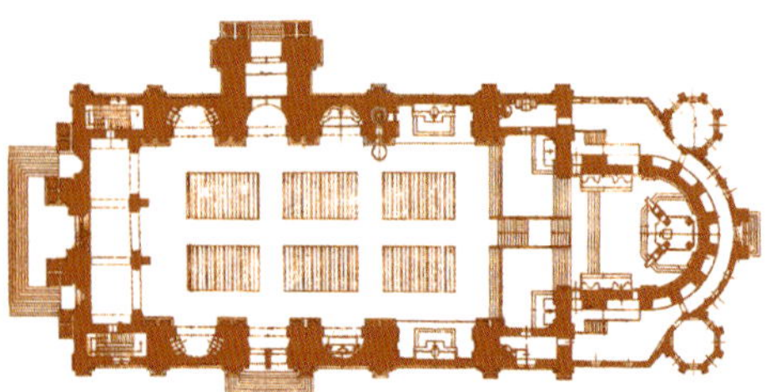

Kirchenweihe 1913

Am 16. November 1913 konnte endlich die neue Pfarrkirche geweiht werden, die hl. Margret als Patronin hatte man auch für den Neubau übernommen. Geweiht wurde die Kirche von Kardinal Franziskus von Bettinger, anwesend war auch König Ludwig III. Aufgrund der Finanzierungsschwierigkeiten konnte der Innenausbau und die Ausstattung erst 1938 abgeschlossen werden.

Außenbau

Zur Grundsteinlegung noch allein auf freiem Feld wurde der Bau nur langsam städtebaulich eingebunden, auf der Nord- und Südseite entstanden erst nach dem Zweiten Weltkieg mehrgeschoßige Wohnbauten. Der monumentale Kirchenbau in der damals noch weitgehend dörflichen Umgebung ist aus liturgischen Gründen mit dem besonders gestalteten Chor nach Osten zur Hauptstraße, der heutigen Plinganserstraße ausgerichtet. Die Hauptfassade im Westen wurde aufwändig nach dem Vorbild der Pariser Kirche St. Gervais gestaltet auch in Details der Ausschmückung. Der Turm mit dem Pyramidendach wurde als Point-de-vue in die Achse der Lindwurmstraße gesetzt, man kann ihn bis vom Sendlinger-Tor-Platz aus sehen.

Am Chor sind noch die ursprünglich aufwändigeren Gestaltungsansprüche zu sehen, die aber im Laufe der Bauzeit reduziert wurden. Der Hahn auf dem Dach des Chors symbolisiert die „Wachsamkeit des Glaubens".

1.21 Neue Pfarrkirche St. Margaret

1

Innenraum und Ausstattung

Der Innenraum hat zwei Münchner Vorbilder: das Raumkonzept der St.-Michaelskirche mit der weiten Tonne, den seitlichen Kapellen und dem abschließenden eingezogenen Chor als Halbrund. Der Wandaufbau ist auch in seiner Farbigkeit an den Innenraum der Theatinerkirche angelehnt. Nur im Chorgewölbe gibt es Deckenfresken der Gebrüder Alois und Josef Wilk von 1907. Die für die damalige Zeit eher traditionellen, barockisierenden Altäre enthalten Figuren von Karl Schratt. Den Hochaltar stiftete Prinzregent Luitpold selbst, im Vorhang des Baldachins deutet das bayerische Wappen darauf hin. In der Folge des Kirchenjahres kann der Altar von Nikolaus Schratt in vier Varianten umgestaltet werden: als Darstellung der Verkündigung, als Weihnachtskrippe, Ölberg zur Karwoche und als Auferstehung Christi an Ostern. Im Aloisius-Altar der Südseite sind zwei spätgotische Figuren von St. Margret und St. Georg eingefügt, die aus der alten Untersendlinger Kirche St. Margret stammen. Die zweite Kapelle der Nordseite enthält einen in Augsburg erworbenen, versilberten Rokoko-Altaraufsatz aus der Mitte des 18. Jahrh. von Johann Christoph Reinhard.

Die erste Orgel wurde 1915 von den Sendlinger Orgelbauern Nenninger und Moser als damals modernste Orgel der Stadt eingerichtet. 1943 zerstört, schuf der Münchner Orgelbauer Anton Schwenk bis 2002 eine der klangschönsten Orgeln Münchens mit 56 Registern und 3.500 Pfeifen. Nach Bombenangriffen im Zweiten Weltkrieg stürzte ein Teil des Gewölbes ein, die Ausstattung wurde teils schwer beschädigt, u.a. wurde die Kanzel – ursprünglich 1912 von Karl Büchsenmann geschaffen – originalgetreu rekonstruiert.

Wohnanlage Margaretenstraße

Die „Baugenossenschaft München-Süd" ließ 1913 die gemeinnützige Kleinwohnungsanlage nach Plänen von Peter Schneider errichten. Auch die Wohnanlage gegenüber, südlich der Margaretenstraße, unterteilt durch die private Hochmeierstraße, entstand im Auftrag der „Baugenossenschaft München-Süd" durch die Bauunternehmung Leonhard Moll 1919 bis 1920. Ursprünglich enthielt die Fassade an herausgehobenen Stellen eine einfache Putzornamentik und weitere Fensterläden.

1.22 Fraunhofer-Haus

Hansastraße 27 c, Sendling-Westpark
Henn Architekten, München
1996/97 (Wettbewerb) Bauzeit 1999–2003

Zentralverwaltung der Fraunhofer-Gesellschaft mit 500 Arbeitsplätzen. Nach der Wende plante die Fraunhofer-Gesellschaft ihren zentralen Sitz nach Bonn zu verlegen. Die Zusage des Freistaats Bayern zu einer 80 %igen Finanzierung des Neubaus sicherte den Verbleib in München. Das Grundstück an der Hansastraße wurde der Gesellschaft bereits 1986 vom Bund zur Verfügung gestellt.

Aus funktionalen und städtebaulichen Gründen ist der Baukomplex in einen 2-geschoßigen Flachbau, einen 6-geschoßigen Längsbau und ein Hochhaus mit 18 Geschoßen gegliedert. Die Kombibüros, über Lufträume und Gemeinschaftszonen vernetzt, gewährleisten Flexibilität und enge Zusammenarbeit. Ergänzt wird das Raumprogramm mit einer Ausstellungsfläche, auf der die Leistungen des Fraunhofer-Instituts dargestellt werden. Das Stahlbetonskelett ist im 65 m hohen Turm mit einer Doppelfassade umhüllt. Alle Arbeitsplätze sind natürlich belichtet und belüftet.

Drei Institute der Fraunhofergesellschaft entwickelten Infrastruktur für das Gebäude: eine innovative Doppelfassade mit 380 computergesteuerten gläsernen Klappen, die eine natürliche Belüftung der Räume erlaubt und einen Sonnenschutz beinhaltet, ein integriertes Facility-Management-System zum Betrieb der Gebäudeanlage und einen Roboter für die Fassadenreinigung.

Hansastraße

Das Gebiet zwischen Ridlerstraße und Hansastraße – parallel zur Gürtelbahn wurde erst spät bebaut. Die Hansastraße selbst wurde erst kurz vor dem Ersten Weltkrieg für die Erschließung von Lager- und Gewerbeflächen angelegt. Mit Ausnahme einiger Wohnbauten aus den 1920er und 1930er Jahren liegen heute hier v. a. Verwaltungs- und Bürobauten.

1.23 TÜV SÜD

Technische Überwachungs-Vereine (TÜV) sind private Unternehmen, die technische Sicherheitskontrollen durchführen. Hervorgegangen sind sie im 19. Jahrhundert aus den „Dampfkessel-Überwachungs-und Revisions-Vereinen". Nicht selten explodierten damals die neu aufgekommenen Dampfkessel. Die Überwachungsvereine leisteten wichtige Beiträge zur Kontrolle und Weiterentwicklung der neuen Technologie. 1874 erhielt der Bayerische Überwachungsverein die kgl. Anerkennung. Später kamen zahlreiche weitere Prüfverfahren und Qualitätskontrollen hinzu. Am bekanntesten ist die Hauptuntersuchung von KFZ.

Der TÜV SÜD mit seiner Zentrale in München hat weltweit 800 Standorte mit 19.000 Mitarbeitern. Vor dem Umzug ins Westend hatte der Bayerische Dampfkesselrevisionsverein seinen Sitz in einem repräsentativen Bau des Architekten Eugen Drollinger von 1903 in der Kaiserstraße 14 in Schwabing.

1.24 Sander-Villa

Das ungewöhnliche Haus wurde 1909 nach einem Entwurf der Architekten Rank als Kontorhaus und Auslieferungsniederlassung für die Firma Gebrüder Röchling gebaut, einen Eisen- und Kohlenhändler aus Völklingen, der sich im Geländestreifen an der Bahn angesiedelt hat. Früher schlossen sich an das Hauptgebäude eine Autohalle und weitere Nebengebäude an. Die Hausform nimmt Elemente eines Landhauses auf wie das überhohe Satteldach und gilt als Jugendstilbau. 1968 wurde der Bau von der Firma Sander erworben, die hier chemische und pharmazeutische Produkte herstellte. 2005 ging das Gebäude an den ADAC, wurde grundlegend saniert, die Anbauten der Sander-Chemie wurden wieder entfernt. Heute sind im Gebäude u. a. die Bibliothek des ADAC und mehrere Sammlungen zur Vereins- und Automobilgeschichte untergebracht.

Die ADAC-Hauptverwaltung hat seit 1905 ihren Sitz in München, zunächst in der Neuturmstraße, danach an der Königinstraße und seit 1973 am Westpark. 2.400 Mitarbeiter an sechs verschiedenen Standorten betreuen die ca. 18 Mill. Mitglieder des Vereins, bis 2020 werden weitere 2 Mill. erwartet. Nach Bekanntwerden von massiven Fälschungen beim Autopreis *Gelber Engel* war der zweitgrößte Autofahrerclub der Welt Anfang 2014 in eine ernsthafte Krise geraten. Anschließend wurden etliche Vorwürfe erhoben und Missstände aufgedeckt.

1.25 ADAC-Hauptverwaltung

Hansastraße 23–25, Sendling-Westpark, 2006–2012
Architekten: Sauerbruch-Hutton, Berlin

Ziel der Bauherren und Architekten war ein charakteristischer Baukörper, der die Identität des ADAC „natürlich" zum Ausdruck bringt, neben den funktionalen, ökonomischen und ökologischen Anforderungen. Die eigenwillige Grundrissform passt sich den benachbarten Blockrändern zwar ein, entstanden ist trotzdem ein differenzierter und dynamischer Raumkörper, der das denkmalgeschützte Haus Sander an der Hansastraße einschließt und zur Bahn hin mit der Nachbarbebauung eine klare Kante schafft.

Stern von Sendling

Über dem fünf-geschoßigen Sockel erhebt sich ein 18-geschoßiger Büroturm als markantes Farbzeichen mit 93 m weit über den Standort hinaus. Damit ist das Gebäude das siebthöchste in München. Die besondere Farbgebung der Fassaden mit 22 verschiedenen Gelb- und Orangetönen – dem CI des ADAC angemessen und Kennzeichen der Berliner Architekten – bringt im ansonsten in München eher zurückhaltenden Hochhausangebot ein unverwechselbares Erkennungsmerkmal. Bruttogeschoßfläche ca. 130.000 qm. 1.050 Stellplätze, eine öffentliche Cafeteria und eine Druckerei. Baukosten ca. 320 Millionen Euro. Erschlossen wird das Gebäude über einen Innenhof mit einem zentralen glasüberdachten Foyer.

Das anspruchsvolle Energiekonzept beinhaltet eine Nutzung der Erdwärme mit 48 km Geothermieleitungen und eine doppelschichtige Fassade, die eine natürliche Lüftung der Büros im ganzen Gebäude ermöglicht. Lage und Form des Hochhauses erklären sich u. a. auch aus Abhängigkeiten im Fundierungsbereich: Das Grundstück wird von einem Tunnelbau der U-Bahnlinien U4/U5 unterfahren, der aufwändig mit Bohrpfählen und Spann-Ankern abgefangen werden musste.

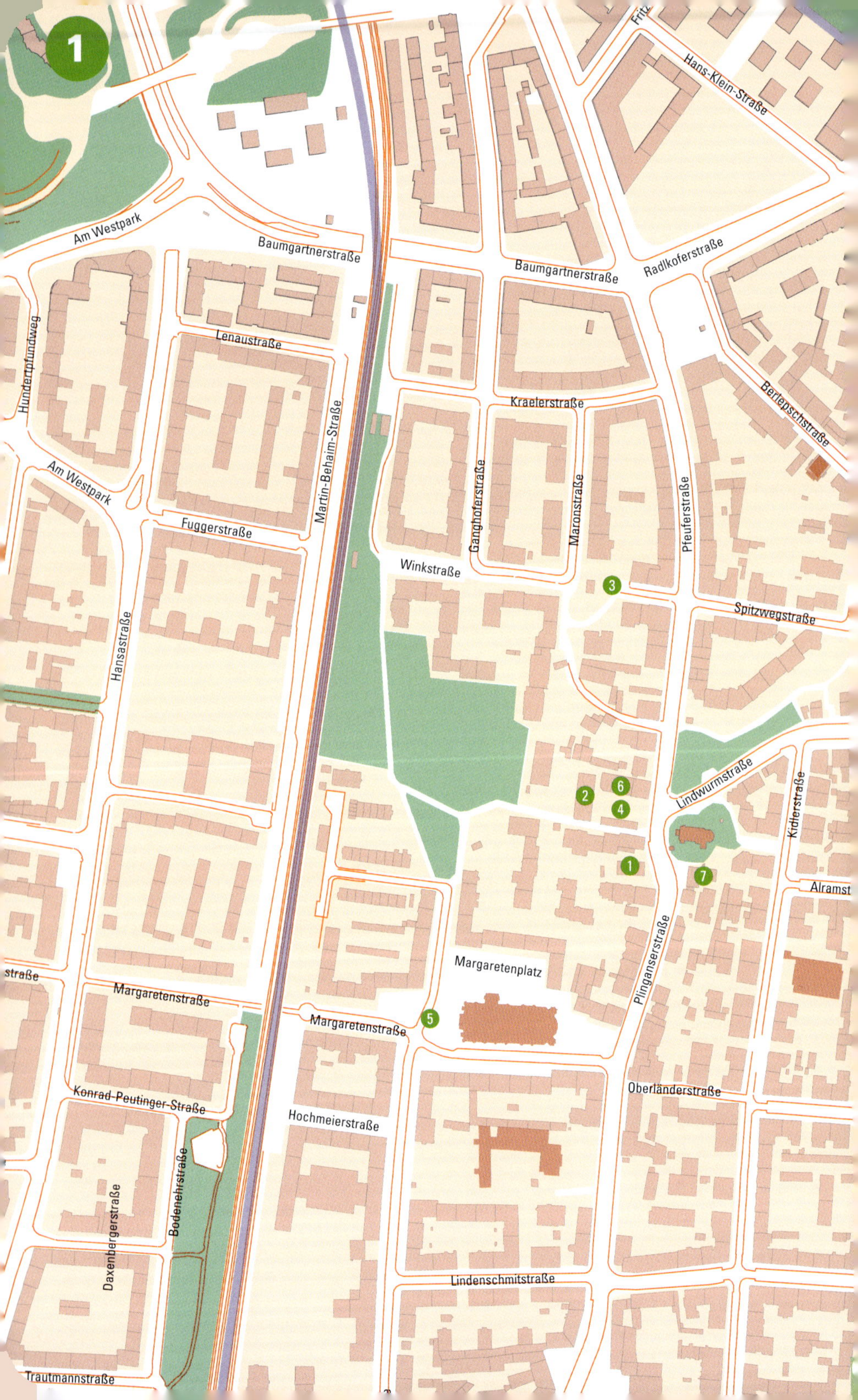

1
Am Westpark
Baumgartnerstraße
Hans-Klein-Straße
Radlkoferstraße
Lenaustraße
Hundertpfundweg
Martin-Behaim-Straße
Kraelerstraße
Bertepschstraße
Ganghoferstraße
Maronstraße
Pfeuferstraße
Fuggerstraße
Winkstraße
Spitzwegstraße
Hansastraße
Lindwurmstraße
Kidlerstraße
Alramst
Plinganserstraße
Margaretenplatz
Margaretenstraße
Oberländerstraße
Konrad-Peutinger-Straße
Hochmeierstraße
Bodenehrstraße
Daxenbergerstraße
Lindenschmitstraße
Trautmannstraße

Untersendling • Service

Cafés • Bars

Cafe Grass
Plinganserstraße 36

① Cafe Schuntner
Plinganserstraße 10

Kneipen • Boazn

Astron
Plinganserstraße 20

Pfeuferstüberl
Pfeuferstraße 14

Essen

Antonius-Tenne
Plinganserstraße 10
Bayerische Traditionsgaststätte, 17 bis 23 Uhr, am Wochenende bis 3 Uhr

Burger House Harras
Plinganserstraße 37

Gaststätte Meindleck
Meindlstraße 4

② Ö1
im Stemmerhof
Plinganserstraße 6
Österreichische Küche

Punjab Grill & Bar
Lindwurmstraße 205

Pizzeria Restaurante Hansas Pizzabar
Hansastraße 109a

Sendlinger Treff – Balkanspezialitäten
Plinganserstraße 14A

③ Tannengarten
Ab 15. Februar 2019 dauerhaft geschlossen

Wunderkost Restaurant Lieferservice
Ortlerstraße 1b

Lebensmittel

④ Biomarkt Stemmerhof
Plinganserstraße 6

⑤ Wochenmarkt Untersendling
Margaretenplatz
Samstags 7 bis 13 Uhr

Bäckerei/Konditorei Ziegler
Meindlstraße 6

Bäckerei Vinzenz Zöttl
Ganghoferstraße 127a

Bäckerei Vinzenz Zöttl
Pfeuferstraße 33

Orterer Getränkemärkte GmbH
Hansastraße 134

PENNY
Pfeuferstraße 33

REWE City
Hansastraße 134

Späti – Lebensmittelhändler
Plinganserstraße 17

Döner • Imbiss

Kebabo Restaurant/ Essen zum mitnehmen
Hansastraße 148a

K&K – Kilim Kebaphaus
Spitzwegstraße 10

Monaco Pizza & Baguette
Pfeuferstraße 37

momento pizza heimservice
Pfeuferstraße 14

Kunst • Kultur

⑥ ARS MUSICA e.V.
Plinganserstraße 6
Musikbühne im Stemmerhof

Shopping

Kinderkram Second-Hand-Laden
Kidlerstraße 34

Lagerverkauf
im Stemmerhof
Plinganserstraße 6
„Unsere Schnäppchenpreise werden Sie überzeugen"

Naturstudio Margot Bröckelt
Plinganserstraße 8
„Für einen gesunden Schlaf"

⑦ Wohnpuls
Plinganserstraße 3
Vollholzmöbel – elegant und nachhaltig

Bücher

Sendlinger Buchhandlung
Daiserstraße 2

Specials

Weißer Rabe
Gebrauchtwarenhaus
Bavariastraße 30–36

Musik Hartwig
Lindenschmitstraße 31
Meisterwerkstatt und Musikfachhandel

Schreinerei Ingo Grützner
Lindwurmstraße 128

Kfz-Meister Markus Flügel
Pfeuferstraße 42

Valentin Brunhuber
Kidlerstraße 12
Sanitärhandel, seit 1939 in Untersendling

Apotheke

Monaco Apotheke
Hansastraße 132

Behring Apotheke
Plinganserstraße 34

Sendlinger Apotheke
Pfeuferstraße 33

Bank

Münchner Bank
Lindwurmstraße 195

Rein & Sauber

SB Waschsalon und Reinigung
Nestroystraße 2,

Alfa Reinigung
Plinganserstraße 32

dm-drogerie markt
Plinganserstraße 33

Duschenmarkt GmbH
Lindwurmstraße 219

Soziales

Studienkreis Nachhilfe München Sendling
Plinganserstraße 5

Lernstudio Barbarossa
Plinganserstraße 32
Nachhilfe, Sprachkurse und Computerkurse

Kindertagesstätte St.Margaret
Margaretenplatz 5

Die Murmeltiere e.V. Kindergarten
Hansastraße 101

Städtische Kindertageseinrichtung
Ganghoferstraße 110

Frauen beraten e.V.
Lindenschmitstraße 37
Staatlich anerkannte Beratungsstelle für Schwangerschaftsfragen

Schulen

Staatl. Grundschule
Plinganserstraße 28

Staatl. Dieter-Hildebrandt-Wirtschaftsschule
Meindlstraße 8a

Briefkasten

Plinganserstraße 14
Hansastraße 109a

SCHMIED VON KOCHEL
BEI DER ERSTÜRMUNG
DES ROTEN TURMES
18

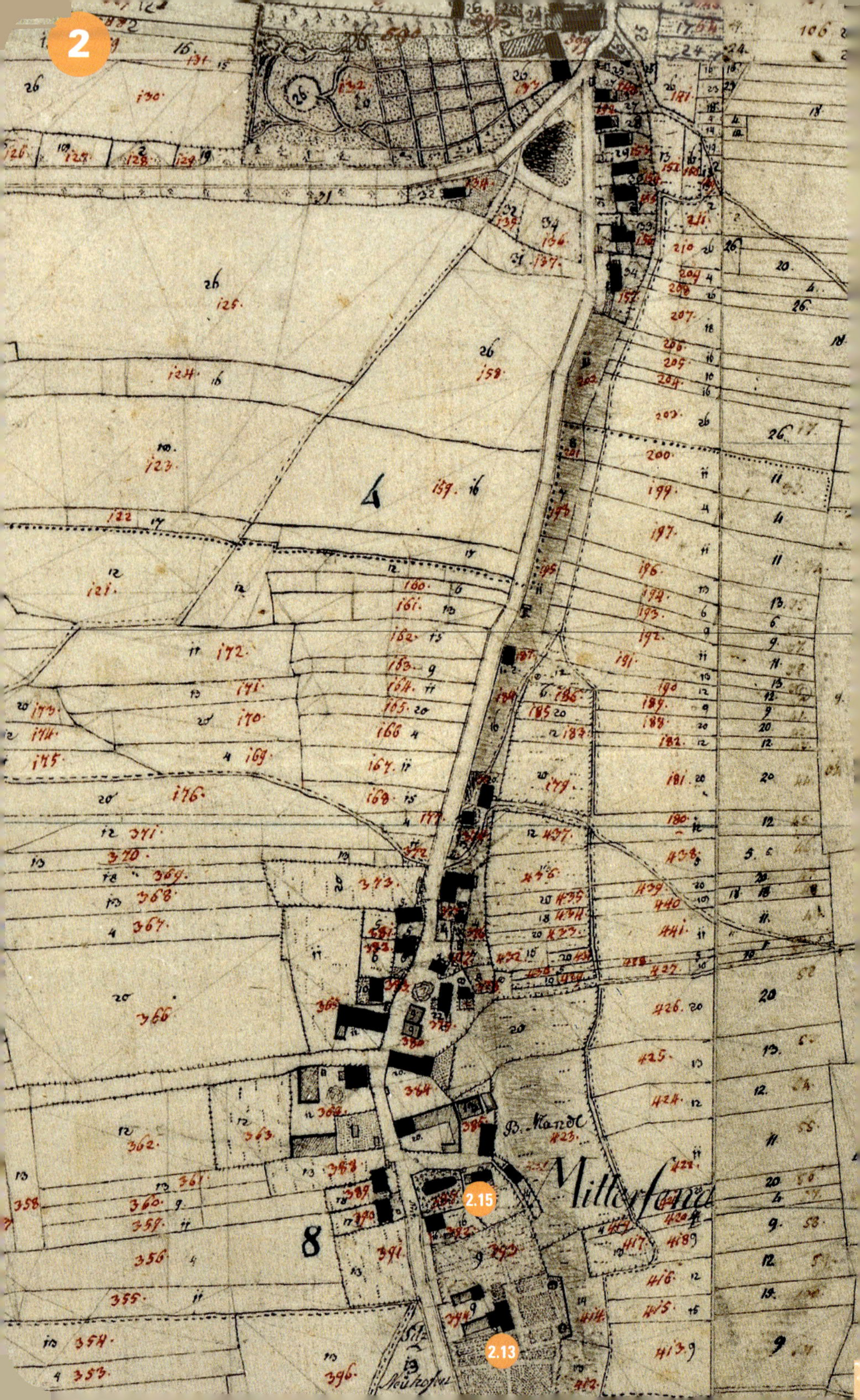
2
2.15
2.13

Harras – Mittersendling 1808

2

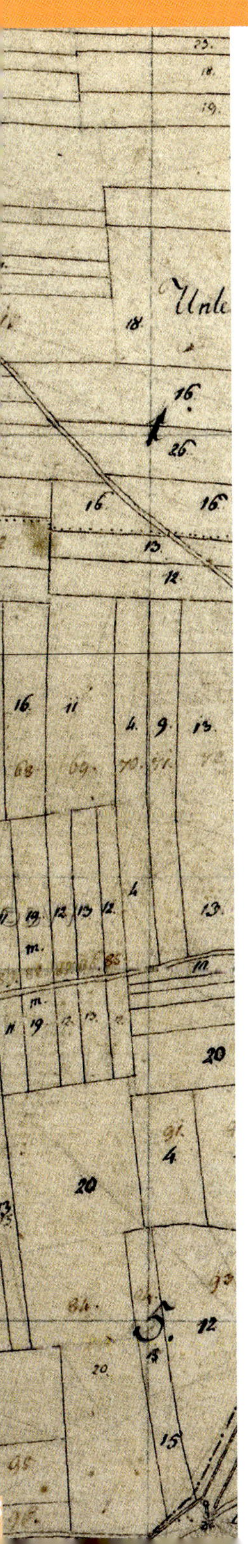

Das Bild unten – ein Stahlstich nach einer Zeichnung von Gustav Kraus um 1840 – zeigt den Blick von Mittersendling nach Norden Richtung der Stadt München. Ganz links die Sendlinger Landstraße mit Alleebäumen, in Bildmitte die Silhouette der Stadt München, links im Vordergrund das Allgemeine Krankenhaus an der heutigen Lindwurmstraße. Vom Angertor der Stadtbefestigung führt der baumbestandene Weg nach rechts Richtung Thalkirchen. Ganz rechts kann man an der Thalkirchner Straße den neuen Israelitischen Friedhof und direkt darüber die gerade fertiggestellte Mariahilfkirche in der Au auf der anderen Isarseite erkennen. Am Abgang von Mittersendling zum Unterfeld steht eine Nepomuk-Statue, heute in etwa die Stelle, an der der Mittlere Ring durch Mittersendling führt.

Das untere Bild von ca. 1910 zeigt die drei Westermeier-Höfe an der heutigen Engelhardstraße nördlich der Einmündung der heutigen Heckenstallerstraße. Bis in die 1980er Jahre diente der letzte der drei Höfe als städtischer Bauhof.

Blick von Mittersendling zur Innenstadt, um 1800

Westermeier-Höfe in Mittersendling, Blick nach Norden, um 1910

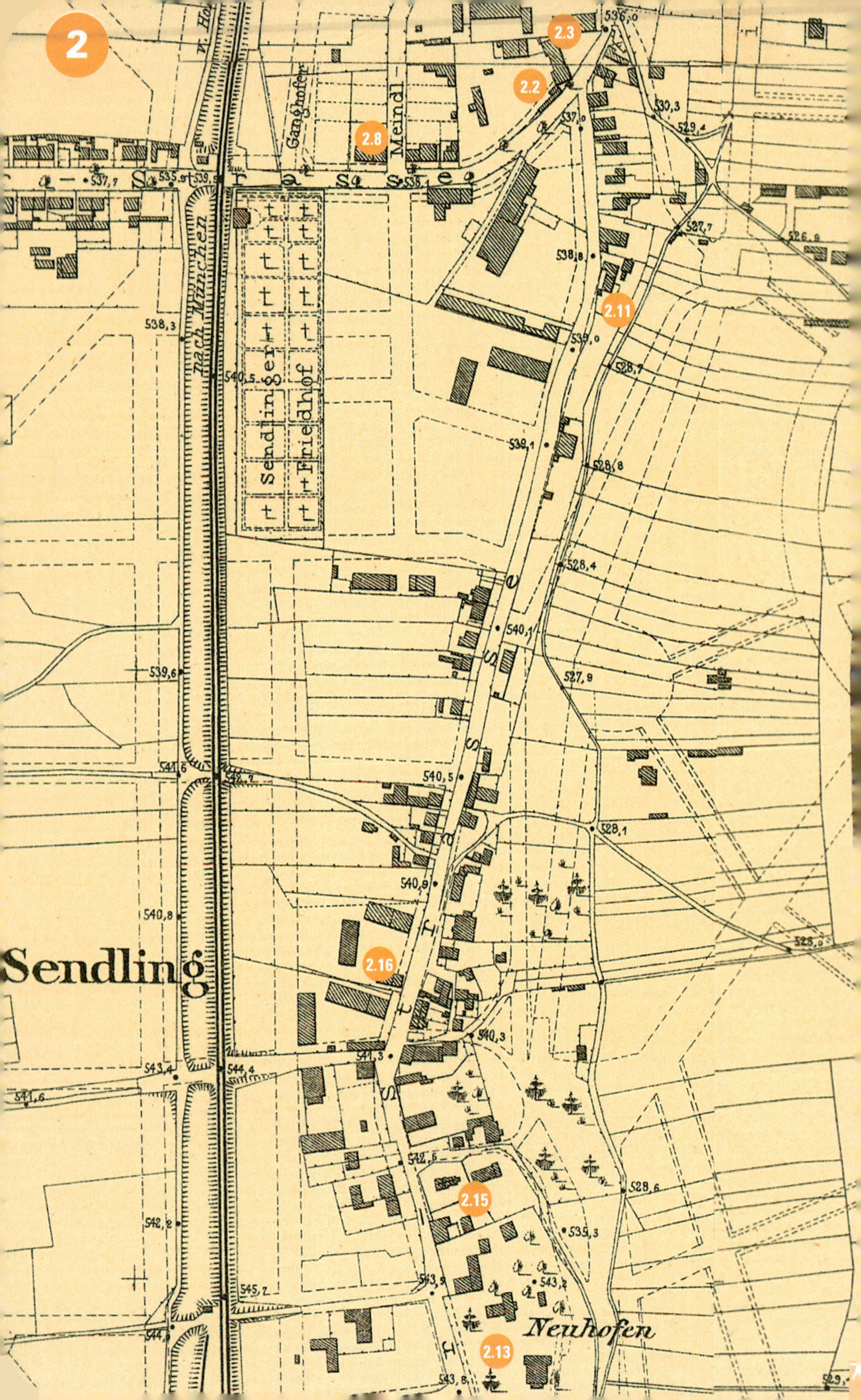

2
2.3
2.2
2.8
2.11
2.16
2.15
2.13
Meindl
nach München
Sendlinger Friedhof
Sendling
Neuhofen

Harras – Mittersendling 1891

2

Sendlinger Oberfeld

Bestimmend für die Bebauung des Sendlinger Oberfelds war seit Jahrhunderten der Verlauf des bedeutenden Fernhandelswegs nach Süden entlang der Höhenkante. Daran reihten sich die Straßendörfer Unter-, Mitter- und Obersendling auf. Mit der parallel zur Straße angelegten und 1854 eröffneten Bahnlinie nach Holzkirchen gab es ein weiteres prägendes Element für die städtebauliche Entwicklung. Zwischen der Bahn und der Landstraße legte man parallel verlaufende Straßen wie die Meindlstraße und kurze Stichstraßen im rechten Winkel dazu an, auch westlich der Bahn mit zunächst schienengleichen Übergängen, die später durch – allerdings nur wenige – Unterführungen ersetzt wurden. Damit war die Erweiterung der Siedlungsgebiete nach Westen stark eingeschränkt.

Eisenbahn in Mittersendling, um 1890

Die Plinganserstraße mit Blick nach Süden zur Pfarrkirche von Mittersendling St. Achaz, um 1957, noch vor der Umsetzung der Straßenführung und dem Durchbruch des Mittleren Rings.

Plinganserstraße, um 1957

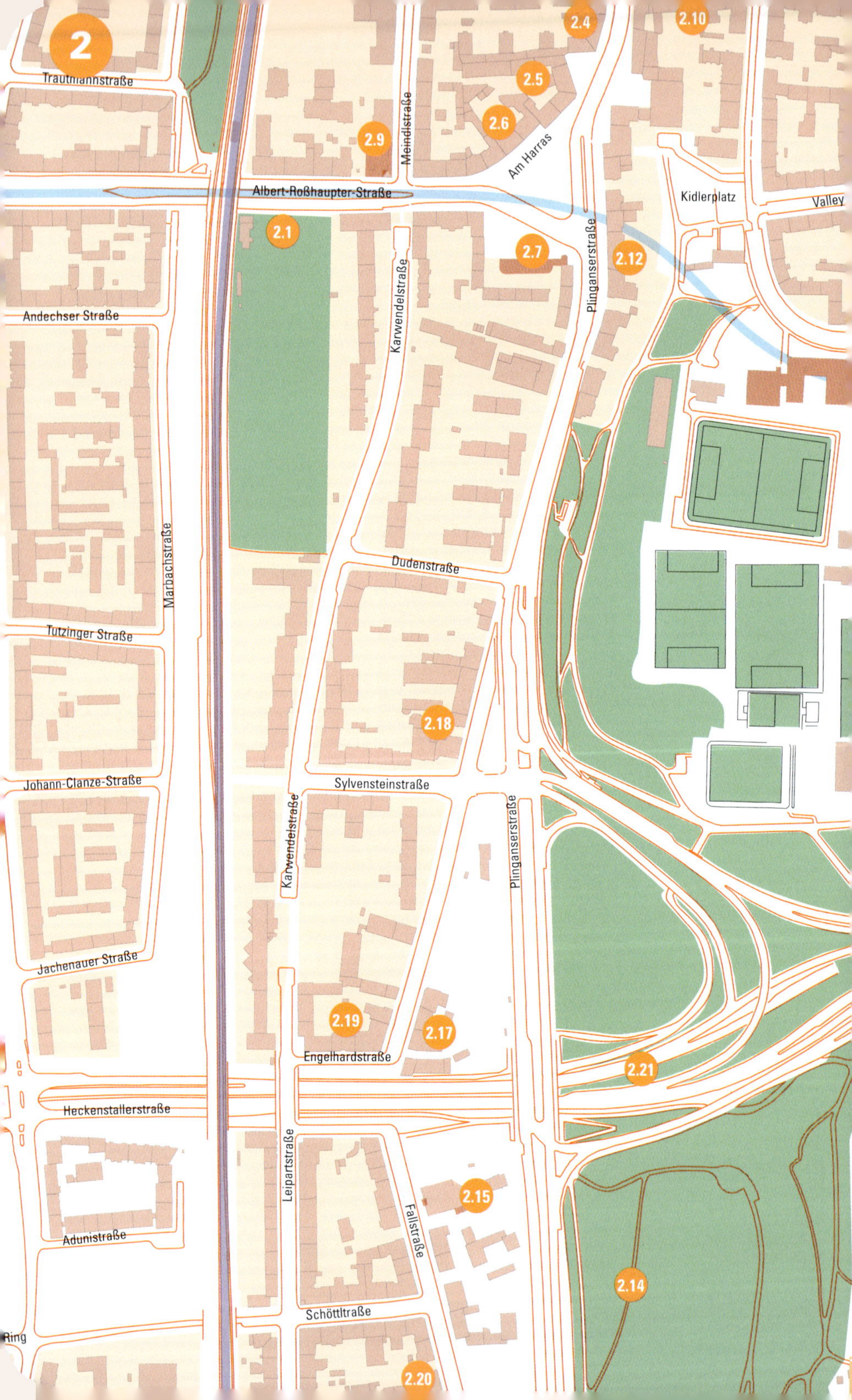

2
Trautmannstraße
2.4
2.10
2.5
2.6
2.9
Meindlstraße
Am Harras
Albert-Roßhaupter-Straße
Kidlerplatz
Valley
2.1
2.7
2.12
Plinganserstraße
Andechser Straße
Karwendelstraße
Dudenstraße
Marbachstraße
Tutzinger Straße
2.18
Johann-Clanze-Straße
Sylvensteinstraße
Karwendelstraße
Plinganserstraße
Jachenauer Straße
2.19
2.17
Engelhardstraße
2.21
Heckenstallerstraße
Leipartstraße
2.15
Fallstraße
Adunistraße
2.14
Schöttlstraße
Ring
2.20

Harras – Mittersendling heute

2

Sendlinger Landstraße

An der Hauptstraße selbst, seit 1878 Plinganserstraße, von der alten Untersendlinger Kirche St. Margaret nach Süden, entstanden vor dem Ersten Weltkrieg zwar einzelne Bauten mit großstädtischem Charakter, auch Villen und Sommerhäuser für begüterte Münchner Bürger neben den vorhandenen älteren Gebäuden und Bauernhöfen. Ihren dörflichen Ursprung kann man der Straße aber auch heute noch ansehen.

Zerschnitten und gevierteilt

In Mittersendling ist jedoch der ursprüngliche Verlauf der Landstraße kaum noch nachvollziehbar. Nach dem Ende des Zweiten Weltkriegs hat man hier einen großen Teil des Ruinenschutts der Luftangriffe zum Neuhofener Berg aufgeschüttet und 1958 die Plinganserstraße im Rahmen des Ausbaus des Neuhofener Bergs nach Osten verschoben. Nur noch die beiden Stichstraßen Fallstraße und Engelhardstraße erinnern an die ehemalige Führung der alten Landstraße. Der Bau des Mittleren Rings in Sendling ab den 1960er Jahren und der massive Einschnitt in den Höhenzug hat die historische Struktur des Dorfes Mittersendling endgültig zerstört.

Plinganserstraße, Ladenzeile vor dem Abbruch, 2017

Mittlerer Ring, Blick nach Osten, um 1977

Mittlerer Ring, 2019

2 Harras – Mittersendling

Familiengrab Kafler

Der Kaflerhof lag an der Sendlinger Hauptstraße, heute Plinganserstraße. Auf dem Gelände ließ Simon Kafler 1899 mehrere großstädtische Gebäude errichten, den Kaflerblock.

Familiengrab Stemmer

Der Stemmerhof als der letzte Bauernhof in Sendling, der Landwirtschaft betrieben hat, prägt auch heute noch den alten Ortskern von Untersendling. Früher gab es auf dem Sendlinger Friedhof mehrere Grabstellen der Familie Stemmer.

Familiengrab Schoyerer

Der Kunstmaler Josef Schoyerer hat sich v.a. auf die Gebirgsmalerei spezialisiert. Erhalten haben sich viele Motive aus den Schweizer Alpen und dem bayerischen Oberland. Schoyerer wurde am 15. Juli 1923 auf dem Sendlinger Friedhof beerdigt.

Valentin Kaufmann

(1891–1956) Kaufmann war gelernter Zimmerer und arbeitete als Hausmeister beim Vieh- und Schlachthof. Aufgrund einer Wette beschäftigte er sich mit der Umsetzung von extrem kleinen Schriften und fertigte 11 „Miniaturbücher“. Das kleinste ist 9,5 x 7,5 Millimeter groß und hat 7.167 Buchstaben auf 98 Seiten: Weltrekord.

Fritz Endres

(1877–1963) Endres war Abgeordneter im Bayerischen Landtag und nach der Revolution 1918 Justiz- und Innenminister. In der NS-Zeit mehrfach in Schutzhaft im KZ Dachau festgehalten. 1948 bis 1960 Bezirksausschuss-Vorsitzender in Sendling.

Albert-Roßhaupter-Straße und Bahnbrücke am Sendlinger Friedhof, 2019

2.1 Sendlinger Friedhof 2

2.1 Sendlinger Friedhof

Durch das verstärkte Wachstum von Sendling wurde die Anlage eines neuen Friedhofs notwendig – der bisherige Friedhof an der alten St.-Margaret-Kirche war nicht mehr ausreichend. Neben der Bahnlinie nach Holzkirchen, heute S-Bahnstrecke, legte man 1871 ein rechteckiges Friedhofsfeld mit einem Leichenhaus an. Schon 1887 und erneut 1888 musste der Friedhof nach Süden hin entlang der Bahnlinie erweitert werden. Heute hat er eine Fläche von etwas mehr als 2 ha und ca. 4.200 Grabstellen. Das kleine Leichenhaus von 1871 erweiterte man 1891 nach rechts und 1898 nach links.

2 Harras – Mittersendling

Gasthaus zum Löwenhof und Café Harras, um 1890, Joseph Puschkin

Am Harras

Der Platz entstand an der Gabelung zweier Ausfallstraßen: dem Höhenweg Richtung Mittersendling und Wolfratshausen, der heutigen Plinganserstraße und dem Abzweig nach Forstenried, heute Albert-Roßhaupter-Straße.

2.2 Café Harras

Nach der Auflösung des Gutes 1869 erwarb der Gastwirt Robert Harras einzelne Gebäude und betrieb den ab 1880 so genannten Löwenhof als Ausflugsgaststätte mit einem Gastgarten. Im Zuge des großstädtischen Ausbaus des Platzes mit viergeschoßigen Bauten an der Nordseite wurde auch das alte Gebäude des Cafe Harras abgerissen und bis 1903 das heute noch bestehende Eckgebäude errichtet nach einer Planung von Michael Utschneider, der auch Bauherr war. Der Name des Wirts Robert Harras bzw. des Cafés Harras wurde aufgrund der zentralen Bedeutung schließlich auf den Platz selbst übertragen (seit 1930 offiziell).

2.3 Löwenhof

An der Nordseite des Platzes lag das älteste und bedeutendste Wirtshaus von Untersendling, der Löwenhof, ursprünglich im Besitz des Klosters Benediktbeuern. Nach der Zerstörung im Dreißigjährigen Krieg gelangte der Hof in bürgerlichen Besitz und schließlich 1689 an einen kurfürstlichen Kammerherrn, der Wirtschaftsgebäude und ein kleines Schlösschen errichtete.
Der Besitz hatte eine sogen. „Taferngerechtsame", also die Berechtigung eine Gastwirtschaft zu betreiben: der Sendlinger Alte bzw. Große Wirt. Zur Zeit des Sendlinger Bauernaufstands war die Tafernwirtschaft Stützpunkt der Oberländer Bauern.

2.4 Der Neue Löwenhof

Vor dem Neubau des Mietshauses am Eintritt zum Harras stand hier der zweigeschoßige Gasthof Löwenhof mit einem hohen Giebel zur Plinganserstraße hin. 1928–29 ließ der Speditionskaufmann Rupert Lechler anstelle des Gasthofs einen fünfgeschoßigen Neubau nach einer Planung von Ludwig Naneder errichten, der zum einen die Baulinie der Plinganserstraße aufnahm und zum anderen die Fassadenflucht der bereits anschließenden Bauten südlich davon. Der alte Hausname Löwenhof wurde auch in der Gestaltung der Fassaden zum Motiv: Im ersten Geschoß sind Wappen mit Löwenmotiven eingesetzt, darüber überlebensgroße Figuren der Sendlinger Bauernschlacht: u.a. der Schmied von Kochel und Sebastian Plinganser.

2.5 Harras-Lichtspiele

In den Räumlichkeiten des ehemaligen Café Harras wurde 1919 ein Kino eingerichtet, für den Projektionssaal entstand im Hof ein eigener Anbau. Nach der Gründung von Clemens Idlinger als „Lichtbildbühne" geführt, ab 1922: Harras-Lichtspiele. In den wirtschaftlich schwierigen Zeiten nach dem Ersten Weltkrieg musste das Kino, wie viele andere auch, schließen, 1928 wurde es wieder eröffnet und vermutlich von Fanny Meier betrieben, es bestand bis Juli 1944. Nach Behebung der Kriegsschäden erlebte das Kino am 16. September 1949 eine Neueröffnung durch die Kino-Unternehmerin Maria Zach, die ca. 10 Kinos in München unterhielt, es blieb bis 1964 in Funktion. Heute befindet sich in den Räumen eine Bank, der ehemalige Kinosaal wird heute über zwei Geschoße mit Büros genutzt.

2 Harras – Mittersendling

Malzfabrik am Harras um 1920, abgebrochen 1930

Entwicklung zum Platz

An der Ostseite des Platzes zum Hochufer hin standen bis nach dem Zweiten Weltkrieg nur Einzelbauten, erst danach erhielt der Harras hier eine geschlossene Bebauung. Seit 1894 verlief eine Straßenbahnlinie über den Harras, 1904 wurde die Linie zum Waldfriedhof eröffnet, damit wurde der Harras auch zu einem Verkehrsknotenpunkt. Eingestellt wurde die Linie 16 zum Waldfriedhof im Jahr 1983, die Linie durch die Plinganserstraße nach Fürstenried-West, einen Tag nach der Verlängerung der U3 bis Fürstenried-West im Juni 1991.

Der Harras als Stadtteilzentrum

Der Platz erhielt erst mit dem Neubau des Postgebäudes an der Südseite eine geordnete städtebauliche Fassung, davor befand sich auf diesem Grundstück eine Malzfabrik aus den 1870er Jahren. Heute hat der Harras eine zentrale Bedeutung für Sendling. Seit November 1975 besteht der U-Bahnhof für die Linie U6, eine große Anzahl von Buslinien und mehrere Geschäfte sowie die Post. Mit einem Architekturwettbewerb suchte die Stadtverwaltung im Jahr 2007 eine Lösung für die komplexen funktionalen Anforderungen und ein Konzept für eine bessere Verkehrsführung. Das Berliner Architekturbüro *atelier pk* gewann den Wettbewerb mit einer klaren Trennung in Verkehrs- und Ruhebereiche: auf der Nordseite entstand ein großer Platz mit Brunnen und Sitzflächen vor den denkmalgeschützten Jugendstilfassaden, im Süden gibt es einen größeren Vorbereich vor dem Postgebäude. Mit einer übergreifenden Gestaltung der Bodenflächen aus Dolomit hat der Platz eine erhebliche Aufwertung erfahren.

2.6 Jugendstilhäuser am Harras

Als erste großstädtische Baumaßnahme entstand in den Jahren 1902/05 die geschlossene Häuserreihe nördlich des heutigen Platzes. Von rechts gesehen ersetzte der erste Bau (Am Harras 16) direkt an der Ecke zur Plinganserstraße das alte Café Harras und erhielt ebenfalls eine Gastwirtschaft (Bauherr und Architekt: Michael Utschneider), die später zum Kino umgebaut wurde. Es folgt nach links Hausnr. 15, ein Mietshaus des Architekten und Bauherrn Alois Lochleiter von 1903 mit einem Turmmotiv zu den folgenden Häusern, danach Nr. 14 vom gleichen Bauherrn, anschließend Haus Nr. 13 mit einer üppigen Jugendstilornamentik, die man farbig etwas ansprechender gestalten könnte und die sehr an das Motiv des Atelier Elvira von August Endell in der Von-der-Tann Straße erinnert. Hier war früher die Gaststätte „Forstenrieder Klamm", heute befindet sich hier eine Bank. Gegenüber der schönen Häuserreihe befand sich noch bis 1930 die Malzfabrik, bevor als südlicher Platzrand nach deren Abriss das Postgebäude errichtet wurde.

Trambahn Linie 22

Sendlinger Melissengeist

Angesetzt in Sendling und auch nur dort zu haben: der Sendlinger Melissengeist. Äußerlich und innerlich anzuwenden gegen und für so Manches: erhältlich in der Harras-Apotheke.

Postamt Harras um 1935

2.7 Postamt am Harras

Im Rahmen des verstärkten Ausbaus des Post- und Telegrafenwesens in den 1920er Jahren projektierte die Oberpostdirektion auch ein neues Postgebäude am Harras. In der gleichen Zeit entstanden Postgebäude u.a. an der Fraunhoferstraße, der Tegernseer Landstraße, am Goetheplatz und an der Arnulfstraße. Mit der Bekanntmachung 1931 wurden in der Öffentlichkeit auch die mehr und mehr chaotischen Verkehrsverhältnisse am Harras diskutiert und für den Platz eine neue Verkehrsplanung gefordert. Auf dem Grundstück des Postprojekts befand sich die Malzfabrik von Isidor Mayer aus den 1870er-Jahren, die noch 1930 abgerissen wurde, im gleichen Jahr begann der Neubau, bereits Anfang November 1932 waren die ersten Wohnungen fertig gestellt, das Dienstgebäude am Harras wurde am 1. April 1933 eröffnet.

Der Baukomplex setzt sich aus zwei winkelförmigen Teilen zusammen mit einem dazwischenliegenden Betriebshof. Vorhoelzer fasst den südlichen Platzrand mit dem langen, zweigeschoßigen Dienstgebäude, als Abschluss nach Westen zur Albert-Roßhaupter-Straße war ursprünglich ein siebengeschoßiger Bau geplant, der damals als „Hochhaus" galt und nicht ausgeführt wurde. Der heute bestehende Eckbau entstand erst 1954 nach einer Planung von Felix Büttner. Das zweigeschoßige Dienstgebäude bildet einen Winkel mit einem fünfgeschoßigen Wohnriegel entlang der Plinganserstraße, elegant gekurvt entlang des Straßenverlaufs. Die Wohnblöcke wurden von der „Baugenossenschaft des bayerischen Post- und Telegrafenpersonals in München" errichtet und waren für die Angestellten der Post vorgesehen. Die beiden rückwärtigen Blöcke enthielten 65 kleine Eineinhalbzimmereinheiten, an der Plinganserstraße lagen

2.7 Vorhoelzer-Post am Harras

30 größere Vierzimmerwohnungen mit der „Münchner Küche", einer von der Postbauverwaltung entwickelten Wohnküche, die sich leider nicht gegen die rein funktionale „Frankfurter Küche" durchsetzen konnte. Zwischen dem Bau an der Plinganserstraße und dem Dienstgebäude lag im halbrund vorkragenden Bau das „Stumme Postamt", in dem früher Telefonzellen, Briefmarkenautomaten und Fahrplantafeln für den Postbusverkehr untergebracht waren – wesentlicher Teil der modernen Umsetzung der Postfunktionen. Heute ist hier ein kleines Cafe untergebracht.

Die Postgebäude der 1920er- und frühen 1930er Jahre in München gehören zu den bedeutendsten, aber auch wenigen Beispielen des Neuen Bauens in der Stadt, in der zeitgleich ansonsten eher konventionelle und heimattümelnde Bauten entstanden.

Robert Vorhoelzer

(Memmingen 1884–1954 München)
Der Architekt Robert Vorhoelzer war in der Zeit von 1922 bis 1933 Leiter der Bauabteilung der Oberpostdirektion München und hat in dieser Zeit mit vielen Mitarbeitern die „Bayerische Postbauschule" begründet. Es entstanden Bauten, die in erster Linie der Funktionalität und dem modernen Bauen verpflichtet waren – in dieser Zeit in Bayern eher die Ausnahme. In München zählen dazu u.a. die Postbauten am Goetheplatz, der Tegernseer Landstraße, der Fraunhoferstraße und die Paketverteilerhalle an der Hackerbrücke. 1930 erhielt er einen Lehrstuhl an der Technschen Hochschule München, der ihm aber 1933 wieder von den Nationalsozialisten entzogen wurde.

Villa Bruckmann, 1903

2.8 Bruckmann-Villa

Julie Bruckmann (1819–1901) war die Gattin des Verlegers Friedrich Bruckmann (1814–1898), dem Begründer des gleichnamigen Verlags, den er 1858 in Frankfurt am Main als Verlag für Kunst und Wissenschaft begann. Im Sommer 1863 übersiedelte Bruckmann nach München. Mit Julie (Mämmchen), geb. Weyler aus einer Juristenfamilie in Düsseldorf hatte er vier Kinder. Der Bruckmann Verlag wurde zu einer Weltfirma. Das Wohnhaus der Bruckmanns lag in der Luisenstraße und wurde von Eugenie übernommen, die dort einen legendären Salon führte.

2.9 Volkshochschule

1981 nahm die Münchner Volkshochschule Süd den Kursbetrieb an der Albert-Roßhaupter-Straße 8 auf. Somit konnte ein wohnortnahes und stadtteilbezogenens Bildungsangebot, wie es der Stadtentwicklungsplan von 1975 vorsah, auch im Münchner Süden realisiert werden. Nach vier Jahren Bauzeit (Arch. Peter Zänker und Jörg Menzinger) eröffnete am 5. Oktober 1981 Bürgermeister Winfried Zehetmeier das Bildungszentrum am Harras. Das Gebäude verfügt über 15 helle Unterrichtsräume, u. a. Fach-Werkräume wie eine Holzwerkstatt, eine Keramikwerkstatt, eine Lehrküche, ein EDV-Raum sowie ein Gymnastikraum. Damit liegt an diesem MVHS-Standort neben dem klassischen Volkshochschulprogramm ein weiterer Schwerpunkt auf den künstlerischen Kursangeboten der MVHS. Im Haus befindet sich auch die Stadtteilbibiliothek Sendling.

Die Motorrad-Werkstatt von Ernst Henne in der Kidlerstraße 36, um 1925. Im Hintergrund die Häuser am Harras.

2.10 Auto-Henne

Ernst Henne war einer der erfolgreichsten deutschen Motorradrennfahrer, seit 1926 Werksfahrer bei BMW, für die er auch mehrere Geschwindigkeitsrekorde aufstellte. Nach dem Zweiten Weltkrieg wurde das Unternehmen von Ernst Henne an der Kilderstraße ab 1948 zum „Großvertreter der Daimler Benz AG" in München. Auto-Henne war einer der größten Fahrzeug-Händler Deutschlands. 1991 hatte Ernst Henne eine nach ihm benannte Stiftung ins Leben gerufen, die schuldlos in Not geratene Menschen unterstützt. Auto-Henne wurde 1997 von der Daimler-Benz AG übernommen.

Villa Jodlbauer, um 1910

2.11 Villa Jodlbauer

Die Villa gehörte dem Geographen Eugen Oberhummer, der die Villa 1905 von seinen Brüdern Hugo und Roman geerbt hatte, den Besitzern des Münchner Kaufhauses Roman Mayr am Marienplatz, das Anfang 1965 für den Neubau des Kaufhofs abgebrochen wurde. Später erhielt dessen Tochter Marie Anna die Villa. Sie war seit 1901 verheiratet mit dem Mediziner und Pharmakologen Albert Jodlbauer (1871–1945), Professor an der Tierärztlichen Fakultät in München und Vorstand des Instituts für Pharmakologie und Toxikologie. Das Gebäude wurde im Zweiten Weltkrieg zerstört. Reste der Gartenanlage sind noch am Hang erhalten.

„Frankenberger-Häuser", um 1910

2.12 Frankenberger-Häuser

Ab 1899 ließ der Baumeister Georg Frankenberger bis 1903 mehrere großstädtische Häuser unmittelbar an der Hangkante errichten.

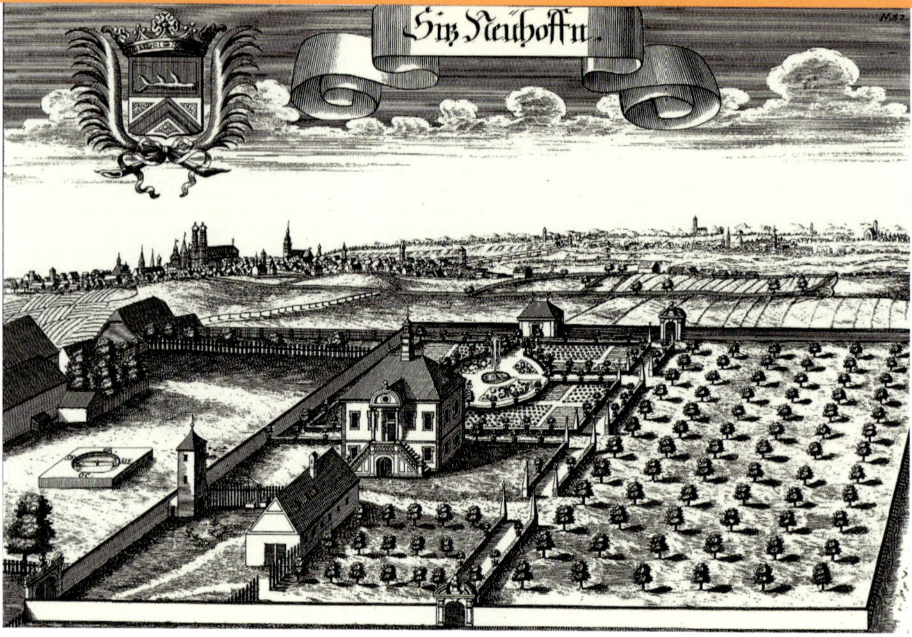

2.13 Sitz Neuhofen

Den „Sitz Neuhofen“ stellt Michael Wening oben in seinem Kupferstich von 1700 als kleines Schlösschen dar, das in dieser Form der Geheime Rat und Pfleger zu Neuötting, Matthäus von Jonner sich auf der Sendlinger Anhöhe angelegt hat mit einem kleinen Garten und ein paar Wirtschaftsgebäuden. Er hatte 1697 den Distlhof, einen großen Bauernhof aufgekauft, 1700 wurde der Landsitz zum gefreiten Sitz „Neuhofen“ mit einer Niedergerichtsbarkeit erhoben. Im Jahr 1737 gehörte der Sitz Neuhofen einem Freiherrn von Zech, der Anfang des 19. Jahrhunderts hier eine Gastwirtschaft eingerichtet hat. Seit 1835 war sie in bürgerlichen Händen, der neue Besitzer hieß Nikolaus Janisch. Er verstand es geschickt, die Gäste, die aus München nach Neuhofen hinauspilgerten mit allerlei Volksbelustigungen zu unterhalten: eine „Hutschn“, also eine Schaukel, Kasperltheater, Kegelbahn und Blaskapellen, an den Wochenenden und zu den zahlreichen Feiertagen gab es Sackhüpfen, Eierlaufen und Tanzmusik. Die nachfolgenden Wirte der Familie Kalteis bauten den Betrieb noch weiter aus zu einer Ausflugsgaststätte. Von der Bausubstanz des Schlösschens blieb allerdings wenig übrig. Als Wohnhaus ließen die Kalteis 1891 eine kleine Villa im Landhausstil vom Architekten Konrad Boehm gegenüber errichten, die seit 1939 als Pfarrhof für St. Achaz dient. Mit dem Bau der Eisenbahnlinie nach Hesselohe, die 1854 in Betrieb ging, wurde auch Mittersendling Teil der Wochenendausflüge der Münchner, der Gasthof Mittersendling lag nahe der Haltestelle. Überhaupt wurde die Sendlinger Höhe eine gesuchte Wohnlage für Sommerhäuser, die v.a. an der Plinganserstraße entstanden. Seit 1894 konnte man die „Restauration Neuhofen“ auch mit der Straßenbahn erreichen, die vom Stachus hierher führte. Die Gastwirtschaft Neuhofen war auch beliebter Versammlungsort für die zahlreichen Vereine, in unmittelbarer Nähe hatte der oberbayerische Zimmerstutzen-Schützen-Verband München-Neuhofen seit 1910 eine eigene Schießstätte. Heute steht an dieser Stelle das Ambassador-Parkhotel.

Gasthaus Neuhofen, um 1898

Abladen des Ruinenschutts am Neuhofener Berg, 1945

Schutthalde Neuhofener Berg, 1948

2.14 Neuhofener Berg

Der Neuhofener Berg mit einer tatsächlichen Höhe von 550 m ü.NN erscheint heute wie ein natürlicher Bestandteil der Sendlinger Höhenkante des ehemaligen Isarufers, ist aber im Wesentlichen erst nach dem Zweiten Weltkrieg durch Abladen von Trümmerschutt entstanden. Nach Kriegsende lagen 10 Millionen Kubikmeter Ruinenschutt im Stadtgebiet, die über mehrere Kleinbahnstrecken und 14 Dampfzüge mit Kipploren zu vier großen Deponien entsorgt wurden (Oberwiesenfeld, heute Olympiaberg; Luitpoldpark; Neuhofener Berg und Pullacher Platz). Außerdem stellte die Militärregierung 140 Lastwagen zur Verfügung. Die Kleinbahn zur Neuhofener Deponie begann am Sendlinger-Tor-Platz, über eine Zwischenkippe an der Hotter- und Damenstiftstraße wurde Schutt aus dem Gebiet um Marienplatz, Rindermarkt und Färbergraben verladen. Die Schutthalde wurde fast 10 m über die bestehende Hangkante hinaus aufgehäuft, damit wurde der Neuhofener Berg mit 22 m Höhe zu einem der größten Berge in München, neben dem Olympiaberg (ebenfalls Kriegsschutt) und dem heutigen Schuttberg in Großlappen (unser Müll).

Auf den Schuttmassen steht seit 1957 ein Rundtempel als Gedenkstätte. 4,5 m hohe Travertinsäulen tragen ein hölzernes Dachgewölbe, ein Entwurf des Architekten Josef Wiedemann. In der Mitte eine Brunnenschale aus Nagelfluh, gestaltet vom Akademieprofessor Hans Wimmer. Nördlich davon erinnert eine im Pflaster eingelassene Gedenktafel des Bildhauers Blasius Gerg an den Bombenkrieg.

2.15 Kath. Pfarrkirche St. Achaz

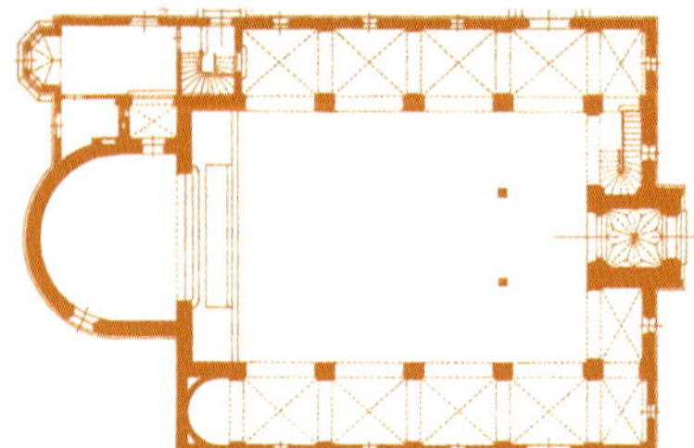

Die Kirche St. Achaz ist eine der drei frühen Kirchen der ehemaligen Sendlinger Pfarrei neben der alten Untersendlinger Kirche St. Margaret und der Wallfahrtskirche St. Maria Thalkirchen. Sitz des Pfarrhofs war hier in Mittersendling. Verbürgt ist ein Kirchenbau in Mittersendling für 1315. Ein barocker Neubau entstand durch den Baumeister Johann Georg Ettenhofer in den Jahren 1732/33.
Als St. Achaz zur selbständigen Pfarrei erhoben und ein größerer Kirchenraum notwendig wurde, ließ man die bestehende Barockkirche abreissen und 1927/28 einen Neubau durch den Architekten Richard Steidle errichten, der sich dem barocken Vorläufer gestalterisch annähert. Am 22. April 1928 fand die Weihe der neuen Kirche durch Kardinal Faulhaber statt. Der Vorschlag des Architekten Franz Lochbrunner, neben die bestende Kirche einen Neubau mit einer räumlichen Verbindung zu setzen, blieb Entwurf.

Leider wurden beim Abriss des barocken Gebäudes auch Fresken zerstört, die wahrscheinlich von Cosmas Damian Asam stammten. Übernommen hat man jedoch Teile der Innenausstattung: Seiten-Altäre von 1733, der Hochaltar mit einem Gemälde des Hl. Achatius (vermutlich von Asam) und spätgotische Skulpturen der Hl. Dionysius und Juliana aus Schäftlarner Säkularisationsgut. 1943/44 erlitt die Kirche am Dach und an den Fenstern Schäden im Luftkrieg, die bis 1948 behoben wurden. 1935 baute der Orgelbauer Leopold Nenninger, ein Schüler von Franz Borgias Maerz, eine Orgel mit 12 Registern ein, die aber 1995 durch ein Instrument von Dieter Schingnitz ersetzt wurde. Die Pfarrkirche steht unter Denkmalschutz. Die Stadtpfarrei St. Achaz bildet zusammen mit St. Thomas Morus an der Heckenstallerstraße den Pfarrverband Mittersendling.

2.16 Sendlinger Weinbauer

Um die Jahrhundertwende im Besitz von Karl Weilmayer, später im Besitz von Carl Geisel (1880–1956), der außerdem Inhaber des Hotels Rheinischer Hof am Hauptbahnhof und des Pasinger Weinbauers war, er ist der Begründer der Hotelfamilie Geisel, die seit 1938 u.a. das Hotel Königshof am Stachus besitzt.

Clubheim des Münchner Velociped-Clubs, 1903

2.17 Münchner Velociped-Club

Die klassizistische Villa vor St. Achaz war einst der Sommersitz der Edlen von Edelsberg und wurde 1903 vom Münchner Velocipedclub genutzt. Das Gebäude ist noch erhalten und ist seit dem Bau des Mittleren Rings von Mittersendling abgeschnitten.

Der Münchner Velociped-Club von 1869 gilt als einer der ältesten Fahrradclubs weltweit. Ein erstes Wettrennen ist für das Jahr 1873 verbürgt und führte vom Sendlinger Tor über 9 km in die Isarauen. Der Sieger Theodor Hof kam mit einer 42-Minuten-Zeit als erster ins Ziel, sein wichtigster Konkurrent wurde allerdings durch *„eine unfreiwillig wichtige Besprechung mit einem Gensdarm daran gehindert"* ihn zu überholen, denn die Fahrradrennen waren tagsüber verboten. Damals waren aber auch die Räder noch aus Holz und hatten eisenbeschlagene Reifen.

Illustrierter Radrenn-Sport, Nummer 22, 27. Mai 1928

Engelhardstraße, um 1910

2.18 Engelhardstraße 12

1959 benannt nach Sebastian Engelhard, einem Hofkoch, der maßgeblich beim Aufstand der oberbayerischen Bauern im Jahr 1705 gegen die österreichischen Besatzer beteiligt war. Ursprünglich der Verlauf der Dorfstraße von Mittersendling, seit 1878 Benennung als Plinganserstraße. Mit der Anlage des Schuttbergs am Neuhofener Berg nach 1945 bis 1958 und dem Bau des Mittleren Rings im Zug der Heckenstallerstraße ist der räumliche Zusammenhang des alten Straßenverlaufs kaum mehr erkennbar. Südlich des Einschnitts des Mittleren Rings verläuft die Engelhardstraße als Fallstraße weiter. Das Gebäude Engelhardstraße 12 bildete vor der teilweisen Zerstörung im Zweiten Weltkrieg ein stattliches Anwesen mit einem Haupttrakt zur Sylvensteinstraße. Bis zum Zweiten Weltkrieg stand der großstädtische Bau von 1902 weitgehend allein inmitten leerer Flächen und Kleinhäusern.

2.19 Engelhardstraße 30, 32, 34

Die Gruppe von Mietshäusern wurde von Eduard Herbert und Otho Orlando Kurz geplant und bis 1913 fertig gestellt. Der Bauteil an der Engelhardstraße 34 mit dem Erkerturm war ursprünglich als Mittelteil des Baublocks gedacht. Die Häuser gehören zu den ersten großstädtischen Bauten in Mittersendling.

2.20 Genossenschaftsbau Fall-/Zechstraße

Der Bauverein „Selbsthilfe GmbH" ließ 1911/12 drei Wohnblöcke an der Mittersendlinger Zechstraße erstellen, die Gebäude-Planung wurde vom Büro Heilmann & Littmann erstellt. Ziel des Bauvereins war der Bau von bezahlbaren Wohnungen für Geringverdienende. daher wurden v.a. kleinere Wohnungsgrundrisse mit zwei Zimmern, Wohnküche und WC erstellt, Bäder waren in den Wohnungen nicht vorgesehen. Dafür gab es im Hinterhof ein eigenes Badehaus mit mehreren Wannenbädern im Keller und einem Milchladen im Erdgeschoß. Trotz der Lage auf dem Isarhochufer war die Lage der Wohnungen für Interessenten zunächst wenig attraktiv. Der Bauverein schloss sich 1924 aufgrund wirtschaftlicher Schwierigkeiten der Baugenossenschaft „Verein für Volkswohnungen" an, die heute noch besteht

Kreuzung Mittlerer Ring/Plinganserstraße, um 1970

Heckenstallerstraße, um 1970

2.21 Mittlerer Ring

Die unendliche Geschichte der Münchner Autobahnringe haben die Autoren Roland Gabriel und Wolfgang Wirth in ihrem Buch „Mitten hindurch oder außen herum" umfassend dargestellt. Die Auswahl zu einer der beiden Varianten führte Anfang der 1950er Jahre zur Entscheidung einen inneren Autobahnring auszubauen und Anfang 1953 hatte die Stadt bereits begonnen als Teilstück die Brudermühlbrücke entsprechend neu zu bauen. Gleichzeitig war auch eine innerstädtische Verbindung der drei Autobahnen von Nürnberg, Stuttgart und Salzburg am Sendlinger-Tor-Platz geplant (Höggscher Stern). Orientiert hatte man sich an amerikanischen Vorbildern, nach 1955 wurden diese Pläne nicht mehr weiterverfolgt, im Mai 1958 ließ der Stadtrat den „Stern" endgültig fallen.

Als Ersatz diente schließlich der Ausbau des „Mittleren Rings", auf den die Autobahnen jeweils zuführen sollten und der die erwarteteten Verkehrsprobleme innerhalb der Stadt bewältigen sollte. Erste Abschnitte des Mittleren Rings entstanden neben dem südlichen Teil der Brudermühlbrücke 1955 in der Richard-Strauss-Straße. 1967 bis 1969 folgte der nördliche Teil der Brudermühlbrücke und bis 1971 die Fortsetzung zum Neuhofener Berg mit einer besonderen Form der Ausleitung zur Wolfratshausener Straße. 1972 zum Beginn der Olympischen Spiele war der Mittlere Ring (eigentlich die Bundesstraße 2 R) einigermaßen geschlossen.

Mit dem ersten Bürgerentscheid von 1996 (Drei Tunnel braucht der Mittlere Ring) entschieden sich die Wähler gegen den Willen der rot-grünen Stadtratsmehrheit zum Bau von drei Tunnel, u.a. entstanden die Tunnelbauten am Luise-Kiesselbach-Platz, die am 25. Juli 2015 offiziell eröffnet wurden.

Heute ist der Ring das Rückgrat des Straßenverkehrs in München, sämtliche Prognosen der langen Entstehungsgeschichte wurden übertroffen. Die Durchführung des Mittleren Rings durch Sendling hatte allerdings erhebliche städtebauliche Auswirkungen: Mittersendling wurde quasi zweigeteilt, die Durchführung des einst bedeutenden Höhenwegs ist kaum noch erfahrbar.

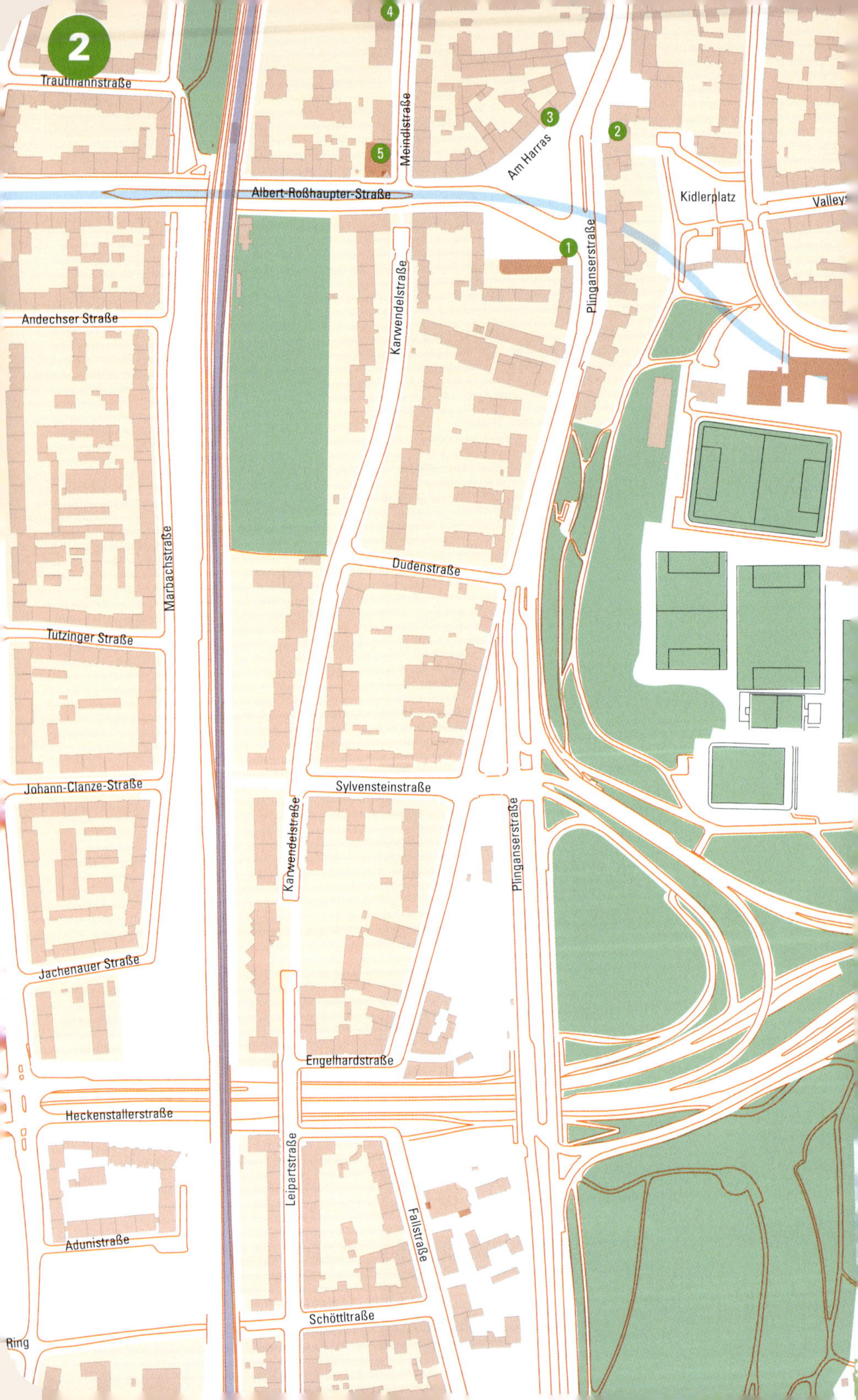
2
Trautmannstraße
Meindlstraße
4
5
3
2
Am Harras
Albert-Roßhaupter-Straße
Kidlerplatz
Valleys
1
Plinganserstraße
Karwendelstraße
Andechser Straße
Marbachstraße
Dudenstraße
Tutzinger Straße
Johann-Clanze-Straße
Sylvensteinstraße
Karwendelstraße
Plinganserstraße
Jachenauer Straße
Engelhardstraße
Heckenstallerstraße
Leipartstraße
Fallstraße
Adunistraße
Schöttlstraße
Ring

Cafés • Bars

Chaplins Bakery and Coffeeshop
Albert-Roßhaupter-Straße 14

Barocco
Engelhardstraße 33
Cocktailbar

1 **SEVEN** bistro bar club
Am Harras 2
Vermietlocation

Essen

Mykonos
Schöttlstraße 10
Griechisches Restaurant

De Vivo's
Plinganserstraße 102
Italienisches Restaurant

Burger House Harras
Plinganserstraße 37

Lebensmittel

Hofpfisterei
Plinganserstraße 37

Brandmaier
Sylvensteinstraße 10
Fischgeschäft

EDEKA
Plinganserstraße 45

Walter Cordes Pralinen
Plinganserstraße 37

Istanbul Supermarkt
Marbachstraße 1/Ecke Albert-Roßhaupter-Str.

von Mamma
Fallstraße 16
Italienische Feinkost

Life Supermarkt
Leipartstraße 17

Specials

Blumen Lindahlia
Plinganserstraße 26

2 **trendOptic GmbH**
Plinganserstraße 35

Wörl in Sendling
Am Harras 8
Schreibwarengeschäft

Harry holt den Wagen
Karwendelstraße 49
Taxiunternehmen

Freie Turnerschaft München Süd
Engelhardstraße 26

Stattauto München
Leipartstraße 2
Carsharing Station SDL

Iseria Schmuck
Fallstraße 14

Voll-Klang & Pianohaus Schwäger
Passauerstraße 63
Klaviergeschäft

Apotheke

3 **Harras-Apotheke**
Am Harras 15
Hier gibt's den Sendlinger Melissengeist

Rein & Sauber

dm-drogerie markt
Albert-Roßhaupter-Str. 37

Soziales

Arbeitsamt
Jobcenter Sendling-Westpark
Meindlstraße 16

4 **Sozialbürgerhaus Sendling-Westpark**
Meindlstraße 20

5 **Münchner Stadtbibliothek Sendling**
Albert-Roßhaupter-Str. 8

Montessori Kinderhaus am Harras
Karwendelstraße 34

Städtische Kindertageseinrichtung
Karwendelstraße 44

Thai Asa e.V. Bildungszentrum
Marbachstraße 16
Verein zur Förderung der Völkerverständigung

Bank

HypoVereinsbank
Am Harras 13

Deutsche Bank
Albert-Roßhaupter-Str. 2

Stadtsparkasse
Plinganserstraße 55

Targo-Bank
Plinganserstraße 5

Commerzbank
Plinganserstraße 42

Geldautomat Raiffeisenbank
U-Bahnhof Harras

Euronet Geldautomat
Albert-Roßhaupter-Str. 18

Briefkasten

Am Harras 2
Albert-Roßhaupter-Str. 35
Engelhardstr. 26

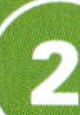

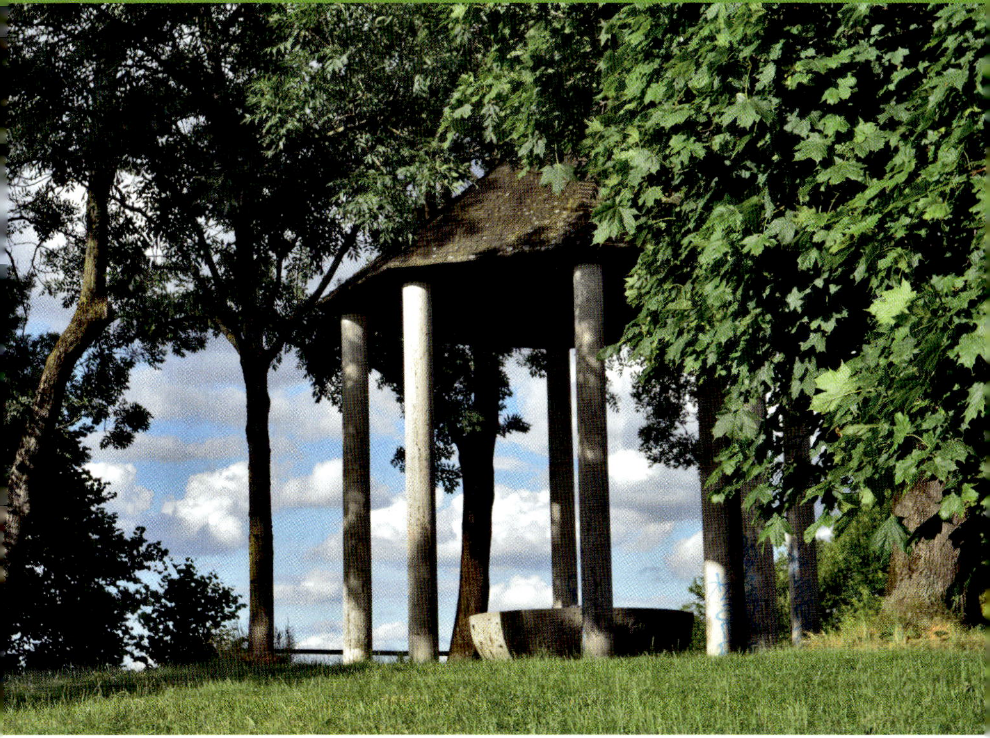

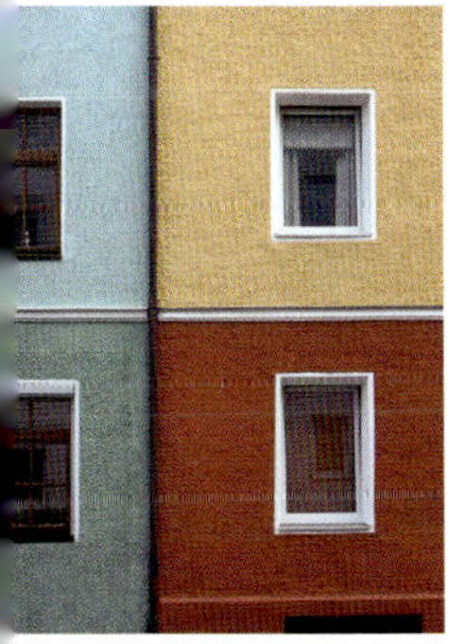

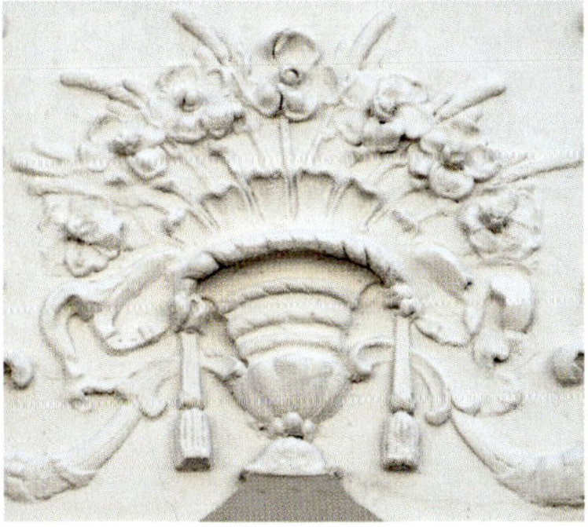

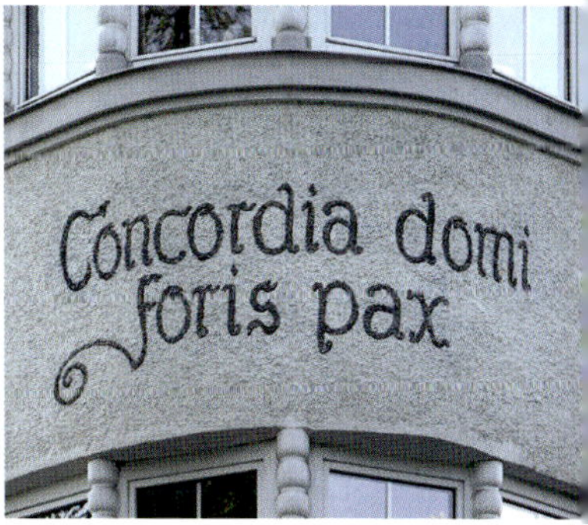
Concordia domi
foris pax

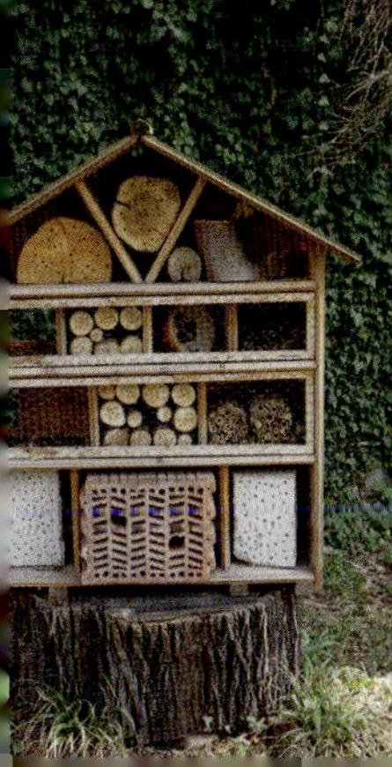

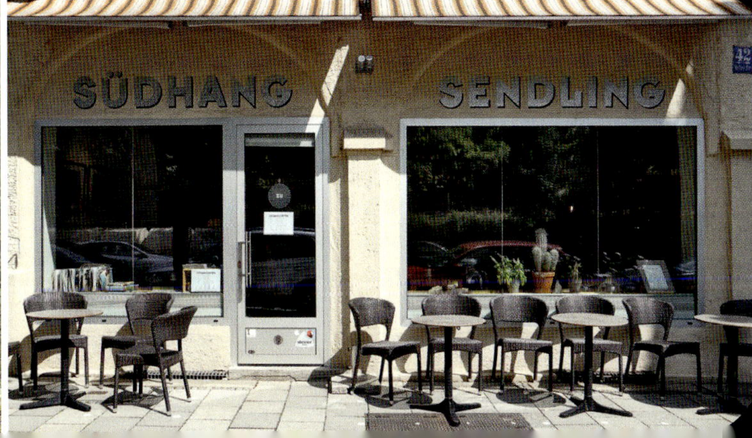

SÜDHANG
SENDLING

3
3.4
3.5
3.7
3.9
3.10
3.22
Theresienhöhe
Schmid-Kochel-Strasse
Senser-Str.
Alram-Str.
Oberländer-Str.
Lindenschmid-Str.
Aberle-Str.
Viehhof
Kapellenweg
vom Centralbahnhof
Städt. Lagerhäuser
Pocci-Str.
Güll-Str.
Radlkofer-St.
Klepsch-Str.

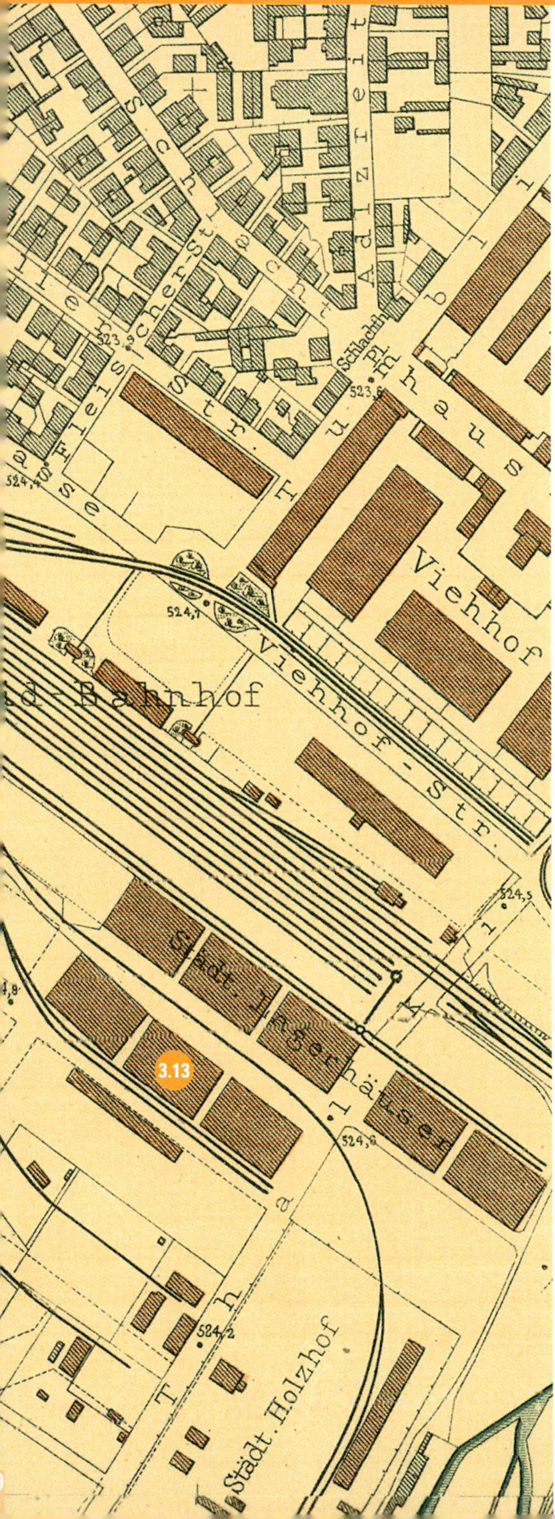

Lagerhallen und Viehhof

Die 1871 eröffnete Bahnstrecke zum Ostbahnhof und nach Braunau löste weitreichende Veränderungen im Sendlinger Unterfeld aus. Die Bahnstation wurde zunächst Thalkirchen benannt und stand damals auf freiem Feld, weitab von den allerdings näher rückenden Siedlungsgebieten. Entlang der sogenannten Gürtelbahn entstanden jedoch sehr schnell Gewerbe-Industrie- und Versorgungsbauten, wie die ersten großen städtischen Lagerhallen beiderseits der Thalkirchner Straße mit dem städtischen Holzhof im Süden der Bahnlinie (1871) auf Sendlinger Gebiet und der städtische Vieh- und Schlachthof nördlich der Bahn (1878) auf dem Gebiet der heutigen Ludwigsvorstadt. Davor gab es südlich der Bahn bereits Lagerflächen für Kohle und Holz.

Bis 1891 hatte sich eine Bebauung mit Mietshäusern nördlich der Bahn bereits bis zur Viehhofstraße (heute Schmellerstraße) ausgedehnt. Südlich der Bahn waren nur einige Arbeiterwohnungen entstanden. Die allgemeine und rasante Steigerung der Bevölkerungsentwicklung in München bewirkte auch eine Stadterweiterungsplanung durch den Stadtbaurat Arnold Zenetti für das Sendlinger Unterfeld bis Thalkirchen. Wie für die Planungen von Zenetti typisch, bestanden die Straßenführungen aus einer Mischung von geometrischen und rasterartigen Strukturen, in der Stadtkarte von 1891 links sind sie strichliert eingetragen.

Die Zenetti-Planungen nahmen wenig Rücksicht auf Grundstücksteilungen und bestehende Wegeverbindungen, sahen aber an einigen Stellen auch Platzanlagen vor. Neben dem Gebiet an der Senserstraße und der Schmied-Kochel-Straße entstanden erste Gebäude an der Kidlerstraße, v.a. 1889 die Gaststätte Elysium mit einem großen Saal, der für viele Veranstaltungen im Viertel genutzt wurde.

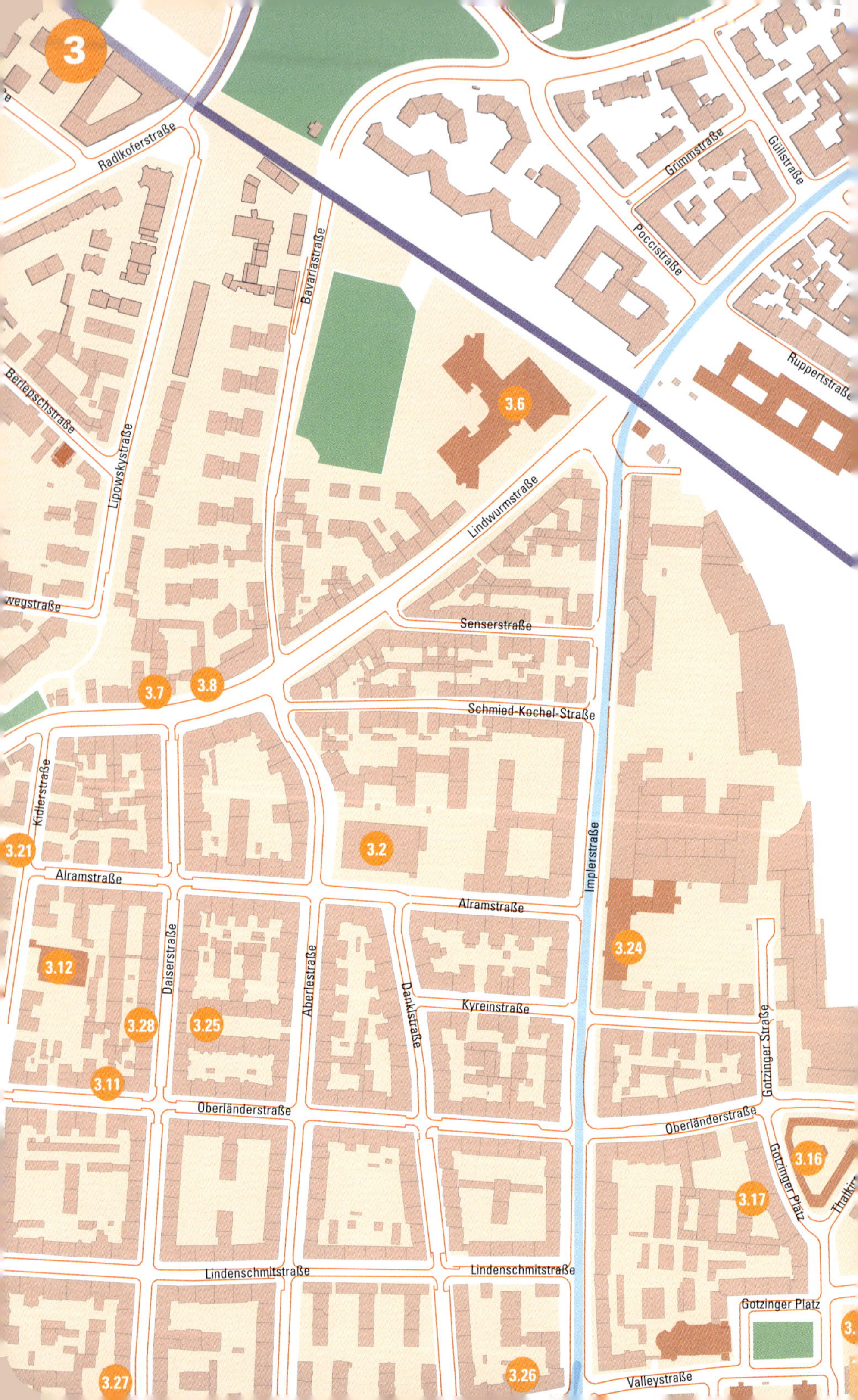
3
Radlkoferstraße
Berlepschstraße
Lipowskystraße
Bavariastraße
Grimmstraße
Güllstraße
Poccistraße
Ruppertstraße
3.6
Lindwurmstraße
Senserstraße
3.7
3.8
Schmied-Kochel-Straße
Kidlerstraße
3.21
3.2
Alramstraße
Alramstraße
Implerstraße
Daiserstraße
Aberlestraße
Danklstraße
3.12
3.24
Kyreinstraße
3.28
3.25
3.11
Gotzinger Straße
Oberländerstraße
Oberländerstraße
3.16
Gotzinger Platz
3.17
Lindenschmitstraße
Lindenschmitstraße
Gotzinger Platz
3.27
3.26
Valleystraße

Sendlinger Unterfeld heute

3

Neue Chancen

Entscheidende städtebauliche Maßnahmen für das Sendlinger Unterfeld werden in den kommenden Jahren der Neubau der Großmarkthallen von einem privaten Investor an der Schäftlarnstraße und die nachfolgende Umwidmung des heutigen Großmarkthallenbereichs sein: ein großer Verlust für das Viertel, da der Großmarkt und seine Händler für lange Zeit den Charakter des Viertels bestimmt hat, aber auch die Chance für ein neues Stadtviertel. Erhalten und restauriert werden konnte die Sortieranlage, die Nutzung der weiteren denkmalgeschützten Bauten des Großmarkts ist noch unklar.

Fertig gestellt wird bis 2020 das neue Stadtteilkulturzentrum LUISE gemeinsam für die Stadtbezirke Ludwigs- und Isarvorstadt und Sendling auf dem Gelände des ehemaligen Südbahnhofs, betrieben vom Verein Glockenbachwerkstatt. Darin stehen mehr als 600 qm, u.a. mehrere Gruppenräume und ein 250 qm großer Saal für kulturelle Nutzungen in den beiden Stadtbezirken zur Verfügung. Veränderungen wird es in absehbarer Zeit auch auf dem REWE-Gelände an der Alramstraße geben, der Supermarkt soll in das Untergeschoß, darüber sollen ca. 160 Wohnungen enstehen, der Sendlinger Bezirksausschuss und das Münchner Forum setzen sich für einen Erhalt der anliegenden Grünflächen ein.

Lokomotivenfabrik Krauss, Blick über die Bahngleise zur Bavaria- und Lipowskystraße, 1934

3.4 Lokomotivenfabrik Krauss & Cie.

Der gebürtige Augsburger Georg Krauß (1826–1906) arbeitete als Schlosser ab 1847 in der Lokomotivenfabrik Maffei im Englischen Garten, danach als Lokomotivführer bei der kgl. bayer. Staatsbahn und ab 1857 als Maschinenmeister bei der Schweizerischen Nord-Ostbahn in Zürich. Dort stellte er in Zusammenarbeit mit Professoren des Polytechnikums bereits erste Lokomotiven her. Mithilfe von Kapitalgebern gründete er 1866 gegen den Widerstand von Joseph Anton von Maffei eine erste Fabrik auf dem Marsfeld in Neuhausen und 1872 ein Zweigwerk in Sendling in der Nähe des gerade angelegten Südbahnhofs. Auf dem Gelände liegt heute die Berufsschule. Schon mit der ersten Lokomotive aus seinem Werk, der „Landwührden", die er nach Oldenburg lieferte, konnte er 1867 eine Goldmedaille bei der Weltausstellung in Paris erringen, 15 Jahre später hatte Krauss & Companie bereits 1.000 Lokomotiven ausgeliefert und 1904 insgesamt 5.000.

Bis zur Einführung elektrischer Trambahnen lieferte er auch Straßenbahnlokomotiven.

Seine Lokomotiven zeichneten sich durch niedrige Anschaffungskosten und kostengünstigen Unterhalt aus.

Das Werk in Sendling wurde 1934 abgebrochen. Nach dem Konkurs der Lokomotivenfabrik Maffei im Jahr 1930 und der Übernahme durch die Fa. Krauss wurden die Betriebe beider Unternehmen nach Allach verlegt.

Lokomotive Landwührden

Die nach Oldenburg gelieferte erste Lokomotive kaufte der Unternehmer Georg Krauß zum Schrottpreis zurück, ließ sie restaurieren und stiftete sie als eines der ersten großen Exponate zur Eröffnung des Deutschen Museums, heute steht sie in der Halle auf der Theresienhöhe. Das Exponat ist eine der ältesten erhaltenen Lokomotiven in Deutschland.

Lokomotivenfabrik Krauss, an der Lindwurmstraße beim Abbruch der Fabrikanlagen, 1934

3.5 Eisengießerei Sugg

Die Eisengießerei Sugg, Kaiser & Comp. entstand aufgrund des allgemeinen Aufschwungs der Maschinenindustrie in München 1872. Seit 1878 in Sendling, lieferte die Firma den Grau- und Rotguß für die Lokomotivenfabrik Krauss & Cie. Krauss war an diesem Unternehmen zunächst beteiligt, später wird es voll übernommen und 1920 mit der Muttergesellschaft fusioniert. Neben Bauteilen für das Lokomotivenwerk Krauss wurden Heizungs- und Ventilations-Einrichtungen, Regulieröfen, rauchlose Feuerungsanlagen und Maschinen und Geräte für die Torfindustrie, zur Steinbearbeitung und für die chemische Industrie hergestellt. 1914 hatte die Firma 138 Arbeiter.

3.6 Städtische Berufsschulen für den Einzelhandel Mitte

Das Berufsbildungszentrum wurde nach Plänen der Architekten Claus Winkler und Edwin Effinger 1981/83 auf dem ehemaligen Fabrikgelände der Lokomotivenfabrik Krauss & Cie gebaut. In ihrer jetzigen Form als Berufsschule für den Einzelhandel besteht die Schule seit 1995, als man mehrere Einzel-Berufsschulen organisatorisch zusammengefasst hat. Die Schule hat über 1.600 Schülerinnen und Schüler in 68 Klassen (Schuljahr 2017/18), die eine Lehre als Verkäufer/innen und Kaufleute im Einzelhandel absolvieren. Unter dem Schulgebäude besteht ein Schutzbunker für 1.300 Personen.

Mai-Bräu, um 1910

3.7 Mai-Bräu

Lindwurmstraße 24

Vor der Einrichtung der Brauerei war hier eine der Sendlinger Gärtnereien, 1828 hatte sich eine Germ- und Essigbrauerei etabliert, die nach dem Tod des Betreibers an einen Braumeister vererbt wurde. 1831 bestand eine kleine Brauerei mit einer Brauwirtschaft zur Lindwurmstraße hin und einem Wirtsgarten. Der Name geht zurück auf einen Brauer Friedrich Mai bzw. May (1876–1920). Über Jahre war der Braubetrieb mehrfach eingestellt. Als man den Betrieb um 1900 endgültig aufgab, blieb die Bezeichnung Maibräu für die Gastwirtschaft erhalten. Der Maibräu war Treffpunkt für viele Sendlinger Vereine und Arbeiter der naheliegenden Eisenbahn-Fabrik Krauss und der Gießerei Sugg, hier wurde auch der Konsumverein Sendling-München gegründet. Ab Mitte der 1870er-Jahre hatte sich hier ein Kleinhausviertel für die Arbeiterbevölkerung gebildet.

Das Gebäude wurde nach Kriegsschäden mehrfach umgebaut, von der ehemaligen Mälzerei und den Nebengebäuden besteht nichts mehr, erhalten haben sich aber die Kellergewölbe des ehemaligen Fasslagers, die für Veranstaltungen gemietet werden können.

Der Fim „Zwei Welten" erschien 1930

3.8 Alhambra-Lichtspiele

Der erste frei stehende Kinobau in München entstand auf einem Teil des Wirtsgartens des Mai-Bräu. Auftraggeber war Carl Gabriel, der Münchner Kino-Pionier. Eröffnet wurde das Alhambra-Kino am 26. April 1913 mit dem Streifen „Turi, der Wanderlappe", einem Stummfilm über einen Nomaden in Lappland. Das Kino wurde mehrfach umgebaut, war bis Kriegsende 1945 in Betrieb, blieb unzerstört und konnte im August 1945 wieder eröffnet werden. Bis 1970 zeigte man Kinofilme, heute ist hier u.a. ein Café.

3.9 Kochelbräu

An der heutigen Aberlestraße wurde 1866 auf freiem Feld von Konrad Grimm die Kochelbrauerei gegründet – ihr Name bezieht sich auf die Sendlinger Bauernschlacht und ihren legendären Anführer, den Schmied von Kochel. Diese Figur in einer monumentalen Darstellung nach Defregger wurde auch zum Markenzeichen der Brauerei. Ab 1887 wurde die Kochel-Brauerei zur Großbrauerei ausgebaut mit einer maximalen Produktion von 75.000 hl. Nach einem Rückgang des Bierausstoßes übernahm die Klosterbrauerei AG 1906 den Betrieb und verlagerte ihre gesamte Produktion (120.000 hl) hierher. Im Rahmen der Konzentration der Münchner Brauereien erwarb 1918 die Hackerbrauerei die Aktienmehrheit, ein Jahr später wurde der Braubetrieb eingestellt. Reste eines Industriegleises sind noch an der Implerstraße vorhanden.

Im Bereich der Senser- und Schmied-Kochel-Straße entwickelte sich, ausgehend von den Industriebetrieben Krauss und Sugg in den späten 1870er-Jahren unplanmäßg ein Arbeiterviertel mit drei- bis viergeschoßigen Mietshäusern, die dank geringer Zerstörung im Zweiten Weltkrieg ihren vorstädtischen Charakter bis heute weitgehend bewahrt haben.

3.10 Elysium

Im Sommer 1889 entstand an der Kidlerstraße das Vergnügungs-Etablissement Elysium. Es bestand aus dem Hauptgebäude mit einer Gastwirtschaft und darüber liegenden Wohngeschoßen und einem großen Festsaal mit Biergarten dahinter. Architekten waren Albin Lincke und Max Littmann aus München. Littmann heiratete 1891 die Tochter Ida des führenden Bauunternehmers in München, Jakob Heilmann und arbeitete ab 1892 als künstlerischer Leiter das Baugeschäft seines Schwiegervaters. Heilmann & Littmann wird eines der erfolgreichsten Bauunternehmen in Süddeutschland. Im Elysium fanden Vereinsfeiern statt, im großen Saal Bälle und Konzerte und Aufführungen des Sendlinger Theatervereins. 1915 musste man den Gaststättenbetrieb einstellen, es wurden Soldaten einquartiert.

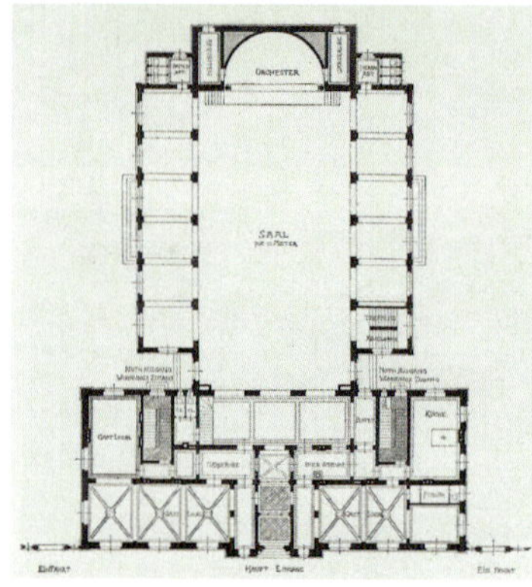

3.11 Evangelisches Gemeindehaus

Da die Zahl der evangelischen Christen in Sendling stark zunahm, v.a. aufgrund der entstehenden Fabriken und Brauereien, erwarb der „Verein für Innere Mission" einen Bauplatz an der Oberländerstraße 36. Nach Plänen von Albin Lincke und Carl Vent entstand hier das erste Gemeindehaus in Sendling in einem neugotischen Stil. Im Gebäude war ein Kinderhort, eine Kleinkinderschule, Gemeindepflegestation, eine Volksbibbliothek und v.a. ein Betsaal im ersten Obergeschoß enthalten. Pastoren der Pfarrei St. Matthäus betreuten die Gottesdienste.

Evangelisches Gemeindehaus, 1903

3.10 Elysium – Himmelfahrtskirche

3.12 Evang.-Luth. Himmelfahrtskirche

Im Jahr 1901 gründete sich ein eigener „Protestantischer Kirchenbauverein Sendling", in dessen Auftrag auch mehrere Entwürfe des Stadtbaurats Hans Grässel für einen Kirchenbau am heutigen Implerplatz entstanden, die aber nicht realisiert wurden. Stattdessen kaufte die Gemeinde ein Jahr nach Kriegsende, im November 1919, die dem Pfarrhaus benachbarte Gastwirtschaft Elysium samt Bierhalle und Garten für den Preis von 450.000 Reichsmark. Nach Plänen des Architekten Georg Zeitler baute man den großen Saal zu einer provisorischen Kirche um und ergänzte einen niedrigen Glockenturm. Betreut wurde die Baumaßnahme durch den zuständigen Pfarrer der St.-Matthäus-Pfarrei Hans Meiser, der 1920 bis 1922 auch erster Pfarrer der seit 1. Januar 1920 selbstständigen Kirchengemeinde Himmelfahrt wurde und ab 1933 Landesbischof der Evangelischen Landeskirche in Bayern. Am 7. November 1920 konnte der umgebaute Kirchenraum ein geweiht werden.

Das Vordergebäude wurde im Zweiten Weltkrieg zerstört und 1947 gesprengt, der Kirchenraum selbst durch Fritz Zeitler, den Sohn von Georg Zeitler, bis 1953 auch mit den Trümmerziegeln des Vorgängerbaus wieder aufgebaut und 1963/64 an die Straßenfront ein neuer Glockenturm gesetzt. Die Orgel von 1954 ist von Leopold Nenninger. Der heutige Kirchenraum wurde 1988–92 umgebaut und enthält an der Nordwand ein zur Entstehungszeit umstrittenes Himmelfahrtsbild des Malers Fritz von Uhde (1848 – 1911) von 1897 als Leihgabe der Staatsgemäldesammlungen. Das alte Himmelfahrtsbild von Johann von Schraudolph – eine Schenkung von König Ludwig III. war im Zweiten Weltkrieg verloren gegangen.

Märkte in München

Entscheidendes Kriterium für die Gründung einer Stadt und ihre wirtschaftliche Entwicklung war die Abhaltung von Fernhandels-Märkten, die zunächst nur vom deutschen Kaiser zugestanden wurden, wie bei der Gründung der Stadt München durch Kaiser Friedrich Barbarossa, der Heinrich dem Löwen 1158 eine Verlegung des ursprünglich freisingischen Marktes bei Oberföhring nach München erlaubte. Neben dem Münchner Fernhandelsmarkt, der Jakobidult, gab es viele weitere Märkte: ab der Mitte des 16. Jahrhunderts die Dreikönigsdult mit mehreren hundert Händlern, die erst 1877 eingestellt wurde, einen Nikolausmarkt seit dem 17. Jahrh., aus dem sich der heutige Christkindlmarkt entwickelte, die Magdalenendult seit 1647, aus der sich das heute noch im Hirschgarten gefeierte Magdalenenfest herleitet und natürlich viele Märkte, die den lokalen Bedarf befriedigten: der Getreidemarkt auf dem Schrannenplatz, heute Marienplatz, später in der Schrannenhalle, eigene Märkte für den Verkauf von Fischen, Eiern, Kräutern, Wein und Salz. Märkte für Rinder, Schweine, Pferde, Vögel und Hunde, die an wechselnden Orten lange mitten in der Stadt stattfanden. Und schließlich Märkte für Heu, Holz (u.a. an der Unteren Floßländ) und Kohlen.

Die städtischen Lagerhäuser vor dem Abbruch

3.13 Städtische Speicher an der Gürtelbahn

Nach dem Bau der Eisenbahnverbindung nach Braunau und der Anlage des Südbahnhofs an der Tumblinger Straße wurden in unmittelbarer Nähe wichtige Einrichtungen der städtischen Daseinsfürsorge positioniert: Bis 1878 entstand nördlich der Bahnstrecke der Vieh- und Schlachthof und südlich davon ließ der Magistrat schon 1871 erste Lagerhäuser errichten, in denen Getreide, Hülsenfrüchte, Malz und Sämereien gelagert wurden. Bis 1875 waren 11 große Lagerhallen aus Holz mit jeweils 60 m Länge und 40 m Breite fertig. Die Initiative dazu ging von privaten Investoren aus, die als Ersatz für die innerhalb der Stadt gelegenen Marktflächen wie der Schrannenhalle, die per Bahn nicht zu erreichen war, neue Handelsplätze aufbauen wollten und dafür bereits Grundstücke am Südbahnhof erworben hatten. Die Stadt übernahm das Areal von viereinhalb Tagwerken und ließ dort die geplanten Hallen bauen. Am 12. September 1871 konnte der Umschlagplatz an der Thalkirchner Straße eröffnet werden, der sich in kürzester Zeit zu einem wichtigen Zentrum für den Getreidehandel bis nach Italien, Russland und die Türkei bewährte. 1872 wurde das gesamte Gelände dem Gemeindebezirk München zugeschlagen, bis dahin gehörte es zur Gemeinde Untersendling.

Städtisches Lagerhaus, 1902

3.14 Großmarkthalle

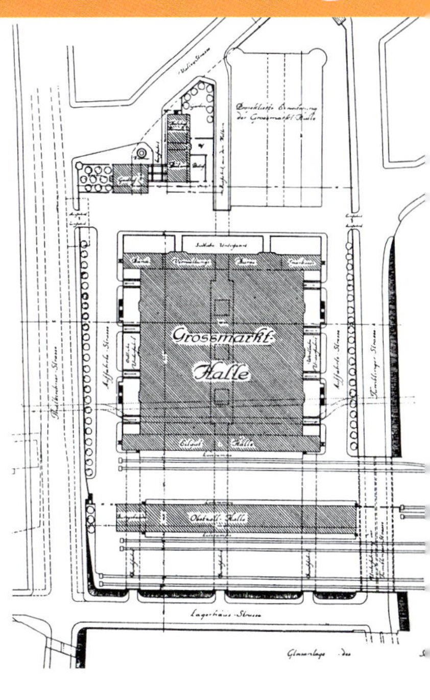

3.14 Neue Hallen für den Marktbetrieb

In den 1880er Jahren wurde die Frage nach einer weiteren Handelsmöglichkeit in der Innenstadt evident, Stadtbaurat Wilhelm Rettig schlug eine neue Halle in der Nähe des Viktualienmarkts vor, das Projekt scheiterte u.a. auch deswegen, da die Anliefermöglichkeit über die Eisenbahn fehlte und eine zollrechtliche Behandlung unmöglich war. Daher beschloss man 1903 einen Neubau von Markthallen auf dem Gelände der städtischen Lagerhäuser südlich der Gürtelbahn. Bis 1909 entstand als erstes die Obstzollhalle mit zwei Gleisanschlüssen, wie die übrigen Bauten nach einem Entwurf des städtischen Baurats Richard Schachner (1873–1936). Im Dezember 1909 begannen die Erdarbeiten, ab Mitte 1910 konnten die vier großen Hallen und die Nebengebäude errichtet werden. Offizielle Eröffnung der neuen Markthallen war am 14. Februar 1912 durch Oberbürgermeister Wilhelm von Borscht, die Einzelhändler konnten schon vorher ihre Stände belegen. Erst im Juni 1912 wurden auch die notwendigen Kühlräume fertig gestellt.

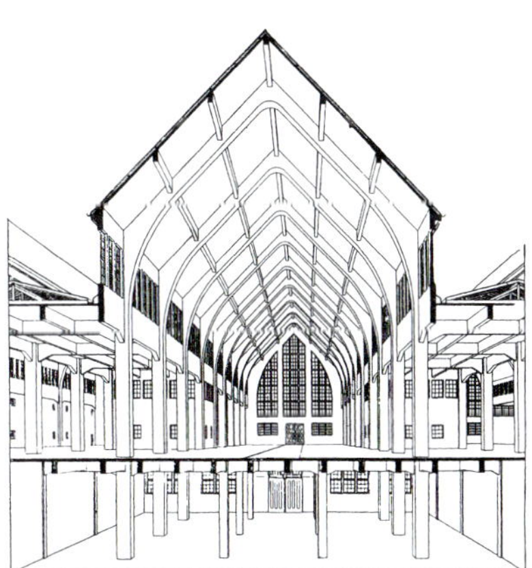

Die großzügige Anlage bestand aus den vier Hallen aus Eisenbeton, der Obst-Zollhalle, einem Gebäude mit einer offenen Halle und Büros im Osten und einem winkelförmigen Baukörper an der Valleystraße, der u.a. ein Postamt enthielt, mehrere Dienstwohnungen und eine Gastwirtschaft. Der zentrale Bereich war unterkellert und konnte auch im Untergeschoß angeliefert werden: von Norden an drei Stellen über die Lagerhausstraße und von Süden von der Valleystraße her. Alle Hallen hatten einen Gleisanschluss. Die gesamte Fläche betrug 37.100 qm. Als sich München in den 1920er-Jahren zum Hauptumschlagplatz für den deutschen Handel mit Südfrüchten entwickelte, kam ein Erweiterungsbau auf dem ehemaligen städtischen Kohlenhof zwischen Thalkirchner Straße und Schäftlarnstraße hinzu, außerdem ein Gebäude für den Gärtnermarkt und 1926/27 ein Kontorhaus nach einem Entwurf des Architekten Karl Meitinger.

Die Händler waren nach Fertigstellung der Anlagen zunächst skeptisch und fürchteten einen Mehraufwand aufgrund der weiten Entfernung zur Innenstadt. Manche Händler sahen aber auch die ungeheuren Vorteile durch die unmittelbare Anbindung an die Eisenbahn.

Betrieb und Zukunft

In den neuen Hallen, die den modernsten Standards der Zeit entsprachen, standen 72 Verkaufsplätze für den Großhandel zur Verfügung. Schon 1912 war rund ein Viertel der Plätze von italienischen Händlern belegt. Im übrigen hatte das Unternehmen Großmarkthalle erhebliche Startschwierigkeiten, viele Händler legten sich eigene Lager in der Nähe der Schrannenhalle an, daraufhin wurde die bereits geschlossene Schrannenhalle im März 1913 wieder für den Marktbetrieb geöffnet, aber bereits im Sommer 1915 wiederum geschlossen, da man die Flächen für die Notversorgung der Bevölkerung in der Zeit des Mangels brauchte. Der Weltkrieg und die nachfolgende Inflation brachten auch die Handelsbeziehungen mit dem Ausland zum Erliegen: die Nachkriegsjahre gehörten zu den wirtschaftlich schlechtesten in der Geschichte der Großmarkthalle. Erst nach 1924 konnte München wieder zum europaweiten Haupthandelsplatz aufsteigen.

Der Großmarkt erhielt im Zweiten Weltkrieg durch die Luftangriffe schwerste Schäden. Ab 1950 bis 56 wurde die Anlage durch die Architekten Philipp Zametzer und Albert Heichlinger stark verändert wieder aufgebaut, v.a. wurden die markanten, steilen Hallendächer bei drei der vier großen Hallen durch Flachdächer ersetzt. Dem bestehenden Kontorgebäude wurde ein weiteres Stockwerk aufgesetzt, wodurch die Proportionen eher verschlechtert wurden. Ein weiteres Kontorgebäude entstand an der Thalkirchner Straße. Die ursprünglich offene Durchführung der Thalkirchner Straße wurde 1971 für den Markthallenbetrieb gesperrt. 1986 wurden Teile des Geländes untertunnelt, um die Verkehrsströme zu optimieren.

Heute stehen für den Marktbetrieb ca. 30 Gebäude zur Verfügung auf einer Fläche von ca. 30.000 qm. In den 1980er- und 90er-Jahren ließ die Stadt weitere Umschlaghallen und ein Tiefkühllager errichten und 2005 folgte die Halle 10, außerdem Spezialhallen wie eine Bananenreifung. Der Betrieb des Großmarkts wird sich in den kommenden Jahren grundlegend ändern. Der Stadtrat hat Anfang 2019 beschlossen, eine neue Halle durch den Investor Umschlagzentrum Großmarkt München (UGM) erstellen und betreiben zu lassen. Damit werden die zur Zeit von den Markthallen München genutzten Gebäude weitgehend frei. Eine Umsetzung wird wohl nicht vor 2024 geschehen.

3.14 Großmarkthalle

3.15 Gastwirtschaft Großmarkthalle

Eine der schönsten Wirtschaften in München, zurückhaltend renoviert, ohne den ganzen Bayern-Chichi. Und: die besten Weißwürste der Stadt – sagt man – vom Metzger Ludwig Wallner, dem „Weißwurst-Papst".

Sortieranlage 1930

3.16 Sortieranlage

Das Gebäude auf dem Dreieck zwischen Oberländer-, Thalkirchner und Gotzinger Straße wurde 1926 errichtet und diente ursprünglich zur Sortierung vollreifer Früchte, die dann direkt an den ambulanten Handel mit Obstständen weiterverkauft wurden. Später vermieteten die Münchner Markthallen Räume an einzelne Lebensmittelhändler und Gastronomen. 2009 mussten diese Einzelhändler das Gebäude räumen wegen Einsturzgefahr. Als die Markthallen bzw. das Kommunalreferat als Betreiber versuchten, das Grundstück wegen der zu erwartenden hohen Sanierungskosten zu verkaufen, forderten die Sendlinger Stadtteilpolitiker, die notwendige Sanierung durchzuführen und das ursprüngliche Nutzungskonzept weiter zu verfolgen. Außerdem forderte der Bezirksauschuss in der Folge eines Antrags der SPD-Fraktion, die Sortieranlage unter Denkmalschutz zu stellen, zusätzlich zu den bereits in der Denkmalliste geführten: Halle 1 der vierteiligen Großmarkthalle, Verwaltungstrakt, Gastwirtschaft mit ehemaliger Post und die beiden Kontorhäuser. Im April 2018 wurde auch die Sortieranlage in die Denkmalliste aufgenommen.

3.17 Gotzinger Str. 52/54 Fruchthof

In unmittelbarer Nähe zur 1911 fertig gestellten Großmarkthalle ließ der Obstgroßhändler Felix Huber gleichzeitig einen umfangreichen Baukomplex erstellen, der im Vordergebäude Läden und darüber großzügige Wohnungen enthielt, in einem 1. Hof – flankiert von zwei Flügelbauten – Kleinwohnungen, im 2. Hof Büro- und Lagerräume und im 3. Hof Remisen und Stallungen für seine geschäftlichen Aufgaben. Entworfen und ausgeführt wurde der Baublock von der Baufirma Karl Stöhr. 1937 hat die Stadt den Baukomplex erworben, seitdem heißt er „Fruchthof" und ist Teil der Großmarkthalle. Heute wird er von verschiedenen Firmen, Agenturen und Künstlern genutzt.

3.18 Kühlhaus Linde

Die Gesellschaft für Lindes Eismaschinen AG ließ 1934/35 das große Kühlhaus an der Lagerhausstraße errichten und betrieb es bis zu seinem Abriss Ende der 1990er-Jahre. Hier konnten nach einer Erweiterung 1938/39 auf 12.000 qm verschiedene leicht verderbliche Lebensmittel bis zu minus 23 Grad gekühlt gelagert werden. Nach Behebung schwerer Schäden im Luftkrieg stand es seit 1949 wieder für die Lagerhaltung zur Verfügung. An dieser Stelle befindet sich heute der Blumengroßmarkt.

3.19 Sendlinger Moscheen-Streit

Seit 2004 versuchte die Türkisch-Islamische Gemeinde *DITIM* den Neubau eines Gemeindezentrums auf einem Grundstück am Gotzinger Platz gegenüber der katholischen Kirche St. Korbinian. Die Stadtverwaltung hatte das stadteigene Grundstück für diese Nutzung vorgeschlagen, Oberbürgermeister Christian Ude förderte das Projekt. In der Bevölkerung wurde das Vorhaben kontrovers diskutiert, bei einer Bürgerversammlung am 16. Juni 2005 wurde ein Antrag zur Ablehnung des Moscheenbaus von einer Mehrheit abgewehrt, und auch im Stadtrat gab es eine breite Zustimmung für den Bau der Moschee gegen die Stimmen der CSU-Fraktion.

Eine weitere Bürgerversammlung am 10. Juli 2007 erbrachte allerdings eine Stimmen-Mehrheit gegen den Bau der Moschee. Die *DITIM* als Trägerverein beauftragte nach einem Wettbewerbsverfahren den Architekten Walter Höfler. Den bereits erteilten positiven Vorbescheid der Genehmigungsbehörde hob die Regierung von Oberbayern jedoch wieder auf – aufgrund von Widersprüchen der Nachbarn und mangelnder „Einbeziehung in das Ortsbild". Gescheitert ist das Projekt letztlich im Februar 2010 aufgrund von Finanzierungsschwierigkeiten, auch der Dachverband der *DITIM*, die vom türkischen Staat geführte *DITIB (Türkisch-Islamische Union der Anstalt für Religion e. V.)* zog ihre finanziellen Zusagen zurück.

Entwurf: Walter Höfler, Ismaning mit Walter Bollinger

3.20 MS Alte Utting

Einem zur Verschrottung ausgelieferten Motorschiff konnte Daniel Hahn nicht widerstehen: Da die MS Utting durch ein neues, „modernes" Fahrgastschiff ersetzt wurde, gelang es ihm, alle Hebel in Bewegung zu setzen und das 36 m lange Schiff mit 145 Tonnen auf die Lagerhausstraße in München zu verfrachten, mithilfe von vielen, die den Mut zur genialen Idee nicht verloren haben und z.B. den Transport ermöglichten wie der Transportunternehmer Stefan Schmidbauer. Der letzte Kapitän, Helmut Tröbensberger, läutete zum letzten Mal die Schiffsglocke – dann wurde das Schiff in zwei Teilen nach Sendling transportiert – um den kompletten Autobahnring herum, weil der neugebaute

Tunnel am Luise-Kiesselbach-Platz dafür zu eng war. Frank Engelmann, Fred Paulus, Daniel Hahn und ein gutes Dutzend weiterer Mitarbeiter haben in eineinhalb Jahren das Innere der Utting komplett umgekrempelt, das Ergebnis lässt die großen Aufwand aber kaum erkennen, denn mit größter Sorgfalt wurde die bei der Instandsetzung 1950 fast luxuriöse Ausstattung weitgehend erhalten. 1950 war die „Utting" auf dem Ammersee in Dienst gestellt worden, von Hannelore Ehard, der Gattin des Ministerpräsidenten getauft. Seit der neuen Taufe am 12. Juli 2018 steht die Alte Utting prominent auf einer nicht mehr genutzten Eisenbahnbrücke. Und wird von Leicht- und anderen Matros*innen begeistert angenommen für Parties, Biergartenbesuche und zum schlichten Feierabendbier. Und gehört damit zu den neuen Wahrzeichen von Sendling.

3.21 Sendlinger Kirchplatz

Zum Sendlinger Kirchplatz hat sich eine Zeichnung des Architekten Theodor Fischer erhalten, der auch zahlreiche Straßenplanungen für das Sendlinger Unter- und Oberfeld gefertigt hat. Der Vorschlag von Fischer mit einer monumentalen Treppenanlage wurde nicht ausgeführt, zeigt aber exemplarisch die beabsichtigte städtebauliche Verbindung zwischen dem „alten" Sendling mit der Kirche St. Margret und den neuen, großstädtischen Bauten um 1900, die hier auf die Kirchenachse ausgerichtet sind. Der Platz ist nach dem Engagement der Bürgerinnen und Bürger heute ein autofreies Idyll.

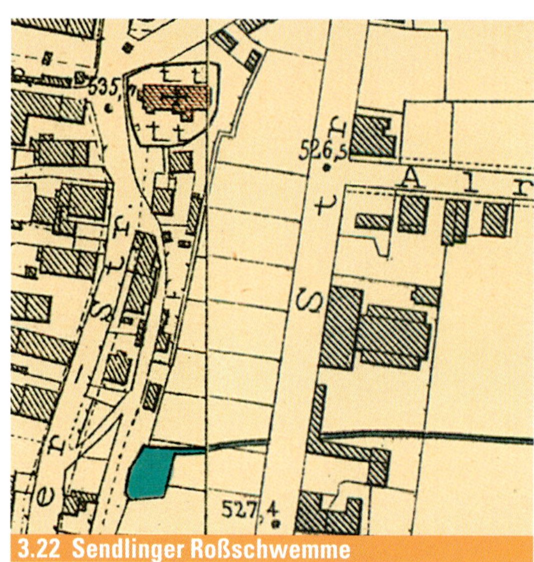

3.22 Sendlinger Roßschwemme

Die Roßschwemme lag am Fuß des Hanges unterhalb der alten Schmiede an der Plinganserstraße und diente zum Ausschwemmen der Pferde und zur Entnahme von Brauchwasser. Sie war der Auslauf einer der Hangquellen, aus denen Grundwasser austrat, auf der Stadtkarte oben (1891) ist auch ein weiterführender Bachlauf ins Unterfeld zu erkennen. Bis 1881 befand sich dort auch das erste Sendlinger Spritzenhaus, eine Treppe führte von der Plinganserstraße direkt dahin. Hier wurde die Feuerspritze aufbewahrt. Die Lage war im Brandfall sehr ungünstig, weil die schwere Spritze dann erst über den Berg hochgezogen werden musste und die Feuerwehrmänner oben schon völlig erschöpft waren, wenn sie den Brandplatz erreicht hatten. Um 1890 war die Quelle gefasst worden, danach wurde die Roßschwemme eingefüllt. Auch heute noch gibt es in manchen Häusern unterhalb des Hangs Probleme mit dem austretendem Grundwasser.

3.23 Das KloHäuschen

Unter Federführung von Anja Uhlig/realitätsbüro wird das ehemalige Klohäuschen an der Thalkirchner Straße gegenüber der Sortieranlage mit „Maßnahmen zur Beseelung des KloHäuschens an der Großmarkthalle" neu in Gebrauch genommen. Das denkmalgeschützte Kleinod diente ursprünglich den Arbeitern und Kunden der Großmarkthalle – aber nicht nur ihnen. Inzwischen hat das KloHäuschen viele Gäste, Nutzer und Besucher erlebt, die es zum Faultierkäfig, zur Ferienwohnung, zum Küchenstudio, zur Grotte, zum Wald und zum Hörsaal neu interpretiert haben. Im Sommer 2018 z.B. eine Inszenierung des Architekten Matthias Castorph: *Das bereinigte KloHäuschen im Rahmen der 4. KloHäuschen Biennale*, die gleichzeitig in Sendling und Ottobrunn stattfand. Im Jahr 2018 hat Anja Uhlig für „Das KloHäuschen" den Tassilo-Preis der SZ erhalten.

3.24 Implerschule

Innerhalb weniger Jahre ließ der Magistrat der Stadt München drei neue Volksschulen in Sendling bauen: an der Boschetsrieder Straße (1904), am Gotzinger Platz (1907) und an der Implerstraße (1911). Der Bautyp, den der Architekt und Stadtbaurat Hans Grässel in der Straßenflucht der Implerstraße verwirklichte, geht auf ähnliche Konzepte zurück, die bereits an der Fürstenriederstraße und an der Ridlerstraße erstellt wurden. Der zweiflügelige Baukörper war ursprünglich aufwändiger gestaltet mit Mansarddach, zahlreichen Gauben, einem Dachaufsatz auf dem erhöhten Mittelteil und einem Dachreiter. Der Bau enthielt 35 Klassenzimmer für jeweils 60 Schüler. Die Temperatur der Raumluft konnte damals bereits elektrisch geregelt werden. Während die Fassaden eher einer neuen Sachlichkeit verbunden sind, hat man im Inneren des Schulgebäudes zahlreiche Wandmalereien und Türumrahmungen untergebracht.

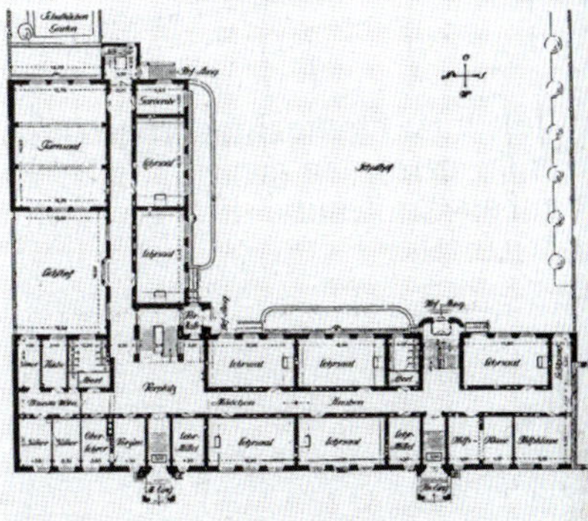

Wohnanlage Daiserstraße, um 1910

3.25 Wohnanlage Daiserstraße

Die Wohnungssituation in München um 1900 war katastrophal: Landflucht, ein großes Defizit an günstigen Wohnungen und weitgehend inakzeptable hygienische Zustände führten dazu, dass große Teile der Stadtbevölkerung in unzumutbaren Verhältnissen wohnten. Das Überangebot an großen, überteuerten Wohnungen führte nur zu vielfachen Überbelegungen und mehrfachen Untervermietungen: manche Betten waren zweifach über Tag und Nacht belegt. Diese Zustände wurden in vielen Bereichen der Gesellschaft als großes Problem anerkannt und bewirkten schließlich mehrfache Änderungen u.a. in gesetzlicher Hinsicht. In der Folge entstanden zahlreiche Baugenossenschaften, die kirchlich geprägt waren oder zu Arbeitervereinen und politischen Parteien gehörten. Der „Verein zur Verbesserung der Wohnverhältnisse in München e.V.", gegründet 1899, setzte sich aus Mitgliedern des Stadtmagistrats und bürgerlichen Sozialreformern, wie Max von Gruber und Lujo Brentano zusammen, Vorsitzender war Bürgermeister Wilhelm von Borscht.

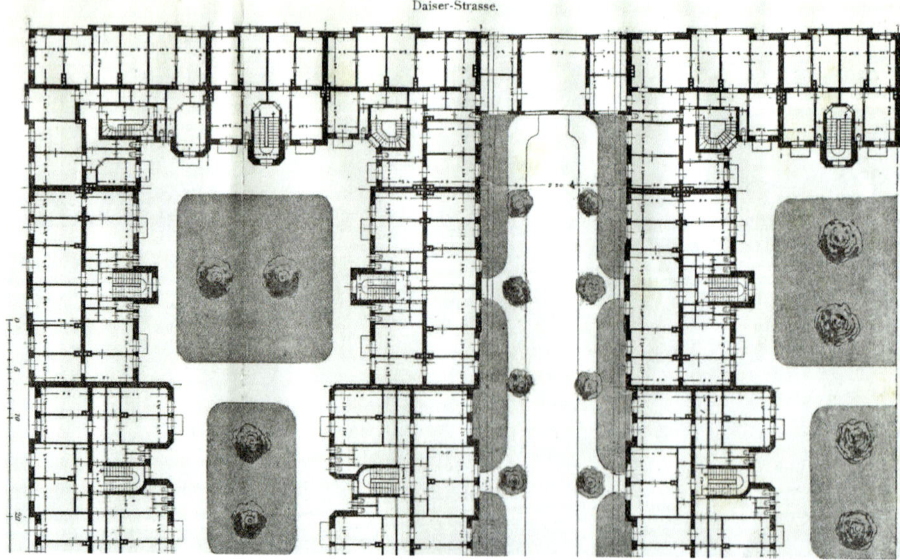

Die Wohnanlage an der Daiserstraße als erster ausgeführter Bau war programmatisch für die folgenden Wohnungsbauprojekte. Geplant waren in erster Linie kleinere Wohnungen: 2 Zimmer, 2 Zimmer mit Küche und 3 Zimmer mit Küche. Jede Wohnung enthielt eine eigene Toilette, eigene Keller- und Speicherräume und nach Möglichkeit eigene Veranden. Als erste Wohnungen in München erhielten sie Gaskocher und Gasbeleuchtungen. Selbst die Blumengitter hat man nicht vergessen „um die Freude am eigenen Heim zu erhöhen". Der Verein wollte keinen Gewinn erwirtschaften, die Mietpreise sollten so gering wie möglich bleiben. Auch gemeinschaftliche Einrichtungen waren vorhanden im Sinne der Genossenschaftsidee der Zeit: Bäder, Waschküchen, Einkaufsläden, eine Gastwirtschaft und eine eigene Bibliothek. Auch der Abstand der Wohnanlage zur Innenstadt war von Belang. Da die Arbeiter und Angestellten ihre Mittagspause zuhause verbrachten sollten die Arbeitswege so kurz wie möglich sein. Die Planung der Häuser entlang der Daiserstraße erbrachte der Architekt S. Langenberger, die weiteren Bauabschnitte die Gebrüder Rank. Ausgeführt wurden die Bauten in den Jahren 1901 bis 1905 von der Baufirma Gebrüder Hönig (1. Bauabschnitt) und der Baufirma Liebergesell & Lehmann (Bauabschnitte 2 bis 4). Die Wohnungsgrundrisse wurden in den Jahren 1975–86 entkernt und einem zeitgemäßen Wohnkomfort angepasst.

Für den Mitbegründer des „Vereins zur Verbesserung der Wohnverhältnisse" Dr. Karl Singer (1860–1908), Physiker und Mitarbeiter am Statistischen Amt der Stadt München und Vorkämpfer für den gemeinnützigen Wohnungsbau wurde im großen Innenhof ein Gedenkstein aufgestellt.

3.26 Valleyplatz

Die Festlegung der Baulinien im Sendlinger Unterfeld durch das Stadterweiterungsbüro zog sich in den 1890er-Jahren über längere Zeit hin. Festgelegt und ab 1911 ausgesteckt wurde schließlich eine freie Platzfläche innerhalb der Valley-, Dankl-, Wackersberger und der Verlängerung der Aberlestraße. Ähnlich der Bebauung nördlich des Platzes mit Mietshäusern der Valleystraße sollte eine Bebauung alle vier Seiten einfassen. Es kam nicht dazu, da nach dem Ersten Weltkrieg der weitere Stadtausbau stagnierte und nach dem Zweiten Weltkrieg das Konzept nicht weiter verfolgt wurde.

Valleystraße

Die Baulinien der Valleystraße wurden ab 1905 im freien Feld ausgesteckt. Ein endgültiger Ausbau geschah erst um 1910 als die Bauunternehmung Heilmann & Littmann eine viergeschoßige Mietshausbebauung für die Terrain-Aktien-Gesellschaft Bavaria erstellte. Das Gebiet umfasste den Südteil der Valleystraße vom Gotzinger Platz bis zur Danklstraße und den Nordteil von der Implerstraße bis zur Daiserstraße. Der östliche Abschluss Gotzinger Platz entstand erst in den 1920er Jahren, wie auch der westliche zwischen Daiser- und Kidlerstraße. Die Bauten waren nach dem Ende des Zweiten Weltkriegs kaum zerstört. Die Häuser enthielten bereits zur Bauzeit auch innerhalb einzelner Gebäude je nach Orientierung sowohl großzügige als auch kleinteilige Wohnungen, die je nach Größe bereits mit Bädern ausgestattet waren.

3.27 Schmid-Brüder aus der Daiserstraße

Franz Xaver Schmid (1905–1992) und Toni Schmid (1909–1932) wohnten für einige Jahre im Haus Daiserstraße 50. Sie wurden berühmt durch ihre Erstbesteigung der schwierigen Matterhorn-Nordwand am 31. Juli und 1. August 1931. Beide kletterten seitdem sie 16 waren am Georgenstein, im Klettergarten in Buchenhain und im Bayerischen Wald und waren mit 22 bzw. 26 Jahren zwei erfahrene und durchtrainierte Alpinisten. Das Matterhorn war zwar bereits am 14. Juli 1865 durch den Engländer Edward Whymper und sechs Kameraden zum ersten Mal bestiegen worden – vier von ihnen kostete der Abstieg das Leben. Die steile und ständig vereiste Nordwand konnte aber lange nicht bezwungen werden.

Zum Matterhorn waren die Brüder von München aus mit dem Fahrrad angereist. Die Wetterverhältnisse waren schwierig, das Nachtlager mussten sie in der eisigen Wand verbringen, am zweiten Tag nachmittags um 14 Uhr standen sie endlich auf dem 4.478 m hohen Matterhorn. Die Schmid-Brüder erhielten für diese Leistung im Jahr 1932 eine olympische Goldmedaille, den Prix olympique d'alpinisme, den aber nur Franz Schmid annehmen konnte, sein Bruder Toni war kurz zuvor in der Nordwand des Wiesbachhorns in Österreich tödlich verunglückt.

Im August 2016 enthüllten Rudolf Erlacher, Vize-Präsident des Deutschen Alpenvereins und MdL Florian von Brunn eine Erinnerungstafel an die Schmid-Brüder am Haus Daiserstraße 50, ihrer langjährigen Wohnung.

3.28 Sendlinger Kulturschmiede

„Vielfalt ohne Beliebigkeit, Projekte mit Ziel, Struktur und Kontinuität sind unser Prinzip. Wir wollen nicht *bedienen*." Mit diesem Motto veranstaltet die Sendlinger Kulturschmiede seit 1978 ein reiches Kulturprogramm „in Mehrfachnutzung für Augen, Ohren, Herz und Hirn." Im multifunktionalen Schmiede-Raum an der Daiserstraße 20, der vom Architekten Then Berg schlau eingerichtet wurde, finden Kunst- und Foto-Ausstellungen statt, Diskussionen zur Stadtteil- und Zeitgeschichte, Filmvorführungen, Konzerte, Lesungen, Hörspiele, Vorträge und Workshops. Für viele Gruppen im Stadtteil sind die Räume Treffpunkt und Arbeitsraum.

Höhepunkte des Jahres in der Sendlinger Kulturschmiede sind der Sommerabend am Sendlinger Kirchplatz und das Straßenfest in der Daiserstraße.

Grundstock für die Entstehung der Sendlinger Kulturschmiede waren die Auseinandersetzungen um die Verkehrsplanungen am Sendlinger Berg in den 1970er-Jahren, als sich eine *Bürgerinitiative Sendlinger Berg* bildete, die gegen die Durchführung der Lindauer Autobahn mitten durch Sendling bis zum Sendlinger Tor kämpfte – erfolgreich, wie auch für die Erhaltung des historischen Dorfkerns, den Erhalt des Stemmerhofs und die Bewahrung der Stemmerwiesen vor der Total-Bebauung. Angeregt durch die 1. Sendlinger Kulturwoche gründete sich 1978 die Sendlinger Kulturschmiede – und ist inzwischen eine nicht mehr wegzudenkende Institution in Sendling.

Ausstellung zum Vieh- und Schlachthof 2018

Straßenfest Daiserstraße 2018

Sendlinger Unterfeld

Theodor Fischer und das Sendlinger Unterfeld

Die Stadtentwicklung Münchens im letzten Viertel des 19. Jahrhunderts war geprägt von einem außerordentlichen wirtschaftlichen Aufschwung nach der Reichsgründung 1871, einer selbstbewussten Eingemeindungspolitik der Stadtgemeinde und einem enormen Anstieg der Einwohnerzahlen. Wurden noch 1875 knapp 200.000 Einwohner gezählt, hatte die Stadt zehn Jahre später bereits 260.000 und im Jahr 1900 fast eine halbe Million Einwohner erreicht, wobei die Einwohnerzahlen der eingemeindeten Vororte dabei kaum mehr als 25.000 betrugen. Vor allem aufgrund einer reichsweiten Landflucht und verbesserter hygienischer Lebensbedingungen stieg die Einwohnerzahl der Stadt München in den Jahren 1875 bis 1900 im Durchschnitt um etwa 12.000 Einwohner pro Jahr.

Daraus erfolgte ein erheblicher Bedarf an zusätzlichen Wohnungen und die Notwendigkeit entsprechendes Bauland und Verkehrserschließungen in den freien Flächen um die Kernstadt und in den eingemeindeten Gebieten auszuweisen. Ein übergreifender Generalplan als Mittel zur Bewältigung dieser Aufgaben war bereits 1875 ins Auge gefasst worden, verstärkt wurden entsprechende Forderungen durch einzelne Grundstücksbesitzer und Immobilienunternehmer wie Jakob Heilmann, der 1881 eine Denkschrift zur künftigen Stadtentwicklung vorlegte und 1889 einen Übersichtsplan des erweiterten Stadtgebiets herstellen ließ. Als Heilmann auch ein Preisgeld von 10.000 Mark zur Verfügung stellte, um einen Wettbewerb zu befördern, war dies letztlich der Anstoß zu einem städtebaulichen Wettbewerb und zur Gründung eines Stadterweiterungsbüros, das für die weitere Entwicklung der Stadt grundlegend wurde.

Ein übergreifendes Konzept eines Straßen- und Bauliniennetzes erstellte der Stadtbaurat Arnold von Zenetti für die Gebiete der bereits erfolgten oder geplanten Eingemeindungen in Zusammenarbeit mit den Bezirksämtern aber auch als Korrektur von deren Entwürfen. Zenetti organisierte die Entwicklungsgebiete nach den Prinzipien des „geometrischen Städtebaus" mit achsial ausgerichteten Straßen und sternförmigen Platzanlagen.

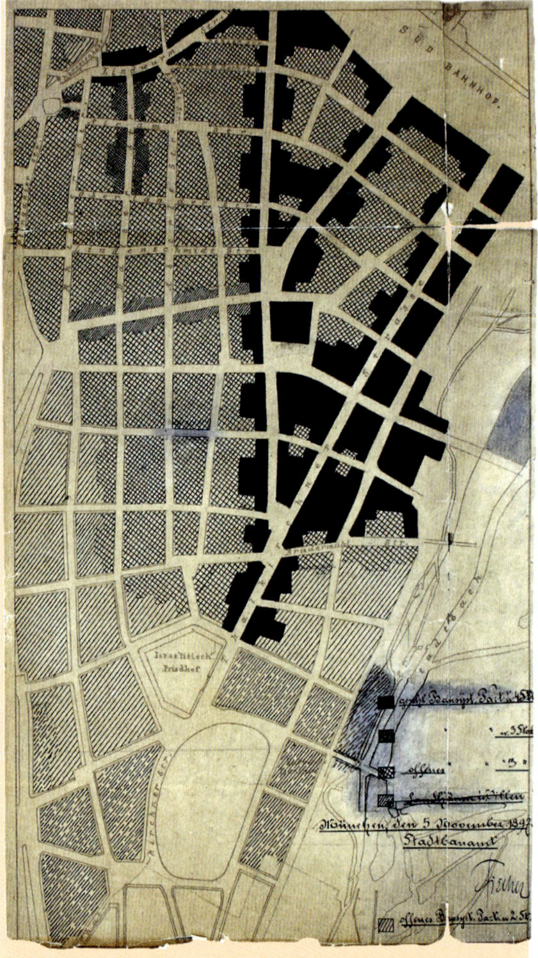

Bausystem im Sendlinger Unterfeld
Im Übersichtsplan von 1897 setzt Theodor Fischer zum ersten Mal die Definition der Bebauung und die Festlegung der Gebäudehöhen graphisch um.
Im unteren Bereich ist das Gelände des Israelitischen Friedhofs zu sehen, ganz oben der Bereich des Südbahnhofs. Dazwischen ist in vier Kategorien eine differenzierte Bebauung festgelegt: das geschlossene Bausystem mit vier- bis fünfgeschoßigen Baublöcken, ein weiteres mit max. drei Stockwerken, ein offenes Bausystem, also Abstände zwischen den Einzelgebäuden mit drei Stockwerken und schließlich ein offenes Bausystem mit Landhäusern und Villen. Daraus wurde schließlich der Staffelbauplan entwickelt als maßgebliche rechtsverbindliche Definition der Bebauung. Von den Villen und Landhäusern ist allerdings wenig geblieben.

Städtebauliche Planung durch Theodor Fischer (3)

Staffelbauplan 1914, Ausschnitt

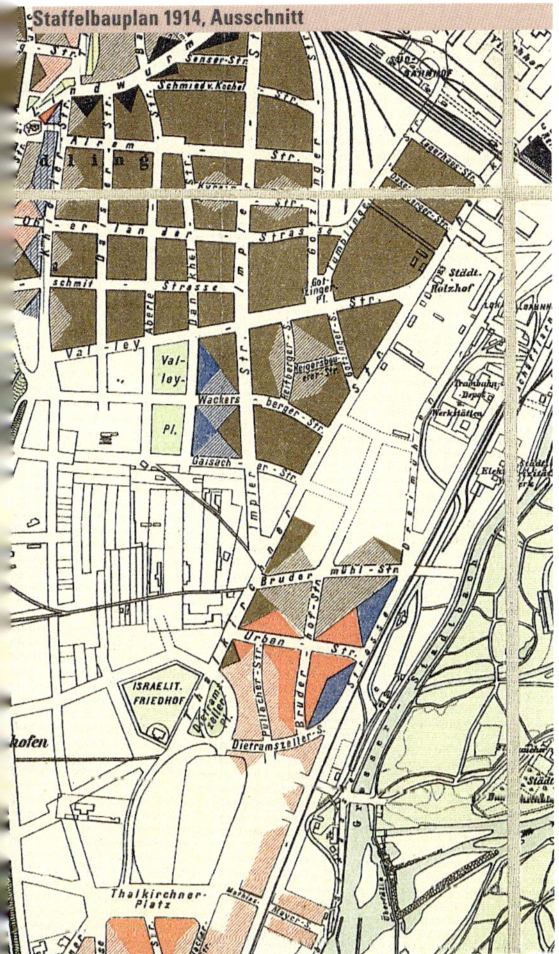

In vielen Fällen war jedoch eine Umsetzung der starren geometrischen Struktur außerordentlich schwierig, da sie kaum den vorhandenen Besitzverhältnissen, vorhandenen Grundstücksgrenzen und Wegeverbindungen entsprach. Aufwändige Grundstücksumlegungen wurden notwendig und langwierige Planungsverfahren waren bei einzelnen Bauvorhaben die Folge. Insbesonders wegen eines fehlenden kommunalen Enteignungsrechts in Bayern waren die Planungen Zenettis praktisch nicht umsetzbar. Zur Umsetzung der eher unbefriedigenden Ergebnisse eines städtebaulichen Entwurfs wurde 1893 eine Stadterweiterungsbehörde eingerichtet, die von dem jungen Architekten Theodor Fischer geleitet wurde. In den folgenden Jahren bearbeitete Theodor Fischer Hunderte von einzelnen Baulinienplanungen. Die Umsetzung der zahlreichen Baulinienprojekte in einen Generalplan geschah zum einen in Form von großräumigen Zusammenfassungen der Planungen in den Stadtvierteln, später auch in Übersichtsplänen größerer zusammenhängender Gebiete mit einer Darstellung der Höhenentwicklung der Gebäude in verschiedenen Staffeln.

Am Beispiel des Sendlinger Unterfelds entwickelte Fischer zusammen mit Wilhelm Rettig ein grafisches System der Darstellung und Festlegung der städtebaulichen Dichte in den Erweiterungsgebieten. Daraus entstand der Staffelbauplan, der ab 1914 rechtsverbindlich wurde und bis 1979 gültig war. Die zumindest teilweise ermöglichte Wiedereinführung einer geschlossenen Bauweise ohne zwingende Nachbarabstände kam der massiven Kritik der Bauinvestoren an der bisherigen Bauordnung entgegen, die den Stadterweiterungswettbewerb mit ausgelöst hatte. Die relative Planungssicherheit, die mit der neuen Ordnung geschaffen wurde, führte sofort zu einem starken Anstieg der Boden- und Bauspekulation.

Die städtebauliche Entwicklung Münchens wurde bis weit nach dem Zweiten Weltkrieg durch die Staffelbauordnung geprägt, sie blieb bis 1979 rechtskräftig. Nach dem Auslaufen der Staffelbauordung wurden Baulinien in großem Umfang in „Einfachen Bebauungsplänen“ festgesetzt.

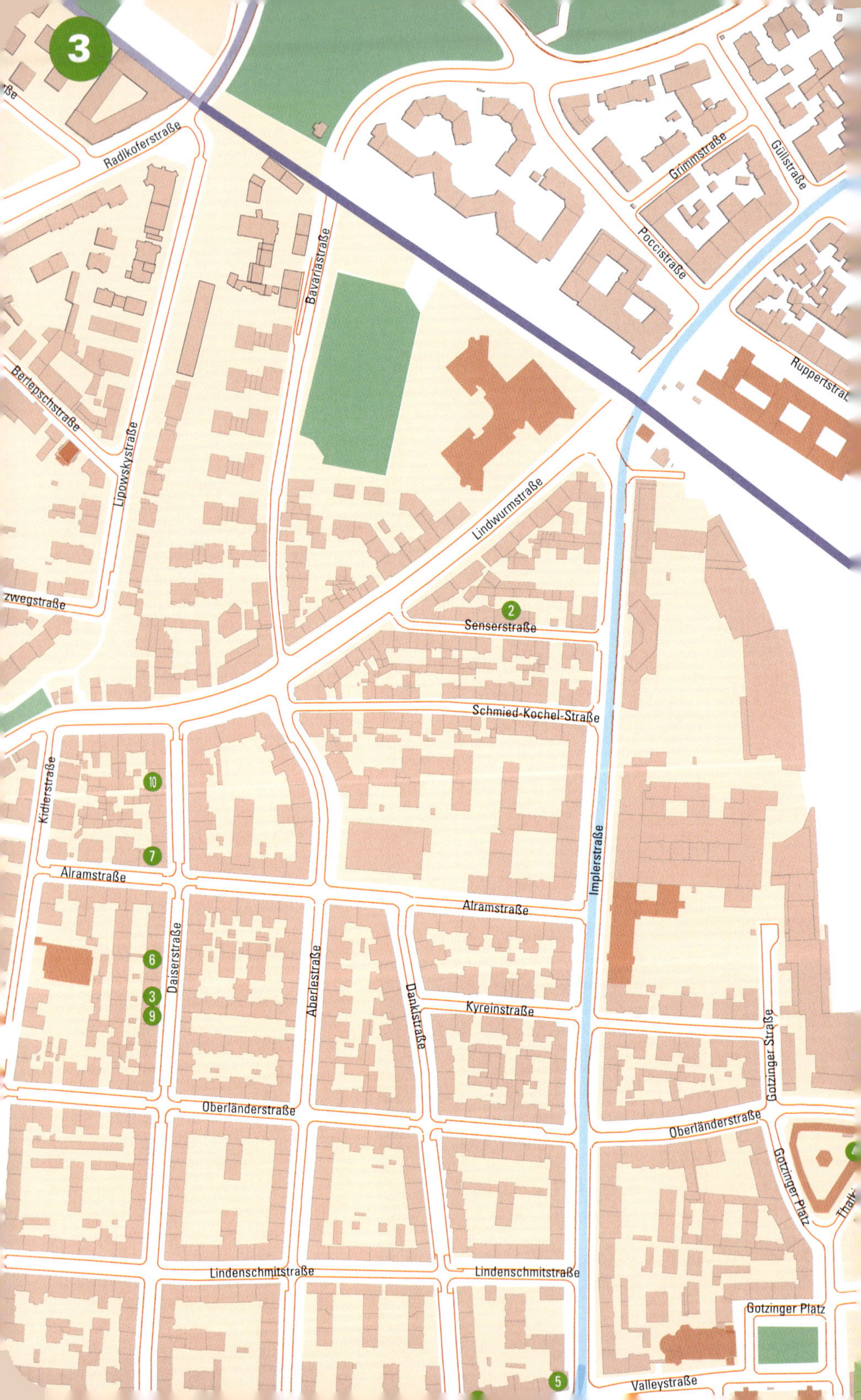
3
Radlkoferstraße
Bavariastraße
Grimmstraße
Güllstraße
Poccistraße
Ruppertstraße
Berlepschstraße
Lipowskystraße
Lindwurmstraße
zwegstraße
Senserstraße
2
Schmied-Kochel-Straße
Kidlerstraße
10
7
Alramstraße
Alramstraße
Implerstraße
Daiserstraße
6
3
9
Aberlestraße
Dankstraße
Kyreinstraße
Gotzinger Straße
Oberländerstraße
Oberländerstraße
Gotzinger Platz
Lindenschmitstraße
Lindenschmitstraße
Gotzinger Platz
Valleystraße
5

Sendlinger Unterfeld Service 3

Cafés • Bars

1 **Alte Utting**
Lagerhausstraße 15

Cafe Blue
Implerstraße 2

Caffè & Cucina Sorriso
Plinganserstraße 38a

2 **Café Erika**
Senserstraße 7
Spezialtipp von Bettina

Café Stenz
Lindwurmstraße 122

3 **Café Kreislauf**
Daiserstraße 22

Kneipen • Boazn

Daiser-Stüberl
Daiserstraße 33

Zur Gruam
Thalkirchner Straße 114

Essen

Wochenmarkt Untersendling
Resi-Huber-Platz
Samstags 7 bis 13 Uhr

Unser Fischmarkt – Bizim Balikci
Sortieranlage Thalkirchner Straße 126
Fischgeschäft

4 **Trattoria Gennaro Bussone**
Sortieranlage Thalkirchner Straße 126
Italienisches Restaurant

1 **Alte Utting**
Der Donnerwirt, TurboBao, Crêpes unterm Heck, Räubaschmankal, Fornostar, Coccobello
Lagerhausstraße 15

5 **Beirutbeirut**
Valleystraße 28
Libanesisches Falafel-Restaurant
sehr lecker! (sagt Bettina)

6 **Centro Espanol**
Daiserstraße 20
Spanisches Restaurant

Çevabdžinica 10
Oberländerstraße 3B
Spezialitäten aus Bosnien-Herzegowina

La Certosa
Oberländerstraße 14
Italienisches Restaurant

Manouche
Valleystraße 19
LibanesischeKüche

Ninh
Alramstraße 27
Vietnamesische Küche

Piccola Italia
Aberlestraße 14
Italienisches Restaurant

Pizzeria Europa,
Oberländerstraße 31

Restaurant Romanesc
Oberländerstraße 32

7 **Sendlinger Augustiner**
Alramstraße 24

Thuy
Senserstraße 2
Vietnamesische Küche

Trattoria Da Paolo
Schmied-Kochel-Straße 6

Lebensmittel

ALDI
Implerstraße 9a

Bäckerei Wimmer
Implerstraße 49

Bäckerei Vinzenz Zöttl
Alramstraße 19

EDEKA
Implerstraße 17

PENNY
Implerstraße 27

Güney Cavusoglu Supermarkt
Implerstraße 23

8 **Südhang Sendling Weinladen**
Valleystraße 42
Special: „Vin d'orange" im hauseigenen Keller angesetzt

REWE
Alramstraße 14

Kunst • Kultur

9 **Sendlinger Kulturschmiede e.V.**
Daiserstraße 22

Bücher

10 **Sendlinger Buchhandlung**
Daiserstraße 2

Specials

Goldankauf
Lindwurmstraße 215

Sports & Health
Lindwurmstraße 114
Fitness-Club

Weißer Rabe – Gebrauchtwarenhaus
Bavariastraße 30–36

Apotheke

Bienen-Apotheke
Implerstraße 26

Impler Apotheke
Valleystraße 19

Oberländer-Apotheke
Daiserstraße 27

Rein & Sauber

Duschenmarkt GmbH
Lindwurmstraße 219

Waschtreff
Lindenschmitstraße 7

Soziales

11 **Münchner Tafel e.V.**
Schäftlarnstraße 10

Staatliche Berufliche Oberschule (FOS/BOS) für Wirtschaft (Therese von Bayern-Schule)
Lindwurmstraße 90

Trauringschmiede München
Lindwurmstraße 203
Juweliergeschäft

Sport

Streetball-Anlage
Implerstraße

Bank

Stadtsparkasse
Implerstraße 45

Briefkasten

Lindwurmstraße 88
Lindwurmstraße 195
Kochelseestraße 11
Oberländerstraße 12
Valleystraße 21
Valleystraße 39

Sendlinger Buchhandlung, Daiserstraße 2

4
Israelitisch. Friedhof
4.15
Brudermühl
Bruderhof-Str.
Thalkirchner Str.

Sendlinger Unterfeld 1891

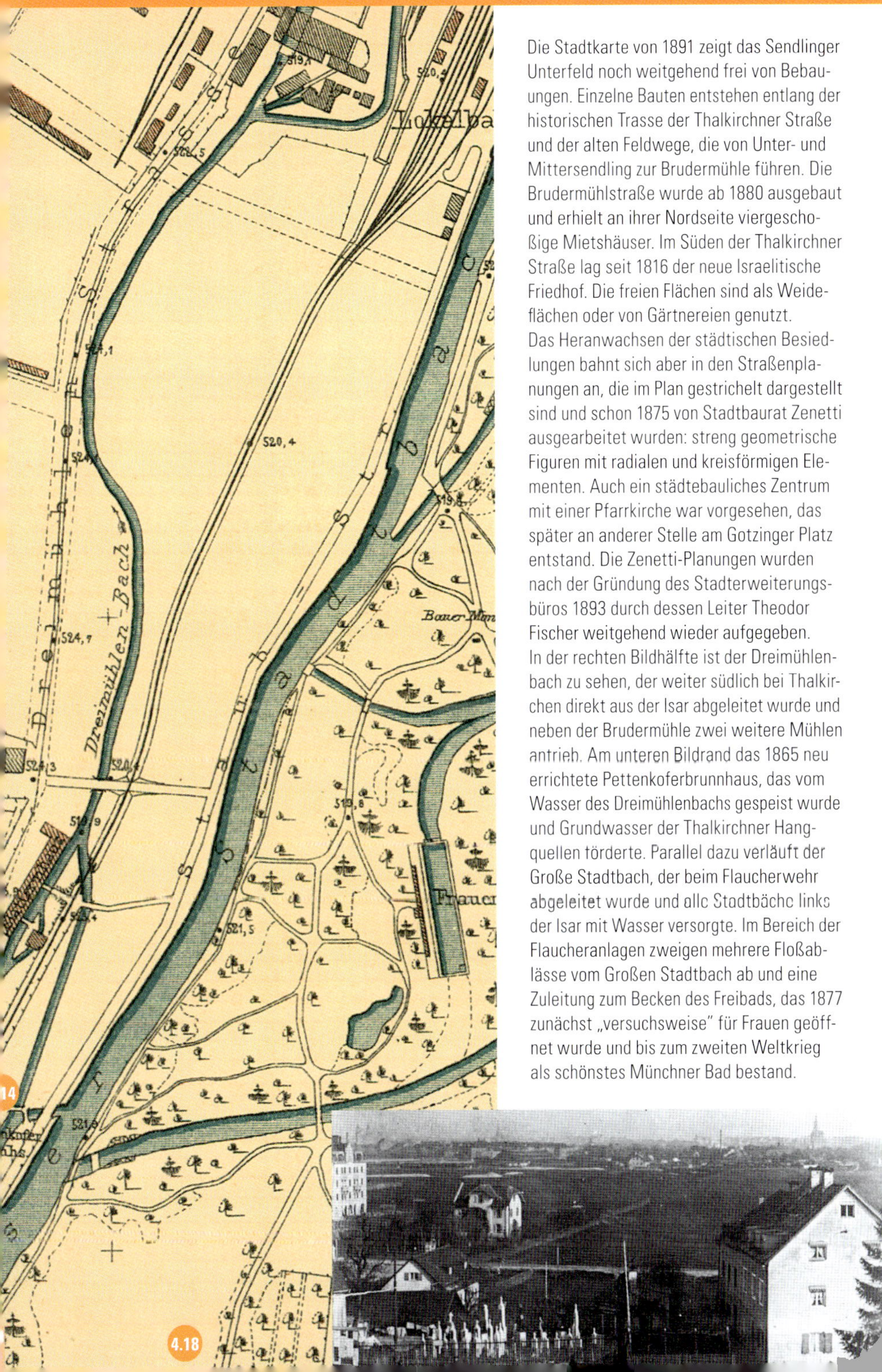

Die Stadtkarte von 1891 zeigt das Sendlinger Unterfeld noch weitgehend frei von Bebauungen. Einzelne Bauten entstehen entlang der historischen Trasse der Thalkirchner Straße und der alten Feldwege, die von Unter- und Mittersendling zur Brudermühle führen. Die Brudermühlstraße wurde ab 1880 ausgebaut und erhielt an ihrer Nordseite viergeschoßige Mietshäuser. Im Süden der Thalkirchner Straße lag seit 1816 der neue Israelitische Friedhof. Die freien Flächen sind als Weideflächen oder von Gärtnereien genutzt.

Das Heranwachsen der städtischen Besiedlungen bahnt sich aber in den Straßenplanungen an, die im Plan gestrichelt dargestellt sind und schon 1875 von Stadtbaurat Zenetti ausgearbeitet wurden: streng geometrische Figuren mit radialen und kreisförmigen Elementen. Auch ein städtebauliches Zentrum mit einer Pfarrkirche war vorgesehen, das später an anderer Stelle am Gotzinger Platz entstand. Die Zenetti-Planungen wurden nach der Gründung des Stadterweiterungsbüros 1893 durch dessen Leiter Theodor Fischer weitgehend wieder aufgegeben.

In der rechten Bildhälfte ist der Dreimühlenbach zu sehen, der weiter südlich bei Thalkirchen direkt aus der Isar abgeleitet wurde und neben der Brudermühle zwei weitere Mühlen antrieb. Am unteren Bildrand das 1865 neu errichtete Pettenkoferbrunnhaus, das vom Wasser des Dreimühlenbachs gespeist wurde und Grundwasser der Thalkirchner Hangquellen förderte. Parallel dazu verläuft der Große Stadtbach, der beim Flaucherwehr abgeleitet wurde und alle Stadtbäche links der Isar mit Wasser versorgte. Im Bereich der Flaucheranlagen zweigen mehrere Floßablässe vom Großen Stadtbach ab und eine Zuleitung zum Becken des Freibads, das 1877 zunächst „versuchsweise" für Frauen geöffnet wurde und bis zum zweiten Weltkrieg als schönstes Münchner Bad bestand.

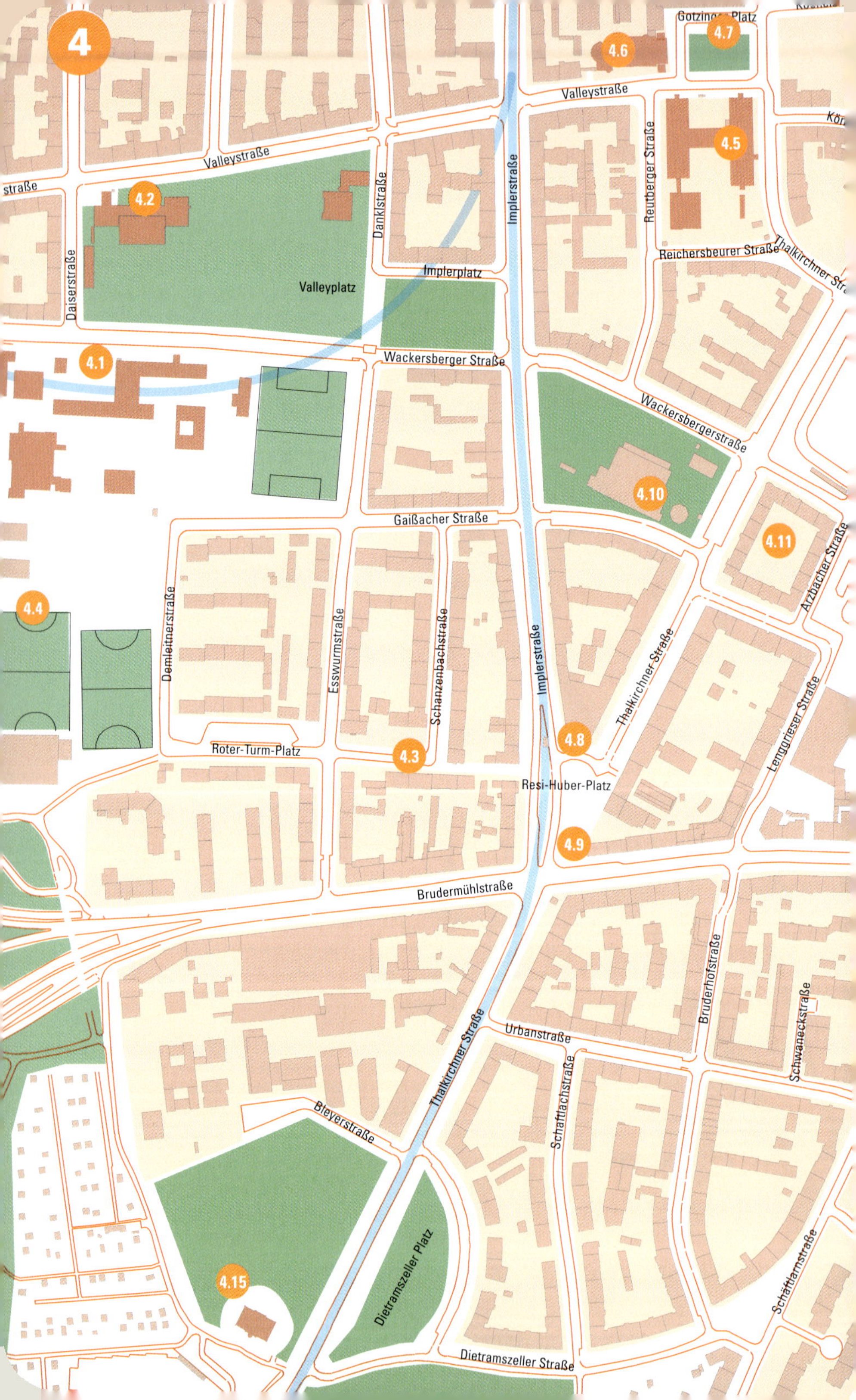
4
4.1
4.2
4.3
4.4
4.5
4.6
4.7
4.8
4.9
4.10
4.11
4.15
Valleystraße
Valleyplatz
Daiserstraße
Danklstraße
Implerplatz
Implerstraße
Reutberger Straße
Reichersbeurer Straße
Thalkirchner Straße
Wackersberger Straße
Wackersbergerstraße
Gaißacher Straße
Demleitnerstraße
Esswurmstraße
Schanzenbachstraße
Roter-Turm-Platz
Resi-Huber-Platz
Arzbacher Straße
Lenggrieser Straße
Brudermühlstraße
Bruderhofstraße
Urbanstraße
Schaftlachstraße
Schwanseckstraße
Bleyerstraße
Dietramszeller Platz
Dietramszeller Straße
Schäftlarnstraße

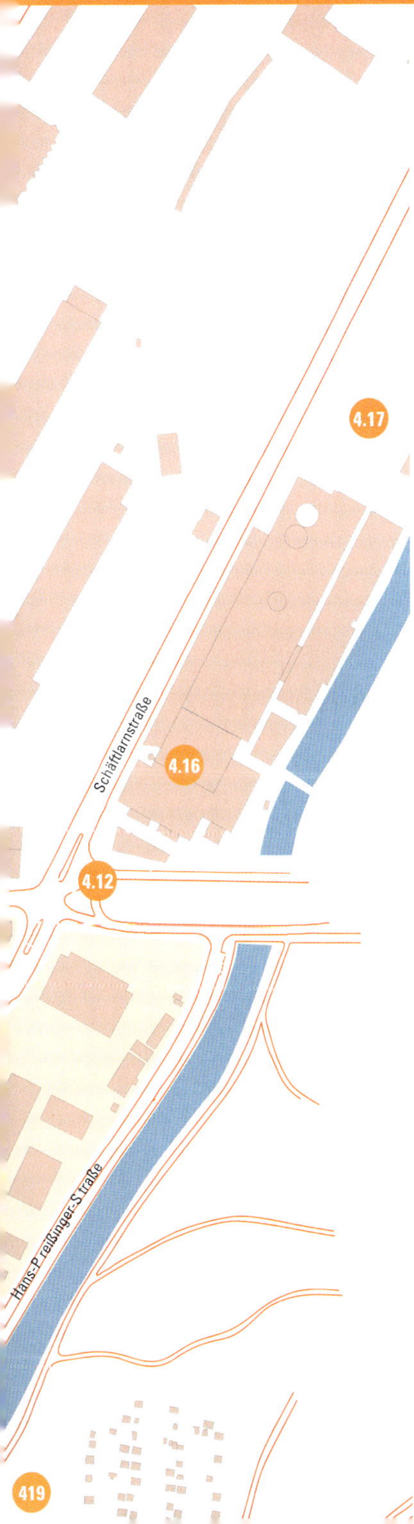

Das Sendlinger Unterfeld nach 1945

Die Bebauung des Sendlinger Unterfelds südlich der Valleystraße erfolgte weitgehend erst nach dem Zweiten Weltkrieg. Durch die Implerstraße führte seit 1912 eine Straßenbahnverbindung nach Thalkirchen, die als Linie 20 im Jahr 1970 aufgelassen wurde. Unter der Implerstraße führen seit 1975 die U-Bahnlinien U3 und U6 als Verlängerung der ersten U-Bahnstrecke. Die Bebauung der Implerstraße als einer geplanten Durchgangsverbindung zur Thalkirchner Straße besteht heute südlich der Valleystraße fast nur aus Nachkriegsbauten.

Aus dem Feldweg von Mittersendling zur Brudermühle wurde in den 1950er Jahren mit dem Ausbau der Brudermühlbrücke über die Isar die Brudermühlstraße als Teil des Mittleren Rings, an der Kreuzung zur Thalkirchner Straße konnte ein kreuzungsfreier Übergang nur mit einer aufgeständerten Stahlbrücke erreicht werden: die Strecke nahm den gesamten Durchgangs- und Schwerlastverkehr im Süden der Stadt auf, verschärft durch das Fehlen einer Südumfahrung der Stadt durch den Autobahnring. Das provisorische Kreuzungsbauwerk am heutigen Resi-Huber-Platz blieb bis 1988 erhalten, als der Brudermühltunnel eingeweiht wurde und eine kreuzungsfreie Straßenverbindung von der Heckenstallerstraße bis zum Giesinger Berg entstand. Damit wurde die Brudermühlstraße wieder bewohnbar und der nach der Antifaschistin Resi Huber benannte Platz zu einem neuen Mittelpunkt in Untersendling.

Grundlegende städtebauliche Änderungen stehen in den kommenden Jahren bevor: der Umbau des Heizkraftwerks Süd mit der Erweiterung einer Geothermie-Anlage und vor Allem der Bau einer provisorischen Konzerthalle. Sie soll auf dem Grundstück der Stadtwerke südlich der Brudermühlstraße als Ersatz für das Gasteig-Kulturzentrum während dessen Restaurierung dienen. Da auch andere Kultureinrichtungen zeitweise nach Sendling verlegt werden wie die Volkshochschule und Teile der Stadtbibliothek wird hier in Sendling ein neues kulturelles Zentrum in der Stadt entstehen.

Sendlinger Unterfeld

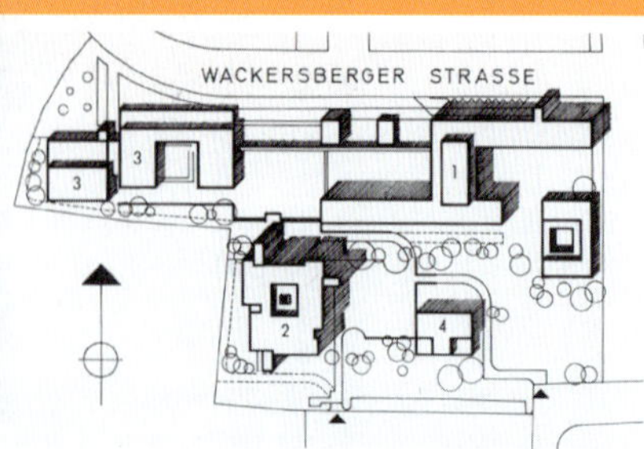

4.1 Schulzentrum Wackersberger Straße

Das Schulzentrum entstand im Auftrag des Freistaats und wurde nach Plänen des Architekten Alexander von Branca gebaut. Bis 1960 entstand das Klenze-Gymnasium direkt an der Wackersberger Straße, das Dante-Gymnasium folgte bis 1971 und seine Erweiterungen bis 1978. Beide Schulen und die Sportbauten gruppieren sich um einen gemeinsamen Eingangshof.

Klenze-Gymnasium und Dante-Gymnasium

Die Schule wurde 1921 als Kreisoberrealschule III in der Klenzestraße gegründet und auch nach dem Architekten Leo von Klenze benannt. Bei Luftangriffen im März und November 1944 wurde das Gebäude zerstört. Nach Kriegsende war die Klenze-Oberrealschule zunächst im Gebäude des Theresiengymnasiums am Kaiser-Ludwig-Platz untergebracht und zog 1961 in den Neubau an der Wackersberger Straße ein. Seit 1965 hieß sie Klenze-Gymnasium und hatte einen mathematisch-naturwissenschaftlichen und einen neusprachlichen Zweig. Letzterer wurde 1970 als eigener Schulteil als Dante-Gymnasium ausgegliedert. Am Tag der Bundesjugendspiele 1984 brannte die Turnhalle des Dante-Gymnasiums aus und wurde durch den schweren Hagelsturm des 12. Juli 1984 so geschädigt, dass das Gebäude neu erstellt werden musste.
Den Schulen steht seit 2008 eine Mensa zur Verfügung.

4.2 Südbad

In den Jahren 1958 – 1964 baute die Stadtgemeinde zwei baugleiche Hallenbäder, das Südbad in der Sendlinger Valleystraße und das Westbad in Pasing, die Grundrisse sind gespiegelt. Das Südbad wurde bereits 1999/2000 und erneut 2008 durch die Architekten Guggenbichler+Netzer umfassend modernisiert. Der 50er Jahre-Charakter blieb erhalten, die Badewassertechnik und der Brandschutz wurden jedoch auf einen modernen Stand gebracht. Das Bad wurde zu einem Familienbad umgebaut und in seiner Ausstattung verbessert. Die Glasfassade nach Süden kann mit drei großen Senktoren geöffnet werden. Ein Ausschwimmkanal verbindet den Innenraum mit einem neuen Außenschwimmbecken mit verschiedenen Wasserattraktionen. Gesamtkosten der Renovierung in zwei Bauabschnitten: ca. 8 Mill. Euro.

4.3 Islamisches Gemeinde-Zentrum

In einem ehemaligen Möbelgeschäft in der Schanzenbachstraße hat der Verein *Türkisch Islamisches Gemeindezentrum München e.V. (DITIM)* auf zwei Ebenen eine Moschee eingerichtet. Das Gebäude enthält neben den Gebetsräumen für Frauen und Männer, Mehrzweckräume, eine Bibliothek, eine Teestube als Treffpunkt und eine Wohnung für den Vorbeter. Die Moschee ist für rund 130 Gläubige ausgelegt, an hohen Feiertagen besuchen aber auch bis zu 700 Personen das Gemeindezentrum. Um diesem höheren Bedarf gerecht zu werden, plante der Trägerverein DITIM einen Umbau und eine angemessenere Gestaltung nach Plänen des Architekten Walter Höfler: ein zusätzliches Geschoß und ein flaches Kuppeldach. Die Planung wurde zwar von der Stadtverwaltung und vom Bezirksausschuss genehmigt, wurde aber nicht weiterverfolgt – es gab Widerstand einiger Nachbarn mit Unterstützung des CSU-Ortsverbands Sendling. Daraufhin versuchte die Gemeinde seit 2004 den Neubau einer Moschee am Gotzinger Platz zu verwirklichen, dieses Vorhaben scheiterte 2010 aufgrund von Finanzierungsschwierigkeiten.

Die Gemeinde bemüht sich auch um ein offenes Angebot für Nicht-Muslime. U.a. wurden seit 2004 mehrere „Tage der offenen Moschee" veranstaltet. Besucher sind auch in der übrigen Zeit jederzeit willkommen.

4.4 Sendlinger Kessel FC Wacker

Der Fußball-Club FC Wacker hat eine lange, traditionsreiche und zeitweise ruhmvolle Vergangenheit. Gegründet als FC Isaria 1903 in Laim, später in FC Wittelsbach und FC München Laim umbenannt, trat der Verein 1908 dem Radsportclub Monachia bei und war schließlich dessen Fußball-Abteilung *Wacker 1903*. 1917 war er wieder ein selbständiger Verein.

Die größten Erfolge feierte der FC Wacker in den 1920er Jahren, als er 1921 Südbayerischer Meister wurde und 1922 bis ins Halbfinale der Deutschen Meisterschaft kam. Auch 1954 kam der FC Wacker bis ins Halbfinale der Deutschen Amateurmeisterschaft. Aber auch diesmal gelang der Sieg nicht. In den folgenden Jahren stieg der Verein mehr und mehr ab. Tiefpunkt war der zeitweise finanzielle Zusammenbruch 1992/94 – es gab Unregelmäßigkeiten bei der Vereinsführung. Seit 1995 hat der Verein einen kompletten Neuanfang vollzogen.
Heute gilt der FC Wacker als Vorzeigemodell für Vielfalt und soziale Integration in Bayern.

Das Bild oben zeigt die Mannschaft der 1. Jugend des FC Wacker vor dem Spiel gegen die Jugend-Mannschaft des TSV 1880 (West) im Mai 1916 auf dem Wacker-Sportplatz, dem berühmten Sendlinger Kessel, damals an der Plinganserstraße. Das Spiel gewann der FC Wacker mit 6:0.

4 Sendlinger Unterfeld

Schule am Gotzinger Platz, um 1910

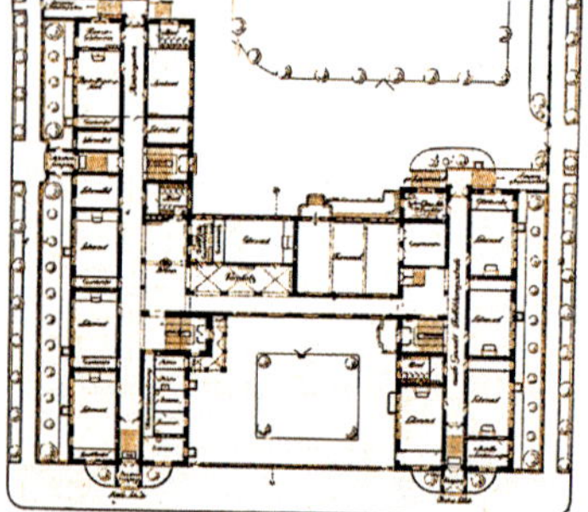

Gotzinger Platz

Das Sendlinger Unterfeld gehörte zu den Erweiterungsgebieten, für die der Architekt und Städtebauer Theodor Fischer im Stadterweiterungsbüro neue Aligenements, also Baulinien zur Straßenführung und Position der Baublöcke entwarf. Der Gotzinger Platz war darin als ein Unterzentrum des Viertels vorgesehen und zunächst weiter westlich an der Implerstraße geplant, wurde aber schließlich um 1905 an seinen heutigen Platz verschoben. Die Bildung eines Zentrums für das neue Quartier geht auf Karl Henrici und seinen Beitrag für den Stadterweiterungswettbewerb von 1892/93 zurück. Mit öffentlichen Bauten sollten diese Plätze räumlich definiert werden. Durch den Bau der Großmarkthalle blieb die räumliche Fassung des Gotzinger Platzes bis heute unvollendet – der Bau einer Moschee an der östlichen Platzseite scheiterte.

4.5 Grundschule am Gotzinger Platz

Als erster öffentlicher und prägender Bau am Gotzinger Platz entstand 1906/07 nach Plänen des Stadtbaurats Hans Grässel eine Volksschule, die lange allein auf weiter Flur stand. Erst 1924/26 folgte ein weiterer Monumentalbau: die katholische Pfarrkirche St. Korbinian. Das räumliche Konzept der Schule wird bestimmt durch die Funktion als Simultanschule für katholische (östlicher, größerer Bauteil) und protestantische Schüler (westlicher Bauteil), der Verbindungsbau enthält die Turnsäle. Der Bau der Schule gehörte zu einem großzügig angelegten Schulbauprogramm der Stadt, die auch rechtlich der erheblichen Bevölkerungszunahme und intensiver Besiedlung entsprechen musste.

Der Schulbau erlitt im Zweiten Weltkrieg erhebliche Schäden und wurde in den Jahren 1954/57 vereinfacht wieder instand gesetzt, der Quertrakt mit Aula und Turnhalle wurde neu gebaut. 1994–2000 erfolgte eine Generalsanierung, zum Abschluss konnte die Doppelzwiebel wieder auf den Schulturm aufgesetzt werden.

Gotzinger Platz, um 1930

4.6 Katholische Pfarrkirche St. Korbinian

Obwohl man bereits vor der Jahrhundertwende Konzepte für eine neue katholische Pfarrkirche im Sendlinger Unterfeld entwarf – der Architekt Hermann Buchert hatte schon 1916 Baupläne dafür ausgearbeitet – konnte die Kirche kriegsbedingt erst später ausgeführt werden. Baubeginn war im Jahr 1924, zwei Jahre zuvor war die Pfarrei St. Korbinian selbständig geworden. Der Kirchenbau war 1926 vollendet, die Innenausstattung zog sich noch lange hin, von der enteigneten Jüdischen Gemeinde wurde 1938 die gerade angeschaffte Orgel der Synagoge am Lenbachplatz übernommen. Das Deckenfresko von Richard Holzner war 1943 fertig, aber im folgenden Jahr wurde die Kirche im Luftkrieg weitgehend zerstört, nur die Außenmauern und die Turmfront blieben stehen. Wiederaufbau 1949/51 durch den Architekten Friedrich Haindl, das Deckenfresko wurde vom gleichen Künstler noch einmal gemalt. Die Kirche orientiert sich mit der Frontfassade zum Platz hin, der Hochaltar steht daher ungewöhnlicherweise im Westen. Von der originalen neobarocken Ausstattung ist durch die Kriegszerstörung nichts erhalten, in der „Schmerzhaften Kapelle" unter dem Südturm ist eine barocke Pietà aufgestellt, die aus der Bürgersaalkirche stammt.

4.7 Genossenschaftswohnungen

Mit der winkelförmigen Baugruppe der Baugenossenschaft „Verein für Volkswohnungen" konnte der Gotzinger Platz an seiner Nordseite 1925 räumlich gefasst werden. Der Baufortschritt stand jedoch unter erheblichen Schwierigkeiten: zum Einen durch besonders hohe Baupreise nach der Währungsreform und zum Anderen auch durch das ambitionierte Bauprogramm. In den fünf Einzelhäusern waren jeweils zwei Wohnungen pro Geschoß angeordnet mit Flächen von 80 bis über 100 qm, jede Wohnung erhielt ein Bad, die gesamte Ausstattung war weit aufwändiger als andere Genossenschaftsbauten der Zeit. Architekt: Hermann Buchert; Bauleiter: Hans Steiner.

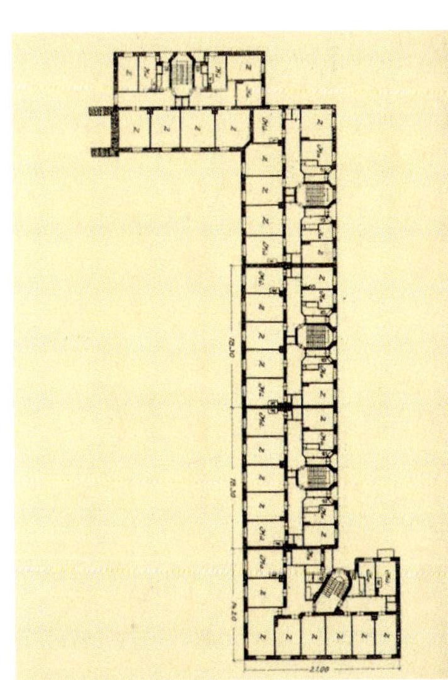

4.10 Gaißacher Hochbunker

Der Hochbunker an der Gaißacher Straße war Teil der umfangreichen Maßnahmen des NS-Regimes zum Luftschutz. Schon im Frühjahr 1933 wurde die Bevölkerung durch Übungen auf die drohende Gefahr eines Luftkriegs eingestimmt, ab 1939 entstanden im Stadtgebiet über 40 Bunkeranlagen, von denen noch viele erhalten sind. Einige wurden in den letzten Jahren zu eher luxuriösen Wohnanlagen umfunktioniert, für den Sendlinger Hochbunker wünschten sich mehr als 700 Besucher eine Nutzung als „Kunstbunker" für Kulturveranstaltungen und Ausstellungen. Vergeben wurde der Bunker vom Kommunalreferat gegen die Interessen der Sendlinger und des Bezirksausschusses allerdings an den „Verein zur Pflege der Münchner Fußballkultur", der 2015 gegründet wurde und v.a. aus 60er-Fans bestehen soll. Die künftige Nutzung ist unklar.

4.8 Resi-Huber-Platz

Resi Huber (1920–2000) war Zivilangestellte in der „Plantage", einer SS-Versuchsanstalt im Konzentrationslagers Dachau. Obwohl darauf die Todesstrafe stand, schmuggelte das „Wild-Reserl" Lebensmittel, Medikamente, Briefe und Messutensilien in das Lager zu den Gefangenen. Später berichtete sie „Ich hab da doch nicht einfach wegschauen können". Nach Kriegsende war Resi Huber politisch aktiv in der KPD und später der DKP und in der „Vereinigung der Verfolgten des Naziregimes". Die Antifaschistin berichtete in Münchner Schulen und vielen Veranstaltungen von den Schrecken der NS-Zeit. Die für ihre Zivilcourage hochgeachtete Resi Huber lebte über 50 Jahre in München und engagierte sich kommunalpolitisch für Sendling. Sie starb am 22. März 2000 im Alter von 79 Jahren. 2012 wurde der Platz nach ihr benannt.

Wochenmarkt Untersendling

Der Markt findet jeden Samstag von 7 Uhr bis 13 Uhr auf dem Resi-Huber-Platz statt. Volles Programm: Obst & Gemüse, Fleisch & Wurst, Süss- & Salzwasserfische, Oliven, Käse, Brot und Kuchen

4.9 „Reserl" Studentenapartments

Über mehr als 270 Apartments und Wohnungen v.a. für Studierende bietet das „Reserl" seit 2017 am Resi-Huber-Platz an – zu stolzen Preisen ab 700 Euro für nicht mal 20 qm, allerdings inklusive einer exklusiven Ausstattung. Der gewollt bayerische Entwurf des japanischen Architekturbüros Atelier Bow-Wow löste allerdings nicht bei allen Begeisterung aus. Stadtheimatpfleger Gert Goergens zum Entwurfsmodell mit seinen vielen Erkern, Rundbögen und Dachaufbauten: „Karikatur der Münchner Stadtgeschichte". Laut einem Vertreter des Eigentümers, der Strabag, ist zumindest innen die „bayerische" Gestaltung verwirklicht: mit Trachtenfarben und typischen Accessoirs – Haferlschuh und Trachtenhut.

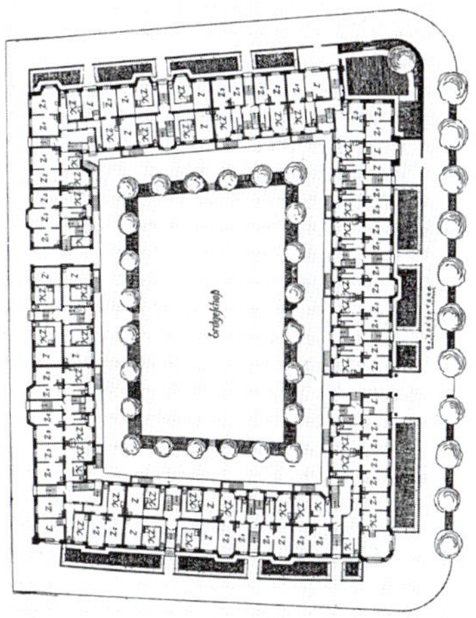

4.11 Wohnblock Thalkirchner Straße 117–123

Bei der Ermittlung der Wohnverhältnisse um 1900 wurde nicht nur die vollkommen unzureichende Wohnsituation von mehr als einem Drittel der Münchner Bevölkerung offensichtlich, sondern auch das Fehlen v.a. von kleineren Wohnungen. Im Auftrag des Magistrats entstand daher bis November 1910 an der Thalkirchner Straße als wichtigster Beitrag der Stadt selbst zur Lösung der Wohnungsfrage ein großer Baublock mit 177 Wohnungen für „gemeindliche Bedienstete und Arbeiter" nach einem Entwurf des Stadtbaurats Robert Rehlen. Gemeinschaftsbäder und Waschküchen befanden sich im Kellergeschoß, im Erdgeschoß wurden mehrere kleine Läden zur Versorgung der Bewohner untergebracht. Die malerische Gestaltung des Blocks steht im Gegensatz zu den eher gleichförmigen Beispielen des kommerziellen Mietwohnungsbaus der Zeit.

4.12 Brudermühlstraße

Als Wegeverbindung zwischen Mittersendling und der Brudermühle am Dreimühlenbach bestand lange ein einfacher Feldweg, der in den 1880er Jahren ausgebaut wurde und an dem sich ab den frühen 1890er Jahren auch erste Mietshäuser ansiedelten. Die Brudermühle war ursprünglich im Besitz des Angerklosters, kam 1860 in städtischen Besitz und wurde als Blatternhaus genutzt. 1897 wurden die Gebäude zur Vermeidung von Ansteckungsgefahren abgebrannt. Das Blatternhaus lag in etwa an der heutigen Kreuzung Brudermühlstraße/Schäftlarnstraße. Zur Durchgangsstraße wurde die Brudermühlstraße mit dem Bau einer Isarbrücke 1904. Dazu verwendete man die Konstruktionsteile der ersten Wittelsbacherbrücke, die neu erstellt wurde. Damit durchschnitt die Straße aber auch die Flaucheranlagen – bis heute eine unbefriedigende Situation. Mit dem Bau des Mittleren Rings Mitte der 1950er Jahre wurde sie ein Teil davon und u.a. aufgrund eines fehlenden Autobahn-Südrings zu einem berüchtigten Nadelöhr im Münchner Verkehrsgebiet und einer für die Anwohner unzumutbaren Belastung. Nach dem Bau des Brudermühltunnels 1983–88 im Bereich zwischen Schäftlarnstraße und dem Neuhofener Berg wurde die Brudermühlstraße wieder bewohnbar – und die Grundstückspreise teurer.

4 Sendlinger Unterfeld

„Hochkultur" in Sendling – Philharmonie

Die unermüdlichen Bemühungen um einen für die Kultur-Schaffenden und -Genießer angemessenen Konzertsaal in München auf internationalem Niveau schlagen Wellen bis ins kulturell eher beschauliche Sendling. Da der Gasteig mehr oder weniger komplett saniert werden soll, muss für mindestens fünf Jahre Ersatz gefunden werden für Konzertsäle, die Musikschule, die Volkshochschule und die Stadtbibliothek: eines der größten Kulturzentren Europas zieht auf das Gelände der Stadtwerke am Flaucher. Ganz so einfach, wie man sich das anfangs vorgestellt hat, wird es aber doch nicht. Für den großen Konzertsaal braucht es einen provisorischen Neubau nach dem Vorbild aus Genf. Und um die bereits auf dem Gelände arbeitenden Künstler und Kreativen nicht ganz vertreiben zu müssen werden mehrere Modulbauten benötigt. Etwas eng wird's wahrscheinlich trotzdem. In die denkmalgeschützte Halle, das ehemalige Lagerhaus von Leitenstorfer an der Hans-Preißinger-Straße kommt das Foyer und die Nebenräume des Konzertbetriebs, es bleibt auch noch Platz für die VHS und die Stadtbibliothek. Es wird sogar von einer Wiederherstellung des ursprünglichen Bauzustands gesprochen. Schön wärs.

4.13 Lagerhaus Dampfkraftwerk

Der 5-schiffige Bau nach einem Entwurf von Hermann Leitenstorfer entstand 1926/27 und wurde als Lagerhalle für das seit 1899 bestehende Dampfkraftwerk genutzt. Die Fachpresse war damals begeistert: „...eine nicht faßbare Harmonie..., die den Aufenthalt zu einem wirklichen Genuß macht". Bei einem Luftangriff im Zweiten Weltkrieg brannte das Gebäude aus und wurde 1948 wieder nach der Planung von Leitenstorfer aufgebaut, allerdings mit wesentlichen Änderungen: ein Geschoß entfiel, die stirnseitige großzügige Verglasung wurde durch hochformatige Fenster ersetzt und das ursprüngliche, markante Satteldach „unverständlicherweise" durch ein Krüppelwalmdach ersetzt.

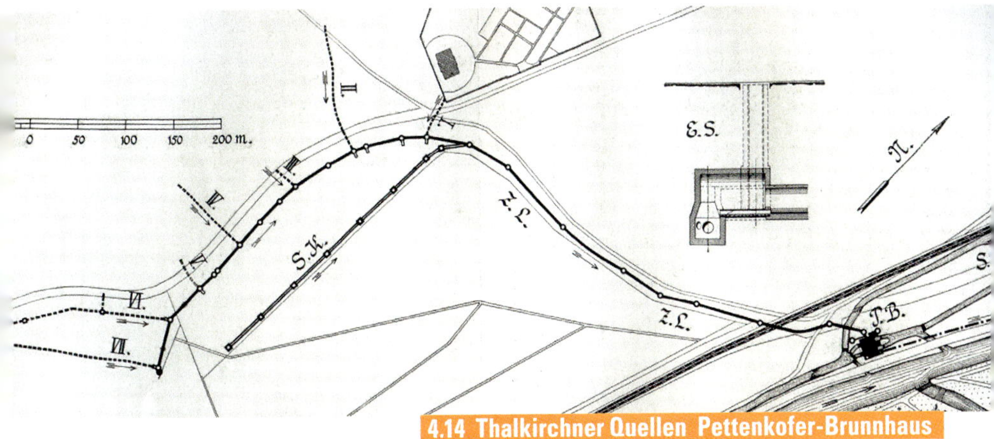

4.14 Thalkirchner Quellen Pettenkofer-Brunnhaus

Die sanitären Verhältnisse in der „Haupt- und Residenzstadt München" Mitte des 19. Jahrhunderts waren nicht nur europaweit als außerordentlich schlecht bekannt, sondern haben auch in mehreren Cholera-Epidemien ihren todbringenden Niederschlag gefunden. München galt als „Typhusnest". Erst nach der Cholera-Epidemie von 1854 und dem Tod der Königinmutter Therese haben auch die wittelsbacher Fürsten die Notwendigkeit einer grundlegenden Sanierung erkannt. Schon seit Jahren hatte der Hygieniker Max von Pettenkofer auf die miserablen Zustände hingewiesen und wesentliche Investitionen gefordert: eine neue Kanalisierung und Wasserversorgung und den Neubau eines Schlachthofs. Zur dringenden Verbesserung der Wasserversorgung schlug Pettenkofer vor, die Thalkirchner Quellen zu fassen und zu sammeln und das Grundwasser in ein neues Brunnhaus zu leiten, das vom Dreimühlenbach angetrieben wird. Mehr als zehn Jahre hat die Verwirklichung dieses Plans gedauert – Differenzen zwischen den städtischen Stellen und der staatlichen Verwaltung, Zweifel an der Wasserqualität und Fördermenge – letztlich wurde das Brunnhaus 1866 fertig gestellt und nach seinem Initiator benannt. 1957 wurde es abgebrochen.

Blasius, der Spaziergänger

Sigi Sommer ist 1914 in München geboren und ging auf die Gotzinger Schule in Sendling, sein Vater war einer der Mitbegründer des Münchner Cowboyclubs. Sommer hat als Journalist bei der SZ und AZ gearbeitet, berühmt wurde er mit seiner Kolumne „Blasius der Spaziergänger", über 40 Jahre hat er sie ca. 3.500 mal in der AZ publiziert. 1996 verstarb Sommer mit 81 Jahren. Geehrt wurde er 1998 mit einem lebensgroßen Bronze-Standbild in der Münchner Fußgängerzone und 2009 mit der Benennung des „Sigi-Sommer-Platzes" vor seinem Elternhaus in der Bruderhofstraße. Seine „Sendlinger G'schichten" erschienen 2014, herausgegeben von seiner Cousine Helga Lauterbach-Sommer.

4.15 Alter Israelitischer Friedhof

Thalkirchner Straße 240

Eine erste jüdische Gemeinde in München ist für 1229 nachgewiesen, ein erster jüdischer Begräbnisplatz für 1285, wenig später wurde er wieder aufgelassen. 1416 wurde ein neuer Begräbnisplatz an der Dachauer Straße angelegt, zu dessen genauer Lage Klaus Bäumler neuere Forschungen erbracht hat. 1442 ließ Herzog Albrecht III. die Juden aus der Stadt vertreiben, sie durften sich bis 1804 nur mit besonderen Pässen hier aufhalten. Leichname von Juden mussten bis Regensburg und später bis Augsburg-Kriegshaber gefahren werden. Seit 1813 konnten sich in München wieder jüdische Gemeinden bilden, 1816 wurde der Israelitische Friedhof an der Thalkirchner Straße eingeweiht, er blieb bis 1908 einziger Friedhof für jüdische Bürger, danach geschahen Bestattungen in der Regel im Neuen Israelitischen Friedhof im Norden der Stadt an der Ungererstraße.

In der ersten Friedhofs-Anlage, umgeben mit einer Mauer, waren entsprechend jüdischem Brauch die Gräber nach Osten in Richtung Jerusalem ausgerichtet (im Lageplan links in der Mitte zu erkennen). Er erhielt eine eingeschoßige Aussegnungshalle mit Walmdach, in den Jahren 1854 und 1871 erfolgten kleinere Erweiterungen. Die heutige Form und Ausdehnung des Israelitischen Friedhofs geht auf den grundlegenden Ausbau von 1881 zurück, der nach Entwürfen von Kilian Stützel erfolgte und die von Arnold Zenetti festgelegten Baulinien im Sendlinger Unterfeld übernahm. An der Südseite des unregelmäßigen Fünfecks erhielt der Friedhof eine neue Aussegnungshalle und Leichenhaus aus Sichtziegelmauerwerk. Im Gegensatz zum Alten Südlichen Friedhof am Westermühlbach, der zeitgleich belegt wurde und in dem die christliche Begräbniskultur immer monumentalere Grabmäler entwickelte, verzichten jüdische Grabmäler auf besonderen Prunk und sind eher schmucklose, aufrecht stehende Grabstelen mit hebräischen Inschriften ohne Figurendarstellungen. Im Verlauf des 19. Jahrhunderts werden die Inschriften auch ganz oder teilweise auf Deutsch verfasst.

Grabmal für Pauline Hesselberger von Friedrich von Thiersch, ausgeführt von Wilhelm von Rümann.

Lageplan 1942

Grabmal von Pauline Hesselberger

4.15 Israelitischer Friedhof

Blick über den Friedhof Richtung Sendling, um 1880

Nachdem bis zum Sommer 1942 der weitaus größte Teil der jüdischen Bevölkerung der Stadt von den NS-Machthabern deportiert worden war, zwang die Gestapo die jüdische Gemeinde zum Verkauf der Grundstücksfläche ihres Friedhofs. Es durften keine Bestattungen mehr vorgenommen werden, Juden war der Zugang untersagt, jüdische Zwangsarbeiter mussten Metallteile von den Gräbern entfernen, die für die Kriegswirtschaft eingeschmolzen wurden. Ein Verkauf des Geländes im Rahmen der Arisierungsmaßnahmen der NS-Politik kam jedoch nicht zustande, wenn auch viele einzelne Grabmäler verkauft und für christliche Grabstellen, Gartengestaltungen und andere Zwecke verwendet wurden. Ein Teil der verkauften Materialien konnte nach Kriegsende aufgrund der detaillierten Aufzeichnungen auch wieder zurück geführt werden.

Aussegnungshalle

Die Friedhofsanlage wurde nach dem Zweiten Weltkrieg wieder an die Israelitische Kultusgemeinde zurückgegeben, die aufwändige Restaurierungsarbeiten weitgehend mit eigenen Mittel zu leisten hatte. Wie auch bei anderen Friedhofsanlagen wurden nach Kriegsende zahlreiche Grabmäler zerstört bzw. Metallteile gestohlen.

Der Friedhof beherbergt heute ca. 5.500 Grabstellen, die nach jüdischem Brauch nicht aufgelassen werden. Der Israelitische Friedhof ist für die Öffentlichkeit geschlossen. Über die Volkshochschule werden Führungen angeboten.
(Literatur: Sendling arisiert,
Hrsg.: Initiative Historische Lernorte Sendling)

Sendlinger Unterfeld

Oskar von Miller

Strom für die Stadt

Die erste Anwendung der Elektrizität konnten die Münchner am 15. September 1882 im Glaspalast erleben: Dynamos trieben Maschinen an, Glühlampen und Bogenleuchten erhellten Innenräume und Straßen. Initiiert hatte die Ausstellung im Glaspalast Oskar von Miller, Höhepunkt war die erste Fernübertragung von Strom in Deutschland: ein Dynamo in Miesbach erzeugte Strom, der über 57 km in den Glaspalast geleitet wurde und dort einen Wasserfall antrieb. Die allgemeine Versorgung der Stadt mit Strom ließ aber lange auf sich warten, da die private Gasgesellschaft vertraglich bis Ende Oktober 1899 ein alleiniges Recht zur Straßenbeleuchtung hatte. In vielen Gebäuden wurden jedoch schon ab 1883 Beleuchtungsanlagen eingerichtet, als erstes 766 Glühlampen im Mai 1883 im Residenztheater. Der dafür notwendige Strom wurde in einzelnen Wasserkraftwerken, Gasmotoren und Dampfanlagen erzeugt. Als man sich mit der Gasgesellschaft auf einen früheren Aufbau eines Stromnetzes geeinigt hatte, konnten auch größere Kraftwerke errichtet werden, als erstes das Muffatwerk am 20. Februar 1894, Gesamtleistung 440 PS. Schon ab November 1893 konnte in einigen Straßen mit mobilen Stromerzeugern eine bis dahin ungeahnte Lichtfülle erzeugt werden. Um den kompletten Straßenbahnbetrieb, die Beleuchtung der Straßen und den zunehmenden privaten Verbrauch zu befriedigen, brauchte man aber viel mehr Strom: das Muffatwerk wurde ausgebaut auf 1.500 PS und zusätzlich das Maxwerk unterhalb der Maximiliansbrücke errichtet (530 PS Leistung).

Dampfkraftwerk Isartalstraße, um1900

4.16 Dampfkraftwerk an der Staubstraße

1883 hatte der Magistrat Grundstücksflächen an der damaligen Staubstraße, seit 1900 Isartalstraße, erworben, günstig an der Bahnstrecke neben der Isartalbahn gelegen, um die Baumaterialien und später die Kohle anzuliefern – neben dem Großen Stadtbach für die Entnahme des Kühlwassers. Friedrich Uppenborn, seit 1894 „Städtischer Elektrotechniker" und 1899 Direktor der städtischen Elektrizitätswerke, hatte das neue Kraftwerk für 6.000 PS konzipiert. Architekt des Werks war der städt. Bauamtmann Karl Hocheder. Man war durchaus bemüht, eine repräsentative Anlage zu verwirklichen, angemessen der außerordentlichen technischen Bedeutung wie auch der bürgerlichen Souveränität des städtischen Bauherrn. Maffei hatte die sechs Dampfmaschinen geliefert, Schuckert in Nürnberg die Generatoren. Ende Oktober 1899 lieferte das Werk Strom, in den folgenden Jahren bis 1906 schloss man noch weitere Dampfmaschinen an. Mitte der 1920er Jahre – nach den Inflationsjahren – stieg der Stromverbrauch deutlich, daher musste auch das Kraftwerk an der Isartalstraße erweitert werden, es diente allerdings in erster Linie als Reservekraftwerk, wenn die bestehenden Wasserkraftwerke z.B. in der Frostperiode nicht genügend Strom liefern konnten. Den bestehenden Bau wollte man erhalten und weiter nutzen, die Erweiterung des Kesselhauses nach Westen war jedoch schwierig, da bis zur Bahnstrecke nur knapp 17 m Platz zur Verfügung standen. Der technische Leiter Bodler entwickelte zusammen mit den Babcock-Wilkoxwerken neue Hochleistungskessel, architektonischer Entwurf Fritz Beblo und Hermann Leitenstorfer, ausgeführt wurde der Neubau bis 1929 von Heilmann & Littmann.

Dampfkraftwerk Isartalstraße, um1926

Maschinenhalle, 1926

Zerstörung und Wiederaufbau

In den Luftangriffen des Zweiten Weltkriegs wurde das Elektrizitätswerk schwer beschädigt. V.a. bei den Angriffen des 11. bis 13. Juli 1944 zerstörte ein Volltreffer das Kesselhaus und einen der beiden 100m hohen Kamine, der in das Maschinenhaus stürzte. Der Wiederaufbau gestaltete sich äußerst schwierig, auch das umfangreiche Kabelnetz im Erdreich hatte weit über die tatsächlichen Bombentreffer hinaus Schäden, erst Ende der 1940er Jahre erreichte die Stromabgabe wieder die Vorkriegswerte.

Heizkraftwerk Süd

In den 1950er und 60er Jahren erhielt die Anlage Ergänzungen zur Fernwärmeerzeugung des Netzes Sendling und Perlach und 1969 bis 1971 eine Hochdruckanlage zur Müllverbrennung, die wegen sinkender Müllmengen 1997 wieder stillgelegt wurde. Seit 2004 stehen zwei Gas- und Dampfturbinenanlagen zur Erzeugung von Strom (698 Megawatt) und Fernwärme (814 Megawatt) zur Verfügung, die mit Gas betrieben werden. Der 176m hohe Kamin von 1970 – das zweithöchste Bauwerk der Stadt nach dem Olympiaturm – hat keine Funktion mehr und soll voraussichtlich 2020 abgerissen werden. Für das Projekt von Daniel Hahn, dem Kapitän der Alten Utting, auf dem Kamin ein Café einzurichten, haben sich die Stadtwerke leider nicht erwärmen können.

4.17 Geothermie

Für das ehrgeizige Ziel der Münchner Stadtwerke, bis 2040 den Fernwärmebedarf in München aus erneuerbaren Energien zu decken, sind bisher drei Geothermie-Anlagen eingerichtet worden: in Riem, Sauerlach und Freiham. Um weitere Standorte für Geothermie-Anlagen zu finden, hat man 2006 umfangreiche Seismik-Messungen im erweiterten Stadtbereich durchgeführt und den Standort Isartalstraße für eine neue Anlage bestimmt. Mehrere Bohrungen bis zu einer Tiefe von 4.300 m sollen bis 2019 abgeschlossen sein, die Einspeisung in das Fernwärmenetz bis 2020.

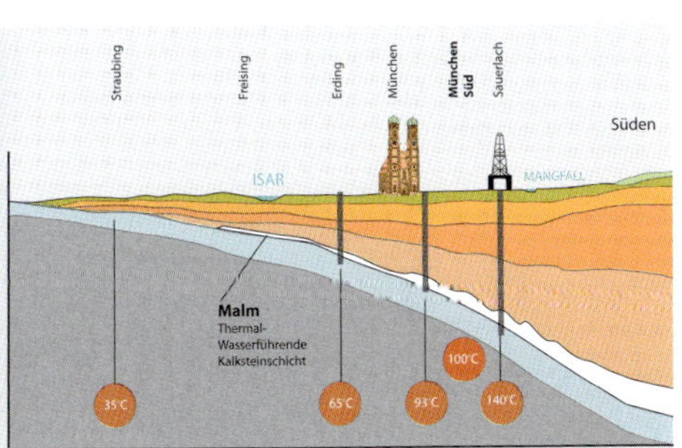

Sendlinger Unterfeld

Thalkirchner Überfälle und Flauchersteg, 1885

Der Große Stadtbach diente auch als Floßgasse zur Oberen Lände am Westermühlbach beim Alten Südfriedhof. Über mehrere Ablässe aus dem Stadtbach in die Isar konnte man den Wasserstand regeln und die Flöße wieder zurück in die Isar und zur Unteren Floßlände leiten. Mit dem Bau des Isarkanals 1907 wurde der Beginn des Großen Stadtbachs nach Süden verlegt.

4.18 Thalkirchner Überfälle

Von größter Bedeutung für die Funktion der Stadtbäche und der Mühlen war die möglichst gleichmäßige Wasserhaltung in den Bächen trotz der unterschiedlichen Wasserstände der Isar. Um die Stadtbäche links der Isar durchgehend mit Wasser zu versorgen wurde bei Thalkirchen bereits Mitte des 16. Jahrhunderts ein Wehr über die gesamte Flussbreite errichtet. Vor dem Wehr wurde der Große Stadtbach nach Westen abgeleitet – er versorgte alle Bäche und die daran liegenden Mühlen, Hammerwerke und Brunnhäuser mit Energie. Das überschüssige Wasser floss über die Überfälle im Hauptarm der Isar. Die Instandhaltungs-Kosten für das Wehr – die Thalkirchner Überfälle – und die gesamte Wasserhaltung wurden zwischen der Stadt und den Müllern der anliegenden Bäche geteilt.

Weg nach Harlaching

Ein Fußgängerweg über den Flauchersteg war erst seit 1885 offiziell möglich, aber auch vor dieser Zeit konnte man auf dem Wehrsteg nach Harlaching gehen. 1914 wurde ein solider Holzsteg auf Betonpfeiler gesetzt. Die Funktion des Wehrs ist heute nicht mehr notwendig, der Flauchersteg ist aber nach wie vor eine wichtige Verbindung zwischen den Stadtteilen.

Umleitung für den Floßverkehr

In den Großen Stadtbach, der vor dem Flaucherwehr abgeleitet wurde, ließ man auch die Holzflöße fahren. Die meisten gelangten unterhalb des Wehrs an verschiedenen „Ablässen" wieder zurück in den Hauptstrom der Isar und zur Unteren Floßlände unterhalb der Ludwigsbrücke – der Hauptlände – , einige fuhren weiter bis zur Oberen Lände am Westermühlbach.

4.18 Flaucheranlagen

Die Ablässe dienten auch zur Rückführung überschüssigen Wassers in die Isar und damit zur Hochwasserregulierung. Ein eigener Ablassknecht wohnte als ständige Wache am Lettinger Steg und sorgte für die Bedienung der Wasserbauanlagen.

4.19 Isarwerk 3

Seit 1921 befindet sich hier das Isarwerk 3 der Stadtwerke München am Ende des Werkkanals, dessen Wasser zum größeren Teil hier in die Isar zurückfließt, ein kleinerer Teil fließt weiter als Westermühlbach und Glockenbach bis in die Innenstadt und weiter als Westlicher Stadtgrabenbach und Schwabinger Bach durch den Englischen Garten.

Flusskorrektur im 19. Jahrhundert

Um 1800 begannen Planungen zu einer grundlegenden Korrektur des Flusses im Stadtbereich von Harlaching bis Oberföhring. Der Wasserbauingenieur Adrian von Riedl legte Planungen vor für den gesamten Bereich zwischen Harlaching und der Isarbrücke, die jedoch vorerst nicht ausgeführt wurden. Ziel war eine nachhaltigere Befestigung der Ufer ohne ständige Nachbesserungen und Reparaturen, ein Landgewinn an den Ufern und v.a. eine „Verschönerung" für die eben erst königlich gewordene Residenzstadt. Die wilden, ungestalteten, stark verästelten Flussufer und Seitenarme empfand man als ungeordnet und unschön.

Der natürliche Flaucher

Die Uferbereiche des Flauchers blieben von den Regulierungsmaßnahmen weitgehend verschont und bieten daher auch heute noch ein vermeintlich „natürliches" Bild, das für die Gestaltung der „renaturierten Isar" in den letzten Jahrzehnten Vorbild war.

Wachhaus der Wasserbauer

Die Aufsicht über die Wasserbauanlagen und die Kontrolle der Floßfahrten hatten die Ablassknechte, die auch ein Wachgebäude am Lettinger Ablass hatten. Nach 1900 wurde für die Wachmannschaften ein Wohngebäude nach Plänen des Architekten Hans Grässel an der heutigen Hefner-Alteneck-Straße erstellt.

Ausflüge in die Natur

Der Weg flussaufwärts an der Isar war schon um 1800 ein beliebter Spazierweg. Die Ausblicke auf den „wilden Gebirgsfluss" haben nicht nur Künstler begeistert, bald ist von einer „Promenade des Publikums … zu den oberhalb gelegenen Wasserfällen" die Rede. Und auch König Ludwig I. genoss diesen Spazierweg mit seiner herrlichen Aussicht in das Gebirge, berichtete Muffat.

Regulierung und Uferpromenade

Die Uferbereiche am linken Ufer der Isar wurden ab 1829 reguliert und mit Dämmen versehen. Dadurch entstanden erhebliche neue Flächen an Gemeindegrund. Nach dem Bau der Reichenbachbrücke 1830 ließ Stadtbaurat Karl Muffat flussaufwärts sumpfige Uferbereiche bis zur Thomainsel auffüllen. Entlang des begradigten Flussufers wurden in mehreren Reihen Allebäume gepflanzt als Schattenspender für die Promenierenden.

Maulbeerbäume zur Seidenproduktion

Vorausgegangen war ein Auftrag König Ludwig I. an den Magistrat der Stadt München zur Anpflanzung von Maulbeerbäumen, um die Seidenraupenzucht zu fördern und damit eine heimische Seidenproduktion in Gang zu bringen.

Grünanlagen zur Gesundheit der Bürger

„Das Schwerste, nämlich der Anfang, ist gemacht." So beschrieb Bürgermeister Jakob von Bauer in der Rückschau den Beginn der großangelegten städtischen Maßnahmen zur Errichtung einer Promenade zu den Grünanlagen in den oberen Isarauen, den heutigen Flaucheranlagen. Am 1. Mai 1839 hatte er die ersten drei Bäume gepflanzt: einen Maulbeerbaum, eine Linde und eine Eiche.

4.18 Flaucheranlagen

Die Zerschneidung des Grünraums

Die ursprüngliche Konzept eines durchgehenden Grünraums entlang der Isar von der Reichenbachbrücke bis zu den Thalkirchner Überfällen, dem heutigen Flaucherwehr, wurde in der weiteren Entwicklung durch zwei Brückenbauten wesentlich gestört. 1869–71 wurde die Trasse der Braunauer Eisenbahn mitten über die Thomainsel gelegt und 1904 wurde die alte Eisenkonstruktion der Wittelsbacherbrücke an die Stelle der heutigen Brudermühlbrücke versetzt. 1928 entstand eine Straßenverbindung durch die Grünanlage, die wie die Brücke nach 1953 mehrfach verbreitert und zum Mittleren Ring ausgebaut wurde und heute die Flaucheranlage in ihrem räumlichen Zusammenhang massiv beeinträchtigt. Möglich wäre eine weitere Unterführung in der Nähe des Heizkraftwerks Süd als Verbindung der geteilten Grünanlage.

Flaucher, 1937

Ein Paradies mitten in der Stadt

Heute genießen bei fast jedem Wetter Tausende die scheinbar natürliche Flusslandschaft am Flaucher – ein Sehnsuchtsort für Generationen. Und die Flaucheranlagen sind – wie von Bürgermeister Bauer gewollt – eine Erholungslandschaft „für die Bewohner der südlichen Stadtviertel" vergleichbar dem Englischen Garten.

4 Sendlinger Unterfeld

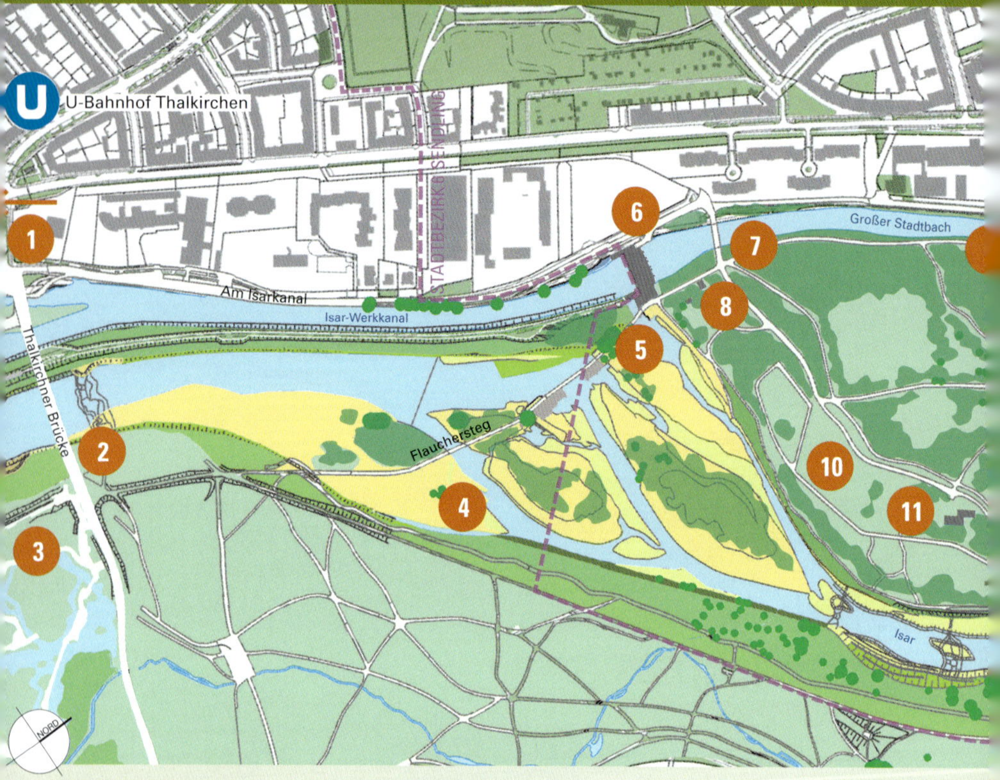

U-Bahnhof Thalkirchen
Großer Stadtbach
Am Isarkanal
Isar-Werkkanal
STADTBEZIRK 6 SENDLING
Thalkirchner Brücke
Flaucherstег
Isar
NORD
1 2 3 4 5 6 7 8 10 11

Abdecker auf der Thoma-Insel

Auf der vom Finanzdirektor Thoma erworbenen Insel befand sich bis 1803 die Wasenstatt, der Abdecker, der kranke und tote Tiere aus der Stadt entsorgen musste. In Verhandlungen mit dem Magistrat gelang es dem neuen Besitzer, dass die anrüchige Abdeckerei schließlich nach Süden verlegt wurde, in die Nähe der Thalkirchner Überfälle. Die heutige Schinderbrücke wurde als Zufahrt dazu neu errichtet. Nach dem Bau zweier neuer Holzstege war auch der Weg frei für eine durchgehende Promenade von der Reichenbachbrücke bis zu den Thalkirchner Überfällen, der bei den Bürgern immer beliebter wurde.

Flaucherwirtschaft, um 1910

Gastwirtschaft Zum Flaucher

Ab 1869 pachtete Johann Flaucher die Gebäude der ehemaligen Stadtgärtnerei und betrieb bis 1899 äußerst erfolgreich eine Gartenwirtschaft. Er wurde zum Namensgeber für die Wirtschaft, die Grünanlagen und weit darüber hinaus. Zum Ende seiner Pachtzeit hagelte es jedoch heftige Beschwerden mancher Gäste v.a. aus der nahen Wasser-Heilanstalt Thalkirchen wegen rüder Umgangsformen, schlechtem Einschenken und überteuerten Preisen. Ende 1899 folgte schließlich als neuer Pächter der Gastwirt Josef Stürzer, ein Schwager von Karl Müller, dem Stifter des Münchner Volksbads.

4.18 Flaucheranlagen

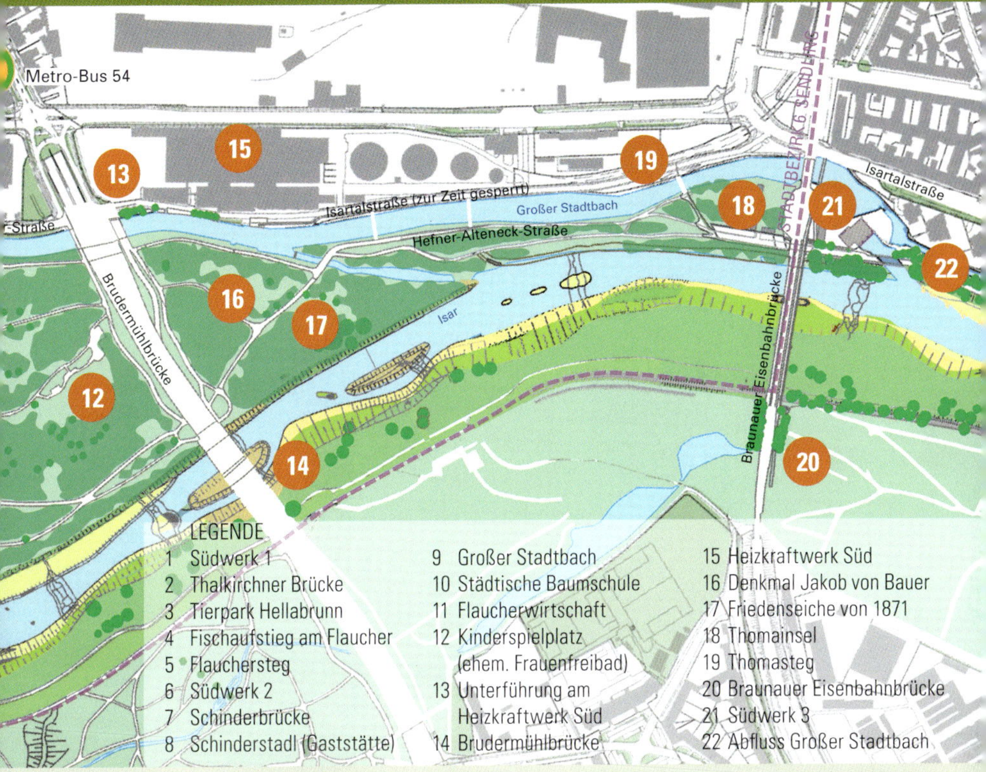

Metro-Bus 54
Isartalstraße (zur Zeit gesperrt)
Großer Stadtbach
Hefner-Alteneck-Straße
Isartalstraße
Straße
Brudermühlbrücke
Isar
Braunauer Eisenbahnbrücke
STADTBEZIRK 6 SENDLING
12
13
14
15
16
17
18
19
20
21
22
LEGENDE
1 Südwerk 1
2 Thalkirchner Brücke
3 Tierpark Hellabrunn
4 Fischaufstieg am Flaucher
5 Flauchersteg
6 Südwerk 2
7 Schinderbrücke
8 Schinderstadl (Gaststätte)
9 Großer Stadtbach
10 Städtische Baumschule
11 Flaucherwirtschaft
12 Kinderspielplatz (ehem. Frauenfreibad)
13 Unterführung am Heizkraftwerk Süd
14 Brudermühlbrücke
15 Heizkraftwerk Süd
16 Denkmal Jakob von Bauer
17 Friedenseiche von 1871
18 Thomainsel
19 Thomasteg
20 Braunauer Eisenbahnbrücke
21 Südwerk 3
22 Abfluss Großer Stadtbach

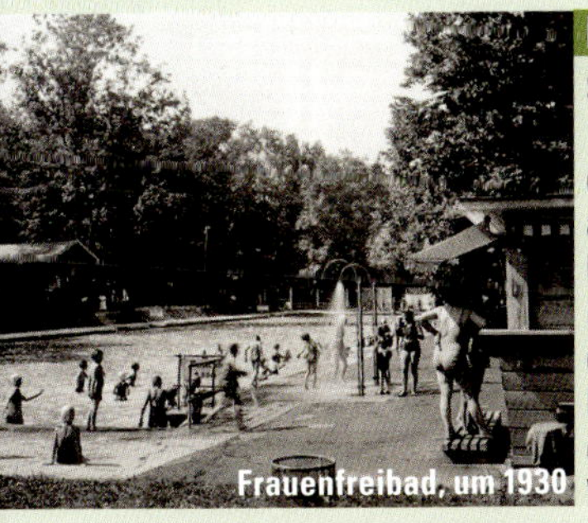

Frauenfreibad, um 1930

Baden am Flaucher

Schon zu Beginn des 19. Jahrhunderts gab es offizielle Badeplätze an den Thalkirchner Überfällen. 1877 wurde in der Grünanlage ein eigenes Freibad nur für Frauen eingerichtet, das bis zum Zweiten Weltkrieg bestand.

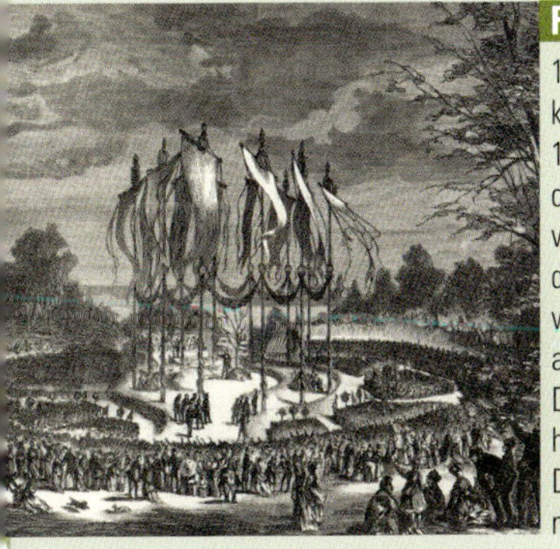

Friedenseiche

12.000 Münchner Schulkinder waren am 15. Mai 1871 auf dem Promenadenweg zum Flaucher, wo die Friedenseiche in den Isaranlagen gepflanzt wurde – zur Erinnerung an den Krieg von 1870/71. Die Eiche steht noch heute in der Nähe des Denkmals für Bürgermeister Jakob Bauer.

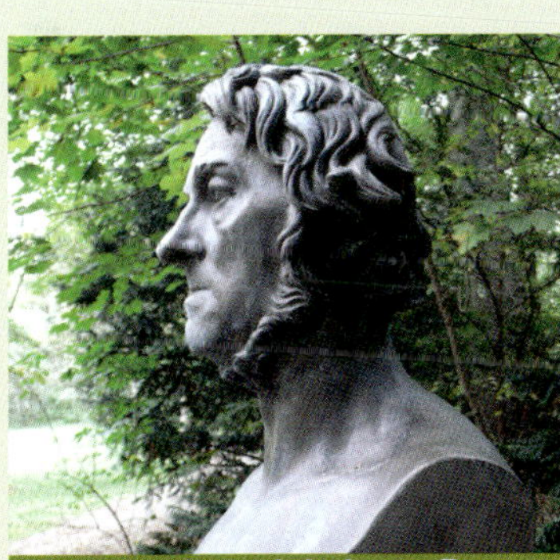

Bürgermeister Jakob von Bauer

Jakob Bauer hat sich als Bürgermeister mutig und mit großem Engagagement für eine Verbesserung des städtischen Lebens eingesetzt. Während die bayerischen Könige nur am repräsentativen Ausbau der Residenzstadt interessiert waren, hat Bauer für die Belange der Bürgerinnen und Bürger gekämpft – mit hohem persönlichen Risiko. Eigentlich war er der erste Grüne der Stadt verwaltung. Die Anlage der Isaranlagen sollte nicht nur zur Erholung dienen, sondern auch wirtschaftlich erfolgreich sein.

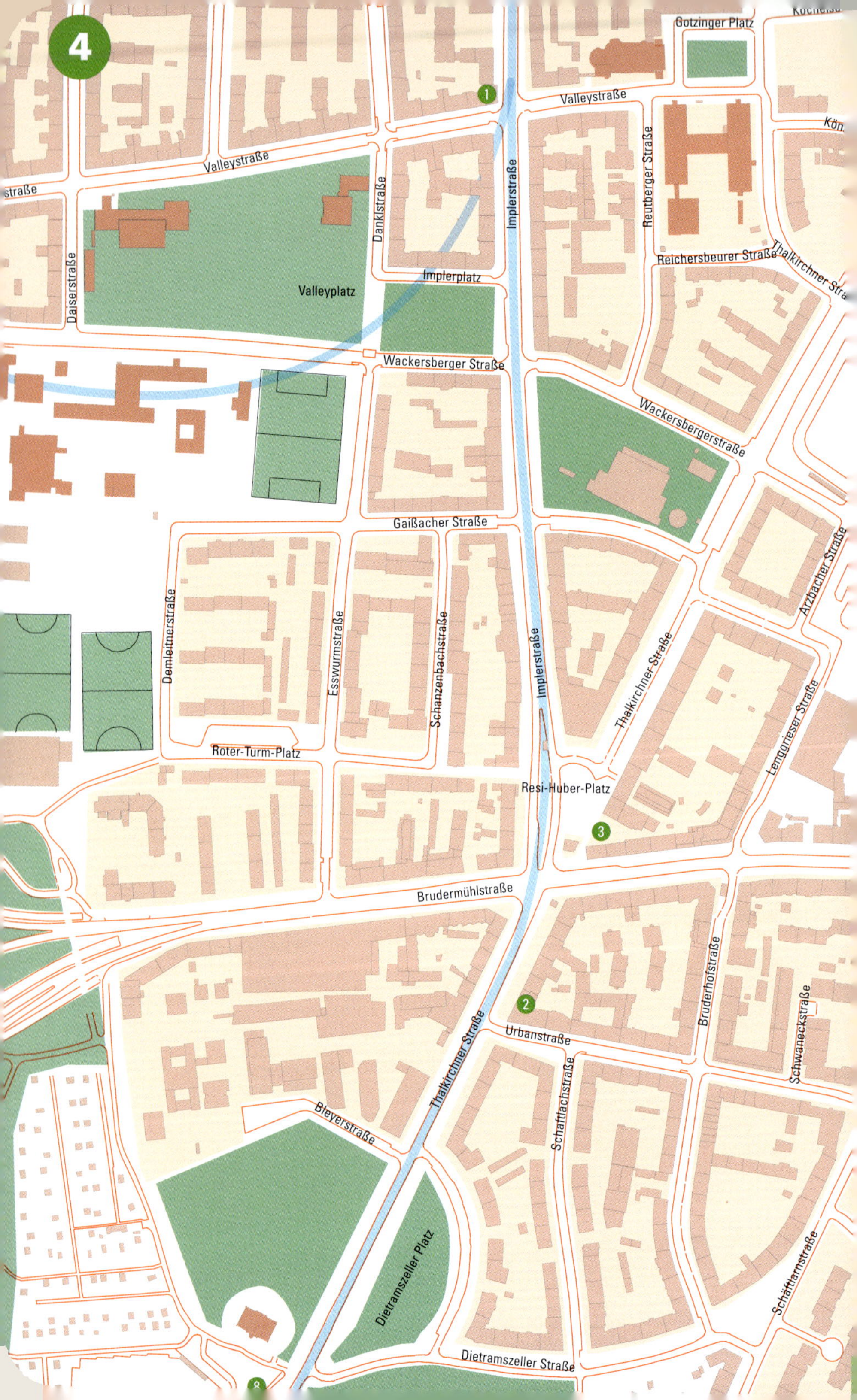
4
Gotzinger Platz
Valleystraße
Valleystraße
Implerstraße
Reutberger Straße
Dankistraße
Daiserstraße
Valleyplatz
Implerplatz
Reichersbeurer Straße
Thalkirchner Stra
Wackersberger Straße
Wackersbergerstraße
Gaißacher Straße
Arzbacher Straße
Demleitnerstraße
Esswurmstraße
Schanzenbachstraße
Implerstraße
Thalkirchner Straße
Lenggrieser Straße
Roter-Turm-Platz
Resi-Huber-Platz
Brudermühlstraße
Bruderhofstraße
Schwaneckstraße
Urbanstraße
Thalkirchner Straße
Schäftlachstraße
Bleyerstraße
Dietramszeller Platz
Schäftlarnstraße
Dietramszeller Straße

Schäftlarnstraße

Hans-Preißinger-Straße

Cafés • Bars

1 Dankl 32
Danklstraße 32
Coffeeshop

Eiscafé Eisfreunde
Implerstraße 88

Essen

2 Myra
Thalkirchner Str. 145
Mediterranes Restaurant

Moccakult
Thalkirchner Str. 196

Octopus Grill & Bar
Bruderhofstraße 5
Griechisches Restaurant

Osteria Intermezzo
Implerstraße 90
Italienisches Restaurant

Radi's Schnitzelhaus
Brudermühlstraße 19

3 resihuber Restaurant
Resi-Huber-Platz
Essen bis spätabends

Self Bar
Schäftlarnstraße 62
Bar & Grillrestaurant

5 Wirtshaus zum Isartal
Brudermühlstraße 2

6 Zum Flaucher
Isarauen 8
Der herrliche große Biergarten mitten in den Isar-Auen.

Lebensmittel

EDEKA
Thalkirchner Str. 190

Frisch Backstube
Thalkirchner Straße 141

Urban Bakery
Urbanstraße 3

Orterer Getränkemarkt
Implerstraße 66

Lenas Backhaus
Bruderhofstraße 31

VollCorner Biomarkt
Resi-Huber-Platz 1

Kunst • Kultur

7 INTERNATIONAL MUNICH ART LAB
Hans-Preißinger-Straße 8
Das International Munich Art Lab bietet jungen Menschen kostenfreie Teilhabe an künstlerischen Produktionsprozessen in Darstellender Kunst & Musik sowie Bildender Kunst & Medien

Specials

Fidelio
Spezialgeschäft für Fahrradanhänger
Hans-Preißinger-Straße 8/Halle E

Lohnsteuerhilfeverein Vereinigte Lohnsteuerhilfe e.V.
Schäftlarnstraße 86

Reifen Senjak
Hans-Preißinger-Straße 8

Ritzel Kitzel Bike Shop
Brudermühlstraße 18

Schlüsseldienst Neumann
Bruderhofstraße 1

Start – Der Kinderschuh
Kochelseestraße 10

Tattoo Studio Munich
Thalkirchner Str. 129

Verleihnix Maschinenverleih
Brudermühlstraße 54

8 **Wertstoffhof München-Thalkirchen**
Thalkirchner Str. 260

Apotheken

St. Korbinian-Apotheke
Thalkirchner Straße 200

Soziales

Dietramszeller Spielplatz
Dietramszeller Platz 1

DITIM-Türkisch Islamisches Gemeindezentrum zu München e.V.
Schanzenbachstraße 1

Münchner Tafel e.V.
Schäftlarnstraße 10

Mütterzentrum Sendling e.V.
Brudermühlstraße 42

Paritätisches Haus für Mutter und Kind
Bleyerstraße 6

Sigi-Sommer-Platz
Schäftlarnstraße 92

Schulen

ISARTAL akademie GmbH
Bruderhofstraße 20
Weiterbildungszentrum

Japanische Internationale Schule
Bleyerstraße 4

Städtische Maria-Probst-Realschule
Gotzinger Platz 1a

Staatliches Dante-Gymnasium
Ausbildungsrichtung: SG
Wackersberger Str. 61

Staatliches Klenze-Gymnasium
Ausbildungsrichtung: NTG
Wackersberger Str. 59

SWM-Ausbildungszentrum
Hans-Preißinger-Straße 16

Vereine

FC Wacker München e.V.
Demleitnerstraße 2

Harlachinger Tennis Club e.V.
Dietramszeller Straße 15

Hockey-Club Wacker e.V.
Demleitnerstraße 4

SC München-Süd e.V.
Wackersberger Str. 49

Seglergemeinschaft München e.V.
Schäftlarnstraße 10

Sportverein Athletik- und Sprintteam München e.V
Schaftlachstraße 8

Sport

DAV Kletter- und Boulderzentrum
Thalkirchner Straße 207
Kletterhalle

Mrs.Sporty Club
Thalkirchner Straße 131

Sportanlage Untersendling
Demleitnerstraße 2

Wacker Skatepark
Demleitnerstraße 2

Damenschwimmverein München e.V.
Thalkirchner Straße 153

Südbad
Valleystraße 37

Bank

Stadtsparkasse
Implerstraße 45

Briefkasten

Bruderhofstraße 43
Esswurmstraße 24
Thalkirchner Straße 210

4

5
5.6
5.7
5.8
Holzapfelkreut
Wessobrunner Platz
Waldfriedhof
Westend

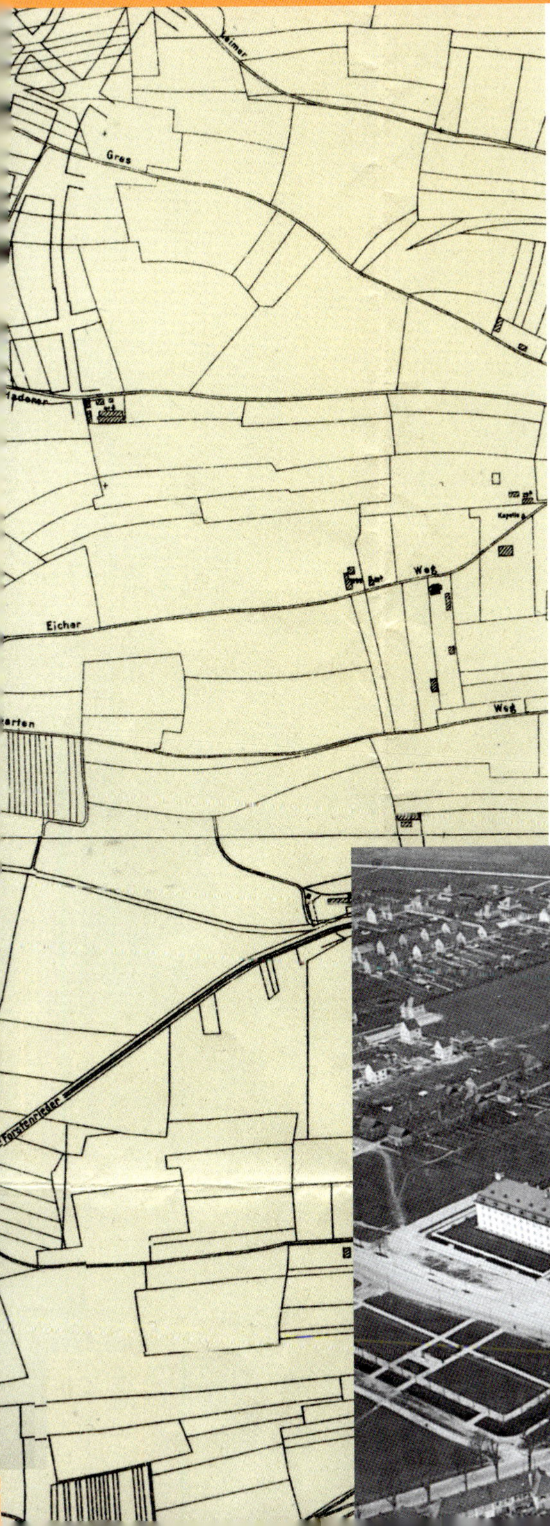

Sendling-Waldfriedhofviertel 1912

5

Stadterweiterung nach Westen

Im Zuge der Anlage von neuen Friedhöfen durch den Magistrat entstanden um 1900 der West-, der neue Nordfriedhof und der Ostfriedhof. Für einen weiteren neuen Friedhof im Südwesten der Stadt tauschte der Magistrat große Flächen von der Heilmannschen Immobiliengesellschaft gegen Grundstücke östlich von Holzapfelkreuth, auf denen von Heilmann Wohnanlagen geplant waren. Sowohl dafür als auch für die Erreichbarkeit des neuen Friedhofs war die Fertigstellung einer neuen Trambahn-Linie entscheidend, die nach Verzögerungen wegen Finanzierungsproblemen erst ab 1. Juli 1904 vom Harras durch die Albert-Roßhaupter-Straße (damals Forstenrieder Straße) nach Holzapfelkreuth und zur Waldfriedhofstraße führte.

Die meisten der geplanten Wohnbauten wurden jedoch aufgrund der Wirtschaftskrise von 1900/01 zunächst nicht verwirklicht. Erst in den 1920er und 30er Jahren verdichtete sich das Gebiet und wirklich aufgefüllt wurde es erst nach dem Zweiten Weltkrieg. Außerhalb der damaligen Stadtgrenze (in der Stadtkarte links oben) bestand seit 1891 das Asyl Neufriedenheim, eine Nervenheilanstalt für betuchte Bürger.

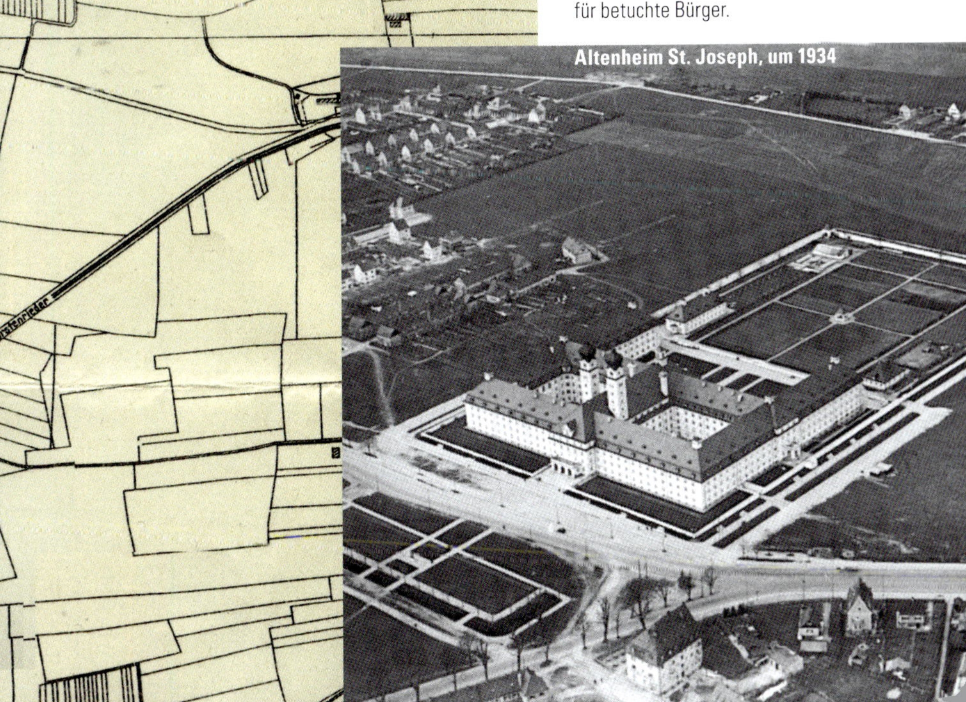

Altenheim St. Joseph, um 1934

5
5.6
5.5
5.22
5.3
5.18
5.13
5.12
5.8
5.16
5.17
5.19
Droste-Hülshoff-Straße
Raublinger Straße
Westendstraße
Grüntenstraße
Säulingstraße
Nebelhornstraße
Rubihornweg
Kienbergstraße
Pfrontener Platz
Schochenbergstraße
Ammerseestraße
Alfred-Ludwig-Weg
Westendstraße
Gilmstraße
Preßburger Straße
Einseleweg
Speckinplatz
Reidinger Straße
Krüner Straße
Garmischer Straße
Ehrwalder Straße
Treffauerstraße
Hochwannerstraße
Scharnitzstraße
Guardinistraße
Fürstenrieder Straße
Schietweg
Ossingerstraße
Meier-Helmbrecht-Straße
Friedrich-List-Straße
Toemlingerstraße
Farchanter Straße
Kohlgruber Straße
Wessobrunner Straße
Wessobrunner Platz
Alpseestraße
Pollinger Straße
Herrschinger Straße
Hechendorfer Straße
Rottenbucher Straße
Bernrieder Straße
Ettalstraße
Waldfriedhofstraße
Hermatinger Straße
Luise-Kiesselbach-Platz
Kederbacherstraße
Wexensteinstraße
Loisachstraße
Cimbernstraße
Max-Seidl-Weg
Heckenstallerstraße
Südparkallee

Sendling-Waldfriedhofviertel heute

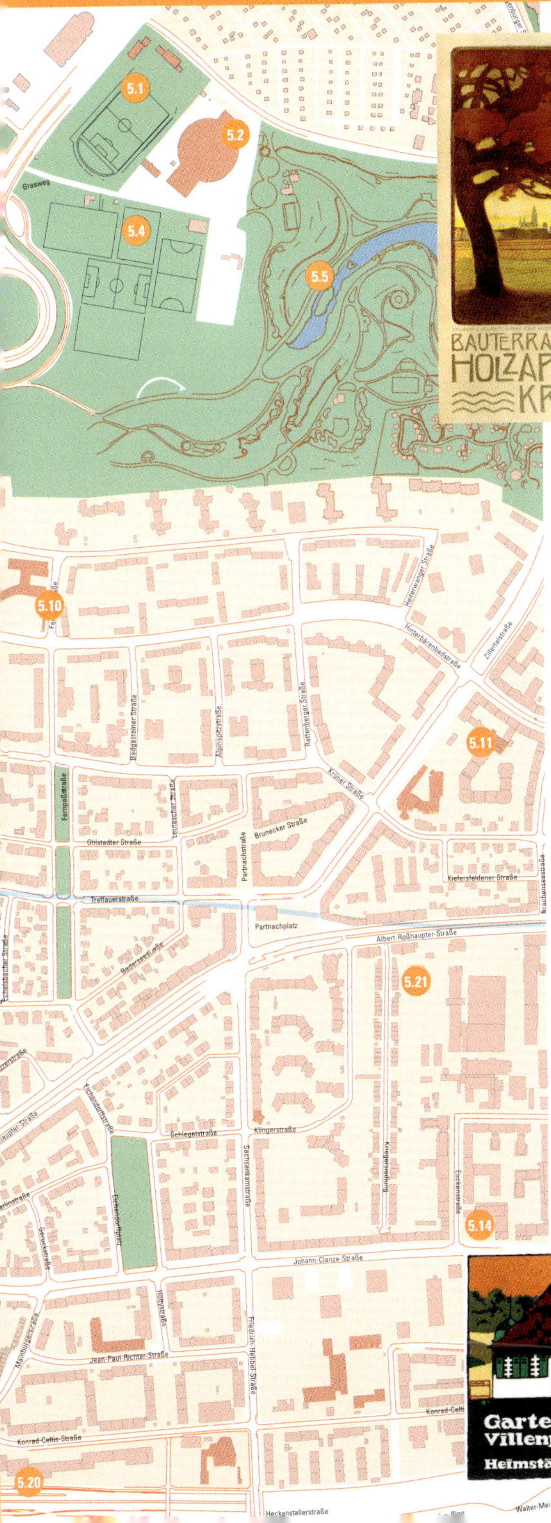

Obwohl das Gebiet um Holzapfelkreuth und den neuen Waldfriedhof durch eine Straßenverbindung und seit 1904 durch eine Trambahnstrecke gut erschlossen war, verlief eine Besiedlung bis zum Beginn des Ersten Weltkriegs eher zögerlich – die Tram fuhr über freies Feld. Baulinien und Baustaffeln für die Höhenentwicklung waren allerdings bereits um 1900 festgelegt worden: entlang der Waldfriedhofstraße eine höhere, geschlossenere Bebauung und in den Straßenblöcken dahinter feldweise Einfamilienhäuser. Erst in den 1920er- und 1930er Jahren füllten sich die leeren Flächen. Ab 1935 bis in die ersten Kriegsjahre wurden die Gebäude der Oberlandsiedlung erstellt – geplant als monumentale Stadteinfahrt mit einem Pendant auf der gegenüberliegenden Seite der „Olympiastrecke", heute Garmischer Autobahn. Im scheinbar endlosen Geflecht der Kleinhäuser ragen einzelne Bauten heraus wie die Heilanstalt Neufriedenheim (1892), an die sich nach dem Zweiten Weltkrieg ein Schulzentrum anschloss und das Altenheim am Luise-Kiesselbach-Platz (1927). Mit dem Westpark anlässlich der Internationalen Gartenschau 1983 erhielt das Waldfriedhofviertel einen außerordentlich gut ausgestatteten und gelungenen Park.

Sendling-Waldfriedhofviertel

Amorbahn, 1938, im Hintergrund die Ridlerschule

5.1 Amorbahn

Die Mitglieder des Radfahr-Klubs Amor 1907 e.V., die Amoretten, wie sich selber nannten, legten ab 1937 an der Fuggerstraße in Eigenarbeit eine Radrennbahn mit überhöhten Kurven an. Nach Megele wurde sie 1941 eröffnet. Seit 1912 gab es in München keine Radrennbahn mehr. Nach Kriegsende konnte der Verein schon ab August 1945 wieder Rennen auf der Amorbahn ausrichten, die ersten Sportveranstaltungen nach dem Krieg wurden von Besuchern überrannt. Nach Entwürfen von Clemens Schürmann entstand 1948 auf dem Gelände eine neue Bahn aus Beton, die 333 ⅓ m lang war und 20.000 Zuschauerplätze hatte. Am 21. Mai 1948 wurde sie eröffnet und galt damals als „schönste und schnellste" Radrennbahn in Deutschland. Schon im ersten Jahr stellte der Radsportler Heinrich Schwarzer einen neuen deutschen Stundenrekord mit 44,279 km/h auf. Mitte der 1950er Jahre fanden hier auch Stockcarrennen statt. Für die Teilnehmer der Olympischen Spiele diente die Amorbahn 1972 noch als Trainingsmöglichkeit, das letzte Rennen fand im gleichen Jahr statt: der Große Sprinterpreis von München, den der Franzose Daniel Morelon gewann. In den 1980er Jahren wurde die Bahn abgerissen. Sie lag auf dem Gelände des später entstandenen Westparks.

5.2 Olympia-Basketballhalle Audi-Dome

Die Halle wurde für die Austragung der Olympischen Spiele 1972 erbaut und planerisch von Anfang an auch für eine nacholympische Nutzung ausgelegt. Die späte Entscheidung (1969) für den Standort an der Bezirkssportanlage Siegenburger Straße erforderte einen Wettbewerb für Planung und Bau. Beuftragt wurde schließlich der Hagener Architekt Georg Flinkerbusch, der eine einfach auszuführende Konstruktion aus vorgefertigten Stahlbetonfertigteilen vorschlug, die in ähnlicher Weise schon bei anderen Hallenprojekten zum Zug kam. Die 36 nach innen geneigten Stahlbetonträger werden von entgegengestellten Trägern gehalten, auf denen die Tribünen aufliegen und halten einen Druckring aus Stahlbeton, an dem die Dachkonstruktion hängt, die aus 4–6 mm starken Blechen besteht. Die Halle hat heute eine Grundfläche von ca. 2.500 qm und bietet Platz für 7.200 Besucher. Nebenräume für die Sportler und den Betrieb liegen unter den Tribünen bzw. in erdgeschoßigen Flachbauten. Zur Olympiade wurde die Halle für die Basketball-Wettkämpfe genutzt, danach fanden hier zahlreiche andere Wettkämpfe und Konzerte statt, u.a. von Frank Zappa, Queen und Bruce Springsteen. Für den 1975 erschienenen Kinofilm Rollerball wurden hier die entscheide nden Szenen gedreht. Nach 1973 wurde die Halle nach dem eh. Präsident des Bayerischen Landessportverbandes, Rudi Sedlmayer benannt und nach der Übernahme durch den FC Bayern 2011 in Audi Dome.

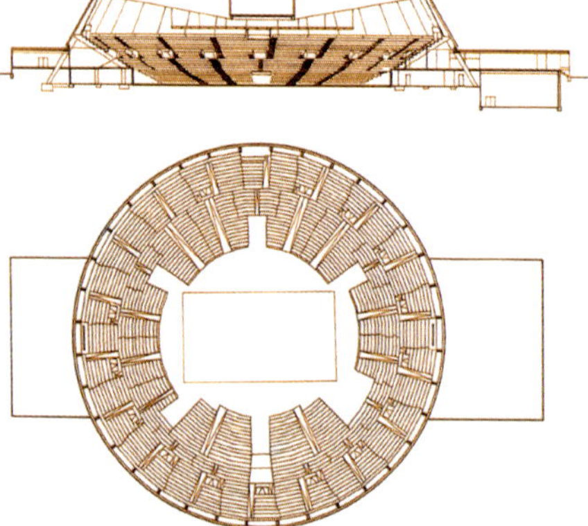

Ginkgo biloba.

Dieses Baums Blatt, der von Osten
Meinem Garten anvertraut,
Giebt geheimen Sinn zu kosten,
Wie's den Wissenden erbaut.

Ist es Ein lebendig Wesen,
Das sich in sich selbst getrennt,
Sind es zwey die sich erlesen,
Daß man sie als Eines kennt.

Solche Frage zu erwiedern
Fand ich wohl den rechten Sinn,
Fühlst du nicht an meinen Liedern
Daß ich Eins und doppelt bin.

d. 15. S. 1815

5.3 Ginkgo-Allee Gilmstraße

Ginkgo-Bäume sind in China und Japan heimisch und dort werden sie auch seit Jahrhunderten als kraftspendend und lebensverlängernd verehrt. Nach Europa kamen sie aus Japan um 1730 und zwar zuerst in den Botanischen Garten der Universität Utrecht, in Deutschland zwei Jahrzehnte später. Es gibt männliche und weibliche Ginkgo-Bäume, wobei die Samen der weiblichen Bäume einen ziemlich unangenehmen Geruch nach ranziger Butter entwickeln. Schon Großmeister Goethe hat den Ginkgo geschickt eingesetzt, als er der jungen Verehrerin Marianne von Willemer 1815 nicht nur zwei Gingko-Blätter, sondern auch noch das passende Gedicht *Ginkgo biloba* gesandt hat.

5.4 Bezirkssportanlage Siegenburger Straße

Die Sportanlage wird von mehreren Vereinen genutzt, u.a. vom FC Ludwigsvorstadt e.V., der im Mai 1959 gegründet wurde.Der BSC Sendling 1918 e.V. wurde 1920 als Arbeitersportverein gegründet und schloss sich 1948 mit der SpVgg 1918 Sendling zusammen. Auch die Fußballer des SC Armin 1983 e.V., einem der ältesten Fußballvereine in München trainieren hier mit 18 Mannschaften. Benachbart ist der Hockeyclub HLC Rot-Weiß München 1932 e.V. mit seinem Trainingsgelände. Die Bauten der Bezirkssportanlage sind nicht im besten Zustand und sollen in den kommenden Jahren grundlegend saniert werden.

Sendling-Westpark

Erdbewegungen auf dem flachen Gelände, 1979

Mehr Grün für die Bürger

Mit der Ausrichtung der Olympischen Spiele 1972 erfuhr München einen außerordentlichen Bau- und Modernisierungsprozess, in dem traditionelle Stadtviertel viel von ihrer Eigenart verloren haben und weite Flächen mit Bebauungen überplant wurden. Den Verlust an Grünflächen versuchte der Stadtentwicklungsplan von 1975 auszugleichen, der eine umfassende Grünplanung für das ganze Stadtgebiet enthielt. Ziel war, die bestehenden Grünanlagen mit den neu zu erstellenden stärker zu vernetzen und durch qualitätsvollere Gestaltungen der Umwelt in der Stadt den Bürgern bessere Erholungsmöglichkeiten zu verschaffen – auch um der damals zunehmenden Abwanderung entgegenzuwirken und eine weitere Belastung des Umlands zu vermeiden.

5.5 Ein Park für den Westen

Zur Durchführung einer Internationalen Gartenbau-Ausstellung (IGA) hatte sich die Stadt schon 1973 mit einem geplanten Park in Freimann als Fortsetzung des Englischen Gartens beworben. Da es dazu keine Finanzierungszusagen von Bund und Freistaat gab, ließ man das Projekt fallen. Bessere Chancen zur Verwirklichung hatte ein Standort im Westen, hier agierte auch schon seit Beginn der 1970er Jahre u.a. die Bürgerinitiative Sendling West. Mehrere Stadträte und Landtagsabgeordnete, wie auch die Stadtverwaltung befürworteten ebenfalls einen Standort im Westen der Stadt. Das beabsichtigte Gelände war größtenteils unbebaut, enthielt eine große Kiesgrube und wurde von mehreren stark befahrenen Straßen umzingelt, im Osten grenzte das Betriebsgelände der Baufirma Moll mit ca. 14 Hektar an das Areal.

Wettbewerb und Finanzierung

Einer Planung stand v.a. im Wege, dass man 1974 der Bayernwerk AG im Süden des Geländes ein massives Baurecht mit hohen Geschoßflächenzahlen übertragen hatte, das anderweitig eingelöst wurde. Im Juli 1976 hatte der Stadtrat einen für bayerische Landschaftsarchitekten offenen Wettbewerb beschlossen, eine Bewerbung zur IGA hatte man noch im Blick, war aber keine Voraussetzung zur Durchführung des Projekts. Mit 30 Millionen DM wollte man den Grunderwerb stemmen und 15 Millionen für die Gestaltung des Parks ausgeben. Sieger des Wettbewerbs mit 23 Teilnehmern war im Februar 1977 der Münchner Landschaftsarchitekt Peter Kluska mit dem Konzept einer Tallandschaft. Bis zu 8 m eingetiefte Flächen

5.5 Westpark und IGA 1983

mit Seen und Aufschüttungen bis zu 23 m bilden eine bewegte Topographie, die die teils unattraktiven Ränder nahezu ausblendet und innerhalb der Parkbereiche räumlich geschlossene Grünbereiche definiert. Von den künstlich aufgeschütteten Hügeln – Moränen nennt sie Kluska – sollte man die Silhouette der Stadt und die Alpen sehen. Mit dem Entwurf bewarb sich die Stadt für die Internationale Gartenschau 1983 und erhielt zwei Monate später auch den Zuschlag.

Voralpenlandschaft

Zusammen mit dem städtischen Kämmerer Max von Heckel und Planungsreferent Uli Zech eröffnete Oberbürgermeister Georg Kronawitter am 19. Januar 1978 mit einem offiziellen Spatenstich die erste Bauphase. Das Konzept einer Voralpenlandschaft war für die IGA, immerhin nach der Olympiade 1972 und der Fußballweltmeisterschaft 1974 das dritte internationale Großereignis in München, optimal als Werbethema. Die Umsetzung war jedoch nicht einfach. Eine Ausbildung von Seen, die durch Grundwasser gespeist werden auf dem wasserdurchlässigen Untergrund der Münchner Schotterebene war nur durch massive Abdichtungen möglich. Die künstlichen Gewässer erhielten großflächige Teerabdeckungen, das einige Meter darunter liegende Grundwasser muss hochgepumpt werden und versickert wieder über Kiesfilteranlagen. Um schon für die IGA ein gefälliges Aussehen des Parks zu erreichen mussten tausende von Großbäumen gepflanzt werden. Die Landschaftsarchitekten sichteten 8.000 groß gewachsene Bäume nicht nur in den städtischen Baumschulen und definierten dafür genaue Standorte zum Anwachsen. Ziel war ein fertiger Park bereits zur Ausstellungseröffnung.

Kämmerer Max von Heckel, OB Georg Kronawitter und Baureferent Uli Zech

5 Sendling-Westpark

Großbaumpflanzungen

Kostenexplosion

Dafür reichten die zunächst vorgesehenen Mittel bei Weitem nicht aus. Im März 1980 kalkulierte man – nach heftigen Diskussionen um die Kosten und einer folgenden Sparphase – für den Westpark selbst mit 105 Millionen und den Mehraufwand der IGA mit 120,8 Millionen DM. Letztlich konnte nach Abschluss der Bauarbeiten und den Einnahmen der IGA allerdings ca. 35 Millionen DM eingespart werden. Trotzdem bleibt der Westpark eine der aufwändigsten Parkanlagen der Stadt: pro Quadratmeter mussten für den Park und die IGA 320 DM ausgegeben werden, der gleichzeitig entstandene Ostpark kostete nur 23 DM/qm.

Zur Durchführung der IGA hatte man im Dezember die IGA '83 München GmbH gegründet, deren Geschäftsführer Prof. Detlev Marx war, in den vielen Fachausschüssen arbeiteten in der Hochphase im Mai 1983 über 170 Personen, darunter auch die Stadtgartendirektoren Josef Wurzer und ab 1978 dessen Nachfolger Ernst Rupp. Am 28. April 1983 wurde schließlich die IGA mit einem Festakt in der Rudi-Sedlmayr-Halle eröffnet. Insgesamt besuchten bis zum 9. Oktober 1983 ca. 11,5 Millionen Besucher die Gartenschau an Spitzentagen bis zu 250.000. Für die Ausstellung der IGA selbst mussten 170 Einzelbeiträge in das Parkkonzept intergriert werden, 23 Nationengärten wurden von auswärtigen Landschaftsarchitekten und Firmen erstellt. Dem steigenden Bewusstsein zum Umweltschutz entsprechend waren dabei auch Themen aus Natur- und Umweltschutz. Ein umfangreiches Kulturprogramm u.a. auf der Seebühne und im Theatron begleitete die Gartenschau.

5.5 Westpark und IGA 1983

Nachnutzung

Nach der IGA sollten alle Nationengärten wieder abgebaut werden. Dagegen sträubten sich die Münchner und forderten, dass die besonders beliebten Anlagen wie das Ostasien-Ensemble, das Sardenhaus, das Bayerwaldhaus und das Seecafe erhalten bleiben sollten. Nach wie vor existieren die Terrassen der Mittelmeergärten, die Seebühne, zwei Biergärten und die stark genutzten Spielplätze. Heute ist der Westpark eine der am intensivsten genutzten Parkanlagen der Stadt. Er gehört – nach der Neuordnung der Stadtbezirke 1992 – zum Stadtbezirk Sendling-Westpark. Nach der Erweiterung ist der Park heute ca. 2,4 km lang und hat eine Fläche von 69 Hektar.

Auch die Vernetzung der Grünanlagen hat sich verbessert, zum wieder geöffneten Bavariapark besteht inzwischen eine Grünverbindung. Im Westpark finden regelmäßig Veranstaltungen statt, u.a. im Ostasien-Ensemble jedes Jahr im Mai das Vesakh-Fest, im Hochsommer das Khao Phansa, ein thailändischer buddhistischer Feiertag, im ganzen Sommerhalbjahr die buddhistischen Voll- und Neumondfeiern und jeden Sommer das Freiluftkino (Kino, Mond und Sterne).

Hansapark

Im Zusammenhang mit dem Neubau der Wohnanlage Hansapark konnte der Westpark 1992 nach Osten erweitert werden. Das ca. 8 ha große Gelände wurde bis Ende der 1970er Jahre zur Produktion von Betonfertigteilen der Baufirma Moll genutzt und ist seit 1978 im Besitz der Stadt München. Den schon im November 1983 entschiedenen städtebaulichen Wettbewerb hatte der Architekt Jürgen von Gagern gewonnen, erst 1992 konnte die Anlage mit Sozialwohnungen eingeweiht werden, ein großer Teil der Wohnungen hat direkten Sichtbezug zum Park. 2018 wurden die Wohnungen von der GEWOFAG saniert.

5 Sendling-Westpark

1 Hochwiesenhaus

Architektur-Modell des österreichischen Architekten Friedensreich Hundertwasser im Maßstab 1:20.

Japanischer Garten

Beitrag der Partnerstadt Sapporo in der Tradition japanischer Gärten der Heian-Zeit aus dem 9. Jahrhundert.

2 Thailändische Sala

Ein offener thailändischer Pavillon mit einer Buddha-Statue steht auf einer Insel im erst nach der IGA angelegten Wasserbecken. Die Statue aus Ahorn wurde vom Abt des Buddharama-Klosters Waalwijk in Holland geweiht und war das erste freistehende Buddha-Heiligtum in Europa. 2013 wurde die Skulptur des Bildhauers Nopradol Khamlae restauriert.

3 Nepal-Pagode

Die Pagode aus Holz wurde im Auftrag eines gemeinnützigen Kulturvereins komplett in Nepal von 300 Handwerkern in sieben Monaten hergestellt. Beim Transport nach München fanden auch über 400 Kilo Haschisch Platz in den Hohlräumen der Holzkonstruktion. Um das Bauwerk im Winter zu schützen hat man die Seitenflächen mit Glas geschlossen.

4 Chinesischer Garten

Erste Beteiligung der Volksrepu China an einer europäischen Gart ausstellung. Entwurf von sechs Gärtnern aus Kanton. Der Runc weg durch ein Bambustor, über Steinbrücken und um einen Tei zu einem Pavillon symbolisiert c Jahresverlauf und das Leben. Erst vom letzten Pavillon, der c Winter und das Lebensende da stellt, hat der Besucher einen Rückblick auf den ganzen Garte Alle Elemente wurden in Kantor gefertigt.

16 Rosengarten

Höchster Punkt mit 552 m ist der Rosenhügel mit einem Restaurant.

15 Riesenrutschen

14 Biergarten

13 Kneippanlage

12 Theatron

11 Familiengarten

5.5 Westpark und IGA 1983

5 Gans am Wasser

An der Stelle des Seecafés aus IGA-Zeiten entwickelt sich seit 2013 das Café *Gans am Wasser* des Mollsees. Zum ersten Bauwagen haben die Betreiber Julian Hahn und Florian Jund eine ziemlich bunte Mischung aus sonstwo geretteten Möbeln zusammengetragen und bieten eine angenehme Urlaubsatmosphäre mitten in der Stadt.

6 Hansapark

Geförderter Wohnungsbau auf dem ehemaligen Gelände der Baufirma Moll mit direktem Sichtbezug zum erweiterten Westpark.

7 Modellboothafen

Ein eigener Hafen für kleine und meistens große Modellboot-Kapitäne liegt am Mollsee.

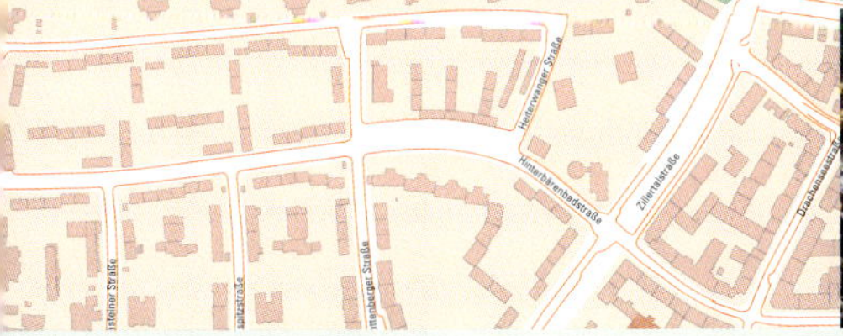

8 Freiluftkino

Jeden Sommer findet seit 1995 auf der Seebühne das Open-Air-Kino-Festival *Kino, Mond und Sterne* statt: „Die besten Nächte des Jahres".

10 Bayerwaldhaus

Ein komplettes historisches Bauernhaus aus dem niederbayerischen Museumsdorf Tittling wurde auf Anregung von Georg Höltl nach München transportiert und hier wieder aufgebaut. Mehr als 2 Millionen Besucher hat das Haus auf der IGA erlebt.

9 Kleingartenanlage

Muster-Kleingartenanlage mit 76 Einzelgärten. Architekturstudenten der Technischen Universität München haben einige der Gartenhäuser entworfen. Außerdem gibt es gemeinschaftlich genutzte Gewächshäuser.

5.6 Erste private Nervenheilanstalt in München

Zwei praktische Ärzte, Dr. Kraus und Dr. Heinzelmann ließen die „Kuranstalt Neufriedenheim bei München für Nerven- und Gemütskranke beider Geschlechter" in den Jahren 1891/92 nach Plänen von Hans Deissböck errichten – auf dem damals völlig freien Feld vor der Stadt. Bereits im September 1892 musste der Besitz aufgrund finanzieller Schwierigkeiten verkauft werden an den Psychiater Dr. Ernst Rehm, er war auch leitender Arzt. In den folgenden Jahren erhielt die Anlage wesentliche Erweiterungen: zwei Flügelbauten für schwerer Erkrankte, eine Direktorenvilla, Ställe für Kühe, Schweine und Hühner und 1910/11 eine grundlegende Modernisierung und aufwändige Heizungs- Beleuchtungs- und Belüftungsanlagen, weitere Behandlungsräume, eine Turnhalle, einen Gartenpavillon und Wohnräume für das Pflegepersonal. Im Jahr konnten 80 – 90 Patienten untergebracht werden, die natürlich nur aus „hohen und höchsten Kreisen" der Gesellschaft stammten, einer der prominentesten Patienten war Herzog Siegfried in Bayern, der sich beim Sturz von einem Pferd bleibende Hirnschäden zugezogen hatte.

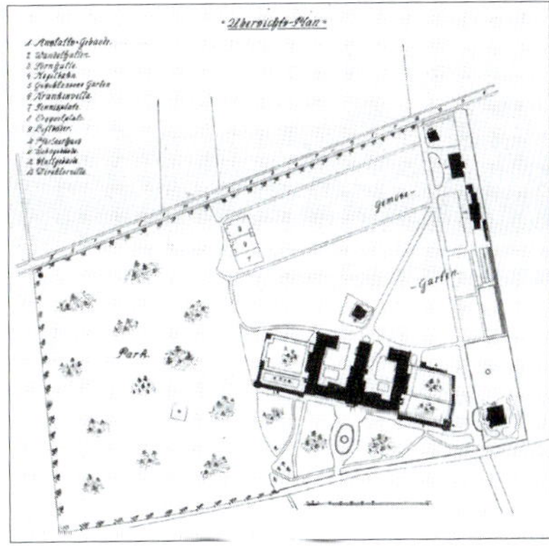

1904 war für zehn Tage auch der Nervenarzt und Schriftsteller Oskar Panizza in Neufriedenheim als Patient, er verließ aber die Einrichtung vorzeitig nach einem Streit mit der Klinikleitung.

Die Lage vor der Stadt war bewusst gewählt, weit genug entfernt von der lauten Stadt mit Blick in die Berge, frischer Zuluft von Westen und einem großzügigen Park. Der drei Tagwerk große Gemüse- und Blumengarten mit 500 Obstbäumen und drei großen Gewächshäusern lieferte die komplette Versorgung der Anstalt. Zehn Kühe erbrachten die notwendige Milch, ein großer Hühnerstall die Eier und die Abfälle der Anstalt genügten „für eine nicht unbedeutende Schweinemästung". Die Kuranstalt war nicht nur mit größtmöglichem Luxus ausgestattet, auch die medizinische und pflegerische Betreuung entsprach den modernsten Methoden und war der noblen und finanzkräftigen Klientel angemessen. Insgesamt waren um die 80 Personen im medizinischen, pflegerischen und haushaltstechnischen Bereich beschäftigt.

Aus privaten Gründen verkaufte die Familie Rehm die Anstalt, sie wurde von der NS-Volkswohlfart übernommen, aber aufgrund der Kriegsereignisse nicht mehr von ihr betrieben. Ein Luftangriff 1942 beschädigte die Anlage schwer, anschließend wurden die Räume behelfsmäßig zur Unterbringung von Flüchtlingen genutzt.

Nach dem Zweiten Weltkrieg besetzte die US-Armee die Gebäude bis 1952, danach wurden sie zur Taubstummenanstalt umgebaut, die hier 1957 einzog. Das Gebäude steht seit derem Auszug 2011 leer. Auf dem Gelände sollen Erweiterungen für die beiden benachbarten Gymnasien entstehen.

5 Sendling-Waldfriedhofviertel

Blick auf die Nervenheilanstalt Neufriedenheim, um 1910

Fürstenrieder Straße

Ursprünglich eine in den Sendlinger Wald geschlagene Schneise mit einem Verbindungsweg zwischen den kurfürstlichen Schlössern in Nymphenburg und Fürstenried. Seit 1826 war der Streckenabschnitt zwischen der heutigen Landsberger Straße bis Fürstenried mit einer Allee bepflanzt.

Östlich der Straße – in Laim, südlich der heutigen Aindorfer Straße – lag seit 1886 eine Pferderennbahn, die jedoch schon 1899 wieder geschlossen wurde, nachdem 1894 eine weitere Rennbahn in Riem errichtet worden war. In den städtebaulichen Planungen von Zenetti um 1880 und im Staffelbauplan von 1904 war die Straße bis zur heutigen Lindauer Autobahn als übergeordnete Verkehrsverbindung ausgewiesen, die vorgesehene hohe Baudichte wurde aufgrund der Wirtschaftskrise zu Beginn des Jahrhunderts erst nach dem Ersten Weltkrieg und eher zögerlich umgesetzt.

Das Luftbild oben von 1910 zeigt die Fürstenrieder Straße, der Blick geht nach Süden. In etwa entlang der unteren Bildkante und der angelegten Gärten verläuft heute die Lindauer Autobahn. Darüber die 1891 errichtete Nervenheilanstalt Neufriedenheim, die zu den ersten Bauten an der Straße gehörte, sie wurde nach dem Zweiten Weltkrieg zur Landesschule für Gehörlose. Das Gebäude ist zur Zeit ungenutzt. Im damaligen Park von Neufriedenheim sind 1957/59 zwei städtische Gymnasien entstanden: Erasmus-Grasser- und Ludwigsgymnasium.

Vor 1900 lag hier nur noch der Gutshof Holzapfelkreuth auf Höhe der heutigen Pollinger Straße: eine beliebte Ausflugsgaststätte (in Bildmitte oben im Wäldchen).

5.7 Waldwirtschaft Holzapfelkreuth, 189

Am südlichen Ende der Fürstenrieder Straße wurde schließlich in den Jahren 1905 bis 1907 einer der vier großen Friedhöfe angelegt, der auch sofort mit einer Straßenbahnverbindung erreichbar war und damit eine bedeutende Rolle spielte bei der Besiedlung des Gebiets. Im Bild oben ist rechts der Straße die Aussegnungshalle des Waldfriedhofs zu sehen. Am oberen Bildrand links ist der Kirchturm der 1904 fertig gestellten Pfarrkirche St. Johann Baptist in Solln zu erkennen.

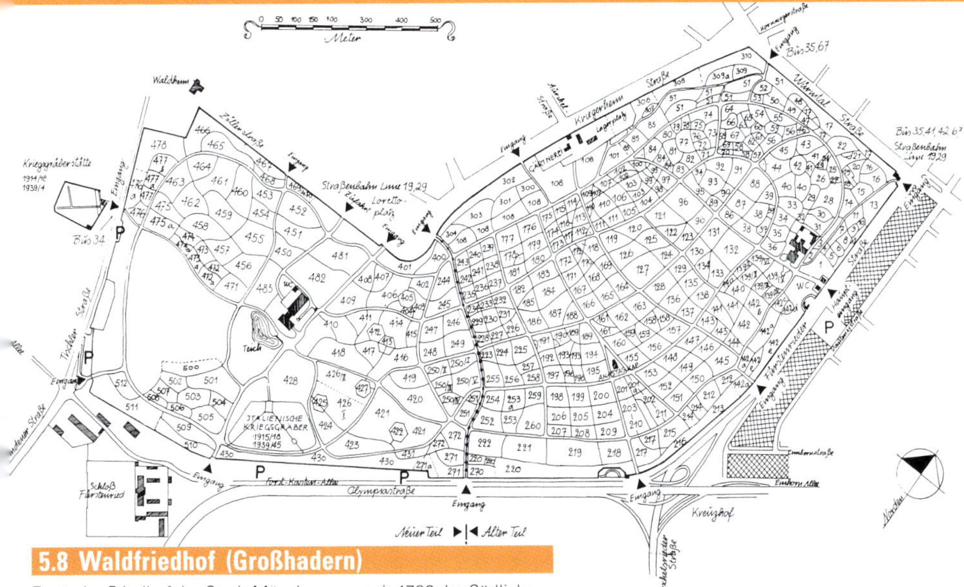

5.8 Waldfriedhof (Großhadern)

Zentraler Friedhof der Stadt München war seit 1788 der Südliche Friedhof an der Thalkirchner Straße, 1868 eröffnete man einen weiteren Friedhof in der Maxvorstadt, aber schon nach wenigen Jahren zeichnete sich aufgrund des sprunghaften Stadtwachstums ab, dass zusätzliche Bestattungsflächen notwendig würden. Als der Architekt Hans Grässel 1890 seine Stelle als Stadtbaurat antrat, legte er ein umfassendes Konzept vor, in dem er vier neue Friedhofsanlagen vorschlug, die auch 1894 (Ostfriedhof), 1896 (Neuer Nordfriedhof), und 1897 (Westfriedhof) ausgeführt wurden. Für einen weiteren Friedhof im Gebiet von Sendling/Hadern entwarf Grässel angesichts der topographischen Situation ein völlig neues Konzept eines Naturfriedhofs ohne die bis dahin übliche strenge geometrische Struktur. Diese Reformidee wurde beispielhaft für viele weitere Friedhofsanlagen in Europa. Der erste Bauabschnitt konnte 1907 eröffnet werden, nach mehrfachen Erweiterungen bis in die 1960er-Jahre hat der Waldfriedhof heute eine Fläche von 161,32 ha und beherbergt 64.500 Grabstellen. Ganz bewusst wurden die vier neuen Friedhöfe auch mithilfe der gleichzeitig angelegten Straßenbahnverbindungen zum Motor für die städtebauliche Entwicklung der weit außerhalb gelegenen Siedlungsgebiete.

Behelfsbau

5.9 Pfarrkirche St. Heinrich, Weilheimer Straße

Die Wohngebiete um den Luise-Kiesselbach-Platz entstanden zwischen den beiden Weltkriegen und erforderten zur Seelsorge den Neubau einer katholischen Pfarrkirche. Der Architekt Hans Döllgast entwarf als einen der letzten Kirchenbauten vor Beginn des Zweiten Weltkriegs eine eher ländlich anmutende Kirche für das Quartier aus Ein- und Zweifamilienhäusern. Das steile Satteldach über dem einfachen Baukörper erhielt eine eigenwillige und charakteristische Zwiebel aufgesetzt, im Inneren wurde eine Flachdecke eingezogen und der Chor mit einem Tonnengewölbe aus Holz überdeckt. Das Pfarrhaus, ebenfalls mit einem Satteldach, steht quer zum Kirchenbau und bildet damit einen Vorplatz.

Im Zweiten Weltkrieg brannte die Pfarrkirche aus und wurde 1950 wiederum von Döllgast vereinfacht wieder instand gesetzt. Die Wandverkleidung des Chors im Inneren mit einem Mosaik der Heiligen Heinrich und Kunigunde entstand erst 1984 durch den Künstler Wolf. Die Pfarrkirche wurde in jüngster Zeit restauriert.

Um 1935

Nach der Zerstörung, 1945

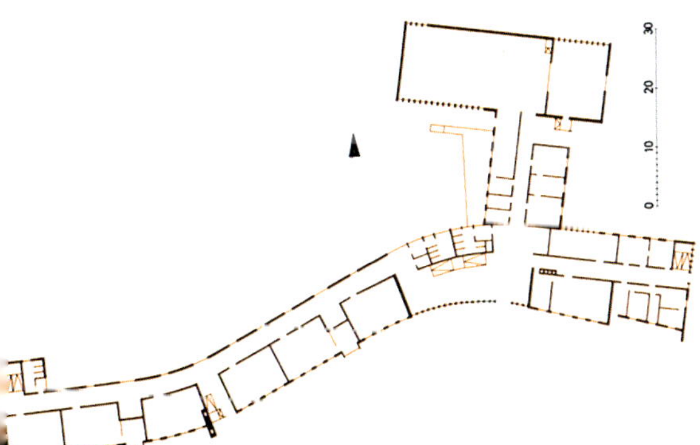

5.10 Grundschule an der Fernpaßstraße

Die ehemalige „Volksschule an der Hinterbärenbadstraße" entstand nach einer Planung des Architekten Gustav Gsaenger (siehe S. 178) in Zusammenarbeit mit dem Hochbaureferat der Landeshauptstadt in den Jahren 1957–1962. Südlich des heutigen Westparks gelegen nimmt die Schule innerhalb der etwas einfach strukturierten Bebauung mit Zeilenbauten durch seine geschwungene Form eine besondere Stellung ein, wobei der elegante Schwung darauf zurückzuführen ist, dass man einer auf dem Grundstück vorhandenen Kiesgrube aus statischen Gründen ausweichen musste.

Ein Uhrturm akzentuiert den Schwung der Fassade, die mit ihren abwechselnd geschlossenen und lamellenartigen Elementen die Klassenräume und öffentlichen Bereiche kennzeichnet. Alle Klassenzimmer des zweigeschoßigen Schulbaus sind nach Süden orientiert und werden über einen nordseitigen Gang erschlossen, über einen niedrigen Verbindungstrakt ist die Turnhalle erreichbar. Aufgrund der starken Zunahme der Schülerzahlen wurden mehrere Anbauten notwendig. Im Schulhof befindet sich ein Bärenbrunnen von Heinrich Faltermeier. Im Schuljahr 2017/18 hat die Schule 13 Klassen mit insgesamt etwa 270 Kindern. Davon haben ca. 70 % der Kinder einen Migrationshintergrund.

Die Künstlerin Daria Sniatkova hat mit Kindern aus allen Klassen ein Kunstwerk für die Eingangshalle geschaffen.

5.11 Katholische Pfarrkirche St. Stephan

Entwurfverfasser des 1976/77 gebauten Pfarrzentrum war der Architekt Gerhard Haisch. Der Baukörper des Kirchenraums hebt sich kaum vom ein- bis zweigeschoßigen Pfarrzentrum ab. Über einen Durchgang von der Zillertalstraße erreicht man einen dreieckigen Pfarrhof und den Hauptzugang zur Kirche. Der Kirchenraum selbst baut auf dem Oktagon der Altarinsel auf, die von oben über eine Glaskuppel beleuchtet wird. Bestimmt wird der Raumeindruck durch die hellen Putzwände und die reichliche Verwendung von Holz. Die Entwürfe für den Tabernakel und das Kruzifix hinter dem Altar stammen vom österreichischen Bildhauer Hans Ladner (1930–2001), der seit 1975 Professor für Bildhauerei an der Münchner Akademie war.

Kaffemühlen

Der Bau von Einfamilienhäusern in München geschah in mehreren „Schüben": ein erster Boom innerhalb der genossenschaftlichen Bewegungen der 1920er Jahre, um geringverdienenden Bevölkerungsschichten zu einem kleineren Haus zu verhelfen. In der NS-Zeit war der Einfamilienhausbau – oft mit großer Eigenleistung verbunden – ein politisches Mittel, um die Bewohner an die eigene „Scholle" zu binden und davon abhängig zu machen. In den 1950er Jahren führten Wohnungsbaugesetze zu einem weiteren Häusle-Boom – bis zu 200.000 Einfamilienhäuser entstanden pro Jahr in der Bundesrepublik.

Die Stadtbezirke Sendling und Sendling-Westpark verfügen über einen im Vergleich zu anderen Stadtvierteln großen Anteil an Einfamilienhäusern, die zum Einen vor dem Zweiten Weltkrieg entstanden sind, wie die Oberlandsiedlung ab 1938 und die Gemeinschaftssiedlung Mittersendling ab 1937, die größtenteils aber erst nach dem Zweiten Weltkrieg fertig gestellt werden konnten.

In ganz München liegt der Anteil der Einfamilienhausgebiete an den gesamten Wohnhausflächen bei ca. 57%.

Die gebauten Beispiele an Ein- und Zweifamilienhäusern werden oft als „Kaffemühlen" bezeichnet, da ihre Form mit einem nahezu quadratischen Grundriss, zwei Geschoßen und in der Regel einem sogen. Krüppelwalmdach an alte Kaffemühlen erinnert. Schon in der ersten Bauphase und erst recht in den folgenden Jahrzehnten wurden auch mehr oder weniger geschmackvolle Anbauten ergänzt, heute haben nur noch wenige Kaffemühlen das ursprüngliche Aussehen.
Die Grundstücke der Kaffemühlenhäuser sind oft erstaunlich groß – bis zu 1.000 qm und mehr. Daher sind diese Häuser zwar in einer

Großstadt aufgrund ihres Flächenverbrauchs außerordentlich unökonomisch, aber – wie gerade in Sendling-Westpark und dem ehemaligen Waldfriedhofviertel – aufgrund der guten Lage und einer inzwischen guten Verkehrs-Anbindung astronomisch teuer. Ein städtebaulich sinnvolles Modell für innenstadtnahe Lagen sind sie auf jeden Fall nicht. Der ökonomische Druck durch steigende Grundstückspreise bewirkt aber auch eine fortschreitende „Verunstaltung" der Kaffehausviertel. Wirklich stimmige Kaffemühlen findet man nur noch selten.

5.12 Luise-Kiesselbach-Platz

Der Platz entstand an der Straßengabelung, die sich durch die Abzweigung der Waldfriedhofstraße von der Forstenrieder Straße ergab, eine Maßnahme der Heilmannschen Immobiliengesellschaft als Investor, um deren Grundstücke westlich davon zu erschließen. Östlich des Platzes entstand eine Reihenhaussiedlung der Heimag und auf der Nordseite das städtische Altenheim, die westliche Platzseite wurde erst in den 1950er-Jahren bebaut. Benannt wurde der Platz 1930 nach der Münchner Sozialpolitikerin und Frauenrechtlerin Luise Kiesselbach, in der NS-Zeit jedoch umbenannt nach Abt Albanus Schachleiter, der schon früh den Nationalsozialismus unterstützt hatte. 1948 wurde der Platz vom Stadtrat wieder zurückbenannt.

Heute ist der Luise-Kiesselbach-Platz ein wichtiger Verkehrsknotenpunkt und die Einfahrt in die Stadt von der Garmischer Autobahn her. Seit Juli 2015 wird ein erheblicher Teil des Verkehrs durch Tunnelbauten geleitet. Der Luise-Kiesselbach-Tunnel ist der letzte der drei Tunnel, die nach einem Bürgerentscheid von 1996 umgesetzt wurden. Während früher bis zu 140.000 Fahrzeuge den Platz überquerten, sind es nach dem Tunnelbau oberirdisch nur noch ca. 40.000. Die Kosten für die Tunnelbauten lagen bei knapp 400 Millionen Euro. Am 25. Juli 2015 konnte der Tunnel mit einem großen Bürgerfest eingeweiht werden. Nach einem Wettbewerb wurde der Platz nach einer Planung der Landschaftsarchitekten Latz und Partner neu gestaltet, seit 2018 steht ein Maibaum und zwei Brunnen am östlichen Platzrand, für einen geplanten Kinderspielplatz ist es immer noch zu laut.

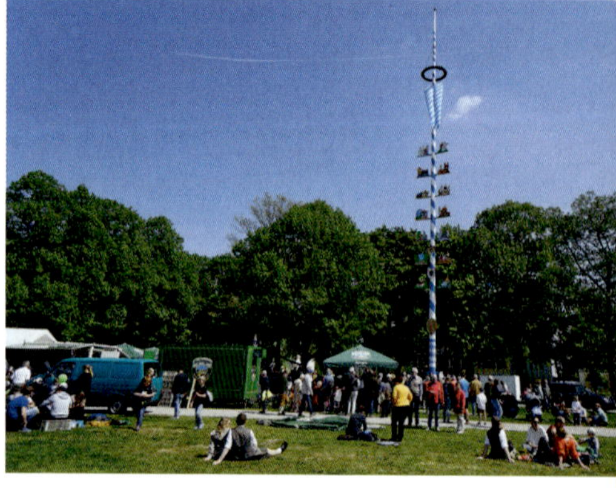

5.13 Städtisches Altenheim St. Joseph

Auslöser für den Neubau eines weiteren Altersheims der Stadt München zu den vier bereits bestehenden war die schwere Wohnungsnot nach dem Ersten Weltkrieg. Der Neubau ersetzte das alte Josephsspital in der Altstadt, das unter Kurfürst Maximilian I. 1626 gegründet worden war und nicht mehr angemessen erneuert werden konnte. Als Standort wählte man ein im städtischen Besitz befindliches Grundstück, damals in einem beinahe unbebautem Umfeld aber seit 1904 durch die Trambahnlinie XIII erschlossen. Den Auftrag zur Planung erhielt der städtische Baurat und Architekt Hans Grässel, der bereits einige ähnliche Bauten geplant hatte wie das Mathildenstift, das Heiliggeistspital und das Bürgerheim in der Dall'Armistraße.

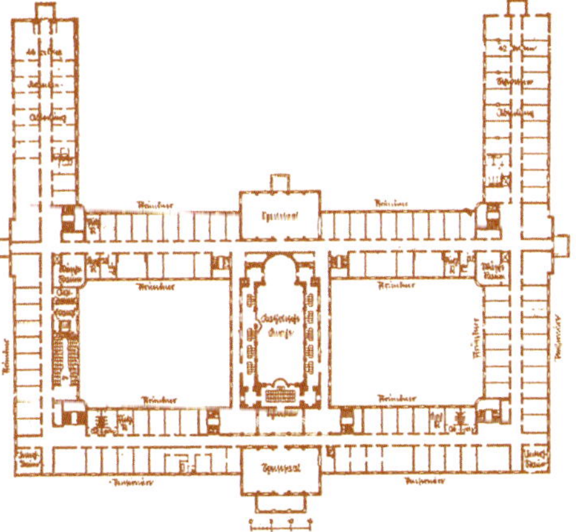

Die in den Jahren 1925 bis 1927 erstellte Bauanlage orientiert sich zum Luise-Kiesselbach-Platz, markantes Kennzeichen sind die Doppeltürme mit den neobarocken Zwiebelhauben. Die Gebäudeflügel sind um zwei Höfe organisiert, im Mittelbau liegt die katholische Anstaltskirche über drei Geschoße hoch. Nach Norden umschließen zwei Flügel einen weiteren Hof, der sich ursprünglich in einen großen Nutzgarten erweiterte, der zur Selbstversorgung genutzt wurde – heute ist der Garten bebaut. Ursprünglich war das Altenheim für 600 bis 700 Personen vorgesehen, nach den zwischen den Jahren 1976 und 1991 in Abschnitten vorgenommenen Umbaumaßnahmen wohnen hier ca. 390 Personen.

5.14 Kath. Pfarrkirche St.-Thomas-Morus

Die Pfarrei St. Thomas Morus wurde 1964 als Abtrennung von der Pfarrei St. Heinrich geschaffen, hinzu kamen Teile der Pfarreien von St. Achaz und St. Margaret, 1968 wurde sie zur Stadtpfarrei. Gründungspfarrer war Erwin Hausladen (Amtszeit 1964 bis 1993), der bis zu seinem Tod im Juni 2015 in der Gemeinde aktiv war. Seit Dezember 1964 fanden Gottesdienste nahe dem Bauplatz in einem Zelt statt, das vom 37. Eucharistischen Weltkongress stammte, der 1960 in München gefeiert wurde.

Der Architekt Karl Jantsch entwarf die Pfarrkirche St. Thomas Morus in Mittersendling, Bauzeit war in den Jahren 1965/66. Geweiht wurde die Kirche von Kardinal Julius Döpfner am 4. Dezember 1966. Die nach oben geschwungene, strukturierte Decke und die lamellenartige seitliche Belichtung am Chor konzentrieren den Blick auf den Altarraum vor der hohen Wand aus Nagelfluh. Die Belichtung erhält der nach Norden orientierte Raum in erster Linie durch das Südfenster, das der Künstler Christian Wolf gestaltet hat, eines der größten Kirchenfenster Deutschlands mit mehr als 130 qm Fläche. Dargestellt ist die „Wiederkunft Christi", gefertigt wurde das Fenster von der Glaswerkstätte Gustav van Treeck in München, seit 1903 Kgl. Bayerische Hofglasmalerei. Bildhauerische Arbeiten wie die Bronzetafeln der Kreuzwegstationen stammen vom Bildhauer Max Faller (1927–2012). Faller war Meisterschüler von Josef Henselmann an der Münchner Akademie. Die vom Architekturbüro Gasteiger und Partner geplante Erweiterung kommt vermutlich aus Finanzierungsgründen nicht zur Ausführung.

5.15 Konrad-Celtis-Schule

Wie alle Münchner Schulen leidet auch die Grundschule an der Konrad-Celtis-Straße an akuter Raumnot. Sie wurde 2016 durch den Neubau einer Pavillonschule erweitert. Planung des Gebäudes durch macro Architekten, Freiraumplanung durch Stautner + Schäf Landschaftsarchitekten. Zwischen den beiden Schulgebäuden entstand ein neuer, gemeinsamer Pausenhof auch als Eingangsbereich des neuen Schulgebäudes. Südlich der Schule sind zusätzliche Lehrerparkplätze situiert und eine Anlieferung für die Schul-Mensa. Nördlich des Pausenhofes hat man eine große Kletterlandschaft auf Kunstrasen angefügt.

5.16 Kath. Pfarrkirche St. Joachim

Aidenbachstraße 10. Die Gemeinde wurde 1926 als Filialkirche von St. Maria Thalkirchen gegründet, erstes Gotteshaus war eine Holzkirche. Nach der Erhebung zur Stadtpfarrei 1945 plante man eine neue Pfarrkirche, die 1956 eingeweiht werden konnte. Die Kirche wurde nach einer Planung von Franz Berberich errichtet. Berberich hatte u.a. bei Bestelmeyer, Abel, Fischer und Döllgast an der Technischen Hochschule studiert, nach 1968 arbeitete er nur noch als Bildhauer. 1992 hat er die nach ihm benannte Stiftung „zur Förderung von Wissenschaft und Technik" an der TUM errichtet. Neben dem ovalen Baukörper steht ein markanter Turm mit sehr niedrigem Sockel und einer hohen, schlanken Spitze. Die Deckenfresken mit Szenen aus dem Alten und Neuen Testament stammen vom Kirchenmaler Karl Manninger (1912–2002), der u.a. auch die Fresken in der Heilig-Geist-Kirche, im Asam-Schlössl und die Wandmalereien in St. Peter rekonstruiert hat.

5.17 Kath. Pfarrkirche St. Hedwig

Hirnerstraße 1. Die Gemeinde St. Hedwig wurde schon 1960 gegründet und durch Steyler Missionare betreut. Gottesdienste fanden zunächst in der Anastasia-Kapelle des Waldfriedhofs statt. Nach einer Planung des Architekten Michael Steinbrecher wurde der einfache Baukörper der neuen Pfarrkirche bis 1962 mit einem flachen Satteldach errichtet, der Glockenturm steht frei, im Süden bilden mehrere Baukörper einen Pfarrhof. Die Backsteinwand hinter dem Altar zeigt plastische Szenen u.a. aus der Apokalypse in gebranntem Ton und Erz, gestaltet von Hermann Schilcher. Die Darstellung der 12 Apostel stammt aus der Werkstatt von Manfred Bergmeister. Seit 2012 gehört St. Hedwig mit der Gemeinde von St. Joachim zum Pfarrverband Obersendling-Waldfriedhof.

Waldfriedhofstraße

Zur Erschließung der Grundstücke der Heilmannschen Immobiliengesellschaft und als Zufahrt zum neu angelegten Waldfriedhof wurde die Straße 1904 geplant, auch eine Straßenbahnstrecke führte seit Juli 1904, zunächst eingleisig mit Ausweichmöglichkeiten, mittig durch die Straße. Eine mehrgeschoßige geschlossene Bebauung auf beiden Seiten war ebenfalls bereits im Staffelbauplan vorgesehen, ausgeführt wurde sie erst abschnittsweise nach dem Ersten Weltkrieg. Die Tramlinie (16) wurde 1983 stillgelegt.

5.18 Evang. Pfarrkirche Gethsemane

Erst ab den 1920er-Jahren entwickelte sich die Wohnbebauung auf beiden Seiten der Waldfriedhofstraße, neue Pfarrgemeinden entstanden erst nach dem Zweiten Weltkrieg: bis 1962 wurde die katholische St. Hedwigskirche an der Hirnerstraße erbaut, für die evangelische Kirchengemeinde entstand 1957/58 ein neuer Kirchenbau an der Ecke Ettalstraße/Wessobrunner Straße. Bis dahin wurde das Gebiet von der Sendlinger Himmelfahrtsgemeinde betreut. Ab 1956 konnte die evangelische Kapelle im Altenheim St. Josef genutzt werden. Die Gethsemanekirche – benannt nach dem Garten, in dem Jesus der Überlieferung nach in der Nacht vor seiner Kreuzigung betete – wurde am Palmsonntag, dem 30. März 1958 eingeweiht. Architekt war Gustav Gsaenger. Er entwarf für den Kirchenraum einen einfachen Baukörper mit Satteldach, der sich zum Chor hin verjüngt. Das quer angebaute Pfarrhaus bildet mit dem Hauptgebäude einen Pfarrhof. Zur Ettalstraße hin ist ein frei stehender Glockenturm vorgesetzt: ein markantes Zeichen, wie die gesamte Baugruppe aus Sichtziegelmauerwerk. Der Kirchenraum wird innen durch eine mittige Säulenstellung geteilt. Angelika Gsaenger, die Tochter des Architekten hat das große Altarbild entworfen, eine Darstellung des Gartens Gethsemane. In den Jahren 1994/96 wurde durch Eberhard Wimmer ein neuer Gemeindesaal und eine neue Orgelempore eingebaut. Die Kirche steht seit 2000 unter Denkmalschutz.

Gustav Gsaenger

Gustav Gsaenger (München 1900–1989) hatte 1920 bis 1924 an der Technischen Hochschule München Architektur studiert, u.a. bei German Bestelmeyer. Zu seinen früheren Werken gehören Wohnanlagen in Neuhausen und an der Notburgastraße 19. Bekannt wurde er als Entwerfer mehrerer Kirchenbauten, darunter die Markuskirche in der Maxvorstadt (1957) und die Matthäuskirche (1955) am Sendlinger-Tor-Platz in München und zahlreiche weitere Kirchen z.B. in Schwandorf, Sulzbach-Rosenberg, Wolfsburg, Erlangen, Waldkraiburg und Bayreuth.

1959 bis 1964 entstand als Erweiterung des Münchner Stadtmuseums am Rosental der nach ihm benannte Gsaenger-Trakt. 1970/72 rekonstruierte er den Theatinertrakt an der Theatinerstraße auf einer der letzten kriegsbedingten Baulücken in der Stadt.

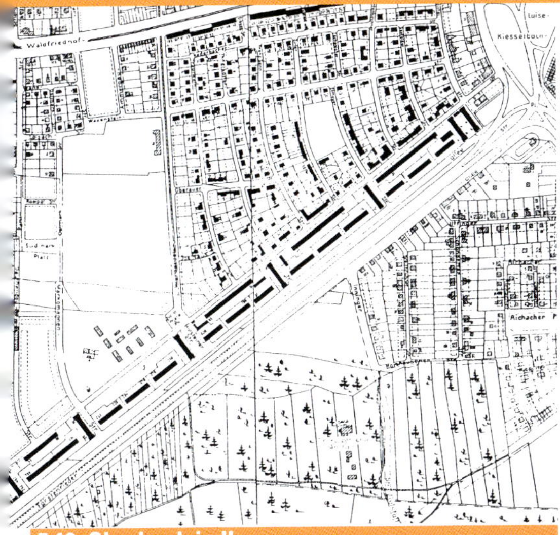

5.19 Oberlandsiedlung

Die Siedlung entlang der ehemaligen Forstenrieder Alle, seit 1936 Olympiastraße, wurde seit 1938 von den Architekten Franz Ruf, Sep Ruf und Hans Holzbauer entworfen, Baubeginn war 1941. Die ursprünglich beiderseits der Olympiastraße geplante Wohnanlage sollte neben der notwendigen Wohnraumbeschaffung den für die Winterolympiade 1936 ausgebauten Stadtzugang von Starnberg her bis zum Luise-Kiesselbach-Platz räumlich fassen, mit den quer zur Straße gestellten fünfgeschoßigen und giebelständigen Wohnbauten sollte eine monumentale Auffahrt erreicht werden. Nördlich der mehrgeschoßigen Zeilenbebauung entlang der Olympiastraße (heute in diesem Abschnitt: Einhornallee) wurde seit 1935 eine Wohnsiedlung mit Kleinhäusern bis zur 1904 angelegten Waldfriedhofstraße bebaut. Sie sollte ebenfalls eine höhere Zeilenbebauung erhalten, die aber großenteils erst nach dem Zweiten Weltkrieg ausgeführt wurde. Die Kleinhaussiedlung zwischen den beiden Hauptstraßen besteht vorwiegend aus Eigenheimen in einer traditionellen Bauart. Die Straßen wurden meist nach Berggipfeln und Orten aus dem Oberland benannt, daher der Name der Siedlung.

5.20 Gästehaus der Stahlgruber Stiftung

Das Gebäude nach einem Entwurf des Architekten Bernhard Peck entstand in den Jahren 1993–97 an der Murnauer Straße 61. Es wird für die Schulung und Förderung des Nachwuchses im Kfz- und Vulkanisierungshandwerk genutzt. Die Stiftung geht zurück auf die Brüder Otto und Willy Gruber, 1923 Gründer der danach Stahl-Gruber genannten Metallfirma. Später entwickelte sich die Firma zum Fachgroßhandel für Autozubehör und Werkstatteinrichtungen und entwickelte ein Vulkanisierungsmittel namens Tip Top. Die Stahlgruber-Stiftung gehört zu den größten Stiftungen der Stadt München

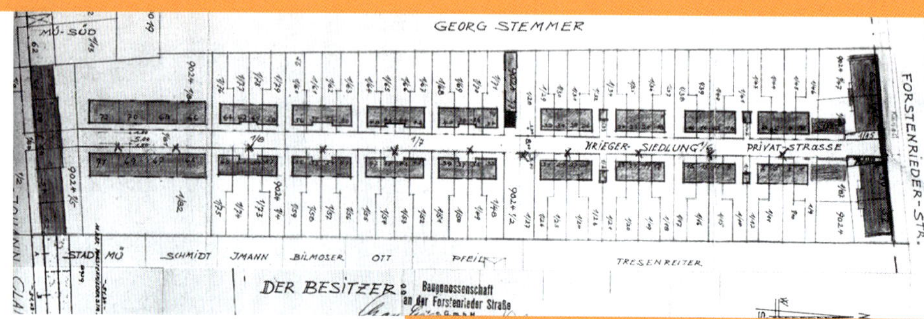

5.21 Kriegersiedlung

Das heute denkmalgeschützte Ensemble der Kriegersiedlung entstand unmittelbar nach Ende des Ersten Weltkriegs v.a. für Kriegsversehrte. Beidseitig einer Privatstraße zwischen der Albert-Roßhaupter-Straße und der Johann-Clanze-Straße wurden bis 1927 insgesamt 100 Wohnungen als Reihenhäuser und Blockbauten in einer einfachen und kostensparenden Bauweise erstellt. Bauherr war die Bau- und Kleinsiedlungsgenossenschaft des Kriegsbeschädigtenvereins München, gegründet 1919, die ein Grundstück des Sendlinger „Oekonomen" Simon Kafler erworben hatte. Planer des ersten Bauabschnitts im Norden war der Architekt Peter Schneider, 1934 wurden einzelne Bauten durch Ludwig Sattich aufgestockt. Der mittlere Bauabschnitt mit acht Vierspännern wurde von Max Graessel entworfen und erinnert an den Heimatstil von Kleinhausbauten Theodor Fischers. Der dritte Bauabschnitt mit zwei Gebäudeblöcken und jeweils vier Hauseinheiten stammt vom Architekten G. Leindecker, er hat auch auch die beiden Kopfbauten an der Albert-Roßhaupter-Straße geplant, in denen eine Gaststätte und Läden untergebracht sind. Die Wohnungsgrößen sind, den wirtschaftlichen Möglichkeiten entsprechend eher klein: von 55 bis 72 qm. Die Reihenhäuser haben ca. 200 qm große Gärten, die v.a. zur Selbstversorgung gedacht waren.Die Siedlung lag zur Erbauungszeit auf fast freiem Gelände. Das Gebiet zwischen der Passauerstraße und dem Waldfriedhofviertel war bis dahin nicht von städtebaulichen Planungen überzogen und wurde nach dem Ersten Weltkrieg verstärkt für genossenschaftlichen Wohnungsbau genutzt.

5.22 Schulanlage Fürstenrieder Straße

Nach einem Architektenwettbewerb von 1956 entstand bis 1959 ein erster Bauabschnitt im ehemaligen Park der Neufriedenheimer Heilanstalt östlich der Fürstenrieder Straße nach Plänen von Fred Angerer und Adolf Schnierle durch das Landbauamt. Der erste Bauabschnitt umfasste das Ludwigsgymnasium und die Erasmus-Grasser-Oberrealschule.

Das Ludwigsgymnasium hat eine weit zurückführende Geschichte. Nach dem Wilhelmsgymnasium (seit 1559) wurde das Ludwigsgymnasium 1824 gegründet und hatte seinen Sitz im säkularisierten Karmelitenkloster in der Maxburgstraße, 1849 wurde es nach dem ein Jahr vorher zurückgetretenen König Ludwig I. benannt. Das Erasmus-Grasser-Gymnasium geht zurück auf die 1833 gegründete *Königliche Landwirthschafts- und Gewerbeschule des Isarkreises*, die an der Damenstiftstraße im ehemaligen Salesianerinnenkloster ihren Sitz hatte, 1943 durch Bomben zerstört. 1864 wurde sie zur *Königlichen Kreisgewerbsschule des Isarkreises* umstrukturiert ohne die landwirtschaftliche Abteilung und 1877 zur *Kreisrealschule des Isarkreises*. Prinzregent Luitpold verlieh der Schule schließlich 1891 den Namen Ludwigs-Realschule.

Nach Fertigstellung der Bauten an der Fürstenrieder Straße zog das Ludwigsgymnasium um in die neuen Gebäude wie auch die Ludwigsoberrealschule, 1965 in Ludwigsgymnasium II umbenannt.

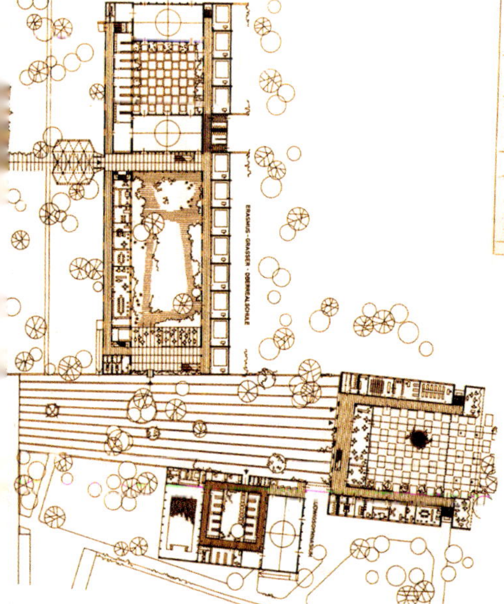

Da diese Bezeichnung bei der Schulleitung und dem Lehrerkollegium eher ungeliebt war (als Degradierung neben dem Ludwigsgymnasium I) suchte man einen neuen Namen für die mathematisch-naturwissenschaftliche Schule. Die Wissenschaftler Kopernikus, Fraunhofer, Siemens und Liebig wurden abgewählt, Kepler hatte sich ein Gymnasium in Weiden weggeschnappt, die Wahl fiel schließlich auf den Bildhauer und Baumeister Erasmus Grasser, von dem u.a. die Moriskentänzer im Alten Rathaus stammen.

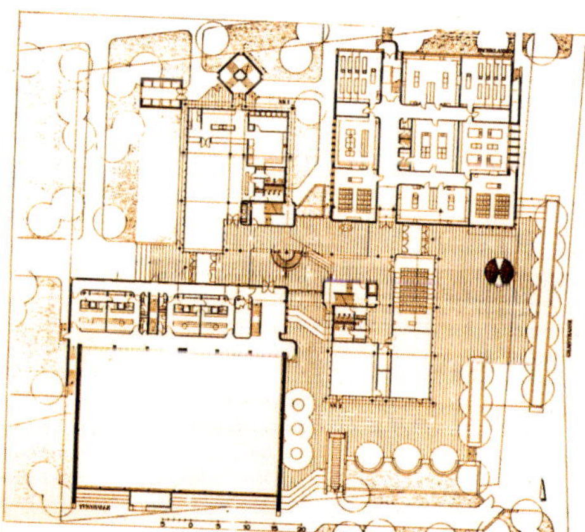

1968 wurde das Ludwigsgymnasium wiederum von Fred Angerer und Adolf Schnierle erweitert und beide Schulen 1978 mit weiteren Unterrichtsräumen für die Kollegstufen, einer Zweifach-Turnhalle, einer Sternwarte, einer großen Bibliothek und einer Mensa in einem abgesetzten Baukörper direkt am heutigen Westpark ergänzt.
Da in naher Zukunft deutlich steigende Schülerzahlen zu erwarten sind setzen sich beide Schulen für einen Erweiterungsbau auf dem Gelände der ehemaligen Landesgehörlosenschule, der früheren Neufriedenheimer Heilanstalt ein.

Grüntenstraße
Säulingstraße
Pfänderstraße
Schwarzenbergstraße
Westendstraße
Nebelhornstraße
Kreuzeckstraße
Kienbergstraße
Rubihornweg
Pfrontener Platz
Schochenbergstraße
Ammerseestraße
Alfred-Ludwig-Weg
Westendstraße
Gilmstraße
Garmischer Straße
Preßburger Straße
Hinterbärenbadstraße
Einselweg
Netzergasse
Belastraße
Benatstraße
Specklinplatz
Bichlerstraße
Heimdorfer Straße
Siebenbürgener Straße
Reutlanstraße
Klaiser Weg
Krüner Straße
Reidinger Straße
Ohlstadter Straße
Ehrwalder Straße
Treffauerstraße
Etalstraße
Kronenkopfstraße
Habacher Straße
Rottenbucher Straße
Hochwannerstraße
Scharnitzstraße
Guardinistraße
Fürstenrieder Straße
Seebenseestraße
Friedrich-List-Straße
Peter-Schlemihl-Straße
Meier-Helmbrecht-Straße
Ossingerstraße
Schietweg
Neufriedenheimer Straße
Toemlingerstraße
Leostraße
Kurzerstraße
Farchanter Straße
Werdenfelsstraße
Mittenwalder Straße
Eschenlohestraße
Kohlgruber Straße
Walchstadter Straße
Steinacher Straße
Breitenseestraße
Schongauerstraße
Linderhofstraße
Hammersbacher Straße
Leberstraße
Wessobrunner Straße
Wessobrunner Platz
Alpseestraße
Pollinger Straße
Hans-Grässel-Weg
Herrschinger Straße
Hermatinger Straße
Ammergaustraße
Bernrieder Straße
Waldfriedhofstraße
Luise-Kiesselbach-Platz
Kederbacherstraße
Waxensteinstraße
Franz-Senn-Straße
Zirler Straße
Eschenloher Straße
Partenkirchner Straße
Seefelder Straße
Cimbernstraße
Max-Seidl-Weg
Heckenstallerstraße
Einhornallee
Südparkallee
Loisachstraße
Pählstraße
Schlierseestraße
Murnauerstraße
10
4

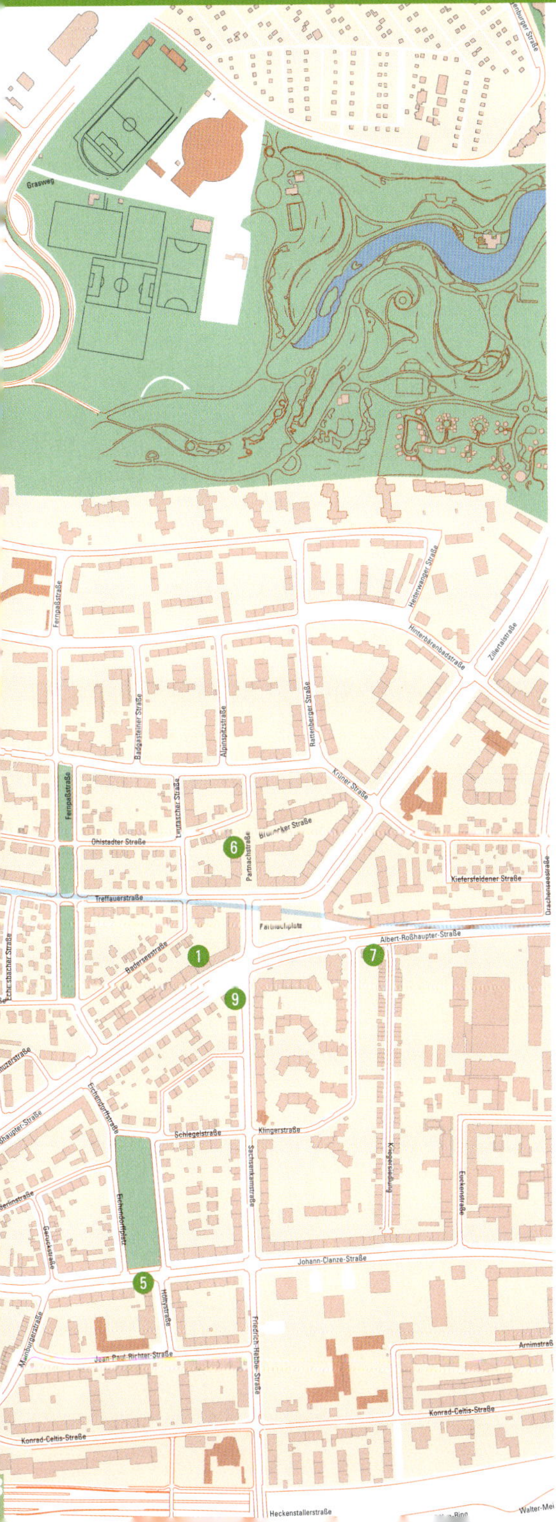

Cafés • Bars

1 Eiscafé Cremagelato da Giacomo
Albert-Roßhaupter-Straße 96

2 Café Fonél
Hinterbärenbadstraße 74
homemade – sweet – colourful

Kneipen • Boazn

Zur Waldhüttn
Waldfriedhofstraße 86
Gastrokneipe

Essen

China-Restaurant Gam-Sing
Fürstenrieder Straße 203

La Scala
Ehrwalder Str. 77
Italienisches Restaurant

Wirtshaus am Rosengarten
Westendstraße 305

3 Wirtshaus Wöllinger
Johann-Clanze-Straße 112

4 Locanda Busento
Fürstenrieder Straße 227
Italienisches Restaurant
wunderbare Pizzen aus dem Holzofen.
Unbedingt reservieren !

5 La Piccola Osteria
Johann-Clanze-Straße 79
Italienisches Restaurant

6 Pizzeria Amalfi
Partnachstraße 8
Italienisches Restaurant,
schmeckt auch unserem OB

Restaurant Nestroy-Garten am Westpark
Nestroystraße 20

Asia in Sendling
Albert-Roßhaupter-Str. 72a
Vietnamesisches Restaurant

7 **Wirtshaus in Sendling**
Albert-Roßhaupter-Str. 63

Restaurant Krambambuli
Waldfriedhofstraße 90

Irodion
Friedrich-Hebbel-Straße 18
Griechisches Restaurant

Lebensmittel

Wochenmarkt Sendling
Jean-Paul-Richter-Str. 9-19

NORMA
Ehrwalder Straße 2

REWE
Konrad-Celtis-Straße 66

Orterer Getränkemarkt
Johann-Clanze-Straße 41

PENNY
Konrad-Celtis-Straße 33a

Netto
Waldfriedhofstraße 38

Hofpfisterei
Waldfriedhofstraße 89

Metzgerei Probst
Waldfriedhofstraße 68

Bäckerei Vinzenz Zöttl
Waldfriedhofstraße 66

Metzgerei Pollinger
Johann-Clanze-Straße 112

Jacques Wein-Depot
Fürstenrieder Straße 237

Orterer Getränkemarkt
Albert-Roßhaupter-Str. 130

Bäckerei Vinzenz Zöttl
Jean-Paul-Richter-Straße 3

Bäckerei Konditorei Gattinger
Johann-Clanze-Straße 104

REWE
Partnachplatz 1

Bäckerei Vinzenz Zöttl
Jean-Paul-Richter-Str. 3

Döner • Imbiss

American Fried Chicken
Ehrwalder Str. 8
Fast-Food-Restaurant

Burger King
Pollinger Straße 2

MorgenEule
Ehrwalder Straße 30
Biergarten

Specials

Kopierfix Jourdan
Albert-Roßhaupter-Str. 94

Stattauto München
Carsharing Station WH
Hinterbärenbadstraße 71

Stattauto München
Carsharing Station SDW
Waldfriedhofstraße 64

Apotheken

Eichendorff-Apotheke
Schmuzerstraße/Albert-Roßhaupter-Straße 1

Bären Apotheke
Hinterbärenbadstraße 20a

Sankt Morus-Apotheke
Friedrich-Hebbel-Straße 18

Rein & Sauber

Brenner Waschsalon
Mittenwalder Straße 2

Bank

Commerzbank
Fürstenrieder Straße 255

Geldautomat Raiffeisenbank
U-Bahnhof Partnachplatz

HypoVereinsbank
Fürstenrieder Straße 262

Postbank
Partnachstraße 6

Stadtsparkasse
Partnachstraße 7

Fürstenrieder Straße 239

Sparda-Bank
Albert-Roßhaupter-Straße 32

Buchhandlungen

9 **Buchhandlung am Partnachplatz**
Albert-Roßhaupter-Straße 73a

10 **Buchhandlung Lese & Lebe**
Waldfriedhofstraße 78

Briefkasten

Albert-Roßhaupter-Str. 73, 104
Ehrwalder Straße 9
Elmauer Straße 25
Fürstenrieder Str. 245, 259, 277
Habacher Straße 70
Krüner Straße 74
Luise-Kiesselbach-Platz 2
Oberauer Straße 15
Ortlerstraße 11
Partnachstraße 8
Treffauerstraße 26
Waldfriedhofstraße. 30, 65
Zillertalstraße 34

Buchhandlung am Partnachplatz

6
Str.
Loisach
Kreuzhof
Thermische
Vernichtgs-Anst.

Obersendling-Sendlinger Wald 1912

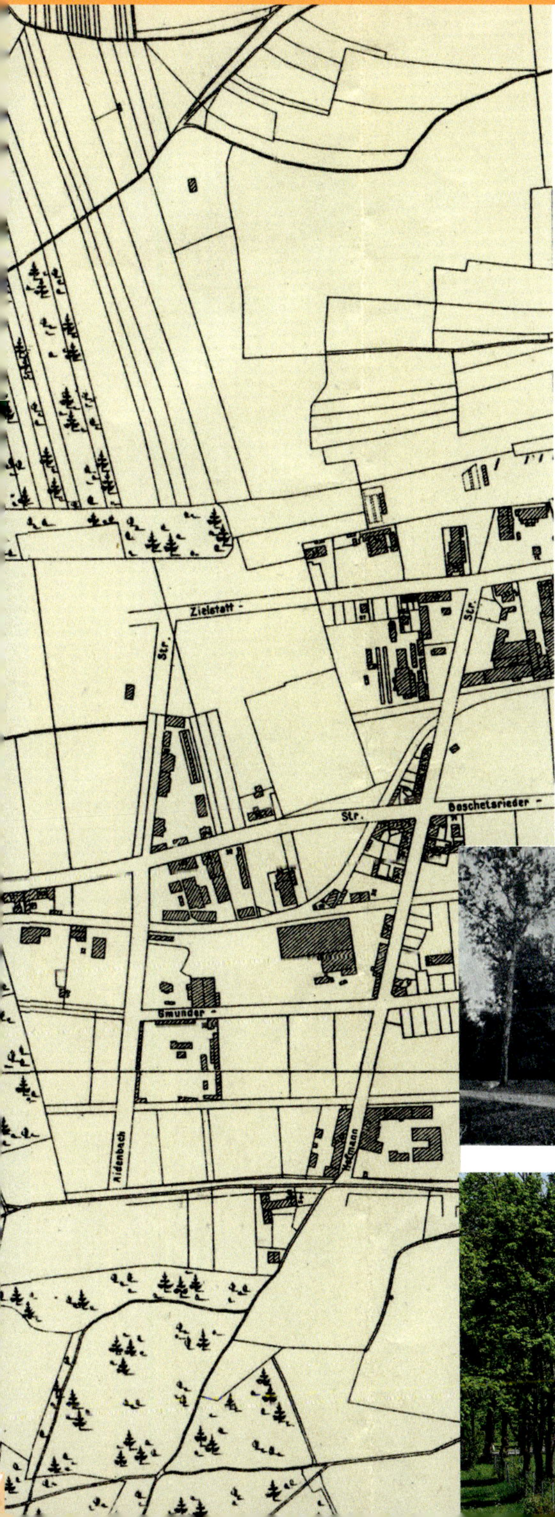

Das heutige Gebiet Sendlinger Wald und Waldfriedhofviertel östlich der Fürstenrieder Straße ist um 1912 nicht bebaut. An der heutigen Kreuzung der Garmischer Autobahn mit der Fürstenrieder Straße befindet sich der Kreuzhof, eine Ausflugsgaststätte, die 1875 von einem Gastwirt aus Forstenried errichtet wurde und 1963 für den Ausbau der Verkehrsstraßen abgerissen werden musste.

Ein erster Einbruch in das Waldgebiet war die Anlage der „Thermischen Vernichtungsanstalt" für Tiere, Nachfolger der Wasenstatt am Flaucher, die hier 1893 eingerichtet wurde und deren Abgase später zum Problem für den näherrückenden Siedlungsbau wurden. Von Osten her drängt allerdings das Industriegebiet Obersendling gegen die Waldgebiete mit Bahnanschlüssen an die Holzkirchner Bahnlinie und parallel verlaufenden Straßenzügen, wie der Boschetsrieder Straße, an denen sich relativ schnell Industrie und Gewerbe ansiedeln. Die Stadtverwaltung verlangt für diese Gewerbebauten „saubere" Energie, die von den Wasserkraftwerken der Isarwerke geliefert werden. Von den großen Freiflächen und Waldgebieten bleibt im Verlauf der folgenden Jahrzehnte nur der Südpark, der Sendlinger Wald.

Kreuzhof und Forstenrieder Allee, um 1900

Garmischer Autobahn 2019

6
6.11
6.12
6.1
6.2
6.3
6.4
6.7
6.6
Loisachstraße
Clemens-Betz-Weg
Hirnerstraße
Stefan-Zweig-Weg
Oberauer Straße
Josef-Naus-Straße
Einhornallee
Südparkallee
Uttinger Straße
Aichacher Straße
Aichacher Platz
Holzhausener Straße
Ifeldorfer Straße
Cimbernstraße
Holzheimer Straße
Boschetsrieder Straße
Höglwörther Straße
Zielstattstraße
Salzachstraße
Bannwaldseestraße
Rappenseestraße
Lauterseestraße
Mauthäuslstraße
Ramsauer Straße
Possenhofener Straße
Kreuzhofstraße
Arader Straße
Seeshaupter Straße
Gnadenthaler Straße
Weißkirchner Straße
Drygalski-Allee
Machtlfinger Straße
Helfenriederstraße
Perchtinger Straße
Kistlerhofstraße
Züricher Straße
Würmseestraße
Staffelseestraße
Barmseestraße
Uffinger Straße
Feldafinger Straße

Obersendling-Sendlinger Wald heute 6

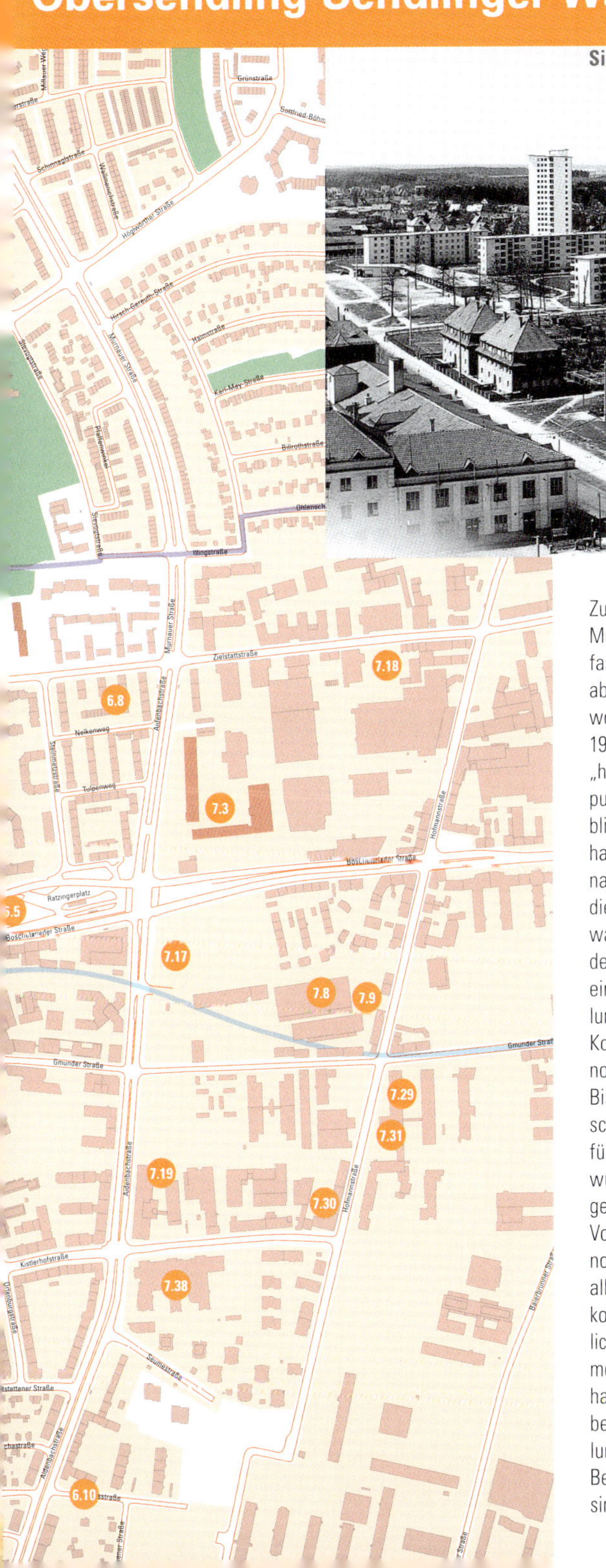

Siemens-Siedlung, um 1955

Zum Ende des Zweiten Weltkriegs wurden in München noch ca. 800.000 Einwohner gezählt, fast 300.000 weniger als vor Kriegsbeginn, aber in wenigen Jahren wurde die alte Einwohnerzahl wieder erreicht und stieg bis 1960 auf über eine Million an. München als „heimliche Hauptstadt" war Anziehungspunkt für viele Bürger aus der Bundesrepublik und aus dem Ausland. Großen Einfluss hatte der Umzug einiger Konzerne von Berlin nach München wie die Firma Siemens und die Allianz-Versicherung, aber auch von Verwaltungs- und Forschungseinrichtungen wie der Max-Planck-Gesellschaft. Hinzu kam eine außergewöhnlich erfolgreiche Entwicklung der Wirtschaft im Münchner Raum. Die Konsequenz war eine erhebliche Wohnungsnot und ein großer Bedarf an Wohnraum. Bis 1965 musste Wohnraum zwangsbewirtschaftet werden. Um Wohnraum v.a. auch für geringerverdienende Familien zu schaffen wurden große Flächen mit Einfamilienhausgebieten gefüllt, oft nach Planungen der Vorkriegszeit. Diese Gebiete sind auch heute noch wenig urban, haben aber aufgrund der allgemeinen Entwicklung der Grundstückskosten Werte erhalten, die für die ursprünglich gedachten Nutzer – junge Familien – nicht mehr zu leisten sind. Neben den Einfamilienhausgebieten und den oft rigiden Zeilenbebauungen entstand mit der Siemens-Siedlung ein architektonisch herausragendes Beispiel für einen urbanen und ökonomisch sinnvollen Städtebau.

6 Obersendling-Sendlinger Wald

6.1 Am Südpark

Auf dem ca. 8 ha großen, ehemaligen E.on-Gelände an der Boschetsrieder Straße/Drygalski-Allee ensteht seit 2015 ein neues Stadtquartier für ca. 2.500 Bewohnerinnen und Bewohner. Der Entwurf stammt vom Züricher Architekturbüro Von Ballmoos Krucker und den Landschaftsarchitekten Schweingruber Zulauf (heute Studio Vulkan, Zürich-München) und wurde in einem zweistufigen Architektur-Wettbewerb bis Mai 2013 ermittelt. Kern der Anlage ist eine großzügige Grünanlage, die von sechs- bis acht-geschoßigen in der Höhe gestaffelten Baublöcken umgeben wird. Vorbild war u.a. die Borstei. Die Erdgeschoß-Bereiche sind zum öffentlichen Raum hin mindestens 4 m hoch, um langfristig flexible Lösungen zu ermöglichen.

6.2 Betonwerk Katzenberger

Bis ca. 2013 wurde das große Gelände vom Betonwerk Katzenberger genutzt. 2019 hat der Stadtrat grünes Licht für die Neugestaltung des Areals um das ehemalige Betonwerk gegeben. Hier sollen u.a. 200 neue Wohnungen und zwei Kindertageseinrichtungen entstehen.

6.9 Junges Quartier Obersendling

Die fünf Gebäude zwischen Machtlfinger Straße und Schertlinstraße wurden bis 2015 von der Siemens AG genutzt, jetzt gehören sie zum Bestand der GEG German Estate Group AG mit Sitz in Frankfurt/Main. Seit Juli 2016 lebten über 700 Flüchtlinge in einigen Bauten. Zur Zeit wird der Baukomplex u.a. durch Jürke Architekten umgestaltet, die Fassaden erneuert und der Innenausbau angepasst. Es entsteht das „Junge Quartier Obersendling", hier sollen junge Menschen mit und ohne Fluchthintergrund leben können und lernen. Das bundesweit einzigartige Integrationsprojekt wird von der Stadt München finanziert. Seit 2018 ist auch ein Sozialbürgerhaus hier untergebracht.

6.4 Industriegleise Obersendling

Nur noch wenige Meter der Industriegleise aus den Zeiten des Investors Jakob Heilmann sind in Obersendling erhalten. Immerhin waren sie der Grundstock für die Entstehung des Stadtviertels. In vielen Fällen führen heute Fuß- und Radwege auf ihren Flächen. Den letzten Rest am U-Bahnhof Machtlfinger Straße kann man ruhig als Industriedenkmal mit einigen Infos erhalten.

6.5 Ratzingerplatz

Unbestritten der hässlichste Platz der Stadt soll der seit längerem brachliegende Ratzingerplatz bald ein neues Gesicht erhalten. U.a. sollen im Norden eine Grundschule und ein Gymnasium mit Sportanlagen für das aufstrebende Viertel entstehen und ein neues Quartierzentrum für Obersendling mit Läden und ca. 160 Wohnungen mit Dachgärten. Unklar ist noch, inwieweit die denkmalgeschützte Zeppelinhalle im Osten des Planungsgebiets in die neue Quartiersmitte einbezogen werden kann.

Um die öde Fläche zu beleben, fanden in den letzten Jahren mehrere Kunst-Installationen statt. U.a. wurde im Herbst 2016 das ehemalige Tram-Wartehäuschen auf dem Ratzingerplatz zur Bühne für eine Licht-Installation: Die Künstlerin Stefanie Unruh installierte 15 verschiedene, teils farbige Gartenlampen auf dem Dach, die zum Sonnenuntergang mit einer Zeitschaltuhr in Betrieb gesetzt wurden.

Licht-Installation von Stefanie Unruh, 2016

Moritz Ratzinger

Ratzinger stammte aus Neuburg a.d. Donau und trat als 19-jähriger 1868 in ein Artillerieregiment der Bayerischen Armee ein. Schon 1870 nahm er beim Deutsch-Französischen Krieg teil. Nach einer steilen Karriere und reichlich Ordensverleihungen wurde er im April 1901 zum Kommandanten der Festung Ingolstadt ernannt und vier Jahre später zur „Disposition" gestellt. Nach seiner Pensionierung 1905 engagierte er sich beim Roten Kreuz, hat sich besonders in der Organisation des Sanitätswesens in Ersten Weltkrieg verdient gemacht und wurde schließlich zum Generalleutnant befördert. Ein Jahr nach seinem Tod 1930 wurde der Ratzingerplatz nach ihm benannt.

(Literatur: Julius Frey, München Ratzingerplatz)

6.6 Uher-Werke

Der ungarische Ingenieur Edmond Uher war ein genialer Erfinder und Konstrukteur. U.a. entwickelte er in den 1930er Jahren eine Fotosatzmaschine, für die Jan Tschichold mehrere Schriften entwarf. 1934 gründete er die Firma Uher & Co. in Pasing, in der feinwerktechnische Produkte hergestellt wurden u.a. in Zusammenarbeit mit den Bayerischen Motorenwerken und der Messerschmitt AG. Im Zweiten Weltkrieg betrieb er weitere Werke in Wien und Budapest, in denen Rüstungsaufträge der Luftwaffe produziert wurden. Er soll 6.000 Mitarbeiter beschäftigt haben. Nach dem Krieg baute er neue Werke in München und Wien auf, 1953 die Uher Werke München GmbH, die ihren Sitz zunächst in Starnberg hatte, Mitgesellschafter waren seine Frau Fiametta Uher und der Gutsbesitzer Carl Theodor Graf zu Toerring-Jettenbach, Geschäftsführer war Wolfgang Freiherr von Hornstein und der Rechtsanwalt Hans Ziegler.

Schon 1953 erschien das erste in der Firma konstruierte Tonbandgerät, Ende der 1950er Jahre hatte die inzwischen in eine Kommanditgesellschaft umgewandelte Firma ca. 400 Mitarbeiter. Nach Obersendling, in die Barmseestraße 11 zogen die Uher-Werke 1962, im folgenden Jahr hatten sich die Produktionszahlen bereits versechsfacht, der Umsatz war seit 1957 um 362% gestiegen, als Folge wurden mehrere Zweigwerke gegründet. Den höchsten Wert der Mitarbeiterzahlen erreichten die Werke 1973 mit insgesamt 1.800, bei einem Umsatz von 110 Millionen DM.

Uher-Werke um 1970

Produktionshalle bei Uher

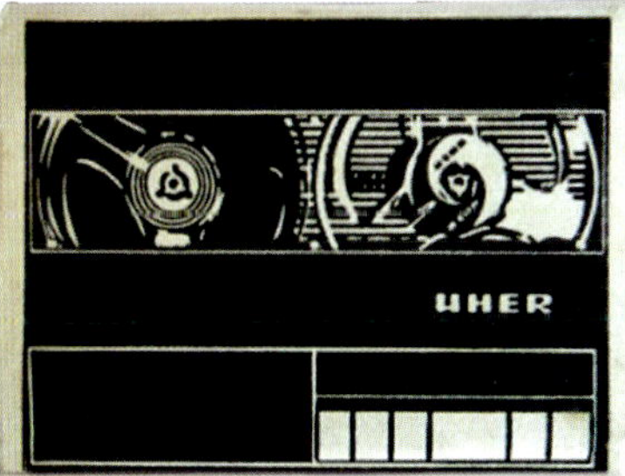

Danach ging es allerdings rapide bergab. Hornstein wurde „wegen Unregelmäßigkeiten" entlassen und 1974 wurde die Firma verkauft. Die Uher Werke wurden zum Produktions- und Vertriebsstandort für verschiedene Fremdfirmen. Im Oktober 1980 musste die Produktion in München eingestellt werden. Das Produktionsgebäude ist noch erhalten.

Uher-Tonbangeräte gehörten in den 1970er Jahren zu den meistverkauften und bekanntesten Geräten. Das „Uher Report" wurde ca. 1 Million mal produziert und nicht nur von sämtlichen Journalisten und Radiosendern genutzt, sondern auch vom FBI und von James Bond – das „Uher Report 4000" umkreiste in einer Gemini-Kapsel auch die Erde.

6.7 Heizkraftwerk Sendling

Ab 1954 begann man in München eine umfassende Fernwärmeversorgung aufzubauen, dazu gehörten die Heizkraftwerke Müllerstraße und Theresienstraße. In den Jahren 1961 bis 1964 entstand das erste Gasturbinen-Heizkraftwerk in Sendling an der Drygalski-Allee und 1964 bis 1966 das Kraftwerk Nord in Unterföhring. Dabei wurde das Verfahren der Wärme-Kraft-Kopplung angewandt: die für die Stromerzeugung nicht nutzbare Abwärme wird für die Fernwärme verwendet. Das Sendlinger Gebäude mit einer Fläche von 3.500 qm und einer Höhe von 46 m hat ein Tragwerk aus Stahlbeton, die Tragwerke der Zwischenpodeste sind weitgehend aus Stahl. Zur Zeit der Fertigstellung war das Heizkraftwerk die modernste Anlage der Stadtwerke und in seiner Konzeption das erste in der Bundesrepublik.

US-Army-Hubschrauber beim Brand im Jahr 1962

Schon vor der Inbetriebnahme kam es jedoch zu einem schweren Unfall: Am 19. Januar 1962 ereignete sich eine heftige Explosion während des Probebetriebs, kurz darauf eine zweite, die schwerste Zerstörungen im Kellergeschoß an den Rohrleitungen, Maschinenfundamenten und Aggregaten bewirkten. In der Folge stürzte die Brennkammer ab und aus einer zerstörten Rohrleitung geriet eine große Menge Heizöl in Brand. Zur Zeit der Explosion hielten sich an die 100 Personen im Kraftwerk auf, der größere Teil konnte sich trotz der starken Verqualmung ins Freie flüchten, 10 Arbeiter wurden von der Feuerwehr, die mit 115 Mann angerückt war, gerettet, zwei flüchteten sich auf das Dach, von dort konnten sie mit einem Hubschrauber der US-Army gerettet werden, aber zwei weitere Personen konnte man nur noch tot bergen.

Mehr als 30 Jahre später kam es wieder zu zwei Explosionen. An Sylvester 1992 richteten sie zwar große Schäden im Gebäude und an der Fassade an, Menschen kamen nicht zu Schaden.

6.7 Umnutzung KARE Möbelhaus

Das Kraftwerk an der Drygalskiallee 25 blieb bis 1999 in Betrieb. Nach zehn Jahren Leerstand kaufte ein Investor 2010 das Gebäude, die Kerscher Immobilien Holding, Gräfelfing. Ein von manchen gewünschter Abriss des stadtteilprägenden Kraftwerks konnte vermieden werden. Nach einem Entwurf der Architekten Büro Stenger2 und Partner ließ der Investor das Gebäude „revitalisieren". Der Architekt Markus Stenger erinnerte sich nach der Fertigstellung: „Es gab viel Gegenwind, auch in den Medien, aber wir hatten im Bezirksausschuss einen wichtigen Mittler".

In den unteren Stockwerken zog das Möbelhaus KARE ein, der monumentale Bau hat in den Ausstellungsräumen seine Wirkung nicht verloren, Lastenkräne, Schalttafeln, Kabel und Isolatoren sind in das Raumkonzept integriert. Auf dem Dach des dreigeschoßigen Sockelbaus gibt es eine Dachterrasse mit 2.000 qm und dem Restaurant „Die Küche im Kraftwerk". In den oberen Stockwerken sind Büros untergebracht mit Deckenhöhen bis zu fünf Meter und den sichtbar gelassenen Stahlkonstruktionen des ehemaligen Kraftwerks.

6.8 Zielstattstraße Wohnanlage

Gleichzeitig mit der Ansiedlung von Industriebetrieben in Obersendling plante man auch größere Siedlungsgebiete für die Arbeiterfamilien v.a. an der Boschetsrieder- und Hofmannstraße. Auftraggeber der Wohnanlage an der Zielstattstraße war der „Verein für Verbesserung der Wohnungsverhältnisse in München e.V." Vorsitzender des Vereins war Wilhelm von Borscht, Erster Bürgermeister der Stadt München, zweiter Vorsitzender der Nationalökonom Prof. Lujo von Brentano. Ziel des Vereins war es, die eklatante Wohnungsnot in München zu lindern und Mietshäuser für die „minder bemittelten Klassen" zu erstellen. Auslöser war die „Wohnungsenquete" des Zentrumsabgeordneten Karl Schirmer und die darauf erstellte umfassendere Analyse der Wohnungssituation in München, die im Auftrag der Stadtverwaltung 1904 bis 1907 erstellt wurde.

Ergebnis der Untersuchung war, dass ein großer Teil der Bevölkerung in unwürdigen und ungesunden Verhältnissen leben musste, die sanitären Umstände waren oft unzumutbar. Viele v.a. größere Wohnungen waren durch Untervermietungen sogen. „Aftermieter" stark überfüllt, auch die „sittlichen" Bedenken der Zeit gegen diese Wohnformen waren erheblich.

Schon 1899 hatte sich auf die erste Wohnungsenquete hin der „Verein für Verbesserung der Wohnungsverhältnisse in München" gebildet, auf den mehrere Bauvorhaben zurückgehen: die Kleinwohnungsanlage an der Daiserstraße (1904), eine Wohnanlage am Loehleplatz in Ramersdorf und die Wohnanlage an der Zielstattstraße in Obersendling. Mitglieder des Vereins gehörten auch zu den Gründern des Vereins zur Errichtung des Ledigenheims im Münchner Westend.

Der Architekt Theodor Fischer entwarf für den Verein 1918 eine dreiteilige Siedlung am nordwestlichen Rand des seit 1900 entstehenden Industriegebiets von Obersendling. Bis 1927 wurde nur das nördliche Drittel nach der Planung von Fischer unter Oberaufsicht von Johann Mund und der Mitwirkung von Paul Wenz (Reihenhäuser am Nelkenweg) ausgeführt. Erst in den 1930er-Jahren folgten weitere Neubauten bis hin zum Ratzingerplatz. Die Wohnungen, in der Regel Wohnküche, zwei Zimmer und Toilette, enthielten noch keine eigenen Bäder und kennzeichnen im Gesamtwerk von Fischer den Wechsel vom malerischen Wohnungsbau zum eher nüchternen, pragmatischen Zeilenbau der Nachkriegszeit.

6.9 Grund- und Mittelschule an der Zielstattstraße

Die beiden eigenständigen Schulen liegen auf dem gemeinsam genutzten Schulgelände direkt am Südpark. Die Grundschule (Schule im Grünen) bietet über die Unterrichtszeiten hinaus verschiedene Betreuungsangebote, auf dem Gelände befindet sich auch ein städtischer Hort und ein Tagesheim. Die Mittelschule ist eine offene Ganztagsschule mit Mittagsessenangebot und weiteren Freizeitangeboten. Wie an den meisten Mittelschulen bestehen auch hier spezifische und praxisorientierte Angebote für die berufliche Orientierung und Berufsvorbereitung der Schülerinnen und Schüler.

6.10 Wohnblock Aidenbachstr. 87–89

Die „Baugenossenschaft für Kleinwohnungsbauten Freiland" plante im damals noch weitgehend unbebauten Gelände eine umfangreiche Wohnanlage an der Aidenbachstraße, von der nur der westliche Rand ausgeführt und nach Plänen von Emil Freymuth bis 1928 fertig gestellt wurde. Im damaligen München ungewöhnlich, zeigt der viergeschoßige Baukörper eine sachliche Gestaltung, v.a. der südliche Kopfbau erhielt eine expressivere Ausformung mit Balkonen und einem für die Versorgung der abgelegenen Wohnanlage bedeutenden Laden.

Die „Wohnungsbaugenossenschaft Freiland" erstellte auf dem Grundstück diagonal gegenüber eine weitere Wohnanlage in einem traditionelleren Stil mit Walmdächern, Erkern und Dachaufbauten.

Baumringe – Ringende Bäume, Künstlerin: Christina Diana Wenderoth

SüdpART „Der Waldgeist wird wieder wach"

Eine Installation von Niko Jahn im Jahr 2017 kann fast als Motto gelten für die außergewöhnliche Kunstaktion, die seit 2016 im Sendlinger Wald stattfindet. Die Initiative ging von der Künstlerin Lore Galitz aus. Sie will, wie die inzwischen vielen beteiligten Künsterinnen und Künstler, einen Ort der Kontemplation schaffen mit den Mitteln des Waldes – kein Event, sondern einen Ruhepol, den jeder selbst erfahren kann. Ein Spaziergang für alle Sinne, neue unerwartete Wahrnehmungen mit den alltäglichen Materialien des Sendlinger Walds.

6.11 Sendlinger Wald Südpark

Der Südpark ist ein letzter verbliebener Rest der früheren umfangreichen Waldgebiete westlich der Innenstadt, die durch Rodungen für einzelne Dörfer und die Ausweitung der städtischen Siedlungsgebiete weitgehend zerstört wurden. Begrenzt wird der Südpark durch die Starnberger Autobahn, die Boschetsrieder Straße im Süden und die Siedlung an der Murnauer Straße im Norden. Erster Eingriff in das Waldgebiet war die Anlage der thermischen Tierkörper-Vernichtungsanstalt, die damals – 1893 – weit vor der Stadt angelegt wurde. Auf dem Gelände lag bereits der Wasenmeister, der kranke und tote Tiere in der Stadt zu entsorgen hatte. 1893 war der Wasenmeister (Schinder) von den Isaranlagen am Flaucher hierher verlegt worden. Heute ist hier eine Abteilung des Gartenbauamts. Durch das Waldgebiet führen die Inninger- und die Höglwörther Straße, die zum Unmut der Anwohner und des Bezirksausschusses teils monatelang als Abstellplätze für Wohnmobile, LKWs, Tankreinigungsfahrzeuge und Kräne genutzt werden.
Im Südpark gibt es keine Leinenpflicht für Hunde, was auch nicht jedem gefällt – den Hundebesitzern aber schon. Die 545.726 qm des Südparks sind nicht nur ein letzter Teil der großen Waldgebiete im Westen, sie sind auch eher naturbelassen.

Il patrone di artisti, Künstlerin: Nia Leitl

Hunde-Krieg im Südpark

Nach wie besteht kein Leinenzwang für Hunde im Südpark, außer natürlich auf den gekennzeichneten Flächen der Kinderspielplätze und – so die „Hundeverordnung" der LHM – auf den Rasenflächen, die mit den „grünen Pollern" mit einem durchgestrichenen Hundesymbol gekenzeichnet sind und bei „großen Hunden", wobei „Schäferhund, Boxer, Dobermann, Deutsche Dogge … immer als ‚große Hunde' [gelten], wenn sie erwachsen sind (unabhängig von ihrer tatsächlichen Größe)". Also ganz einfach ist es für den Hundehalter nicht. Wie auch immer, im Südpark gibt es quasi keine Leinenpflicht. Was vielen auch wieder nicht so arg gefällt, z.B. manchen Joggern – „Jogger sind nur eine Gruppe aus dem Beuteschema der Vierbeiner", so ein joggender IT-Spezialist. Das Baureferat hatte sich Großes vorgenommen: „Wir wollen die Hundehalter über längere Zeit umgewöhnen." Es bleibt spannend.

6.12 Siemens-Siedlung

Der Umzug des Elektro-Konzerns Siemens von Berlin nach München nach dem Zweiten Weltkrieg und der enorme Ausbau des schon seit 1927 genutzten Standorts an der Hofmannstraße war der Auslöser für die Planung einer umfangreichen Wohnanlage für die Mitarbeiter des Konzerns. Das vorgesehene Gelände zwischen Boschetsrieder Straße und Zielstattstraße in der Nähe des Südparks war damals noch teilweise bewaldet. Der Architekt Emil Freymuth plante seit 1950 eine Großsiedlung mit drei 17-geschoßigen Punkthochhäusern, einer 12-geschoßigen Hochhausscheibe und zahlreichen weiteren Wohnbauten. Freymuth hatte im Süden

von Obersendling in der Aidenbachstraße 87–99 bereits 1928 die Wohnsiedlung Freiland im Stil des Neuen Bauens geplant. Ausgeführt wurden tatsächlich ca. zwei Drittel des ursprünglichen Plans. Die Wohnhäuser orientieren sich grundsätzlich nach Süden und Süd-Westen und sind großzügig eingebettet in eine Grünanlage mit teils altem Baumbestand ohne Durchgangsverkehr. Die Siedlung umfasst 528 Wohnungen in 13 Häusern und in unterschiedlichen Größen und Zuschnitten. Alle Wohnungen besitzen Balkone bzw. Loggien. Zur Boschetsrieder Straße gibt es eine erdgeschoßige Ladenzeile. Nicht ausgeführt wurde in der Erbauungszeit 1952–55 der östliche Bereich zwischen Halske- und Steinmetzstraße, der heute jedoch bebaut ist. Die beiden in den 1950er Jahren ausgeführten Wohnhochhäuser waren damals mit 51 m Höhe die höchsten in München. Das dritte, auch damals schon geplante, aber nicht ausgeführte sogen. Sternhaus entstand erst in den Jahren 2005/06 an der Leo-Graetz-Straße 16, gestalterisch angelehnt an die beiden anderen Sternhäuser nach einem Wettbewerbs-Entwurf von 1994 des Architekturbüros Otto Steidle – verzögert, weil die Nachbarn gegen die Bebauung geklagt hatten. 2008 erhielt der Entwurf den Preis für Stadtbildpflege der Stadt München. Die Siedlung steht mit ihren Bauteilen aus den 1950er Jahren unter Denkmalschutz, bis Mitte 2008 wurden die Gebäude nach energetischen und denkmalpflegerischen Gesichtspunkten saniert. Im folgenden Jahr wurde der gesamte Gebäudebestand, der bis dahin im Besitz der Siemens AG war, an ein Konsortium verkauft, bestehend aus der Bonner Wohnbau GmbH, der Munchner GBW Gruppe und der Karlsruher Volkswohnung GmbH. Die Siemens-Siedlung gilt als eines der qualitätsvollsten Beispiele des Wohnungbaus der frühen 1950er Jahre in Deutschland.

6
Oberauer Straße
Clemens-Betz-Weg
Josef-Naus-Straße
Hirnerstraße
Stefan-Zweig-Weg
Cimbernstraße
Holsteiner Straße
Einhornallee
Südparkallee
Uttinger Straße
Aichacher Straße
Aichacher Platz
Holzhausener Straße
Iffeldorfer Straße
Inninger Straße
Hogwörther Straße
Zielstattstraße
Salzachstraße
Leo-Graetz-Straße
Bannwaldseestraße
Rappenseestraße
Mauthäuslstraße
Boschetsrieder Straße
Kreuzhofstraße
Possenhofener Straße
Arader Straße
Seeshaupter Straße
Gnadenthaler Straße
Weißkirchner Straße
Wurmseestraße
Haselfelder Weg
Drygalski-Allee
Perchtinger Straße
Machtlfinger Straße
Heltenriederstraße
Zuricher Straße
Kistlerhofstraße
Staffelseestraße
Barmseestraße
Kerschlacher Straße
Ammerseestraße
Rohrauer Straße
Hechendorfer Straße
Leutstettener Straße
Uffinger Straße
Feldafinger Straße
Münsinger Straße
Höhenkirchner Straße
3
4
1

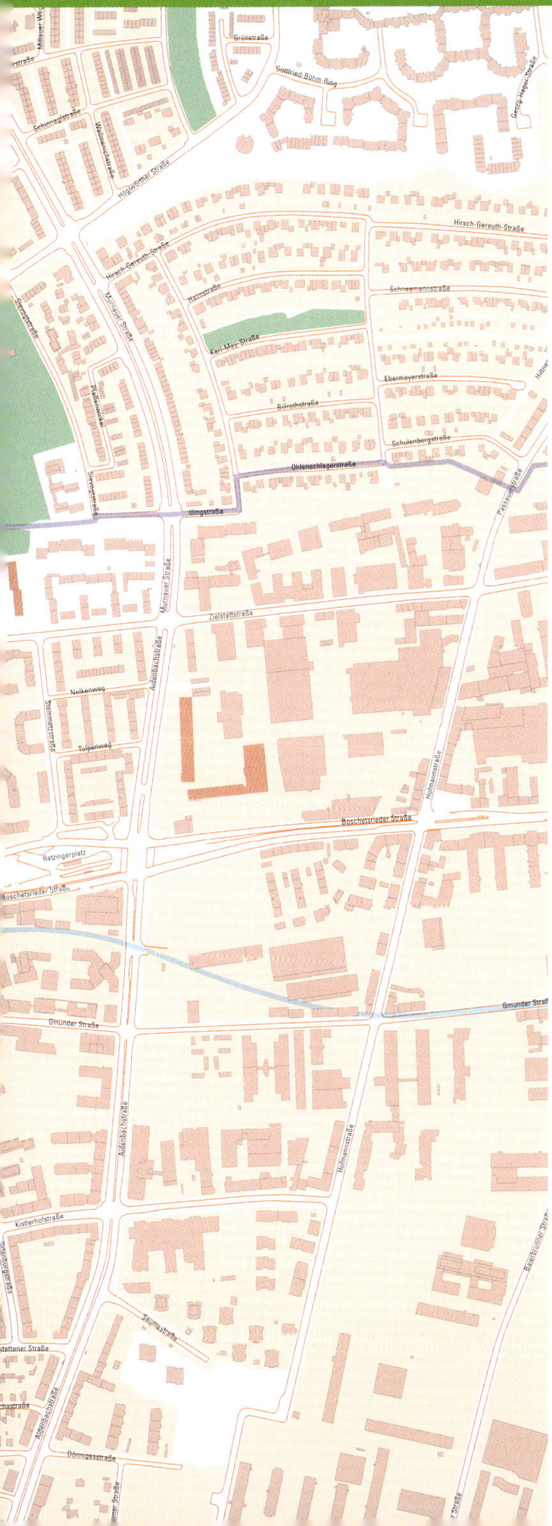

Cafés • Bars

Eiscafe La Fantastica
Boschetsrieder Straße 118

1 Eiscafe Via Veneto
Kistlerhofstraße 172

Fox Coffeeshop
Kistlerhofstraße 84

2 Karolina Schmidhofer Konditorei/Café
Boschetsrieder Straße 118
Café mit Sitzplätzen im Freien

Imbiss

Nazar Kebabimbiss
Geisenhausenerstraße 14

SANDIS Döner Imbiss
Meglingerstraße 6

Sendlings Special Kebap House
Kistlerhofstraße 88

Tonis Prämierte Bratwurst
Meglingerstraße 27

Essen

Asian Spice
Machtlfinger Straße 10
Chinesisches Restaurant

Bistro Viva Clara
Kistlerhofstraße 144

3 Die Küche im Kraftwerk
Drygalski-Allee 25
Inklusive Bergblick von der riesigen Dachterrasse

Gaststätte Freiland
Aidenbachstraße 86
Serbisches Restaurant

Haus des Lächelns
Südparkallee 15
Sushi-Restaurant

ITAL PIZZA
Kistlerhofstraße 168

Lal Qila
Nelkenweg 3
Currys und Tandoori-Gerichte bis spätabends

Majestic
Kistlerhofstraße 251
Chinesisches Restaurant

Taverne Kyano
Kistlerhofstraße 111

Lebensmittel

ALDI
Meglingerstraße 33

Zielstattstraße 73

Bäckerei Richard Eichinger
Ortenburgstraße 12

Landbäckerei Ihle
Aidenbachstraße 30

Lidl
Kistlerhofstraße 152

REWE
Aidenbachstraße 30

Wachszieherei Bernhard Fürst
Uttinger Str. 18
Kerzengeschäft

Shoppen

Dehner Garten-Center
Meglingerstraße 27

Hagebaumarkt & Gartencenter
Meglingerstraße 31

Hagebaumarkt & Gartencenter
Cimbernstraße 68

Fressnapf
Kistlerhofstraße 168
Zoohandlung

4 **KARE Kraftwerk**
Drygalski-Allee 25
Möbelhaus

Küchenladen im Kraftwerk
Drygalski-Allee 25
Gewürzsalz Alpenglühn, Brotgewürz Brotzeitmühle, Kürbis-Knabberkerne, Hollerblüten-Sirup und andere Leckereien

Rein und Sauber

dm-drogerie markt
Boschetsrieder Straße 7

Apotheken

Apotheke am Ratzingerplatz
Aidenbachstraße 30

Marienstern Apotheke
Aidenbachstraße 140

Olympia Apotheke
Boschetsrieder Str. 118

Schulen

Freie Waldorfschule München Südwest
Züricher Straße 9

Grundschule
Werdenfelsstraße 58

Grundschule und Mittelschule
Zielstattstraße 74

Städt. Thomas-Mann-Gymnasium
Drygalski-Allee 2

Institut für deutsche Kultur und Geschichte Südosteuropas an der LMU München
Halskestraße 15

Vereine

MTV Männer-Turn-Verein München
Werdenfelsstraße 70

Sport

SPORTS4You!
Drygalski-Allee 41
Fitnessstudio

Kieser Training
Geisenhausenerstraße 15

McFIT
Meglingerstraße 19
Fitnessstudio

FIT STAR
Kistlerhofstraße 70
Fitnessstudio

Soziales

Städtische Kindertageseinrichtung
Höglwörther Straße 19

Spielplatz
Karl-May-Straße 9

Wichtel Akademie München Obersendling
Oppenrieder Straße 26

Bank

Stadtsparkasse München
Reismühlenstraße 1

Geldautomat Raiffeisenbank
Aidenbachstraße 3

Briefkasten

Aidenbachstraße 31
Aidenbachstraße 96
Gmunder Straße 40
Höglwörther Straße 357
Kistlerhofstraße 144
Machtlfinger Straße 4
Schinnaglstraße 31
Schuckertstraße 14
Staffelseestraße 2
Südparkallee 1
Würmseestraße 39

MARKUS

Wie die
Scheuer sich
durch müh'n
Blumen
wachsen stets
und blüh'n

7
Station Mitter-Sendling
Neue Schießstätte
Zielstatt-
Boschetsrieder-
Str.
Schulh
Tölzer Platz
Steiner-
Pfeifenbauer Str.
Plinganser Str.
Hallmaier Str.
Zech Str.
Irschenhauser Str.
Ober Sendling
Maria Einsie
7.21

Obersendling Ost 1912

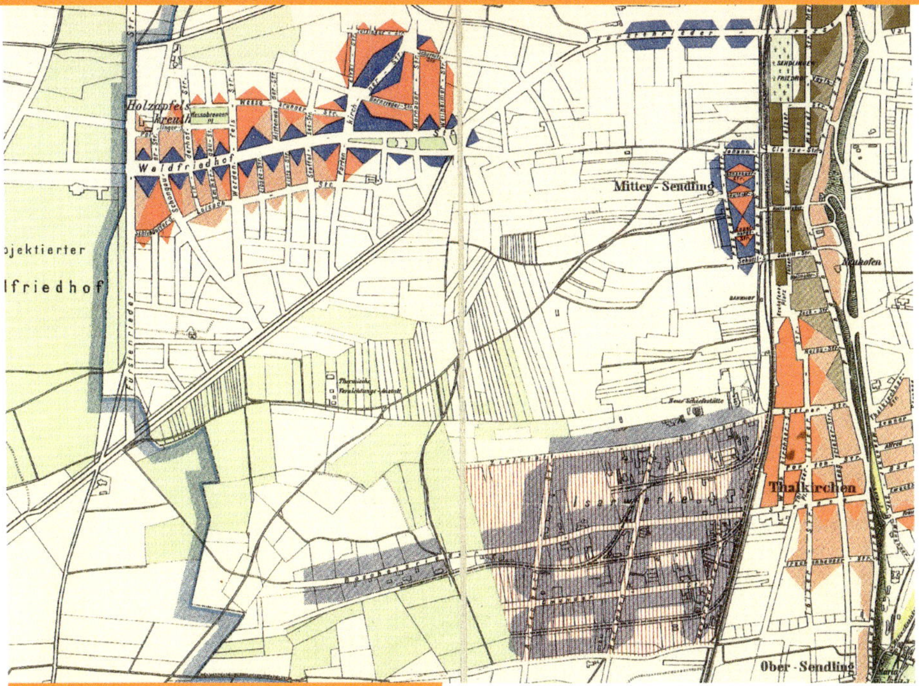

Obersendling Staffelbauplan 1904

Das Gebiet von Obersendling geht heute von der Plinganserstraße bzw. der Wolfratshausener Straße nach Westen zur Fürstenrieder Straße und vom Neuhofener Berg bis nach Süden zur Siemensallee. Seit 1818 war Obersendling Teil der Gemeinde Thalkirchen und wurde damit am 1. Januar 1900 nach München eingemeindet. Auch für dieses große Gebiet gab es um 1870 – lange vor der Eingemeindung – bereits eine Straßenplanung von Stadtbaurat Arnold Zenetti beiderseits der Boschetsrieder Straße. Um 1900 wurde ein großer Bereich von der Zielstattstraße im Norden bis zur Kistlerhofstraße im Süden und von der Holzkirchner Bahnlinie bis zur Geisenhausener Straße im Westen abgesteckt und als Gewerbe- und Industriegebiet ausgewiesen. Bestimmend für die Lage war natürlich die Bahnlinie nach Holzkirchen (seit 1854), die eine An- und Auslieferung für die Industriegebiete ermöglichte.

Nach der Reichsgründung 1871 und einem sprunghaften Ansteigen der Bevölkerungszahlen bis 1900 waren auch in München zahlreiche Industriebetriebe entstanden. Aber die Entwicklung eines Industriegebiets an dieser Stelle war noch von einem weiteren Aspekt beeinflusst: von der Nähe zu den Elektrizitätswerken an der Isar, die seit 1894 in Höllriegelskreuth und Pullach entstanden waren. Investor dieser Kraftwerke war der Unternehmer Jakob Heilmann bzw. die Isarwerke in Zusammenarbeit mit Oskar von Miller. Da die Abnahme des erzeugten Stroms zunächst eher zögerlich war – auch der Münchner Magistrat war aufgrund einer bis 1899 vertraglich festgelegten Gasversorgung der Straßenbeleuchtung lange verhindert – suchte Heilmann nach Absatzmöglichkeiten, die er im Obersendlinger Gebiet auch fand.

Im Staffelbauplan von 1904 war das Gebiet bereits als „Fabrikviertel" ausgewiesen, wenn auch Theodor Fischer die Lage kritisierte und u.a. den westlich gelegenen Wald als Grünfläche gefährdet sah. Bestimmend für die Anlage der Straßen und Baublöcke waren die von der Holzkirchner Bahnlinie ausgehenden Industriegleise, die heute nur noch schwer nachvollziehbar sind. Nach und nach siedelten sich Betriebe des Maschinenbaus und der Feinmechanik an (erster Betrieb war der Watteehersteller Kufner 1906). Daneben entstanden auch einzelne Arbeiterhäuser und -Siedlungen wie die Kriegersiedlung (1914) und die Wohnbauten von Theodor Fischer an der Zielstattstraße nach dem Ersten Weltkrieg.

Vorausblickend für die kommende Entwicklung des Arbeiterquartiers ließ der Magistrat 1903/04 ein Schulgebäude an der Boschetsrieder Straße errichten. Die erwartete Verdichtung ließ aber lange auf sich warten, eine intensivere Bebauung setzte erst nach 1945 ein, als der Elektro-Konzern Siemens & Halske von Berlin nach München umzog und sich von der Hofmannstraße aus zu einem Weltkonzern entwickelte.

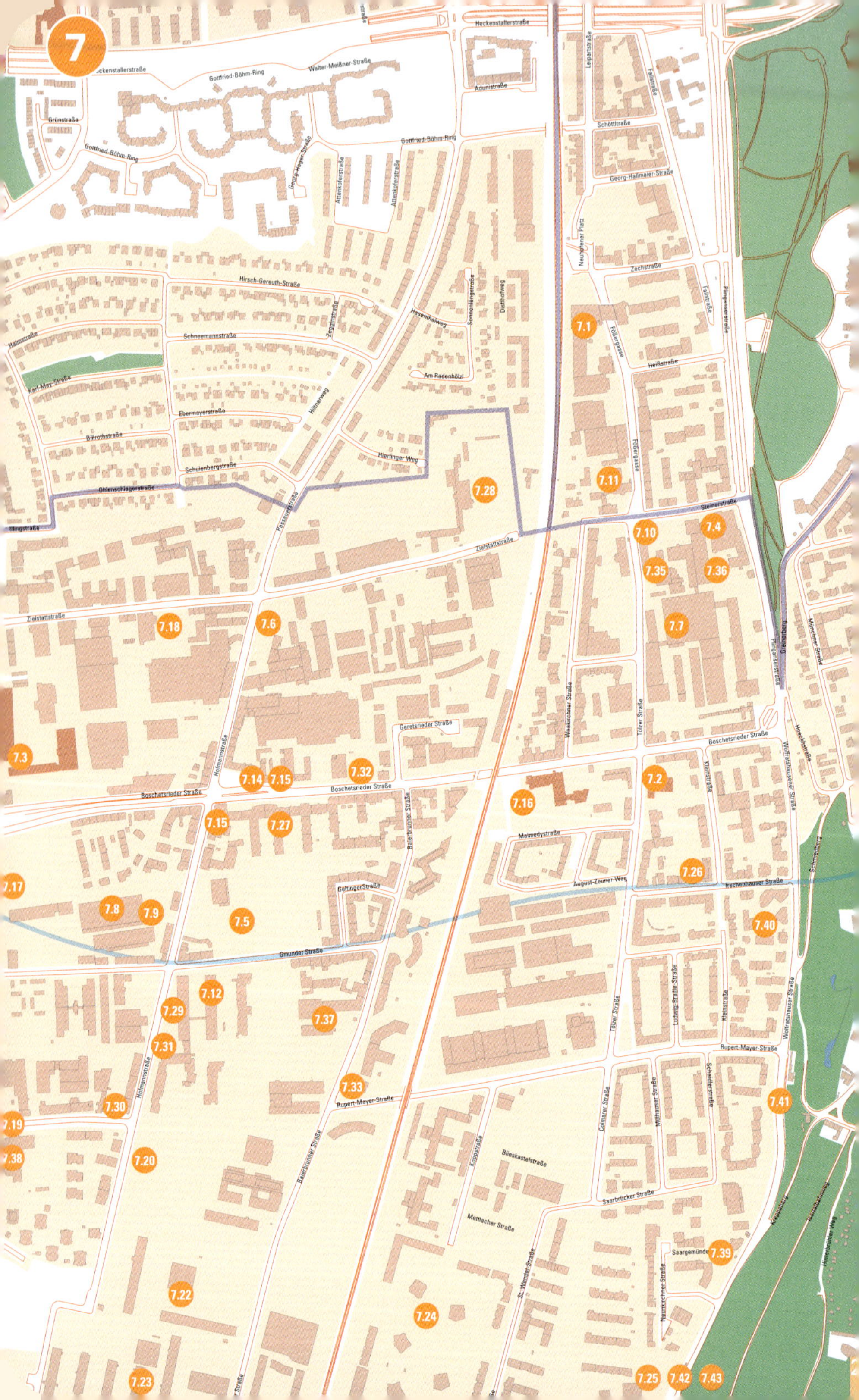
7
Heckenstallerstraße
Gottfried-Böhm-Ring
Walter-Meißner-Straße
Grünstraße
Adunistraße
Leipartstraße
Fallstraße
Schöttlstraße
Georg-Hallmaier-Straße
Attenkoferstraße
Georg-Hager-Straße
Neuhofener Platz
Zechstraße
Hirsch-Gereuth-Straße
Schneemannstraße
Hasenthalweg
Sonnenlängstraße
Am Radenhölzl
Karl-May-Straße
Ebermayerstraße
Billrothstraße
Schulenbergstraße
Hierlinger Weg
Passauerstraße
Ohlenschlagerstraße
Steinerstraße
Heißstraße
Fößergasse
Zielstattstraße
Geretsrieder Straße
Hofmannstraße
Boschetsrieder Straße
Baierbrunner Straße
Malmedystraße
August-Zeuner-Weg
Irschenhauser Straße
Geltingerstraße
Gmunder Straße
Tölzer Straße
Kleinstraße
Wolfratshauser Straße
Rupert-Mayer-Straße
Koppstraße
Blieskastelstraße
Saarbrücker Straße
Mettlacher Straße
St.-Wendel-Straße
Saargemünder
Neunkirchner Straße
Colmarer Straße
7.1
7.2
7.3
7.4
7.5
7.6
7.7
7.8
7.9
7.10
7.11
7.12
7.14
7.15
7.15
7.16
7.17
7.18
7.19
7.20
7.22
7.23
7.24
7.25
7.26
7.27
7.28
7.29
7.30
7.31
7.32
7.33
7.35
7.36
7.37
7.38
7.39
7.40
7.41
7.42
7.43

Obersendling Ost heute

7

Industrie in München

Die Entwicklung der Industrie in München verlief im 19. Jh. zunächst anders als in den klassischen Industriestädten wie Berlin oder den industriellen Zentren an Rhein und Ruhr. Während der Regierungszeit König Ludwig I. bis 1848 wurde die industrielle Entwicklung wenig gefördert – neben den klassizistischen Bauten sollten keine rauchenden Kamine stehen und durch den Zuzug von Arbeitern befürchtete man damit verbundene soziale und politische Probleme. In München gab es v.a. Unternehmen, die Gebrauchsgüter und künstlerische Produkte herstellten, dazu auch Papierfabriken, optische und graphische Betriebe und Verlage. Zu den ersten Großunternehmen gehörte die Eisenbahnfabrik von Maffei, die 1847 bereits ca. 500 Arbeiter hatte.

Mit König Maximilian II. entstand eine deutlich industriefreundlichere Stimmung, der König bemühte sich um außerbayerische Wissenschaftler und schuf Möglichkeiten zur Präsentation der industriellen Produkte und Entwicklungen wie die erste Industrieausstellung 1854 im neugeschaffenen Glaspalast. Nach der Reichsgründung 1871 nahm zum Einen die Industrialisierung des traditionellen Handwerks deutlich zu, zum Anderen wurden in München viele neue Erfindungen und Technologien entwickelt, die auch industriell umgesetzt wurden. Gerade in den letzten zwei Jahrzehnten des 19. Jh. nahm die Beschäftigtenanzahl um das Dreifache zu. Allerdings gab es nach der Zeit des Aufschungs in den ersten Jahren des neuen Jahrhunderts im ganzen Reich eine wirtschaftliche Krise, die jedoch auch die inzwischen bedeutende Rolle der Industrie für die allgemeine wirtschaftliche Entwicklung, den Wohlstand der Stadt und die Schaffung von Arbeitsplätzen klarlegte. Neben der Förderung der industriellen Entwicklung bestand gerade in München die Sorge um den Erhalt und den Charakter der touristischen Sehenswürdigkeiten. Die Lage der Industrieunternehmen war bis dahin in städtebaulicher Hinsicht wenig überzeugend, die Rauchplage als ständige Bedrohung der Wohnqualität und Gefahr für die touristischen Sehenswürdigkeiten wurde über Jahrzehnte zum Problem. Im Staffelbauplan von 1904 wurden erstmals konkrete Stadtgebiete als Fabrikviertel ausgewiesen, wobei für das Sendlinger Oberfeld trotz der Einsprüche der Industrielobby nur umweltfreundliche Produktionszweige und die Versorgung mit „sauberer Energie", also Strom vorgeschrieben war.

Industriegebiet Sendlinger Oberfeld

Bestimmend für die Struktur des Obersendlinger Industriegebiets waren die Gleisanlagen, die von der Holzkirchner Bahnlinie ausgeleitet wurden und in mehreren Strängen das Gebiet erschlossen. V.a. für die Großunternehmen und die Baufirmen, die sich hier ansiedelten war neben der fortschrittlichen Versorgung mit Strom der Bahnanschluss entscheidend. Schon bei den ersten Werksgründungen in Obersendling entstanden auch Wohnhäuser, zunächst für die Unternehmer selbst, wie es damals nicht ungewöhnlich war. Später auch erste Arbeiterwohnhäuser wie die Siedlung an der Zielstattstraße. Einen übergeordneten Plan für die unterschiedlichen Bauten für Industrie, Gewerbe und Wohnen gab es vermutlich nie. Maßgeblich waren die Bedürfnisse der Unternehmen.

Quelle: Karl Maria Haertle, Münchens verdrängte Industrie, in: München – Musenstadt mit Hinterhöfen. Die Prinzregentenzeit…

Ein boomendes Stadtviertel

Nach dem Zweiten Weltkrieg bestimmte v.a. die Firma Siemens die Entwicklung von Obersendling, die neben den Produktions- und Verwaltungsbauten auch bedeutende Wohnbauten für ihre Mitarbeiter bauen ließ. Nach dem Abzug von Siemens und inzwischen von vielen weiteren Industriebetrieben bzw. grundsätzlichen strukturellen Änderungen des industriellen Gewerbes steht Obersendling heute vor einer großen Aufgabe, die von vielen Aspekten bestimmt wird: der Druck von Investoren, die Wohn- und Büroprojekte auf den frei werdenden Flächen entwickeln wollen, der große Bedarf an Wohnungen und die Aufgabe der Stadt für die zugezogenen neuen Bewohner die notwendige Infrastruktur zur Verfügung zu stellen. Aus der städtebaulich letztlich chaotischen Entwicklung erwächst auch die Chance, ein lebendiges und urbanes Stadtviertel zu gestalten.

7 Obersendling Ost

Jakob Heilmann

Heilmann gilt als eine der bedeutendsten Persönlichkeiten in der Stadtgeschichte der 2. Hälfte des 19. Jahrhunderts in München. Geboren als Sohn des Glaser- und Schreinermeisters Peter Heilmann und seiner Frau Margarethe in Unterfranken hat er sich in ungewöhnlich kurzer Zeit eine solide Ausbildung zum Ingenieur und Architekten u.a. in Berlin, Zürich und München verschafft. Bereits mit 23 Jahren arbeitete er als Ingenieur beim Bau der Eisenbahnstrecken u.a. in Giesing, beim Bau des Süd- und Ostbahnhofs, in Neumarkt/Opf., später auch als selbständiger Unternehmer auf eigene Rechnung u.a. für die Bahnstrecke Warngau–Tölz. Er heiratete die vermögende Kaufmannstochter Ida Rosipal, die jedoch nach wenigen Jahren verstarb. 1877 übersiedelte er nach München und konnte sich dann in wenigen Jahren ein erfolgreiches Bauunternehmen aufbauen, später das größte in Bayern. Es entstanden mehrere hundert Geschäftshäuser, staatliche und städtische Gebäude, Wohnbauten und Villen in der Regel im eigenen Planungsbüro, das er mit seinem Schwiegersohn Max Littmann führte. Im großen Stil kaufte er mit der Heilmann'schen Immobilien-Gesellschaft Grundflächen im Umland, die er zu gewinnbringenden Wohngebieten entwickelte.

Erste Wasserkraftwerke an der Isar

Jakob Heilmann hat sich in mehreren Denkschriften auch mit der Zukunft der Stadt München auseinandergesetzt. Mit einem (letztlich nicht angenommenen) Preisgeld von 10.000 Mark für einen Wettbewerb brachte er eine längst überfällige Planung für die städtebauliche Entwicklung in München in Gang. Schon früh setzte er sich mit den Möglichkeiten der Nutzung der Wasserkraft zur Erzeugung von elektrischer Energie auseinander. Dafür erwarb er umfangreiche Grundflächen im Uferbereich der Isar zwischen Mittersendling und Baierbrunn. Zusammen mit Oskar von Miller entwickelte er drei Kraftwerke an der Isar, die dafür umfassend reguliert wurde, gegen den Protest u.a. des Architekten Gabriel von Seidl und des dafür gegründeten Isartalvereins. Ab November 1894 erzeugte ein Wasserkraftwerk bei Höllriegelskreuth Strom, ab 1904 das Kraftwerk bei Pullach und ab 1924 ein drittes Kraftwerk in Mühlthal Betrieben wurden die Einrichtungen von der Isarwerke AG, Teilhaber waren neben Jakob Heilmann das Bankhaus Merck Finck & Co und weitere Gesellschafter. Als Abnehmer des Stroms fand sich zunächst nur u.a. die damals noch unabhängige Gemeinde Thalkirchen.
Der Magistrat der Stadt München lehnte eine Lieferung von Strom nicht nur aus Sicherheitsgründen ab und richtete selbst kleine Kraftwerke am Auer Mühlbach und am Glockenbach ein – eher als Versuchseinrichtungen.

Industriegebiet Isar-Werke

7

Obersendlinger Industriegebiet der Isarwerke AG

Um Absatzmöglichkeiten für den in den Kraftwerken der Isarwerke AG erzeugten Strom zu schaffen, fasste Heilmann den Plan, ein Industriegebiet in Obersendling im Bereich der Eisenbahnstrecke nach Holzkirchen zu entwickeln. Dafür ließ er rund 300 Tagwerk Grund aufkaufen und plante zur Erschließung des Geländes Straßen und Gleisverbindungen – damals grasten hier noch Rehe, wie Heilmann in seiner Autobiographie 1921 schreibt. Eine Ansiedlung von Gewerbebetrieben blieb zunächst aus, als erste Firma konnte Heilmann einen Hersteller von Wattestoffen – Bartholomäus Kufner – von der optimalen Lage und den Entwicklungsmöglichkeiten in Obersendling überzeugen – aus der Firma wurde später Europas größter Wattehersteller. Innerhalb weniger Jahre ließen sich danach viele Firmen im Obersendlinger Industriegebiet nieder, u.a. die Eisenwerke München, die Münchner Motorenfabrik, die Großdruckerei Opbacher an der Hofmannstraße, die Furnierfabrik von Heinrich Hofmeier an der Zielstattstraße, zwei Asphaltfabriken an der Boschetsrieder Straße, die Baufirmen Weiß & Freytag und Philipp Holzmann & Co. an der Aidenbachstraße, Wilhelm Lesti an der Baierbrunner Straße und ein Zementwerk unmittelbar neben der Bahnstrecke. Auch die Baufirma Heilmann & Littmann belegte große Grundstücke an der Boschetsrieder Straße. Vor allem Betriebe der Feinmechanik und Maschinenbau siedelten sich an. 1902 erwarb der Sendlinger Konsumverein ein großes Grundstück an der Boschetsrieder Straße. Dazwischen entstanden mehrgeschoßige Wohnbauten, es entwickelte sich ein Arbeiterquartier. Östlich der Bahnlinie der Staatsbahn entstand 1903/04 das Schulhaus an der Boschetsrieder Straße mit einer Feuerwache fast auf freiem Feld. Letztlich aber gab es kein durchgehendes Bebauungskonzept. Theodor Fischer als Leiter des Stadterweiterungsbüros beklagte allerdings schon im April 1896 bei der Festlegung der Straßen im Industrieviertel: „Nichtsdestoweniger muß wiederholt und dringend darauf aufmerksam gemacht werden, daß eine grundsätzliche Behandlung der Frage, ob die Wälder im Südwesten der Stadt erhalten werden können oder nicht, unumgänglich nothwendig sein dürfte." Erst nach dem Zweiten Weltkrieg füllte sich das Gebiet von Obersendling mehr mit Wohnbauten, v.a. der Umzug des Elektrokonzerns Siemens und Halske von Berlin nach München an die Hofmannstraße führte dazu.

Von links: Fabrikantenvilla Brühl, Zigarettenfabrik Zuban und Wohnanlage für Geringverdiener, Plinganserstraße

7.1 Zuban Zigarettenfabrik

Der 1847 in Ungarn geborene Georg Zuban gründete 1882 eine Zigarettenfabrik, in der er mit Tabak aus Serbien Zigaretten herstellen ließ. 1904 wurde das Unternehmen mit damals 26 Arbeitern in eine GmbH umgewandelt und nach dem Tod von Georg Zuban im Januar 1909 von Franz Klein und Georg Teply als Kommanditgesellschaft weitergeführt. Das bereits von Georg Zuban geplante Fabrikgebäude an der Plinganserstraße konnte 1910 bezogen werden, zwei Jahre später erhielt die Firma den Hoftitel: Königlich Bayerische Hof-Cigaretten Fabrik. In dem stattlichen Fabrikgebäude wurden in dieser Zeit bereits 20.000 Zigaretten pro Stunde gefertigt. 1922/23 wurde die Firma an den türkischen Tabakhändler Kiazim Emin Bey verkauft und 1928 erwarb das Unternehmen Haus Neuerburg die Zuban-Zigarettenfabrik, Beschäftigte damals 3.000.

Haus Neuerburg

Haus Neuerburg mit Sitz in Köln war nach Philipp Reemtsma der zweitbedeutendste Zigaretten-Hersteller in Deutschland. 1935 kam es zur Fusion Neuerburg-Reemtsma, die dann mehr als 80 % Marktanteil hatte. Nach dem Zweiten Weltkrieg wurde der Konzern wieder aufgeteilt, die Marke Zuban blieb bei der Firma Philipp Reemtsma, die bis 1975 an der Plinganserstraße produzierte.

ipp Morris Werksgelände 1965

7.1 Philipp Morris

Seit 1975 gehörte das Gelände dem US-amerikanischen Tabakkonzern Philipp Morris, der zeitweise der größte Gewerbesteuerzahler in München war. Täglich wurden auf dem 60.000 qm großen Betriebsgelände rund 20 Millionen Zigaretten pro Tag hergestellt.

Investa Immobiliengruppe WerkStadt Sendling

Nach dem Erwerb des Grundstücks 2009 begann der neue Inhaber ab 2011 die ehemaligen Fabrikanlagen im westlichen Teil zu Büro- und Gewerbeflächen für verschiedene Branchen umzubauen: eine „Ideenfabrik, mit Ateliers, Büros, Hallen für Produktion, Lager und Logistik und Wohnungen". Einige Gebäude an der Zechstraße, die bis Ende 2011 noch von der Firma Philipp Morris genutzt wurden, ließ man abreissen, es entstand das WohnWerk Mittersendling in mehreren Bauabschnitten, das ca. 160 Wohnungen beinhaltet. Weitere Neubauten auf dem Gelände folgten: eine Kindertagesstätte, ein Boardinghaus an der Flößerstraße und bis Januar 2018 ein Neubau für die Landesgeschäftsstelle der Bayerischen Landeszahnärztekammer. Philipp Morris ist umgezogen in eine neue Konzern-Zentrale im Gewerbegebiet am Lochhamer Schlag in Gräfelfing.

7 Obersendling Ost

Stattpark Olga

Die wenigen alternativen Wohnprojekte haben es in München sehr schwer. Die Bewohner des Stattparks Olga sind in den letzten acht Jahren schon mehrfach umgezogen: von der Tumblingerstraße am Viehhof 2016 an den Ratzingerplatz, von dem die Wagenburg Ende 2018 wieder weichen musste – wie am Viehhof wegen eines geplanten Schulprojekts. Gegen den Vorschlag der Olga-Bewohner, auf dem ehemaligen, aber zur Zeit weitgehend nutzungsfreien Siemens-Sportpark zumindest zeitweise unterzukommen, wandten sich energisch der Bezirksausschuss Thalkirchen-Obersendling-Forstenried-Fürstenried-Solln mit Ausnahme der Grünen und viele Bürger. Die Olga-Bewohner sehen sich eher als integratives Projekt im Viertel und verweisen auf ihre kulturellen Angebote. Mit Hilfe von Oberbürgermeister Reiter fand sich dann doch noch ein neuer Platz in Sendling, an der Passauerstraße/Gottfried-Böhm-Ring – auf Zeit.

7.2 Evang.-Luth. Passionskirche

Als erste evangelisch-lutherische Kirche in Sendling entstand 1900 die Himmelfahrtskirche in der Kidlerstraße. Der starke Anstieg der Bevölkerung in Obersendling, dazu noch die hohe Arbeitslosigkeit nach dem Ersten Weltkrieg und in der Weltwirtschaftskrise verlangten eine umfangreichere seelsorgerische Betreuung. Daher wurde eine Notkirche an der Tölzer Straße für die Protestanten errichtet und 1933 von Stadtvikar Siebert eingeweiht, seit 1947 erhielt sie die Bezeichnung Passionkirche nach der Leidensgeschichte Christi.

Für einen Neubau auf der Fläche der Notkirche wurde 1968 der Grundstein gelegt. Kirche, Gemeindehaus und ein freistehender Glockenturm entstanden als Bauensemble nach einer Planung des Architekten Fritz Zeitler, der auch die Himmelfahrtskirche nach dem Zweiten Weltkrieg wieder aufgebaut hat.

Am 5. April 1970 konnte die Kirche durch den Münchner Kreisdekan Oberkirchenrat Hans Schmidt eingeweiht werden. Die drei schlichten Baukörper gruppieren sich um einen Vorplatz. Bestimmendes Material außen wie innen ist Backstein. Die Innenausstattung beschränkt sich auf wenige Kunstwerke: ein Wandkreuz aus Aluminium von Hermann Jünger, ein Kerzenständer von Hamit Cordan (2004), ein Meditationsbild des Künstlers und Unternehmers Claus Hipp (Babykost) von 2008 und eine Auferstehungssonne von Peter Luther.

7.3 Feuerwache 2 Sendling

Auf dem Gelände bestand vorher das städtische Asphaltwerk. Die Wache 2 „Sendling" besteht seit 1967. An der Aidenbachstraße 7 rückt man nicht nur zu Alarmen aus – hier ist auch die Feuerwehrschule untergebracht. In Betrieb genommen hat die erste Wachmannschaft die Feuerwache im Herbst 1967. Die bisherige Wache 2 an der Boschetsrieder Straße war zu klein geworden – und zu alt, technisch und einsatztaktisch entsprach sie nicht mehr den Anforderungen einer effizienten Wache. Auf dem Gelände der Feuerwache 2 befinden sich außerdem eine Atemschutzwerkstätte und die zentrale Schlauchwerkstatt. In der großen Übungshalle mit angebautem Steigerturm steht eine stationäre Brandsimulationsanlage für Übungszwecke zur Verfügung und für die Maschinistenausbildung ein Pumpenübungsstand. Eine Tankstelle für Einsatzfahrzeuge ist ebenfalls vorhanden.

Zur Bekämpfung von Gefahrgutunfällen steht auf der Feuerwache 2 eine Umwelteinheit bereit. Sie besteht aus dem Löschzug und einem Spezial-Gerätewagen zu Einsätzen mit Gefahrgut. Je nach Umfang des Einsatzes stehen noch weitere Fahrzeuge wie Atemschutz-Messtechnikwagen und Abrollbehälter mit diversen Tanks bereit.

In Deutschland gibt es sieben Einheiten Analytische Taskforce, eine davon ist hier bei der BF München. Schwerpunkt ist die chemische Analytik. Die Feuerwache 2 ist eines der beiden Kompetenzzentren für Umwelteinsätze. Das Einsatzgebiet der Feuerwache 2 umfasst die Stadtbezirke Sendling, Sendling-Westpark, das Waldfriedhofviertel, Maxhof, Groß- und Kleinhadern und Thalkirchen, Holzapfelkreuth, Forstenried, Fürstenried und Solln. Außerdem mehrere Autobahnabschnitte, den Tierpark Hellabrunn, mehrere Krankenhäuser und Großbetriebe mit gefährlichen Stoffen, sowie die Fakultät für Chemie und Pharmazie der LMU mit Bio- und Chemielaboren. Auch Führungen für Gruppen sind möglich.

7.4 Hochbunker Steinerstraße 3 / Plinganserstraße

Der Hochbunker an der Steinerstraße entstand im Rahmen des Luftschutz-Programms in der NS-Zeit um 1939 und hatte die Bezeichnung: LS-Sonderbauwerk Nr. 17. Ausgeführt wurde der Bau durch die Baufirma Karl Stöhr. Er hatte 800 Schutzplätze. 2010 wurde er für den Neubau einer Klinik abgebrochen.

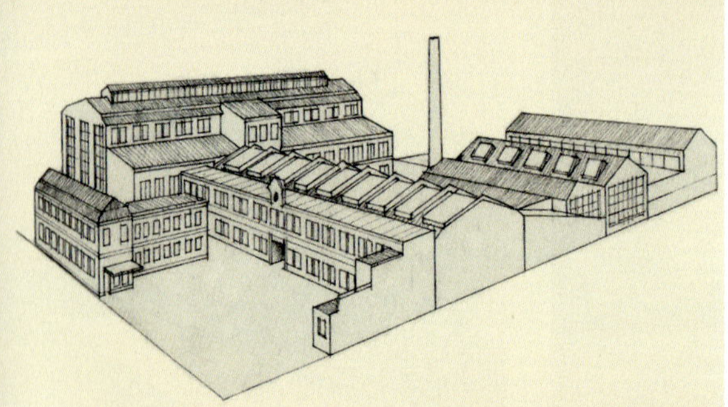

Ehemaliges Werksgelände an der Gmunder Str

7.5 Motorenfabrik Sendling

Die Motorenfabrik München-Sendling lag seit 1907 an der Gmunder Straße 14–16, gegründet wurde sie 1899 von Otto Vollnhals an der Forstenrieder Straße. Hier wurden schon die ersten Motoren gefertigt, die mit Benzin und Leuchtgas betrieben werden konnten. Im weit größeren Werk in Obersendling wurden weitere Motorentypen entwickelt, die sich durch einen günstigen Verbrauch auszeichneten. Um 1909 entwickelte Vollnhals Maschinen für die Landwirtschaft, u.a. den ersten Ackerschlepper in Deutschland, der für die weitere Entwicklung der Traktoren maßgeblich wurde. Um diese Zeit hatte das Unternehmen bereits 200 Mitarbeiter, es wurden ca. 2.000 Motoren im Jahr gefertigt.

Die weiter entwickelten Ackerschlepper wurden nach Ende des Ersten Weltkriegs auch von den Automobilwerken Benz AG Mannheim produziert und unter dem Namen „Benz-Sendling" 1925 als erster Fahrzeug-Dieselmotor in Serie herausgebracht. Der 2-Zylinder-Vorkammermotor hatte 27 PS und einen Hubraum von 5730 ccm. Die Motorenfabrik München-Sendling konnte nach Einführung von Fließbandfertigungsmethoden 1928/29 bis zu 900 Motoren pro Monat fertigen. 1927 war das Werk wesentlich erweitert worden.

Das erste Fabrikationsprogramm nach dem Zweiten Weltkrieg umfasste Dieselmotoren von 5 bis 15 PS, die als „Sendling-Diesel" zunächst erfolgreich vertrieben wurden. Anfang der 1960er Jahre gingen die Absatzzahlen deutlich zurück, 1964 musste die Motorenfabrik den Betrieb einstellen, ein bis dahin betriebenes Werksmuseum hat sich leider nicht erhalten, ein Exemplar eines Benz-Sendling steht heute im Deutschen Museum.

7.6 Gebrüder Obpacher AG

Die bedeutende Großdruckerei wurde im April 1867 von den Brüdern Johann und Joseph Obpacher gegründet, 1888 in eine Aktiengesellschaft (Lithographisch-artistische Anstalt vormals Gebrüder Obpacher AG) umgewandelt und bestand bis 1988. Der Firmensitz war zunächst in der Maxvorstadt (Karlstraße 41), um 1905 zog der Betrieb in die Zielstattstraße 37/Ecke Hofmannstraße.
Obpacher produzierte vor dem Ersten Weltkrieg auch Bücher, später Luxus- und Spezialpapiere, die für Schmuckschachteln und aufwändige Verpackungen von Süßigkeiten und Modeartikeln verwendet wurden, vieles davon für den Export. Gedruckt wurden Plakate, Postkarten, Verpackungen, u.a. für die Tabakindustrie, nach dem Zweiten Weltkrieg vermehrt illustrierte Kinderbücher.

Ab 1913 hatte die *Gebrüder Obpacher AG* Filialen in London (*The Artistic Lithographic Co.*), New York (*Art Lithographic Publishing Co.*, Duane Street), Chicago und Berlin. 1929 Umbenennung in *Druckerei & Kartonagen vorm. Gebr. Obpacher AG*. Ende 1929 verkaufte die Firma ihren Verlag und Vertrieb in den USA. Ab ca. 1935 wurden auch politische Plakate für die NSDAP hergestellt. 1936 hatte die Firma 500 Mitarbeiter. 1939 Fusionierung mit der Firma *Kunst im Druck Müller & Co.* (urspr. in der Thalkirchner Straße 35–37), die Reproduktionen klassischer Kunstwerke produzierte. Lambert Müller sen. blieb bis 1963 Vorstand der Aktiengesellschaft. Mitarbeiterstand 1942: ca. 950. Heute sind in den ehemaligen Werksgebäuden an der Hofmannstraße mehrere Firmen untergebracht, u.a. auch das Hotel Leonardo.

Werksgebäude Deckel an der Waakirchner Straße, 1930

7.7 Friedrich Deckel AG

Friedrich Deckel hatte ab 1889 als Feinmechaniker bei der Firma Zeiss in Jena gearbeitet und gründete mit dem Erfinder Christian Bruns eine Firma in der Klenzestraße, die Kameraverschlüsse produzierte, v.a. den Compound-Zentralverschluss, ab 1905 war Deckel alleiniger Inhaber der Firma. Die notwendigen hochpräzisen Werkzeugmaschinen zur Fertigung ließ Deckel im eigenen Betrieb herstellen. Mit dem Umzug der Firma 1911 in die Waakirchner Straße in Obersendling wurde daraus ein selbständiger Produktionszweig und schließlich das Kerngeschäft der Friedrich Deckel GmbH. 1918 erhielt Friedrich Deckel den Titel eines kgl. Kommerzienrats. Seit 1924 wurden auch Einspritzpumpen für Diesel- und Benzinmotoren produziert, ab 1940 auch für den Flugmotor von BMW. 1933 hatte die Firma 825 Mitarbeiter, die Produktion stieg in der Nazizeit noch weiter an.

Im Mai 1935 konnte ein Neubau an der Tölzer Straße nach einer Planung von Karl Stöhr eröffnet werden, ein 60 m langer Eisenbetonbau mit weitgespannten Decken. Als Friedrich Deckel 1937 seinen Betrieb an seine beiden Söhne Fritz und Hans übergab, hatte die Präzisionsfirma mit 1.886 Mitarbeitern bereits Weltruf und war eines der erfolgreichsten Unternehmen in München. Deckel stellte seit der Machtübergabe an die Nationalsozialisten u.a. Munitionszünder her, auf eine Weiterführung der zivilen Produktion v.a. für das Ausland wollte die Firma ebenfalls nicht verzichten. Bis zu 400 Fremdarbeiter, auch russische Kriegsgefangene waren während des Zweiten Weltkriegs bei Deckel beschäftigt.

7.7 Friedrich Deckel AG

Sozialbürgerhaus Süd, Plinganserstraße

Sie unterstanden dem „Stalag Moosburg". Für sie musste die Firma im Keller des Fabrikgebäudes in drei Luftschutzkellern Arrestzellen einbauen lassen, in denen die Gefangenen wegen „mangelnden Arbeitseinsatzes" und Fluchtversuchen eingesperrt wurden. An der Zielstattstraße hatte Deckel ein Kriegsgefangenenlager eingerichtet. Im Entnazifizierungsverfahren wurden Fritz und Hans Deckel als „Hauptschuldige" eingestuft und mit drei Jahren Arbeitslager bestraft. Der Unternehmensgründer Friedrich Deckel, der 1940 in die NSDAP eingetreten war, wurde zunächst als „Belasteter" verurteilt und musste 75% seines Privatvermögens als „Wiedergutmachung" abgeben, im April 1948 wurde das Urteil jedoch wieder aufgehoben, er wurde schließlich als „Mitläufer" eingestuft mit einem Sühnebetrag von 500 Mark. (Gribl, Obersendling und Thalkirchen)

Die erhaltene Produktionsstätte von 1935 wurde 1958/62 im Wiederaufbau mit einem flexibel nutzbaren und erweiterungsfähigen Bürohaus und einer stützenfreien Produktionshalle an der Plinganserstraße 150 nach Plänen von Walter Henn ergänzt, die Firma hatte damals mehr als 3.000 Beschäftigte. Hergestellt wurden neben Kamera-Verschlüssen für alle bedeutenden Marken weltweit vertriebene Fräsmaschinen mit einem umfassenden Zubehörprogramm. 1972 wurde das Unternehmen in die Friedrich Deckel Aktiengesellschaft umgewandelt, es war damals der viertgrößte Hersteller von Werkzeugmaschinen in Westdeutschland.

Werksgelände Deckel, 2019

Werkshalle Deckel, um 1980

Bis 1976 wurde die Produktion von Kamera-Verschlüssen Schritt für Schritt eingestellt. 1994, ein Jahr nachdem die Deckel AG mit der Maho AG zusammengeschlossen wurde, musste Konkurs angemeldet werden. Unter der Firmierung DMG (Deckel Maho Gildemeister) wurde die Fräsmaschinenproduktion weitergeführt, heute Teil der DMG Mori AG in Bielefeld.

Unklar war der Erhalt der Produktionshallen von 1935 und aus den 1950/60er Jahren. Im November hat die Stadt München eine Revitalisierung der Gebäude beschlossen. Der denkmalgeschützte Eisenbetonbau an der Tölzer Straße soll künftig sozialen und kulturellen Zwecken dienen, evtl. kombiniert mit kleinteiligem Gewerbe. Für das gesamte Deckel-Gelände wird eine bessere Durchlässigkeit gewunscht und mehr Grünflächen. Ziel ist eine Mischnutzung mit Wohnen und Gewerbe.

Obersendling Ost

Fabrikhalle für Teddybären

Für die Spielwaren-Fabrik von Margarete Steiff in Giengen a.d. Brenz fertigte das Münchner Eisenwerk bis 1903 einen revolutionären Bau: eine der ersten Vorhangfassaden als Eisenkonstruktion. Bauherr war Hugo Steiff (1884–1954), der den Bau nach Vorgaben seines Bruders Richard, dem Neffen der Margarete, konzipierte, ein nicht bekannter Münchner Architekt erstellte die Pläne.

7.8 Eisenwerk München

Die Eisenwerk München AG wurde am 12.12.1898 gegründet durch einen Zusammenschluss der Firma Ludwig Kießling & Co. und der Kommanditgesellschaft Steger und Carl Moradelli. Ziel war eine Vergrößerung des Betriebs, es lagen Aufträge vor für die Armeeverwaltung und für einige Staaten auf dem Balkan, v.a. für die Türkei. Der Standort an der Hofmannstraße in Obersendling war dafür ideal: freie Flächen für eine großzügige Montagehalle, ein Anschluss an die Eisenbahn und die Versorgung mit Strom, 1899 wurde das Gelände erworben.

Carl Moradelli (1844–1901) stammte aus einer berühmten Schlosser-Familie, er selbst erhielt umfangreiche Aufträge von König Ludwig II. zur Ausstattung seiner Schlossbauten: u.a. Eisendächer, Fenster- und Türbeschläge, ein eisernes Badebassin und ein „Tischlein-deck-dich" für Herrenchiemsee. Nach dem Tod des Königs war eine Neuausrichtung des Schlosserbetriebs notwendig, der im Glockenbachviertel ansässig war (zunächst in der Baumstr. 2, ab 1899 in der Ringseisstr. 4, heute in Kirchheim b. München).

Direkter Anlass für die Gründung des Eisenwerks München war der Bau der Paul-Heyse-Unterführung, die von der Stadt München finanziert wurde und unter den Gleisanlagen am Hauptbahnhof führte. Das Eisenwerk München spezialisierte sich auf den Bau von Brückenkonstruktionen, Kranen, Aufzügen, Zentralheizungen und Bühneneinrichtungen. Erhalten hat sich z.B. die originale technische Bühneneinrichtung für das Prinzregententheater. Ausgeführt wurden aber auch Bühnentechnik mit einer Drehbühne für das Schauspielhaus am Nollendorfplatz in Berlin, das Hoftheater in Weimar und für das Schauspielhaus in München. Es wurden Glasüberdachungen für Münchner Kaufhäuser (Hermann Tietz = Hertie) und Banken im Obersendlinger Werk produziert und auch die Halle des Passionsspielhauses in Oberammergau.

7.8 Eisenwerk München

Werkshalle, um 1908

Aufstieg und Fall der Eisenwerk München AG

Bei der Gründung des Betriebs 1898 wurden Aktien im Wert von 1,5 Millionen Mark ausgegeben, mit einer Verpflichtung, eine Dividende von 7% auszuschütten. Bereits im ersten Jahr erreichte das Eisenwerk mit seinen 400 Arbeitern und Angestellten einen Umsatz von 1.850.697 Mark bei einem Reingewinn von 221.831 Mark. Aufgrund des mangelnden Betriebskapitals, wachsender Konkurrenz und einem Verfall der Materialpreise, wodurch die Bestände entwertet wurden, musste die Firma teilweise weit unter auskömmlichen Preisen anbieten und geriet in Zahlungsschwierigkeiten, Ende 1902 ergab sich ein Defizit von 400.000 Mark. Zahlungen für die Brückenkonstruktionen in den Balkanstaaten blieben teilweise aus. Im Jahr 1907 erhielt das Eisenwerk einen Auftrag der Stadt München, für die Ausstellung „München 1908" auf der Theresienhöhe zwei Eisenhallen zu bauen. Beim Aufbau der Halle für den „Parseval", ein Luftschiff, im April 1908 stürzte das halbfertige Eisengerüst ein – es war zu wenig abgestützt. Neben den allgemeinen Zahlungsschwierigkeiten führte dieses Unglück zum Ende des Eisenwerks München, im Mai 1908 musste die Firma mit dem Verlust des gesamten Aktienkapitals aufgelöst werden. In den knapp 20 Jahren der Firmengeschichte hat das Eisenwerk jedoch einen bedeutenden Beitrag zur Münchner Industriegeschichte geleistet.

Ausstellung München 1908

Zum 750. Jubiläum der Stadtgründung wurde das neue Messegelände auf der Theresienhöhe eröffnet. In den neuen Hallen wurde eine umfassende und viel beachtete Leistungsschau der Münchner Industrie, des Gewerbes und des kulturellen Lebens der Stadt ausgestellt. Das Eisenwerk München lieferte eine der Hallen, die bis heute erhalten ist und vom Verkehrszentrum des Deutschen Museums genutzt wird.

7 Obersendling Ost

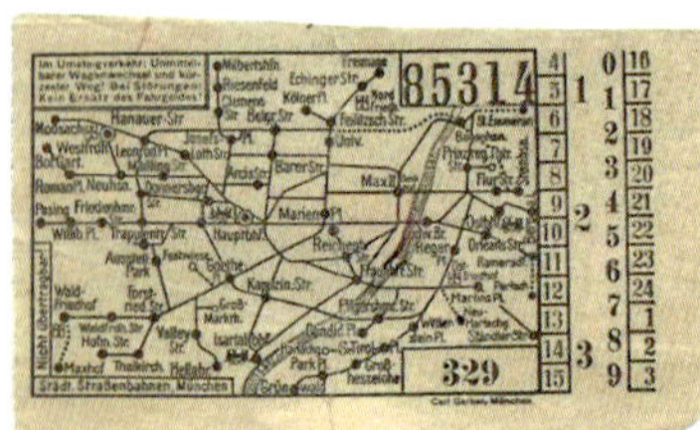

Obus Laim–Obersendling

Für die Obus-Linie von Laim nach Obersendling errichtete man eine neue Halle auf der Fläche der ehemaligen Beiwagenhalle an der Gmunder Straße, am 7. Mai 1949 wurde die Linie in Betrieb genommen. Der gesamte Obus-Betrieb wurde jedoch schon 1966 wieder eingestellt, alle dafür notwendigen Stromleitungen wieder abgebaut.

Straßenbahnhof 6, Hofmannstraße

Für das Luftschiff „Parseval" wurde eine Halle durch eine andere Firma erstellt. Möglicherweise im Bezug darauf heißt die Halle des ehemaligen Eisenwerks an der Hoffmannstraße auch heute noch Zeppelinhalle. Nach dem Konkurs des Eisenwerks erwarb die Stadt München 1910 das Gelände für den Betrieb der Straßenbahn.
In den Jahren 1911/12 wurden die bestehenden Gebäude von den Architekten Walch und Dix umgebaut, 1912 konnte der Betriebshof eröffnet werden, später erhielt er die Nummer 6. Die große Halle enthielt 12 Gleise für 63 Motorwagen und 75 Anhängewagen, die südlich gelegene Halle wurde zur Reperaturwerkstätte, in der ehemaligen Fabrikanten-Villa an der Aidenbachstraße 45 wurden Dienstwohnungen eingerichtet. Einen an der Gmunder Straße bestehenden Holzbau nutzte man ab 1939 zur Lagerung von NS-Fahnen für die Gauleitung und 1940 wurde auf dem Gelände ein Kriegsgefangenenlager eingerichtet. Nach Zerstörungen im Zweiten Weltkrieg konnte bis 1948 die große Halle wieder aufgebaut werden. Der Betriebshof wurde bis 19. Oktober 1971 für die Stadtwerke genutzt, später als Werkstätten für die städtische Abfallwirtschaft.

7.8 Straßenbahnhof Zeppelinhalle

7

Zeppelinhalle 2019

Zeppelinhalle

Nach dem Terroranschlag am 11. September 2001 auf das World Trade Center in New York wurde die Katastrophenvorsorge im Stadtbereich von München neu strukturiert und in der großen Halle des ehemaligen Eisenwerks München ein Zentrum für die Katastrophenvorsorge eingerichtet. Der westliche Teil der Halle wird von der städtischen Fachschule für Farbe und Gestaltung als Werkstätten genutzt, hin und wieder wird auch die Halle selbst zum Ausstellungsort wie auch die Außenfassaden teilweise von der Fachschule farblich gestaltet wurden. Aktuell gibt es Überlegungen, die denkmalgeschützte Halle in ein Gesamtkonzept zur Planung des Ratzingerplatzes zu integrieren und für Kultur im Stadtteil zu nutzen.

7.9 Städtische Fachschule für Farbe und Gestaltung

Die praktische Ausbildung der Berufsschule für Farbe und Gestaltung findet in Räumen statt, die in der sogen. Zeppelinhalle eingebaut wurden. In der Halle selbst finden auch regelmäßig Ausstellungen der Ergebnisse der Berufsschüler statt. Auch an den Fassaden der Halle selbst und in der näheren Umgebung haben sich wohl die eifrigen Berufsschüler verwirklicht.

7.10 Freundorfer KG

Die Brüder Theodor und Roman Freundorfer gründeten 1913 ein photochemisches Laboratorium in der Lindwurmstraße, das photographische Emulsionen und Kopierpräparate für die Reproduktionstechnik herstellte. 1928 zog das florierende Unternehmen in ein Werksgebäude an der Steinerstraße 11 in Obersendling um. Das Gebäude an der Ecke Steiner-/Tölzer-Straße besteht noch heute.

7.11 Neuberger Messgeräte

Josef Neuberger gründete 1904 die Firma, die elektrische Messinstrumente und -geräte und ab 1931 Röhrenprüfgeräte, Kondensatoren und kleine Spezialöfen fertigte. Sie hatte ihren Sitz an der Steinerstraße 16. Ihre Messtechnik hatte einen außerordentlich guten Ruf. Im Mai 1998 wurde die Neuberger Messgeräte GmbH München zum Teil von der Nürnberger Konkurrenz-Firma Müller & Weigert übernommen, die ebenfalls Messinstrumente baute. In das Gebäude an der Steinerstraße 16 zog die 1998 gegründete private Neuhof-Schule ein, die damals aus einem Gymnasium und der Neuhof Realschule bestand und 2016 mit weiteren gegründeten Schulzweigen in ein Gebäude an der Plinganserstraße 150 gezogen ist.

7.12 Feurich-Keks

Die Firma Feurich ließ 1916 ein Fabrikgebäude an der Gmunder Straße 21 im Obersendlinger Industriegebiet erstellen. Gegründet wurde die Fabrik des österreichischen Waffelbäckers Hugo Feurich 1890 in Solln, 1910 zog Feurich um in die Hiltenspergerstraße in Schwabing. In Obersendling entwickelte sich Feurich-Keks zu einem Großunternehmen, seit 1923 eine Aktiengesellschaft. Zur Produktpalette gehörten Kekse, Waffeln, Lebkuchen und Biskuits, die auch in Blechdosen geliefert wurden, womit die Waren vor dem Austrocknen bzw. vor Feuchtigkeit geschützt waren. Als der Firmeninhaber Max Feurich, Sohn des Gründers, 1934 starb, waren ca. 500 Personen beschäftigt. Die Firma wurde von seinem Schwiegersohn Hans Karl Löb übernommen, einem überzeugten Mitglied der NSDAP, der seine politischen Ziele auch im Betrieb bei Feiern und Betriebsappellen proklamierte. Den im Handel nicht mehr verwertbaren Keksbruch verkaufte er an das Konzentrationslager Dachau, wo er den Gefangenen zu überteuerten Preisen verkauft wurde. 1960 wurde der Betrieb von Horst Bentz übernommen, dem Inhaber der Melitta-Werke, schon drei Jahre später ging die Firma an Bahlsen. Auch heute noch werden Produkte mit dem Markennamen „Feurich" von mehreren Handelsunternehmen vertrieben.

7.13 Zum Freischütz

An der Ecke Boschetsrieder-/Hofmannstraße bestand die Ausflugsgaststätte Zum Freischütz. Auf dem Grundstück ist heute die Dillinger Chicago Bar & Grill.

7.14 Hochbunker

Mit großem propagandistischem Aufwand wurde die Münchner Bevölkerung bereits seit 1933 auf die Notwendigkeit des Luftschutzes vor Fliegerangriffen eingestimmt. Seit 1941 und verstärkt ab September 1942, als die ersten schweren Luftangriffe der Royal Air Force über der Stadt niedergingen, wurden geeignete Luftschutzanlagen fertig gestellt. Insgesamt entstanden 48 öffentliche Hoch- und Tiefbunker im Stadtgebiet, bei weitem keine Größenordnung, die der tatsächlichen Einwohnerzahl in diesem Bereich entsprochen hätte. Im Bereich von Sendling gab es neben dem Bunker in der Boschetsrieder Straße einen Hochbunker an der Thalkirchner Straße und einen inzwischen abgerissenen Hochbunker an der Steiner-/Plinganserstraße.

Boschetsrieder Straße

Vor der Anlage der Straßenverbindung von der Wolfratshauser Straße zum Kreuzhof existierte ein Landweg als Verbindung zur Fürstenrieder Schlossallee – die alte Bezeichnung für Fürstenried: Poschetsried – wurde namensgebend. Ausgebaut wurde die Boschetsrieder Straße um 1900 im Zusammenhang mit der Ansiedlung von Industriebauten westlich der Bahnlinie nach Holzkirchen und geplanten Wohnvierteln östlich der Bahn, die nur teilweise ausgeführt wurden.

7.15 Union-Theater, Boschetsrieder Str. 60

Kurz vor Weihnachten im ersten Kriegsjahr 1939 wurde das Union-Filmtheater an der Boschetsrieder Straße 60 feierlich eröffnet – mit dem Tobis-Film „Die Reise nach Tilsit". Als „Kulturfilm" folgte: „Die Jüngsten der Luftwaffe". Im Bild unten die Anzeige zur Eröffnungsvorstellung im „Völkischen Beobachter" vom 22. Dezember 1939. Es war das einzige Kino in Obersendling und umfasste 570 Sitzplätze. Ende 1939 gab es in München 78 Kinos mit insgesamt 32.220 Sitzplätzen. Das Gebäude blieb im Zweiten Weltkrieg unzerstört und wurde als Kino nach Kriegsende zuerst für die US-amerikanischen Soldaten genutzt, ab dem 14.12.1945 auch wieder für die Zivilbevölkerung – bis 1961. Heute ist hier ein Lebensmittelmarkt untergebracht.

Literatur: Lerch-Stumpf, Für ein Zehnerl ins Paradies.

Union-Theater, 1943

7.16 Schule Boschetsrieder Straße

Bis zum Bau der ersten Schule in Obersendling mussten die Schüler nach Thalkirchen gehen, ein eigenes Schulgebäude (mit einem Klassenzimmer über der Wohnung des Lehrers) wurde noch 1891 an der heutigen Miesingstraße errichtet. Nach der Eingemeindung von Obersendling 1900 wurde auch hier das großzügige Schul-Neubauprogramm der Stadt München umgesetzt. Zunächst entstand 1900 gegenüber dem heutigen Schulbau ein Behelfsbau mit zwei Schulräumen, der 1902 erweitert wurde. Im gleichen Jahr legte der städtische Baurat Robert Rehlen dem Magistrat die Planung für einen stattlichen Neubau vor. Der zweiflügelige Bau entspricht dem Schultyp, den Stadtbaurat Carl Hocheder entwickelt hat und der schon u.a. am Kolumbusplatz ausgeführt war. Nach der von Georg Kerschensteiner eingeführten Schulreform enthielten die Gebäude auch Werkräume und Schulküchen, Turnhallen, öffentlich zugängliche Brausebäder, eine Kinderbewahranstalt und eine Suppenküche und bildeten damit neben der städtebaulichen Dominanz auch ein soziales Zentrum in den sich rasch entwickelnden Vierteln. Die Schule mit 29 Klassenräumen war 1904 fertig gestellt. In den Brausebädern wurden natürlich auch die Schulkinder regelmäßig gewaschen, in den wenigsten Wohnungen im Arbeiterviertel Obersendling gab es damals Bäder. Während des Zweiten Weltkriegs war ein Arbeitskommando, Sanitäter und eine Möbelbergungsstelle für ausgebombte Anwohner untergebracht, ab Herbst 1944 auch Hunderte von ausländischen Zwangsarbeitern, die in den Industriewerken von Obersendling arbeiten mussten.

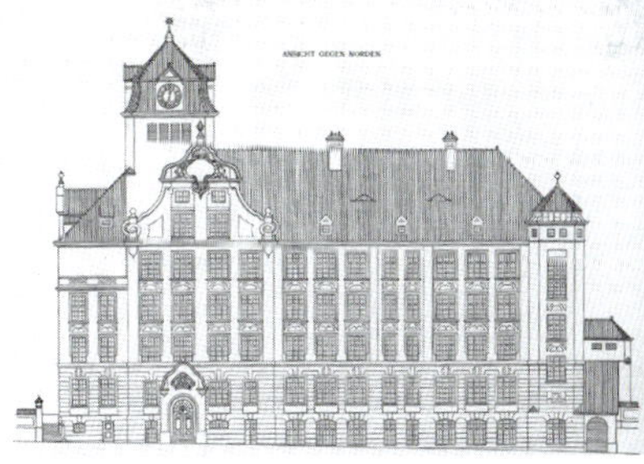

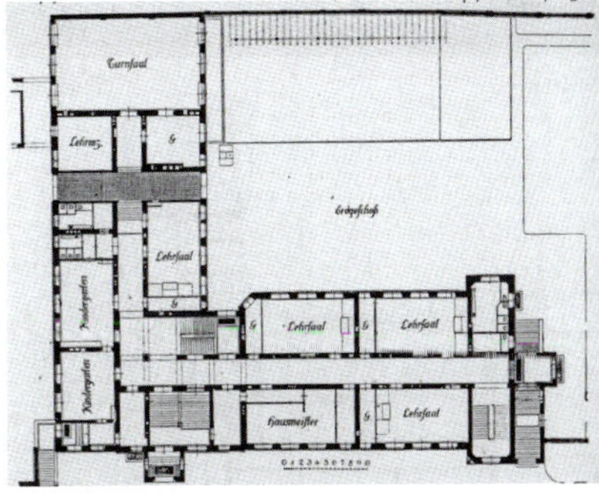

Feuerwehrwache

Gleichzeitig mit dem Schulhaus wurde – ebenfalls von Stadtbaurat Robert Rehlen – auch die Feuerwache im rechten Winkel zum Schulgebäude errichtet. Bis 1908 enthielt das Gebäude auch eine provisorische Pumpanlage für die Wasserversorgung des Sendlinger Oberfelds und der Prinz-Ludwigs-Höhe, bevor diese Gebiete über das städtische Wassernetz versorgt werden konnten.

7.17 U-Bahnhof Aidenbachstraße

Der Bahnhof ist Teil der Linie U3 vom Marienplatz nach Fürstenried und wurde mit der Linie am 28. Oktober 1989 eröffnet. Gestaltet wurde der Bahnhof vom Architekturbüro Otto Schultz-Brauns & Partner Sepp Wanie, kennzeichnend sind die Sichtwände der Gleisanlage mit einem „veredelten Rohbau", bei dem die Sichtbetonwände roh belassen und lediglich bemalt wurden. Der Künstler Jan Roth hat mehrere Spiegel an den Wänden angebracht, die räumliche Sichtbeziehungen ermöglichen sollen. Die geplante Tram-Westtangente mit einer Länge von mehr als 8 Kilometer soll von Neuhausen über den S-Bahnhof Laim – Fürstenrieder Allee – Waldfriedhof– Boschetsrieder Straße zum U-Bahnhof Aidenbachstraße führen. Die bestehende Park + Ride-Anlage soll durch einen „attraktiven" Neubau ersetzt werden.

7.18 Münchner Heimatstil

An der Zielstattstraße 51, 53, 55 haben sich drei zweigeschoßige Reihenhäuser von 1909 im Heimatstil mit Putzgliederungen erhalten, die der Architekt Gustav Steinlein (geb. 1864) entworfen hat. Steinlein hat um 1930 auch in der Zielstattstraße 30 gewohnt. Steinlein war Leiter der Süddeutschen Bauzeitung und hat sich intensiv u.a. mit der Münchner Bauweise und dem Stadtmodell von Sandtner aus dem Jahr 1570 auseinandergesetzt.

7.19 Kistlerhof

Auf dem Gelände befand sich bis 2003 ein Werksteil des Unternehmens Emtec Magnetics mit Sitz in Ludwigshafen am Rhein bis zu deren Insolvenz. Emtec war der weltgrößte Hersteller von Datenspeichern. Die Marke wird weitergeführt von einem französischen Unternehmen. Die Münchner Unternehmerfamilie Hirmer hat das Gelände aufgekauft und das ehemalige Industrieareal zu einem Kreativquartier ausgebaut. Großen Anteil an der Außenwirkung haben die gestalterischen Vorschläge des Aktionskünstlers Wolfgang Flatz: Er entwarf ein auffälliges Farbkonzept für die Aussenfassaden, das sich aus stark vergrößerten Krawattenmustern des Hirmer-Sortiments zusammensetzt. Im Gebäude 1 hat Flatz einen 3.200 qm großen Dachgarten gestaltet: Heaven 7, der auch nach Anmeldung besichtigt werden kann. Auch der blattgoldene Wohnwagen von der Praterinsel hat seinen Weg auf die Dachkante von Haus 1 gefunden. Inzwischen sind ca. 50 Mieter in den Gebäuden mit unterschiedlichsten Themen: Künstler, Photographen, Galerien, ein Fitnessstudio, ein Hotel, ein Billard-Sportverein, ein Filmstudio und zahlreiche weitere Unternehmen.

7.20 Chinesisches Generalkonsulat

Im Jahr 2009 hatte die Volksrepublik China das 22.000 qm große Grundstück in Obersendling erworben und am 1. August 2015 mit dem Bau eines neuen Generalkonsulats begonnen. Bei Fertigstellung im September 2018 war das Konsulat die größte konsularische Vertretung Chinas in Europa. Die Anlage enthält neben den Verwaltungs- und Repräsentationsräumen des Konsulats Wohnungen für die Mitarbeiter. Der Vorentwurf der Gebäude stammt von der Tongji Universität Shanghai, als Generalplaner hat die Firma Obermeyer Planen + Beraten GmbH den Vorentwurf technisch und genehmigungsrechtlich umgesetzt. Ausgeführt wurden die Bauarbeiten von chinesischen Firmen.

7.21 Isaria Zählerwerke

Die Firma ging aus einem elektrotechnischen Forschungslabor hervor, in dem ab 1894 Elektrizitätszähler entwickelt wurden, 1905 wurde eine eigene GmbH gegründet, die 1909 in eine Aktiengesellschaft umgewandelt wurde. Das Werk in Obersendling wurde 1909 gegründet und gehörte zu den ersten Betrieben, die den Industriestandort wählten. Die Fabrik stellte Elektrozähler, Gasmeser, Schalttafeln, Ventilatoren, Koch- und Heizgeräte und elektrische Kleinmotoren her, ab 1924 auch Radio-Apparate. Innerhalb Deutschlands gab es weitere Zweigfabriken und Verkaufsbüros, eine auch in London.

Die Aktiengesellschaft gelangte durch Aktientausch an den Brown-Boveri-Konzern und wurde schließlich von den Siemens-Schuckert-Werken mit Sitz in Berlin Mitte 1927 aufgekauft. 1928 wurde die Produktion eingestellt, die Werksanlagen wurden von der Siemens & Halske AG erworben. 1939 firmierte die Isaria-Zählerwerke AG um zur Isaria-Vermögensverwaltung AG, 1944 erlosch die AG.

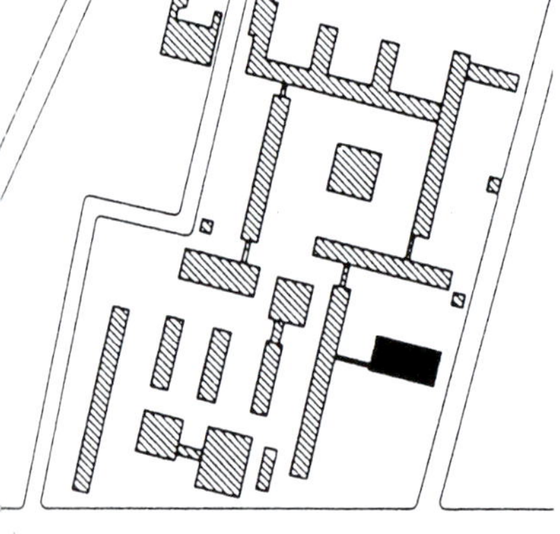

7.22 Siemens & Halske

Die Telegraphen-Bau-Anstalt Siemens & Halske wurde 1847 vom Ingenieuroffizier Werner Siemens und vom Feinmechaniker Johann Georg Halske in Berlin gegründet. Um 1900 gehörte Siemens & Halske neben der AEG zu einem der weltweit größten Elektrounternehmen mit Produktionsstätten in vielen Ländern. Mit der Übernahme der Isaria-Zählerwerke in der Münchner Hofmannstraße erhielt Siemens & Halske auch in Bayern einen Produktionsstandort: Voraussetzung für die Lieferung von Fernsprechapparaten. Die Zählerfertigung selbst wurde nach Nürnberg verlagert, in München wurden Telefonapparate gefertigt, die einzige Produktionsstätte für Fernsprechapparate außerhalb von Berlin bis Kriegsbeginn. Einen Standort in München hatte die Firma bereits seit 1903 mit der Übernahme der Elektrizitäts-Aktiengesellschaft Nürnberg, später Siemens-Schuckertwerke AG, die ein Gebäude in der Prannerstraße 10 besaß. Bereits vor Ende des Zweiten Weltkriegs, in dem das Unternehmen hunderte Filialbetriebe und Unterorganisationen vorwiegend für die umfangreiche Rüstungsproduktion einrichtete, wurde auch ein Umzug der Konzernzentrale von Berlin nach München geplant, v.a. aufgrund der erhaltenen Kenntnisse über die Nachkriegslage der Stadt Berlin im russichen Sektor. Nach Kriegsende wurde dieser Plan umgesetzt: Die Siemens & Halske AG firmierten ab 1949 von München aus, die Siemens-Schuckertwerke gingen nach Erlangen.

Mit der Verlagerung der Unternehmenszentrale wurde ab 1950 der Standort Hofmannstraße zum Hauptstandort der nachrichtentechnischen Produktion, das Betriebsgelände wurde durch Grundstückskäufe auf ca. 80.000 qm erweitert. Seit 1955 lag hier auch das Forschungs- und Entwicklungszentrum von Siemens & Halske.

7.22 Siemens & Halske AG

Siemenswerke Hofmannstraße

Zusammen mit der Siemens-Bauabteilung entwickelte der Architekt Hans Maurer einen Gesamtplan für den Ausbau des Standorts in Obersendling zwischen der Hofmannstraße, an der das übernommene Isaria-Zählerwerk lag und der Baierbrunner Straße. Der gesamte Komplex bestand aus mehreren zeilenförmigen und mehrgeschoßigen Gebäudetrakten und v.a. einem dominierenden Verwaltungsgebäude mit 23 Geschoßen und 75 m Höhe, damals das höchste Bürohaus der Stadt und Wahrzeichen des Siemens-Standorts in Obersendling. Der vollklimatisierte Stahlbetonskelettbau mit Vorhangfassaden nach Plänen des Architekten Hans Maurer enthielt Großraumbüros, die um einen inneren Erschließungs- und Funktionskern organisiert waren.
Ca. 2.500 Mitarbeiter arbeiteten im 1963 fertig gestellten Gebäude. Am Siemens-Standort in Obersendling arbeiteten in der größten Ausbauphase ca. 28.000 Menschen.

Seit 2001 beschloss der Vorstand des Unternehmens eine Zerschlagung des Standorts Hofmannstraße, wo einst, wie die Zeit schrieb: „das Herz des stolzen Fernmeldepioniers Siemens schlug". Im Juni 2008 erklärte der damalige Konzernchef Klaus Kinold den Rückzug des Unternehmens aus der Kommunikationstechnik, weltweit 55.000 Beschäftigte wurden in zwei Beschäftigungs-Gesellschaften ausgegliedert, im Juni 2005 war bereits die Handysparte mit bundesweit 3.000 Mitarbeitern an den BenQ-Konzern aus Taiwan mit Aufschlag abgegeben worden, der schließlich im September 2006 einen Insolvenz-Antrag beim Münchner Amtsgericht stellte.

Rückzug von Siemens

Das 19,5 ha große Gelände wurde von der Siemens Real Estate im Rahmen des Projekts „Isar Süd" seit 2000 neu beplant, u.a. mit zwei Hochhäusern von 148 m und 112 m Höhe. Mit einem Umfang von ca. 1,5 Milliarden Euro sollte ein neuer zentraler Park, Wohnungen und Gewerbeflächen entstehen nach einem Konzept der Kölner Architekten Jaspert-Steffens-Watrin-Drehsen. Die Stadtverwaltung und OB Christian Ude sprachen sich für die Planung aus. Aufgrund des erfolgreichen Bürgerentscheids „Initiative-Unser-München" im November 2004 durften jedoch keine Hochhäuser mehr über 99 m Höhe erstellt werden, konkret hier in Obersendling befürchtete man eine Verstellung des Alpenblicks. Daraufhin entschloss sich die Siemens AG die Grundstücke an einen Immobilienentwickler zu vergeben.

Das Siemens-Hochhaus sollte ursprünglich abgerissen werden und gelangte schließlich 2005 für 500.000 Euro an den Investor Hubert Haupt Immobilien Holding und 2011 bzw. 2016 an die Münchner Isaria Wohnbau AG, ohne dass zunächst eine weitere Nutzung gesichert war. Das Hochhaus steht heute unter Denkmalschutz. Vorgesehen sind nach einem Bürger-Workshop, einem Stadtratsbeschluss über das Planungsgebiet Campus Süd von 2014 und einem Architektur-Wettbewerb von 2015, den das Büro Meili Peter gewann, den 23-geschoßigen Bau mit Büroflächen und ca. 300 Wohnungen umzubauen. Der Baubeginn für das jetzt „south one" benannte Projekt ist für das Jahr 2018 geplant, seit Ende März 2016 wurde das Gebäude entkernt.

7.23 Siemens-Sportpark

1959 hatte Hermann von Siemens, Aufsichtsratsvorsitzender der Siemens AG und Enkel des Firmengründers den nach ihm benannten Sportpark gestiftet. Die Anlagen standen nur für die Siemens-Mitarbeiter zur Verfügung. Schon seit 2008 hatte es Hinweise gegeben, dass sich der Siemens-Konzern auch von seinem großzügig angelegten Sportpark trennen will. Im Frühjahr 2011 wurde den ca. 20 Vereinen, die den Sportpark nutzten kurzfristig gekündigt, nur der Siemens-Tennisclub konnte bleiben. Nach jahrelangen Interessenskundgebungen und zähen Verhandlungen der Stadt mit der Siemens AG hat die Landeshauptstadt im Sommer 2017 den Sportpark erworben. Immerhin konnte der Park vor den mehr als interessierten privaten Investoren gerettet werden und bleibt der Bevölkerung zur Freizeitnutzung erhalten.

Im Moment wird eine Machbarkeitsstudie erstellt, die eine Nutzung für den Park und die Sportanlagen untersucht. Auch erste Sicherungen der sanierungsbedür-

ftigen Gebäude und der Parkflächen sind schon im Gange. Die Wunschliste der Viertelbewohner, Kommunalpolitiker und Vereine wird seitdem allerdings immer länger. Neben den zu sanierenden Gebäuden wird auch eine neue Schwimmhalle und eine behindertengerechte Dreifachturnhalle für die stark anwachsende Bevölkerung in Obersendling vorgeschlagen. Eine Öffnung des 13,5 ha großen Geländes für die Stadtbewohner zumindest in Teilen war ursprünglich für den 1. Juni 2019 zusammen mit einem Bürgerfest geplant.

7.22 Nachnutzung Siemenswerke

7.24 Südseite

Auf dem ehemaligen Gelände der Siemenswerke, bzw. der Mitarbeiter-Parkplätze wurde seit 2011 ein neues Quartier errichtet für ca. 2.300 Einwohner und 1.000 Arbeitsplätze. Knapp 300 Wohnungen sind im geförderten Wohnungsbau nach dem München-Modell entstanden. Der städtebauliche Entwurf folgt dem Wettbewerbsgewinn des Landschaftsplaners Günther Vogt aus Liechtenstein und der Schweizer Architekten Diener + Diener aus Basel. In Zusammenarbeit mit dem Büro Reinhart + Partner stammt von Diener + Diener auch die Planung für zwei Wohntürme. In einem fünfgeschoßigen Karrée gruppieren sich fünf Wohnhochhäuser mit bis zu

16 Geschoßen und teils erfindungsreichen Namen wie Sternenhimmel, Alpenglühen und IsarBelle. Die Grünflächen beiderseits der Bahnlinie sind durch eine Unterführung verbunden. Ergänzt wird das Gebiet zwischen der Sankt-Wendel-Straße im Osten und der Baierbrunner Straße im Westen mit einem Einkaufszentrum am S-Bahnhof Siemenswerke, Gewerbeflächen, einer Kindertagesstätte, einer provisorischen Grundschule sowie einem Ärztehaus und dem Evangelischen Pflegezentrum Sendling der Inneren Mission mit 214 Plätzen.

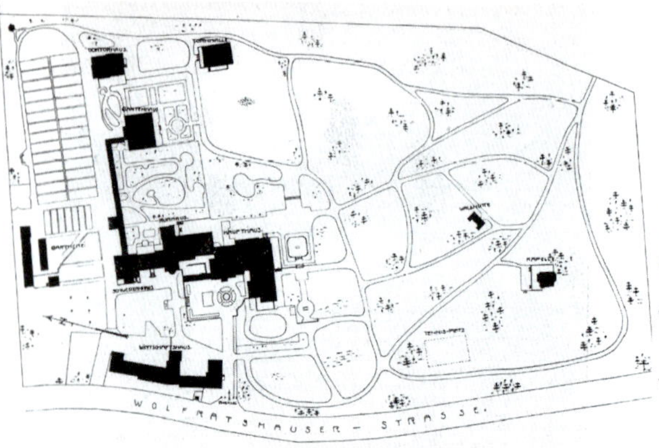

7.25 Kuranstalt Obersendling

1897 eröffnete Dr. Karl Ranke an der Wolfratshauser Straße, direkt am Isarhang eine private Nervenheilanstalt auf ca. 6 ha für „nerven- und gemütskranke Damen" aus wohlhabenden Schichten. Finanziert wurde die Anlage weitgehend durch Carl von Linde, der in der nahegelegenen Villenkolonie Prinz-Ludwigs-Höhe wohnte. Ranke war der Schwiegersohn von Linde. Der nördliche Pavillon und die Ökonomiegebäude wurden 1892/93 erbaut nach Plänen von Christian Lothary, später entstanden ein Gartenpavillon und Verbindungsbauten durch Kreuter, es folgten zahlreiche Erweiterungsbauten des Architekten Richard Kaufmann und 1906 eine Sommerhalle von Albert Schmidt. Sowohl die technische Ausstattung entsprach dem modernsten Komfort als auch die qualitätvolle Innenausstattung. Zahlreiche Kunstwerke, u.a. Gemälde von Moritz von Schwind bildeten den angemessenen Rahmen für die betuchte Klientel. Großer Wert wurde auf ein anspruchsvolles und abwechslungsreiches „Freizeitprogramm" gelegt. Ganz im Gegensatz zu den geschlossenen Anstalten für die Allgemeinbevölkerung in dieser Zeit wurden in der Kuranstalt mit größtem Aufwand für Personal und Wachdienste angemessene Unterbringungen für die wohlhabenden Patienten ermöglicht und entsprechend beworben. Im Juli 1918 standen für die 58 Patienten 42 medizinisch geschulte Personen und 21 weitere Bedienstete zur Verfügung.

Im Zweiten Weltkrieg wurden die Gebäude bis zur weitgehenden Zerstörung 1942 bei einem Luftangriff als Reservelazarett genutzt. Nach Kriegsende betrieb die Stadt München die Klinik für Tuberkulose-Patienten als Filiale des Klinikums Harlaching. Seit Januar 1946 wurde die Klinik durch Schwestern der Diakonissen-Stiftung betreut, die 1956 das gesamte Anwesen erwerben konnten und als Klinik Martha-Maria des Diakoniewerks der Evangelisch-methodistischen Kirche führten. 1992 war die Grundsteinlegung für ein neues Seniorenzentrum in unmittelbarer Nachbarschaft mit über 100 Seniorenplätzen.

Die heute bestehenden Klinikgebäude und ein Schwesternheim wurden nach Plänen des Architekten Helmut von Werz 1969/71 errichtet. Seit 1992 wird die Anlage vom Diakoniewerk als Altenheim genutzt.

7.26 Kufner Wattefabrik, Irschenhauser Str. 12

1862 gründete Bartholomäus Kufner in München eine Wattefabrik, die sich erfolgreich entwickelte und sich schließlich auf mehrere Standorte in der Stadt verteilte, u.a. in der Müllerstraße. Das Material wird zur Wattierung von Oberbekleidung verwendet. Bartholomäus Kufner starb 1903, den Betrieb übernahm sein Sohn Josef Adolf. Kufner war der erste Unternehmer, den der Investor Jakob Heilmann davon überzeugen konnte, im Industriegebiet von Obersendling einen neuen Standort zu gründen. 1906 zog die Firma in die Irschenhauser Straße 12. Durch bedeutende Innovationen und Firmenerweiterungen wurde der Betrieb zum größten Hersteller in Europa. 1936 übernahm Dr. Georg Kufner das Unternehmen als Alleininhaber. Mit Beginn des Zweiten Weltkriegs hatte die Firma ca. 220 Mitarbeiter, eine Umstellung auf Rüstungsproduktion lehnte der Unternehmer trotz Androhungen ab. Ein Großteil der Produktionsstätten an der Irschenhauser Straße und Tölzer Straße wurde beim Luftangriff am 7. September 1943 auf Obersendling und Thalkirchen zerstört, ein Wiederaufbau wurde untersagt, da Kufner weiterhin nur für zivile Anwendungen produzieren wollte. Trotz seiner oppositionellen Haltung gegenüber dem Nationalsozialismus wurde Kufner 1937 Mitglied der NSDAP, um weitere Einschränkungen für seinen Betrieb zu vermeiden.

Nach dem Krieg wurde ihm dies bei einem Spruchkammerverfahren zum Verhängnis. Auch aufgrund falscher Anschuldigungen wurde er zu einer Geldstrafe und einer Bewährungsfrist von zwei Jahren verurteilt, verbunden mit einem Arbeitsverbot. Die Mitarbeiter und der Betriebsrat der Firma protestierten dagegen und wiesen nach, dass sich Kufner ganz im Gegenteil antinazistisch verhalten hatte, politisch Verfolgte während der Nazizeit versteckt hatte und sich auch zu den ukrainischen Zwangsarbeiterinnen anständig verhalten hatte. In einem Berufungsverfahren wurde die erste Verurteilung aufgehoben und Kufner rehabilitiert.

Da die Produktionsstätten in München zerstört und die ausländischen Standorte enteignet waren, baute Georg Kufner den Betrieb komplett neu auf. 1955 verstarb er überraschend, seine Söhne Georg und Josef übernahmen den Betrieb. Eigene Patententwicklungen und Innovationen brachten die Firma auch international wieder zu einer führenden Position. 1972 konnten Fabriken in den USA, Mexiko und Indonesien, sowie eine Filiale in Großbritannien eröffnet werden, heute gibt es auch ein Werk in Shanghai.

7.27 Konsumverein Sendling-München

Einen ersten Konsumverein in München gab es seit 1864 in der Hochau als Teil der Genossenschaftsbewegung. Ziel war die Verbesserung der Lebensverhältnisse der Mitglieder durch einen günstigeren Einkauf der Lebensmittel bei Großhändlern bzw. Herstellern und einem Verkauf an die Mitglieder in eigenen Läden. Gegründet wurde der Sendlinger Konsumverein im Februar 1886 von elf Arbeitern der Eisenbahnfabrik Krauss im „Maibräu" in der Lindwurmstraße. In den ersten 10 Jahren entwickelte sich der Konsumverein eher langsam, einem ersten Verkaufsladen an der Lindwurmstraße folgte ein weiterer an der Auenstraße und ein Zentrallager an der Reifenstuelstraße.

Mit wachsendem Erfolg konnte der Verein im Jahr 1902 ein ca. 5.000 qm großes Grundstück an der Boschetsrieder Straße 101 erwerben, in den folgenden Jahren weitere benachbarte Flächen, damals weit vor der Stadt. Nicht nur der Einkauf bei Großhändlern war entscheidend, sondern auch die Herstellung in eigenen Betrieben, so entstand in Obersendling eine Großbäckerei, eine eigene Molkerei, Fabriken für Fleisch- und Teigwaren und schließlich 1917 eine eigene Sauerkrautfabrik. Damit wurde der Verein zum größten Konsumverein in Süddeutschland. Die Mitgliedschaft bestand eher aus „kleinen" Angestellten und Arbeitern, daher galt er als der „Rote" Konsumverein im Gegensatz zum „Weißen" in der Au.

Konsum-Werbung an der Daiserstraße

7.27 Konsum-Verein Sendling 7

Südseite des Konsum-Gebäudes nach der Zerstörung im September 1943

1914 wurde Hans Bauer (1874–1944) Direktor des Konsumvereins Sendling-München, nachdem er seit 1904 verschiedene Tätigkeiten im Konsumverein übernommen hatte. Während der letzten Kriegsjahre des Ersten Weltkriegs, als die Versorgungslage immer kritischer wurde und die Einwohner Hamsterkäufe tätigten, trug der Konsumverein Sendling-München durch öffentliche Besichtigungen der Lagerbestände und entsprechende Nachrichten in der Presse einen wesentlichen Teil zur Beruhigung der Bevölkerung bei. Nach der Revolution vom 7. November 1918 wurde Hans Bauer als Vertreter der bayerischen Konsumvereine Mitglied des Provisorischen Nationalrats und ab 12. Januar 1919 Mitglied des Bayerischen Landtags für die SPD. Auch andere Mitglieder des Konsumvereins spielten während der Revolution eine Rolle wie Georg Kandlbinder, ein gelernter Brauer, er war im Vorstand des Konsumvereins, Sektionsführer der SPD im Schlachthofviertel, Vorstandsmitglied der Allgemeinen Ortskrankenkasse und Armenpfleger der Stadt München. Nach der Revolution wurde er in den Münchner Arbeiterrat gewählt und dessen zweiter Vorsitzender. Ab 1919 übernahm er keine weiteren Partei-Ämter mehr in der SPD. Nach der Machtübergabe an die Nationalsozialisten 1933 verlor er alle Ehrenämter.

Mit zunehmender Zahl von Mitgliedern (1926 hatte der Sendlinger Konsum 858 Beschäftigte und über 50.000 Mitglieder, insgesamt war fast ein Drittel der Münchner Teil eines Konsumvereins) geriet auch der Widerstand der mittelständischen Handwerksbetriebe heftiger, der Ende der 1920er-Jahre in eine regelrechte Hetzkampagne mündete, als der Konsumverein Sendling-München ein eigenes Kaufhaus im Rosental 16 eröffnete. Anfang der 1930er-Jahre wurden die wirtschaftlichen Bedingungen für die Konsumvereine durch Umsatzeinbrüche und Mitgliederschwund immer bedrohlicher. Als die Nationalsozialisten nach der Machtübergabe auch die Gewerkschaften zerschlugen, ging auch der Konsumverein an die „Deutsche Arbeitsfront" über, alle wichtigen Posten wurden an Parteimitglieder der NSDAP vergeben, die Angehörigen der SPD und der Kommunisten wurden entlassen und gnadenlos verfolgt. Gegen die Interessen der Einzelhändler wurden aber die Konsumvereine zunächst nicht aufgelöst, erst im Mai 1935 – inzwischen umbenannt in „Verbrauchergenossenschaft München" – wurden wie im ganzen Reich die Konsumvereine in andere Handelsgesellschaften überführt.

In den 1970er- und 80er-Jahren wurden die meisten deutschen Konsumvereine zur co op AG verschmolzen, die 1989 aufgelöst wurde.

7.28 Hauptschützengesellschaft von 1406

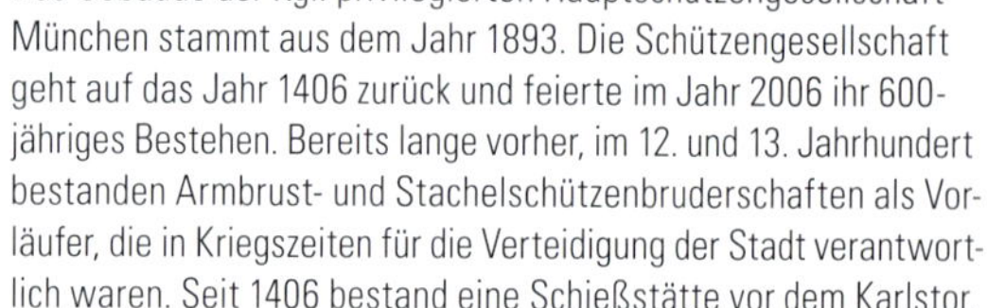

Das Gebäude der Kgl. privilegierten Hauptschützengesellschaft München stammt aus dem Jahr 1893. Die Schützengesellschaft geht auf das Jahr 1406 zurück und feierte im Jahr 2006 ihr 600-jähriges Bestehen. Bereits lange vorher, im 12. und 13. Jahrhundert bestanden Armbrust- und Stachelschützenbruderschaften als Vorläufer, die in Kriegszeiten für die Verteidigung der Stadt verantwortlich waren. Seit 1406 bestand eine Schießstätte vor dem Karlstor, die heutige Schützenstraße bezieht sich darauf wie auch das Jubiläum der Hauptschützengesellschaft. Davor gab es aber auch schon mehrere Schießstätten an anderen Orten, an denen der Gebrauch der Armbrüste und später der Feuerwaffen trainiert werden konnte.

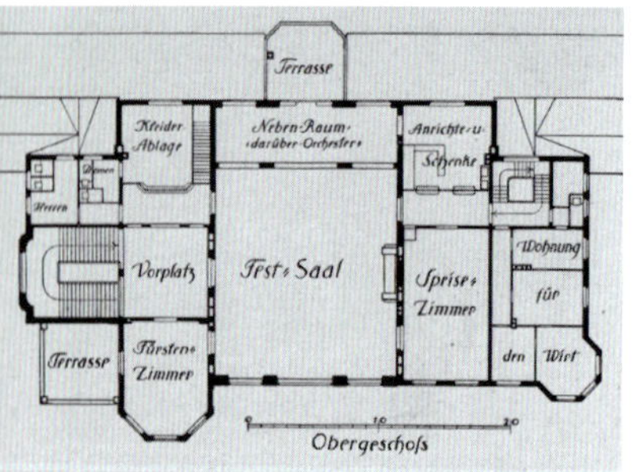

Die Schießstätte vor dem Neuhauser Tor ging 1847 nach erheblichen Protesten der Schützen für 150.000 Gulden in den Besitz der Stadt München über, in den folgenden Jahren entstand hier ein neues Bahnhofsgebäude nach Plänen von Friedrich Bürklein. Der Architekt erstellte auch die Planung für das neue Schützenhaus, das auf der Theresienhöhe „weit vor der Stadt" angelegt wurde. Aber auch hier konnte die Schützengesellschaft nur einige Jahrzehnte bleiben: das Gelände mit den Baulichkeiten wurde 1893 v.a. wegen der Anlage des Ausstellungsgeländes auf der Theresienhöhe verkauft, ein Teil wurde ab 1908 für den Messebetrieb verwendet, auf dem Rest entstanden Wohnbauten. Mit dem Erlös konnte ein 25 Tagwerk großes Grundstück im Sendlinger Oberfeld erworben und ein neues Schützenheim errichtet werden, zwar weit vor der Stradt im damals unbebauten Gelände, aber durch die Station Mittersendling der Bahnlinie nach Rosenheim und durch die Trambahnlinie bis Neuhofen gut angeschlossen.

Gebäude um 1912

Ein Entwurf für die Anlage wurde in einem Architektur-Wettbewerb im Mai 1892 ermittelt, den zwei Assistenten der Technischen Hochschule gewannen: Paul Pfann (1860–1919), später Professor an der gleichen Hochschule und Günter Blumentritt, später Bau-Assessor im Innenministerium. Mit einem Festschießen im Oktober 1893 wurde das neue Schützenheim eingeweiht.

7.28 Hauptschützengesellschaft

Hauptzweck des Schützenhauses ist nach wie der Schießsport. Dazu dient der Lade-Saal mit den Gewehrschränken und den Schießständen im Erdgeschoß, die auf das westlich gelegene Schießfeld ausgerichtet sind. Im Obergeschoß ordnen sich mehrere kleinere Räumlichkeiten für Veranstaltungen um den großen Festsaal, der mit einer Holztonne überwölbt ist und sich nach außen zur Eingangsfront mit drei hohen Fenstern abzeichnet. Die originale Ausstattung von 1893 hat sich erhalten, an den Wänden reihen sich zahlreiche Schützenscheiben und v.a. das berühmte Gemälde der „Schützenliesl" von Friedrich von Kaulbach. Im Erdgeschoß ist auch seit der Erbauungszeit eine Gaststätte eingerichtet, davor liegt einer der schönsten Biergärten der Stadt: der Augustiner-Schutzengarten mit 2.500 Plätzen. Die Münchner Hauptschützengesellschaft (HSG) gilt heute nach eigener Aussage als größte und sportlich gesehen erfolgreichste Schützengesellschaft Deutschlands.

Schützenliesl

Vorbild für das Gemälde von Friedrich August von Kaulbach war die Kellnerin Coletta Möritz aus Ebenried bei Landau/Isar. Das Bild war zunächst vorgesehen als Dekoration für die Bierhalle des Sternecker-Bräu beim 7. Deutschen Bundesschießen in München im Jahr 1881. Coletta Möritz heiratete 1882 den Schwabinger Wirt Franz Xaver Buchner und wurde Wirtin des *Weißen Rössl* in der Theresienstraße 41. Im Laufe der Zeit wurde die „Schützenliesl" weit über München hinaus bekannt und beliebt auch durch den von Gerhard Winkler komponierten Schlager von 1952. Die „Schützenliesl" wurde der erste Wiesnhit der Nachkriegszeit: *„Schützenliesel, dreimal hat's gekracht..."* Das Originalbild von Kaulbach soll beim Brand des Panoramagebäudes 1915 auf der Theresienhöhe verbrannt sein.

7.29 Maschinenfabrik A. Michaelis KG

Das Gelände an der Hofmannstraße 52 war ab 1903 im Besitz der Mühlengesellschaft Obersendling, später Standort der Süddeutschen Oelwerke und wurde 1929 von der Unternehmer-Familie Gustav und Theodora Mannheimer erworben. Auf Produktions- und Lagerflächen von 7.000 qm und anfangs mit 250 Beschäftigten stellte man Waschanlagen her u.a. für die Industrie, Krankenhäuser und Hotels. Ein deutlicher Rückgang der Geschäfte nach der Machtergreifung und der Zwang zur Löschung des Gewerbeeintrags ließen der Familie keine andere Möglichkeit mehr, als unter Wert zu verkaufen. Als die Deportation in ein Konzentrationslager drohte, wählte das Ehepaar Mannheimer den Freitod.

Maschinenfabrik 1917

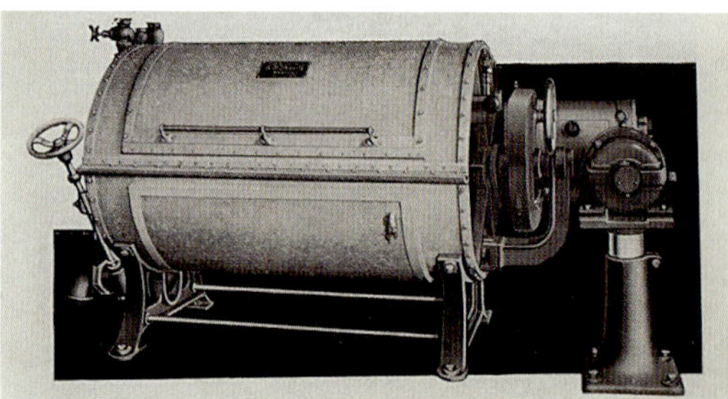

7.30 Waldrestaurant Kistlerhof

Hofmannstraße 54. Die Gaststätte bestand seit ca. 1900 und wurde mit der bis hierher führenden Trambahnlinie zur Hofmannstraße ab 1905 zu einer beliebten Ausflugsgaststätte.

7.31 Maschinenfabrik Ernst Grob

1926 gründete Dr. Ernst Grob eine Werkzeug- und Maschinenfabrik an der Hofmannstraße 50. Die Werksanlagen wurden im Zweiten Weltkrieg zerstört und nach Kriegsende wieder aufgebaut. Dr. Burkhart Grob, der Sohn des Gründers übernahm 1952 das Unternehmen und führte die Grob-Werke zur heutigen Spitzenposition am Markt. 1956 konnte das erste Werk im Ausland errichtet werden, in São Paulo. 1976 wurde das Münchner Werk geschlossen und der Firmensitz nach Mindelheim verlegt. Heute gehört die Firma zu den weltweit führenden Herstellern von Fertigungsanlagen für die Automobilherstellung mit ca. 6.600 Beschäftigten in mehr als 15 Ländern. Burkhart Grob hatte unter anderem das Höhenflugzeug „Grob G 850 Strato 2C" entwickelt, das mit einer Flughöhe von bis zu 24.000 m Mitte der 1990er Jahre alle einschlägigen Rekorde brach. Heute befindet sich auf dem Grundstück eine Filiale der SGS Germany GmbH.

7.32 Heilmann & Littmann GmbH

Das Haus Boschetsrieder Straße 44 gehörte zum großen Bauhof des Baugeschäfts Heilmann & Littmann. Gegründet wurde das Baugeschäft von Jakob Heilmann 1871 in Regensburg und 1877 nach München verlegt. Mit dem Eintritt des Architekten Max Littmann – Schwiegersohn von Heilmann – wurde daraus 1892 das Bauunternehmen Heilmann & Littmann. Im noch erhaltenen Haus von 1897 selbst waren in den oberen Geschoßen Wohnungen für Angestellte untergebracht und im Erdgeschoß Büro- und Zeichenräume der Firma. Hier und in den Geschäftsräumen in der Weinstraße 8 und der Arnulfstraße 26 wurden zahlreiche der Bauten geplant, die von der Baufirma Heilmann & Littmann ausgeführt wurden. Zu den bekanntesten Bauwerken in München gehören u.a.: Neues Hofbräuhaus am Platzl, Prinzregententheater, Schackgalerie, Verlagshaus der Münchener Neuesten Nachrichten an der Sendlinger Straße, die Anatomie an der Pettenkoferstraße und mehrere Warenhäuser. In großem Stil errichtete das Unternehmen u.a. in den Münchner Stadtteilen Gern, Bogenhausen und Solln-Prinz-Ludwigshöhe Einfamilienhäuser und Villenkolonien. Die Heilmann & Littmann GmbH wurde vor dem Ersten Weltkrieg zum größten Bauunternehmen Süddeutschlands.

7.33 Wolfra – Gärungslose Früchteverwertung

Gründer der Firma Wolfra war Andreas Stumpf, der als Bezirks-Fachberater für Obst- und Gartenbau im Landkreis Wolfratshausen tätig war, vom Ortsnamen leitete er auch den Firmennamen ab: „Wolfra Genossenschaft für gärungslose Früchteverwertung". 1930 begann in ehemaligen Brauerei-Kellern in Wolfratshausen eine Produktion von alkoholfreien Fruchtsäften. Im ersten Jahr wurden 7.700 Liter Süßmost verkauft, 1939 bereits fast 2 Millionen Liter. Stumpf musste die Produktion erheblich erweitern und eröffnete im Sommer 1941 an der Baierbrunner Straße 35 in Obersendling einen neuen Betrieb in einer ehemaligen Munitionsfabrik mit Gleisanschlüssen. Das 8.000 qm große Gelände hatte er schon 1937 erworben. Hier wurde Wolfra zum größten Obstverwertungsbetrieb in Deutschland. Neben den Fruchtsäften stellte man u.a. auch Marmeladen, Obstbranntwein und Liköre her. Obwohl er überzeugter Gegner des Nationalsozialismus war, sah sich Stumpf genötigt, 1939 in die NSDAP einzutreten, um die Führung seines Unternehmens zu behalten. Den v.a. aus Russland stammenden Zwangsarbeiterinnen fühlte er sich verpflichtet und sorgte dafür, dass sie sich ausreichend ernähren konnten und in einem Nebengebäude der Fabrik weit besser untergebracht wurden als in dem Arbeits-Lager an der Zielstattstraße.

Als nach Kriegsende im Mai 1945 die Lagervorräte der Firma Wolfra geplündert werden sollten, verteidigten die russischen Arbeiterinnen die Bestände und den persönlichen Besitz des Unternehmers Andreas Stumpf. 1975 wurde der Betrieb von der Riemerschmid-Gruppe übernommen, die ihren Sitz auf der Praterinsel hatte und den Betrieb von Wolfra 1984 nach Erding umzog. Die Wolfra Kelterei GmbH ging später an die Firma Valensina.

Schrebergärten und Kleinhäuser

Einen erheblichen Anteil an der mit Siedlungsbauten belegten Stadtfläche nehmen in den beiden Stadtvierteln Sendling-Westpark und in Obersendling Schrebergärten und Einfamilienhausgebiete ein, die verkehrstechnisch auch gut erschlossen sind. Die Einfamilienhausgebiete stehen vor großen Umbrüchen wegen Überalterung der Bewohner, Leerständen und baurechtlich möglichen Verunstaltungen. Da die Grundstücke inzwischen innerhalb der Stadt viel zu teuer sind, haben auch junge Familien hier kaum eine Chance.

7.34 Linhof Kamera-Werke

Die Firma Linhof ist heute der älteste noch produzierende Kamerahersteller der Welt. Begründet wurde sie 1887 von Valentin Linhof (1854–1929) aus Holzkirchen, der zunächst Präzisions-Verschlüsse für Kameras entwickelte. 1889 konnte er die erste Kamera vorstellen, konstruiert von Joseph Barth, die vollständig aus Aluminium gefertigt war. 1933 kommt der Feinmechaniker Nikolaus Karpf (1912–1980) in das Unternehmen, der bald Leiter des handwerklich orientierten Kleinbetriebs wird. Seit 1936 als Geschäftsführer, führte er das Unternehmen zu einem industriell geprägten Großbetrieb mit mehr als 800 Beschäftigten zu Spitzenzeiten. Nach Kriegsbeginn begann 1941 ein Neubau für das kriegswichtige Kamerawerk in Obersendling, für den auch Häftlinge aus dem KZ Dachau eingesetzt wurden, wie auch für das benachbarte Widmaier-Werk. 1943 wurde das Werk bei einem Luftangriff zu 60% zerstört. Erst ab 1949 kann Karpf den Betrieb wieder führen. Karpf hatte auch eine eigene Baufirma gegründet, die Wohnungsbauten für Betriebsangehörige errichtete u.a. in der Leutstettener-/Ecke Huglfinger Straße und in Thalkirchen. In den 1950er Jahren wurde Linhof zur Weltfirma, lieferte in 93 Länder und erweiterte den Betrieb an der Rupert-Mayer-Straße um ein Kasinogebäude, weitere Verwaltungstrakte und eine neue Eingangshalle. Die Firmengeschichte ist bis heute geprägt von der Entwicklung der Technika-Kamera, die weltweit zum Synonym der technischen Fachkamera wurde.

7.35 Schuhfabrik Monachia

Das Foto rechts zeigt die Schuhfabrik Monachia an der Zielstattstraße 19 im Jahr 1910. Die Fabrik der Unternehmer Fritz und Ludwig Regensteiner gelangte 1939 durch Verkauf an die Schuhfabrik Weinzierl & Co. Das Gebäude war später im Besitz der Bayerischen Schuhfabriken AG, Schweinfurth.

Schuhfabrik Monachia, 1910

7.36 Luitpold-Gelände, Zielstattstraße 9–11

Seit 1896 befand sich hier (Sendlinger Oberfeld 39) die Lampen- und Metallwarenfabrik von Albert Frank, die u.a. Straßenlaternen für die Münchner Gasbeleuchtung herstellte. Im Juni 1927 erwarb der Unternehmer August Karreth das Areal an der Zielstattstraße 9 für 222.000 Goldmark und verlegte sein 1910 gegründetes Pharma-Werk von Thalkirchen hierher. Im Zweiten Weltkrieg wurden die Gebäude weitgehend zerstört, die Produktion zunächst ausgelagert und 1951 in einen Neubau an der Zielstattstraße zurückverlegt. Der Gewerbebau ist ein schönes Beispiel der 1950er-Jahre-Architektur in München. 1975 folgte als Erweiterung ein Bürobau unmittelbar an der Zielstattstraße und später wurden die historischen Gebäude der ehemaligen Schuhfabrik Regensteiner erworben, die bis dahin von der schweizer Cigarrenfabrik Villiger Söhne GmbH genutzt wurden. Die Luitpoldwerke wurden 1990 von einem japanischen Arzneimittelhersteller übernommen, die ehemaligen Werksgebäude werden unter der Projektbezeichnung Luitpold-Gelände von verschiedenen Firmen genutzt.

7.37 SDI Sprachen- und Dolmetscher-Institut München

Das private Sprachen-Institut SDI geht zurück auf die Gründung durch neun junge Übersetzer und Dolmetscher im Jahr 1951. 1952 begann der Lehrbetrieb mit 50 Studierenden an der Von-der-Tann-Straße 2 in den Sprachen Englisch, Französisch und Spanisch. 1970 zog das Institut in eigene Räume an der Amalienstraße 73 in der Maxvorstadt. Im Jahr 2002, 50 Jahre nach der Gründung, wurden neben sieben Sprachen inkl. Chinesisch auch viele weitere Fächer unterrichtet, u.a. Wirtschaft, Technik, Recht und Naturwissenschaften. Seit 2007 ergänzt die Hochschule für Angewandte Sprachen das Lehrangebot des SDI. Das Institut zog 2011 an die Baierbrunner Straße 28 auf ein 6.000 qm großes Grundstück mit drei Gebäuden, von denen bislang zwei für den Lehrbetrieb genutzt werden. Das SDI München gehört zu den renommiertesten Ausbildungsstätten für Übersetzer und Dolmetscher in Europa.

Münchner Photo-Pioniere

Schon einige Monate vor der Bekanntmachung der Erfindung von Niepce und Daguerre im August 1839 hatten die Münchner Wissenschaftler Carl August Steinheil und Franz von Kobell erste Photographien aufgrund ihrer eigenen Forschungen erstellt: Ein Bild der Frauenkirche und der Glyptothek. Es folgten eine ganze Reihe von Photopionieren in Bayern: Johann Baptist Isenring, der das erste feste Photo-Atelier in Deutschland einrichtete und auch die erste Photo-Ausstellung organisierte. Alois Löcherers legendäre Photo-Reportage des Transports der Bavaria und Franz Hanfstaengls Bilderserie des Münchner Glaspalasts und der damaligen High-Society kann man zu den „Inkunabeln" der Photographie zählen wie auch die Werke des Hof-Photographen Joseph Albert. In Ergänzung dazu gehören die drucktechnischen Entwicklungen von Alois Senefelder und die optischen Forschungen von Joseph von Fraunhofer.

Perutz-Grün

Das Werk in Obersendling erhielt 1922/23 eine Ergänzung: eine Filmfabrik, in der als eines der ersten Produkte der *Perutz-Grünsiegel-Rollfilm* hergestellt wurde. Der Schwarz-Weiß-Film zeichnete sich durch eine besonders hohe Empfindlichkeit und gute Umsetzung von Gelb- und Grüntönen aus und wurde dadurch schnell zum Standardfilm v.a. in der Landschaftsphotographie. Darauf bezog das Unternehmen auch die grüne Farbe der Filmschachtel, die schließlich zum Kennzeichen für Perutz wurde.

7.38 Perutz Photowerke

Kistlerhof-/Aidenbachstraße

Gründer der Firma war Otto Perutz (1847–1922) aus Teplitz in Nordböhmen, der 1875 nach Bayern kam und als Chemiker angestellt war. 1880 konnte er die „Chemische und pharmazeutische Produktenhandlung Dr. Schnitzer & Co." in der St.-Anna-Straße 8–9 im Lehel erwerben. Aufbauend auf den Entwicklungen des Berliner Professors Hermann Wilhelm Vogel und des Münchner Photographen und „Photo-Chemikers" Johann Baptist Obernetter entwickelte Perutz ein Verfahren zur industriellen Produktion von „Eosinsilberplatten", photographische Trockenplatten, die eine bedeutend höhere Empfindlichkeit und weit bessere Umsetzung der aufgenommenen Farben boten. Bei Platten anderer Hersteller gerieten Blautöne zu Weiß, gelbe und Rottöne zu dunklem Grau und Schwarz, die fertigen Photos mussten mühsam retuschiert werden. Die Perutz-Platten waren „orthochromatisch" und stellten die originalen Farben der Motive in den Schwarz-Weiß-Bildern tonwertig richtig dar. Schon 1896 wurden Perutz-Filme auch für Röntgenaufnahmen eingesetzt.

Otto Perutz verkaufte seine Fabrik am 1. Juni 1897 an den Unternehmer Friedrich Engelhorn, der 1865 die BASF gegründet hatte. Den Namen Perutz behielt er allerdings bei. Bis zum Beginn des Ersten Weltkriegs entwickelte sich die Otto Perutz Trockenplattenfabrik zu einem führenden Anbieter für Photoplatten und auch für Filme, v.a. auch durch die intensiven Forschungen auf diesem gebiet. Einen endgültigen Durchbruch der Filme gegenüber den Photoplatten bildete die Entwicklung des „Grünsiegel-Films", der eine hervorragende Farbenempfindlichkeit und Haltbarkeit hatte (in den frühen Zeiten der Platten-Photographie waren die „nassen" Platten oft nur wenige Minuten haltbar).

Der Betrieb von Otto Perutz war zunächst in der Müllerstraße angesiedelt, später in der Dachauer Straße 50. Da die Luft im inneren Stadtgebiet wegen der vielen Ofenheizungen stark mit Schwefelgasen verunreinigt war, begann man noch vor 1914 die Produktion auf das Sendlinger Oberfeld zu verlegen, aufgrund der Kriegsereignisse konnte aber die neue Produktionsstätte in der Kistlerhofstraße 75 erst im Jahr 1919 in Betrieb genommen werden. Für die speziellen Anforderungen der militärischen Luftaufklärung entwickelte die Firma eine zweckentsprechende „Spezial-Flieger-Platte". 1922/23 folgte in Obersendling eine eigene Filmfabrik für die Produktion von Rollfilmen. Der „Perutz Grünsiegel-Film" eroberte in Kürze den Markt, auch für die 1924 auf den Markt gelangte Leica entwickelte Perutz einen besonders feinkörnigen Kleinbildfilm.

7.38 Perutz Photowerke

Industriegebiet an der Hofmannstraße, links in Bildmitte die Perutz Photowerke, rechts die Siemenswerke

Am 6./7. September 1943 wurden große Teile des Werks bei Luftangriffen zerstört, aber schon in den ersten Nachkriegsjahren kam es zu Erweiterungen und einer ansteigenden Produktion. Als erster Industrie-Neubau in München nach dem Zweiten Weltkrieg entstand 1949 das Verwaltungsgebäude von Perutz mit Räumen für die kaufmännische und technische Leitung und einem eigenen Kinosaal. 1955 hatte Perutz 1.100 Beschäftigte und einen Marktanteil in Westdeutschland von 30 – 50 %. 1964 wurden die Perutz-Photowerke von der Agfa-Gevaert AG übernommen, neuer Produktionsschwerpunkt wurde die Magnetbandfertigung (Ton- und Videobänder). Die frühen 1970er Jahre brachten noch einen Höchststand bei Mitarbeitern und Anlagen. Die Filmproduktions- und -entwicklungszahlen aber waren rückläufig. 1991 übergab Agfa die Sparte Magnetband an BASF, als letzter Teil der Perutz-Photowerke wurde 1994 die Filmfabrik geschlossen. Die Gebäude übernahm 1998 eine Investorenfirma. heute stehen auf dem Gelände Verwaltungsbauten.

Geburtshaus des Firmengründers in Mittersendling, Plinganserstraße

Gebrüder Rank

Die heute noch bestehende Baugesellschaft Gebrüder Rank geht zurück auf den Zimmerermeister Joseph Rank, der 1832 in Mittersendling geboren und in einem Bauernhof an der heutigen Plinganserstraße aufgewachsen ist. 1862 hatte Rank ein Bau- und Zimmereigeschäft in Schwabing eröffnet. 1897/99 übergab er es seinen drei Söhnen Josef, Franz und Ludwig. Die Baufirma wurde über vier Generationen von Mitgliedern der Familie geführt. V.a. mit bahnbrechenden konstruktiven Neuerungen wie der Einführung des Eisenbetons hat die Firma zahlreiche bedeutende Bauten in München erstellt, wie den Turm und die Bibliothek des Deutschen Museums, den Lindwurmhof und das Hauptzollamt.

Entwurf Villa Stroblberger 1899/1900

7.39 Villa Stroblberger/Rank, Wolfratshauser Str. 80

Die Jugendstilvilla an der Wolfratshauser Straße 80 war einer der ersten Aufträge, den die Gebrüder Rank entworfen und bis 1902 ausgeführt haben. Bauherr war der Autohändler Fritz Stroblberger. Das Grundstück war schwierig geschnitten und der Bauherr mit seinen Vorstellungen auch. Stroblberger forderte für die vielen ineinander verschachtelten Räume aufwändige Gestaltungen in verschiedenen Stilrichtungen. Die räumliche Vielfalt zeigte sich auch im Baukörper selbst und in den Fassaden, die mit differenzierten Putztechniken gestaltet wurden. Sie hatten eine frische Farbstimmung in Ocker, Grün und Türkis mit typischen Motiven des Jugendstils aus Flora und Fauna des Waldes: Moos und Löwenzahn, Eber, Schlangen und Hirschkäfer. Die bunte und vielfältige Gesamterscheinung führte auch zum Spottnamen: „Villa Spinn". Die Villa war noch nicht abbezahlt als Stroblberger in Konkurs ging. Daraufhin stand das Haus zunächst längere Zeit leer – es war auch nur auf die Bedürfnisse von Stroblberger zugeschnitten – und wurde 1907 schließlich von den drei Gebrüdern Rank ersteigert und mit ihren Familien auch bezogen. Heute ist die aufwändige Außen-Gestaltung kaum noch nachzuvollziehen, da das Gebäude 1968 „modernisiert" wurde. Dabei hat man die Dachformen stark verändert und leider die gesamte Jugendstildekoration entfernt.

7.40 Villa Vollnhals, Wolfratshauser Straße 50

Die Villa gehörte dem Gründer der Motorenfabrik München-Sendling, Kommerzienrat Otto Vollnhals. Die 1899 gegründete Fabrik lag seit 1907 an der Gmunder Straße in Obersendling. Architekten der Villa waren Otho Orlando Kurz und Eduard Herbert. Der 1912 fertig gestellte Bau hat Elemente des Klassizismus, eine streng symmetrische und vornehme Gestaltung und gehört zu den ersten Bauten der beiden Architekten, die später prägende Bauten der Moderne geschaffen haben wie die sogen. Mollblöcke an der Ganghoferstraße und die Wohnanlage an der Schleißheimer Straße mit der Kirche St. Sebastian. 1938 erwarb Vollnhals eine Villa an der Möhlstraße. In den Jahren 1978/79 wurde die Obersendlinger Villa durch die Architekten Ekkehard Fahr und Partner restauriert und zu einem Bürogebäude umgebaut sowie mit einem zweigeschoßigen Bürobau in Holzleimbauweise erweitert. Der Anbau hat zahlreiche Architekturpreise erhalten. Der Erweiterungsbau wurde nach 2007 aufgestockt und damit nach Aussage der Architekten „entstellt".

7.41 Villa am Isarhang, Wolfratshauser Straße 27

Die kleine Villa gehört zu den ersten Sommerhäusern und Villen, die an der exponierten Lage am westlichen Isarhang gebaut wurden – mit einem damals freien Blick vom Kreppeberg auf Thalkirchen und das Isartal. Mit seinen Treppengiebeln, Fensterumrahmungen und Spitzbogenfenstern ist der Bau von 1847 ein frühes Beispiel für die gestalterische Anwendung der Tudor-Gotik im Wohnbau. Die Haupträume der denkmalgeschützten Villa sind natürlich zum Isartal orientiert.

7.42 Ehemaliges Zollhaus

Nach den seit 1890 erfolgten Eingemeindungen und den dadurch erweiterten Burgfriedensgrenzen waren eigene städtische Amtsgebäude notwendig, an denen der Pflasterzoll und andere Gebühren erhoben werden konnten. Die kleinen Gebäude enthielten ein Amtszimmer und eine oder zwei Aufseherwohnungen. Um 1912 gab es 18 der kleinen Zollhäuser in München. Der Pflasterzoll sollte die erstmalige Pflasterung und den Unterhalt der städtischen Straßen finanzieren und wurde von auswärtigen Fuhrwerken erhoben. Gebührenpflichtig waren aber auch die Zugtiere und Vieh, das in die Stadt getrieben wurde. Der Pflasterzoll wurde im Deutschen Reich seit Jahrhunderten erhoben und 1902 reichsweit aufgehoben, in Bayern aber erst in den 1930er Jahren abgeschafft. Das „Zollstationsgebäude" an der Wolfratshauser Straße 139 entwarf, wie viele der anderen auch, der städtische Baurat Hans Grässel, fertig gestellt war der Bau 1900. Der seitliche Erker diente wahrscheinlich als Zahlschalter.

7.43 Jagdhaus Rosipal

In den 1870er Jahren ließ sich der Kaufmann Carl Rosipal ein kleines Jagdhaus im Landhausstil an der Wolfratshauser 61 errichten. Rosipal war auch Besitzer des ehemaligen Zoologischen Gartens an der Königinstraße. 1902 wurde das Haus von den Architekten Liebergesell und Lehmann in einem malerischen alpenländischen Stil umgebaut und aufgewertet: Ein Eingangsvorbau wurde angefugt und ein zweigeschoßiger Erker, die Fassaden erhielten Lüftlmalereien. Das Nebengebäude wurde 1922 durch die Baufirma Gebrüder Rank aufgestockt.

7
Heckenstallerstraße
Gottfried-Böhm-Ring
Walter-Meißner-Straße
Adunistraße
Grünstraße
Attenkoferstraße
Leipartstraße
Schöttlstraße
Georg-Hallmaier-Straße
Neuhofener Platz
Zechstraße
Hirsch-Gereuth-Straße
Schneemannstraße
Sonnenlandstraße
Distlhofweg
Fallstraße
Plinganserstraße
Föllergasse
Heißstraße
Am Radenhölzl
Karl-May-Straße
Ebermayerstraße
Billrothstraße
Hierlinger Weg
Schulenbergstraße
Ohlenschlagerstraße
Passauerstraße
Steinerstraße
Zielstattstraße
Hofmannstraße
Geretsrieder Straße
Boschetsrieder Straße
Tölzer Straße
Waakirchner Straße
Greinerberg
Münchner Straße
Malmedystraße
August-Zeuner-Weg
Irschenhauser Straße
Geltinger Straße
Gmunder Straße
Baierbrunner Straße
Kleinstraße
Ludwig-Braille-Straße
Wolfratshauser Straße
Rupert-Mayer-Straße
Colmarer Straße
Mülhauser Straße
Schneiderstraße
Koppstraße
Blieskastelstraße
Saarbrücker Straße
Mettlacher Straße
St.-Wendel-Straße
Saargemünder Straße
Neunkirchner Straße
1
2
3
4

Obersendling Ost • Service 7

Cafés • Bars

Café Bar Vrbas
Leipartstraße 19

1 Dillinger Chicago Bar'n Grill
Hofmannstraße 19
Gastrokneipe

Harrys
Hofmannstraße 43

Pablo Panini
Flößergasse 5c

Segafredo
Baierbrunner Str. 20

Tölzer Stüberl
Tölzer Straße 29
Gastrokneipe

Wörners Café
Koppstraße 19

Zechstüberl
Zechstraße 2

Essen

2 Augustiner Schützengarten
Zielstattstraße 6
Gutbürgerliche Küche mit großem Biergarten

Bürgers
Wirtshaus & Garten
Hofmannstraße 23

Bei Luigi
Steinerstraße 2
Italienisches Restaurant

De Vivo's Ristorante
Plinganserstraße 102

Hans im Glück
Hofmannstraße 2

Mykonos
Schöttlstraße 10

Pizza La Rocca
Boschetsrieder Straße 7

Pizza Mondo
Baierbrunner Straße 4

Restaurant Dolce Vita
Siemensallee 61

3 Santorini
Irschenhauser Straße 22
Griechisches Restaurant

Sirius Casino
Rupert-Mayer-Straße 44

Trattoria L'Angoletto
Waakirchner Straße 33

4 Viktus
Zielstattstraße 9
Köstlich - schnell - gesund: Unser Essen macht glücklich

Lebensmittel

Aumüllers Brotfabrik
Kistlerhofstraße 70

Bäckerei Müller
Steinerstraße 4

Bäckerei Ziegler
Baierbrunner Straße 89
Köstliche Rosensemmeln

Das kleine Backhaus
Boschetsrieder Straße 17

Lotus Asia Markt
Hofmannstraße 30

Schöner Markt
Zielstattstraße 41
Beeilen wir uns, der Versuchung zu verfallen, bevor sie uns entwischt (Epikur)

Specials

Kunstschule Regenbogen
Geretsrieder Straße 6

Burlesque Academy
Tölzer Straße 23

Abraxas Musical Akademie
Hofmannstraße 5

Apotheke

Mary's Apotheke
Boschetsrieder Straße 72
Baierbrunner Straße 73

Bank

Stadtsparkasse
Tölzer Straße 45

Rein & Sauber

Waschsalon
Aidenbachstraße 30

Schule

Leonardo da Vinci
Wolfratshauser Straße 84
deutsch-italienische Schule

Soziales

Flugzeugspielplatz
Siedlung Siemensstadt

Moschee Al-Salam
Schöttlstraße 5,

Sport

Boxschule Knoch
Flößergasse 8

Briefkasten

Baierbrunner Straße 50
Boschetsrieder Straße 41
Bruderhofstraße 43
Emil-Geis-Straße 41
Fallstraße 38
Hofmannstraße 15
Passauerstraße 132
Plinganserstraße 150
Pognerstraße 2, 19
Rupert-Mayer-Straße 2
Zielstattstraße 44

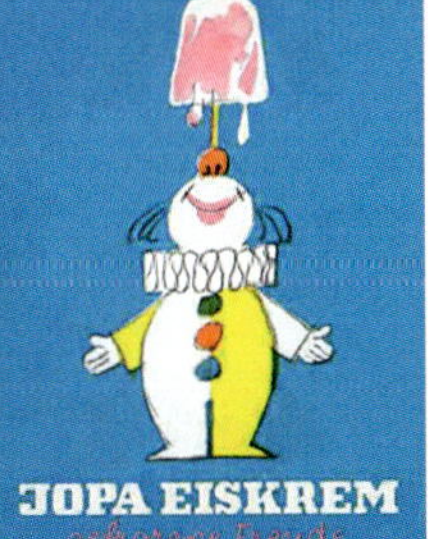

Straßennamen

* Jahr der Benennung durch den Beschluss des Bauausschusses des Stadtrats

Aberlestraße, Untersendling, *1887
siehe Seite 32f.

Adunistraße, Mittersendling, *1965
Aduni de Sentilinga, Grundherr in Sendling, von 779 bis 806 urkundlich erwähnt

Aichacher Platz, Mittersendling, *1922
Kreisstadt in Oberbayern, eine Gründung bei der 1209 zerstörten Stammburg der Wittelsbacher

Aichacher Straße, Mittersendling, *1922
s. Aichacher Platz

Aidenbachstraße, Obersendling/Solln, *1901
siehe Seite 32f.

Albert-Bayerle-Platz, Obersendling, *1977
Alber Bayerle (1906–1972), ab 1952 Stadtrat, von 1960 bis 1972 3. Bürgermeister der LH München

Albert-Rosshaupter-Straße, Mittersendling, *1962
Albert-Rosshaupter (1878–1949), Sozialpolitiker (SPD), Mitglied des bayerischen Landtags von 1907–1933, bayerischer Staatsminister für Arbeit und soziale Fürsorge von 1945–1947

Alfred-Ludwig-Weg, Untersendling, *1986
Alfred Ludwig (1892–1985), Inhaber einer Kalenderfabrik; zahlreiche Stiftungen u.a. für den Tierpark München

Allmannshausener Straße, Obersendling, *1921
Nach Allmannshausen am Ostufer des Starnberger Sees

Almbachstraße, Obersendling, *192
Nach Almbach bei Berchtesgaden

Alois-Gilg-Weg, Untersendling, *1986
Alois-Gilg (1857–1943), von 1909 bis 1922 Pfarrer von St. Margaret

Alpseestraße, Westpark/Waldfriedhof, *1929
Nach dem Alpsee bei Immenstadt im bayerischen Allgäu

Alramstraße, Untersendling, *1887
siehe Seite 32f.

Am Harras, Sendling, *1930
Nach dem Café Harras, dessen Besitzer den Namen Robert Harras trug

Ammerseestraße, Westpark/Neuhadern/Kleinhadern, *1972
Nach dem Ammersee

Am Radenhölzl, Mittersendling, *1937
Nach einem alten Flurnamen

Am Westpark, Sendling, *1982
Nach dem benachbarten Park

Andechser Straße, Mittersendling, *1906
Nach dem Benedktinerkloster in Andechs

An der Stemmerwiese, Sendling, *1985
Nach der Bauernfamilie Stemmer

Arnimstraße, Mittersendling, *1927
Achim von Arnim (1781–1831), Dichter, veröffentlichte mit C. Brentano die Liedsammlung „Des Knaben Wunderhorn"

Arnrieder Straße, Obersendling, *1929
Nach Arn(s)ried, im Nordwesten von München

Arzbacher Straße, Untersendling, *1930
Nach Arzbach, Ort bei Bad Tölz in Oberbayern

Ascholdinger Straße, Obersendling, *1935
Nach Ascholding bei Wolfratshausen

Asperstraße, Mittersendling, *1955
Hans Konrad Asper (1588– nach 1655), Baumeister, Bildhauer; seit 1645 im Dienst von Kurfürst Maximilian I. von Bayern, baute das Münchner Komödienhaus

Attenkoferstraße, Mittersendling, *1951
Josef Anton Attenkofer (1711–1775), seit 1736 Archivar und Kurfürstl. Hofrats-Ratsschreiber

Aufkirchener Straße, Obersendling, *1921
Nach Aufkirchen am Ostufer des Starnberger Sees bei Berg; Geburtsort des Schriftstellers Oskar Maria Graf

August-Zeune-Weg, Obersendling, *1956
Johann August Zeune (1778–1853), eröffnete 1806 die erste Blindenlehranstalt Deutschlands in Berlin

Badgasteiner Straße, Untersendling, *1926
Nach Bad Gastein, österreichischer Kurort in den Tauern

Baierbrunner Straße, Obersendling, *1901
Nach Baierbrunn am linken Isarufer südlich von München

Banatstraße, Sendling/Westpark, *1937
Nach dem Banat, der Landschaft zwischen unterer Theiß, Maros und den Karpaten

Bannwaldseestraße, Obersendling, *1925
Nach dem Bannwaldsee bei Füssen-Schwangau im Allgäu

Baumgartnerstraße, Untersendling, *1897/99
1) Anton Baumgartner (1761–1831), Heimatschriftsteller, Polizeidirektor und Baurat in München.
2) Franz Baumgartner, Unteroffizier und bürgerlicher Lohnkutscher; schlug dem Major Andreas Dall'Armi vor, die Hochzeit (1810) des Kronprinzen Ludwig von Bayern durch ein Pferderennen zu verschönern; er gilt deshalb als Initiator des Oktoberfestes und ging aus diesem Rennen im Jahr 1810 als Sieger hervor.

Becker-Gundahl-Straße, Obersendling/Solln, *1972
Karl Johann Becker-Gundahl (1856–1925), Maler und Illustrator, Professor an der Akademie der Bildenden Künste

Beerweg, Mittersendling, *1956
Franz Beer von Bleichten (1660-1726), Baumeister des Barockzeitalters; Hauptvertreter der Vorarlberger Schule

Berlepschstraße, Untersendling, (6), *1886
August Freiherr von Berlepsch (1815–1876), Imker; machte sich in München um die Bienenzucht verdient

Bernrieder Straße, Mittersendling, *1904
Nach Bernried am westlichen Ufer des Starnberger Sees

Bichler Straße, Obersendling/Solln, *1935
Nach Bichl in Oberbayern

Billrothstraße, Mittersendling, *1937
Theodor Billroth (1829–1894), bedeutender Chirurg

Bleyerstraße, Untersendling, *1934
Jakob Bleyer (1874–1933), Germanist

Bodenehrstraße, Sendling, *1960
Kupferstecher- und Kartografenfamilie im 17. Jh.

Boschetsrieder Straße, Obersendling, *1901
Boschetsried, d.h. Barschalkensried, also die Rodung eines Freibauern (seit Beginn des 10. Jh.)

Breitachstraße, Untersendling, *1925
Gebirgsfluss bei Oberstdorf im Allgäu, bekannt durch die Breitachklamm

Breitbrunner Straße, Mittersendling, *1921
Nach Breitbrunn am Ostufer des Ammersees und nach einem Ort am Chiemsee

Brunecker Straße, Untersendling, *1926
Nach Bruneck in Südtirol

Cimbernstraße, Mittersendling, *1925
Nach den Cimbern (Kimbern), einem germanischen Volksstamm aus Jütland

Colmarer Straße, Obersendling, *1930
Nach Colmar im Elsaß

Daiserstraße, Sendling, *1886
siehe Seite 32f.

Danklstraße, Sendling, *1959
siehe Seite 32f.

Daumillerweg, Sendling, *1982
Oscar Daumiller (1882–1970), evang. Pfarrer an der Himmelfahrtskirche in Sendling, später Oberkirchenrat und Kreisdekan von München

Dauthendeystraße, Mittersendling, *1927
Maximilian Dauthendey (1867–1918), Maler, Lyriker, Erzähler

Daxenbergerstraße, Untersendling, *1927
Sebastian Franz von Daxenberger (1809–1878), Dichter; seit 1866 Staatsrat unter König Maximilian II., schrieb ein Stück über die Sendlinger Schlacht (1835/1844)

Demleitnerstraße, Untersendling, *1958
Joseph Demleitner (1877–1954), Geistl. Rat, Volksgenealoge; Altmeister der Familienforschung in Altbayern

Diemendorfer Straße, Obersendling, *1929
Nach Diemendorf bei Tutzing am Starnberger See

Diepoldstraße, Untersendling, *1930
Diepold hieß ein Münchner Ratsherrengeschlecht im 16. Jh.

Döderleinstraße, Mittersendling, *1937
Ludwig Heinrich Döderlein (1855–1936), Zoologe und Paläontologe; von 1923 bis 1927 Direktor der Zoologischen Staatssammlungen in München

Dönnigesstraße, Obersendling, *1926
Wilhelm von Dönniges (1814–1872), Historiker und Staatsmann; seit 1842 in München, von 1848 bis 1855 Berater von König Maximilian II. von Bayern

Drachenseestraße, Untersendling, *1925
Nach dem Drachensee in Österreich

Drygalski-Allee, Obersendling/Forstenried/Solln, *1965
Erich Dagobert von Drygalski (1865–1949), Geograph und Geophysiker; von 1906 bis 1935 Professor an der Universität München

Dudenstraße, Mittersendling, *1937
Konrad Duden (1829–1911), Philologe; Verfasser des orthographischen Wörterbuches der deutschen Sprache

Ebermayerstraße, Mittersendling, *1937
Ernst Ebermayer (1829–1908), von 1878 bis 1900 Professor für Meteorologie, Landwirtschaft und Agrikulturchemie an der Universität München

Echelsbacher Straße, Untersendling, *19312
Nach Echelsbach bei Baiersoien westlich vom Staffelsee

Edelsbergstraße, Untersendling, *1982
Nach dem Edelsberg, einem Berg im Allgäu

Ehrwalder Straße, Westpark, *1927
nach Ehrwald (Österreich)

Eibseestraße, Mittersendling, *1904
Nach dem Eibsee am Fuß des Wettersteingebirges

Eichendorffplatz, Mittersendling, *1923
Joseph Freiherr von Eichendorff (1788-1857), Dichter der Spätromantik

Eichendorffstraße, Mittersendling, *1923
s. Eichendorffplatz

Einseleweg, Westpark, *1958
August Max Einsele (1803–1870), Gerichtsarzt und Botaniker; gehört zu den Erstbesteigern der Zugspitze

Elmauer Straße, Sendling, *1925
Nach Elmau zwischen Partenkirchen und Mittenwald

Engelhardstraße, Mittersendling, *1959
siehe Seite 32f.

Eschenloher Straße, Mittersendling, *1935
Nach Eschenlohean der Loisach

Esswurmstraße, Sendling, *1978
Esswurm hieß ein altes Münchner Kaufmanns- und Patriziergeschlecht, das seit 1374 in München nachweisbar ist

Ettalstraße, Mittersendling, *1904
Nach Ettal, dem Wallfahrtsort nördlich von Garmisch

Euckenstraße, Mittersendling, *1950
Rudolf Christoph Eucken (1846–1926), Philosoph, erhielt 1908 den Literatur-Nobelpreis

Faberstraße, Untersendling, *1925
Lothar Freiherr von Faber (1817–1896), Fabrikant; ab 1839 Bleistiftproduktion in Nürnberg

Fallstraße, Mittersendling, *1959
Nach Fall bei Lenggries

Farchanter Straße, Mittersendling, *1922
Nach Farchant nordöstlich von Garmisch-Partenkirchen

Feldafinger Platz, Obersendling, *1921
Nach Feldafingam Starnberger See

Ferchenseestraße, Obersendling, *1925
Nach dem Ferchensee bei Mittenwald

Fernpaßstraße, Untersendling, *1925
Nach dem Gebirgspaß zwischen Inn- und Loisachtal

Flößergasse, Obersendling, *1949
Nach der bereits im 13. Jh. ausgeübten Isarflößerei

Franz-Kaim-Straße, Obersendling, *1936
Franz Kaim (1856–1935), Konzertunternehmer; Gründer des „Münchner Philharmonischen Orchesters«

Freibergseestraße, Obersendling, *1925
Nach dem Freibergseebei Oberstdorf

Friedrich-Brugger-Weg, Westpark, *1929
Friedrich Brugger (1815–1870), Bildhauer, schuf u. a. Statuen für einige Münchner Denkmäler (Bavaria auf dem Siegestor, Max Emanuel auf dem Promenadeplatz)

Friedrich-Hebbel-Straße, Mittersendling, *1927
Friedrich Hebbel (1813–1863), Dichter; studierte 1836 bis 1839 in München

Friedrich-List-Straße, Westpark/Hadern, *1925
Friedrich List (1789–1846), Volkswirtschaftler und Politiker

Frillenseestraße, Obersendling, *1925
Nach dem Frillensee bei Inzell im Rupertigau

Fürstenackerstraße, Obersendling/Solln, *1936
Nach einem alten Flurnamen

Fürstenrieder Straße, Laim/Mittersendling, *1901
Nach der Schwaige Fürstenried, im 18. Jahrhundert von Kurfürst Max Emanuel erworben, danach Errichtung des Schlosses Fürstenried

Fuggerstraße, Untersendling, *1907
Nach den Fugger, einem Augsburger Kaufmanns-, später Grafen- und Fürstengeschlecht

Geisenhausenerstraße, Obersendling, *1934
Die Geisenhausener waren ein altbayerisches Grafengeschlecht

Geltinger Straße, Obersendling, *1929
Nach Gelting bei Wolfratshausen im Isartal

Straßennamen

* Jahr der Benennung durch den Beschluss des Bauausschusses des Stadtrats

Georgensteinstraße, Obersendling, *1953
Nach dem Georgenstein, einem Nagelfluhfelsen aus der ersten Eiszeitperiode im Flussbett der Isar bei Baierbrunn hinter Grünwald

Georg-Hager-Straße, Mittersendling, *1983
Georg Hager (1863–1941), Kunsthistoriker

Georg-Hailmaier-Straße, Mittersendling, *1898
siehe Seite 32f.

Geretsrieder Straße, Obersendling, *1982
Nach Geretsried, der 1950 von Vertriebenen gegründeten Stadt (seit 1970) im oberen Isartal

Gerokstraße, Sendling, *1924
Karl von Gerok (1815–1890), evangelischer Theologe und Schriftsteller

Gleisweilerstraße, Obersendling, *1926
Nach Gleisweiler in der Rheinpfalz

Gmunder Straße, Obersendling, *1901
Nach Gmund, dem Ort am Tegernsee; die Gmunder nahmen 1705 am oberbayerischen Aufstand gegen die Österreicher teil

Gottfried-Böhm-Ring, Mittersendling, *1964
Gottfried von Böhm (1845–1926), Ministerialrat; von 1898 bis 1907 Vorstand des Geheimen Haus- und des Geheimen Staatsarchivs in München

Gotzinger Platz, Untersendling, *1904
siehe Seite 32f.

Gotzinger Straße, Untersendling, *1904
s. Gotzinger Platz

Grabbeweg, Mittersendling, *1978
Christian Dietrich Grabbe (1801–1836), Schriftsteller

Grainauer Weg, Mittersendling, *1966
Nach der Ortschaft Grainau

Grasweg, Untersendling, *nicht mehr feststellbar
Nach einem alten Feldweg, der früher über die weiten Wiesen des Sendlinger Oberfeldes führte

Grüntenstraße, Untersendling/Laim, *1921
Nach dem Grünten am Nordostrand der Allgäuer Alpen

Gysisstraße, Obersendling, *1932
Nikolaus Gysis (1842–1901), griech. Maler; ab 1882 Professor an der Akademie der Bildenden Künste in München

Habacher Straße, Sendling, *1907
Nach Habach im Landkreis Weilheim

Halmstraße, Mittersendling, *1937: Karl Felix von Halm (vor 1809–1882), Altphiloloqe und Bibliotheka

Halskestraße, Obersendling, *1952
Johann Georg Halske (1814-1890), Elektrotechniker; gründete mit Werner von Siemens zusammen 1847 die »Telegraphenbauanstalt von Siemens & Halske« in Berlin

Hansastraße, Untersendling/Westend, *1899
Nach der Hanse, der Gilde deutscher und nordeuropäischer Kaufleute und Handelsstädte

Hasenthalweg, Mittersendling, *1937
Nach einem alten Flurnamen in Mittersendling

Hatzfelder Weg, Obersendling, *1935
Nach Hatzfeld, einer ehemals deutschen Großgemeinde im rumänischen Teil des Banat

Hauffstraße, Sendling, *1923
Wilhelm Hauff (1802–1827), Schriftsteller

Hechendorfer Straße, Obersendling, *1929
Nach Hechendorf, einem Ort
1) am Pilsensee westlich von München
2) südlich von Murnau

Hefner-Alteneck-Straße, Sendling, *1928
1) Jakob Heinrich von Hefner-Alteneck (1811–1903), Altertumsforscher; war ab 1868 Generalkonservator der Kunstdenkmäler und Altertümer Bayerns und Direktor des 1858 gegründeten Bayerischen Nationalmuseums in München.
2) Friedrich von Hefner-Alteneck (1845–1904), Elektrotechniker; bei Siemens & Halske ab 1867, nach 1897 Aufsichtsratsmitglied der AEG, 1878 konstruierte er die „Differentialbogenlampe"

Heißstraße, Mittersendling, *1901
siehe Seite 32f.

Heiterwanger Straße, Untersendling, *1946:
Nach Heiterwang, südlich von Reutte in Tirol (Österreich

Helfenriederstraße, Obersendling, *1923:
Christof Helfenrieder (gest. 1635), Hofmaler in München

Hermann-von-Sicherer-Straße, Mittersendling, *1937
Hermann Anton Wilhelm von Sicherer (1839–1901), Jurist

Herzog-Ernst-Platz, Untersendling, *1951
Herzog Ernst von Bayern-München (1373–1438); er veranlasste die Ermordung der heimlich mit seinem Sohn Albrecht II. vermählten Agnes Bernauer

Heuwinkel, Mittersendling, *1959
Nach dem Heuwinkel, südlich des Starnberger Sees

Hierlangerweg, Mittersendling, *1937
Nach einem alten Flurnamen

Hiltnerweg, Mittersendling, *1966
Lorenz Hiltner (1862–1923), Agrarbiologe; ab 1908 Prof. für landwirtschaftliche Bakteriologie an der TH München

Hinterbärenbadstraße, Untersendling, *1937
Nach dem Hinterbärenbad, einem Berggasthaus in Tirol

Hirnerstraße, Waldfriedhof, *1927
Hirner war Posthalter von Anzing und 1705 einer der Hauptbeteiligten am Bauernaufstand

Hirsch-Gereuth-Straße, Mittersendling, *1945
Baronin Klara von Hirsch-Gereuth, Philanthropin

Hochmeierstraße, Untersendling, *1930
Hochmeier hieß eine Bauernfamilie, die in Sendling von 1316 bis 1916 ansässig war

Hochwannerstraße, Untersendling, *1925
Nach dem Hochwanner im Wettersteingebirge

Höglwörther Straße, Südpark/Mittersendling, *1925
Nach Höglwörth, einem Ort nördlich von Bad Reichenhall

Höhenrainer Straße, Obersendling, *1929
Nach Höhenrain im Glonntal

Hölderlinstraße, Mittersendling, *1923
Friedrich Hölderlin (1770–1843), Dichter

Höllentalstraße, Mittersendling, *1925
Nach dem Höllental bei Garmisch-Partenkirchen

Höltystraße, Mittersendling, *1927
Ludwig Christoph Heinrich Hölty (1748-–1776), Dichter

Hofmannstraße, Obersendling, *1901
Johannes Hofmann (in alten Urkunden Hoffmann), Oberst der Landesdefension (früher Wachtmeister des bayerischen Kürassierregiments Weickel); er war einer der Anführer der Niederbayern im Aufstand von 1705/06 gegen die Österreicher

Holzhauser Straße, Mittersendling, *1921
Nach Holzhausen am Westufer des Ammersees

Huglfinger Straße, Obersendling, *1929
Nach Huglfing, südlich von Weilheim

Hundertpfundweg, Untersendling, *1963
Hundertpfund hieß eine Münchner Ratsherrenfamilie im 15.
und 16. Jahrhundert

Iffeldorfer Straße, Mittersendling, *1954
Nach Iffeldorf an den Osterseen

Ilkastraße, Obersendling, *1954
Nach der Ilkahöhe bei Tutzing am Starnberger See

Illingstraße, Obersendling, *1937
Lorenz Illing (1833–1900) war der Gründer und Direktor des Münchner Kindergärtnerinnenseminars

Implerplatz, Untersendling, *1927
Impler hieß eine Münchner Rats- und Patrizierfamilie im 14. Jahrhundert

Implerstraße, Untersendling, *1904
s. Implerplatz

Innerkoflerstraße, Mittersendling, *1934
Die Innerkofler waren im 19. Jh. eine berühmte Südtiroler Bergführerfamilie

Inninger Straße, Mittersendling, *1921
Nach Inning, dem Ort an der Nordostseite des Ammersees

Isarauen, Mittersendling/Thalkirchen, *um 1900
Nach den Grünanlagen entlang der Isar

Jachenauer Straße, Mittersendling, *1903
Nach der Jachenau in den bayerischen Voralpen

Jägerwirtstraße, Untersendling, *1878
Johann Jäger, gen. Jägerwirt (1667–1706), Weinwirt im Tal; er war einer der Planer und späteren Anführer des Aufstandes der bayerischen Bauern 1705 gegen die Österreicher und wurde deshalb auf dem Schrannenplatz in München (heute Marienplatz) enthauptet und dann gevierteilt.

Jean-Paul-Richter-Straße, Mittersendling, *1930
Jean Paul, eigentl. Johann Paul Friedrich Richter (1763–1825), Schriftsteller

Johann-Clanze-Straße, Mittersendling, *1898
siehe Seite 32f.

Johann-Houis-Straße, Mittersendling, *1921
siehe Seite 32f.

Josef-Naus-Straße, Mittersendling/Waldfriedhof, *1935
Josef (Karl) Naus (1793–1871), Vermessungsoffizier; bestieg als Leutnant für Aufnahmen zur bayerischen Generalstabskarte 1820 erstmals den Westgipfel der Zugspitze.

Josef-Rank-Weg, Untersendling, *1983
Josef Rank (1868–1956), Architekt; mit seinen beiden Brüdern Franz (1870–1949) und Ludwig (1873–1932) gründete er die Baufirma „Gebrüder Rank"

Juifenstraße, Untersendling, *1945
Nach dem Juifen nordwestl. des Achensees in Österreich

Kaltenbrunner Straße, Obersendling, *1929
Nach Kaltenbrunn an der Deutschen Alpenstraße östlich von Garmisch-Partenkirchen

Kaltnerweg, Mittersendling, *1955
Benannt nach dem Münchner Baumeistergeschlecht Kaltner und dem Maler und Graphiker Joseph Kaltner, der um 1770 in München bei François Cuvillies lernte

Kapellenweg, Untersendling, *1878
Auf diesem Weg konnte man früher die sogenannte Schmerzhafte Kapelle in der Kapuzinerstraße erreichen

Karl-Haider-Straße, Obersendling, *1926
Karl Michael Haider (1846–1912), Maler

Karl-May-Straße, Mittersendling, *1937
Karl May (1842–1912), Lehrer und Schriftsteller

Karwendelstraße, Mittersendling, *1965
Nach dem Karwendelgebirge

Kederbacherstraße, Mittersendling, *1935
Johann Grill, gen. „Der Kederbacher" (1835–1917), war ein berühmter Bergführer, der in den Ostalpen viele Erstbesteigungen durchführte

Kerschlacher Straße, Obersendling, *1929
Nach Kerschlach, einem Ortsteil der Gemeinde Pähl

Kidlerplatz, Untersendling, *1959
Johann Georg Kidler (Khidler, Küttler) war ein Weinwirt im Tal, der als einer der Anführer des Aufstandes der bayerischen Bauern von 1705 gegen die Österreicher auf dem Münchner Marienplatz (damals Schrannenplatz) von den Österreichern enthauptet und gevierteilt wurde

Kidlerstraße, Sendling, *1959
s. Kidlerplatz

Kiefersfeldener Straße, Untersendling, *1926
Nach Kiefersfelden an der österreichischen Grenze

Kienbergstraße, Untersendling, *1977
Nach dem Kienberg im Allgäu

Kirchgrabnerweg, Mittersendling, *1955: Franz Anton Kirchgrabner (um 1740–um 1800), Baumeister in München

Kistlerhofstraße, Obersendling, *1914
Kistlerhof war der Hausname eines ehemaligen Anwesens und einer Gastwirtschaft in Obersendling

Kleinstraße, Obersendling, *1956
1) Johann Wilhelm Klein (1765–1848), Jurist, Blindenlehrer
2) Johann Adam Klein (1792–1875), Maler, Radierer und Lithograph

Klingerstraße, Mittersendling, *1957
1) Friedrich Maximilian von Klinger (1752-1831), Schriftsteller
2) Max Klinger (1857–1920), Maler, Radierer und Bildhauer

Kochelseestraße, Untersendling, *1972
Nach dem von der Loisach durchflossenen See

Köglspergerweg, Mittersendling, *1955
1) Philipp Köglsperger (1673–1730), Baumeister
2) Philipp Jakob Köglsperger (1707– unbekannt), Sohn von 1), arbeitete u. a. beim Bau der St.-Michaels-Kirche in Berg am Laim und an der Klosterkirche in Schäftlarn mit

Kössener Straße, Untersendling, *1926
Nach Kössen in Österreich, südwestlich von Reit im Winkl

Kohlgruber Straße, Mittersendling, *1924
Nach Bad Kohlgrub am Nordrand der Ammergauer Alpen

Konrad-Celtis-Straße, Mittersendling, *1956
Konrad Celtis (Celtes, eigentl. Pickl; 1459–1508), führender deutscher Humanist, Dichter und Philosoph;

Konrad-Peutinger-Straße, Untersendling, *1907
Konrad Peutinger (1465–1547), Humanist; stammte aus einer alteingesessenen Augsburger Patrizierfamilie

Koppstraße, Obersendling, *1957
1) Paulus Kopp (um 1649–1698), Glockengießer
2) Karl Kopp (1855–1912), Mediziner, Universitätsprofessor und Vorstand der Dermatologischen Poliklinik in München.
3) Martin Kopp (1876–1952), Filmfabrikant (seit 1919); Pionier der Kinematographie in München

Kraelerstraße, Untersendling, *1899
Kraeler hieß ein Münchner Patriziergeschlecht

Kreuzhofstraße, Obersendling, *1927
Bis 1890 bewirtschafteter Bauernhof

Kriegersiedlung, Mittersendling, *1928
Straßenbezeichnung nach der gleichnamigen Siedlung, die für Kriegsbeschädigte des Ersten Weltkrieges errichtet wurde

Krüner Platz, Untersendling, *1922:
Nach Krün, nördlich von Mittenwald

Krüner Straße, Untersendling, *1922
s. Krüner Platz

Kuhfluchtstraße, Mittersendling, *1936
Nach der Kuhflucht, östlich von Farchant

Kyreinstraße, Untersendling, *1906
Johann (Hans) Christopf Kyrein war einer von vier Tölzer Bürgermeistern, die die Bürger von Tölz bei Androhung des Verlustes der Bürgerrechte 1705 zu den Waffen riefen

Leipartstraße, Mittersendling, *1949
Theodor Leipart (1867–1947), Drechsler, Gewerkschafter

Lenaustraße, Untersendling, *1907
Nikolaus Lenau (eigent. Nikolaus Franz Niembsch Edler von Strehlenau) (1802–1850), österr. Schriftsteller

Leo-Graetz-Straße, Obersendling,
Leo Graetz (1856–1941), Physiker; von 1893 bis 1926 Professor für Physik an der Universität München

Lermooser Weg, Untersendling, *1972
Nach Lermoos in Tirol

Leutascher Straße, Untersendling, *1926
Nach der Leutascher Ache am Südabhang des Wettersteingebirges

Leutstettener Straße, Obersendling, *1921
Nach Leutstetten, einem Ort mit Schloss nördlich von Starnberg im Mühltal

Liesel-Beckmann-Straße, Mittersendling, *1983
Liesel Beckmann (1914–1965); erste Frau, die an der Universität einen Lehrstuhl für Betriebswirtschaft innehatte

Lindenschmitstraße, Untersendling, *1891
Wilhelm Lindenschmit d. A. (1806–1848), Historienmaler; von ihm stammt das Fresko an der Außenwand der alten Sendlinger Kirche mit einer Darstellung der Sendlinger Bauernschlacht.

Linderhofstraße, Mittersendling/Waldfriedhof, *1904
Nach Schloß Linderhof bei Ettal

Lipowskystraße, Untersendling, *1912
Felix Joseph von Lipowsky (1764-1844), Jurist und Historiker

Listseeweg, Obersendling, *1925
Nach dem Listsee, einem Gewässer westlich von Bad Reichenhall

Lochhamer Straße, Obersendling, *1921
Nach Lochham, westlich von München

Loisachstraße, Mittersendling/Waldfriedhof, *1904
Nach der Loisach

Ludwigshafener Straße, Untersendling, *1959
Nach Ludwigshafen am Rhein, früher bayerisch, die seit 1843 ihren Namen nach König Ludwig I. von Bayern führt

Ludwig-Braille-Straße, Obersendling, *1956
Louis (Ludwig) Braille (1809–1862), blind seit dem 3. Lebensjahr, schuf die nach ihm benannte, heute international gebräuchliche Blindenschrift.

Luise-Kiesselbach-Platz, Mittersendling, *1930
Luise Kiesselbach (1863–1929) war Mitglied des Münchner Stadtrates von 1919 bis 1927 für die Deutsche Demokratische Partei; führende Stellung in der bayerischen Frauenbewegung, Armenpflegerin.

Machtlfinger Straße, Obersendling, *1956
Nach Machtlfing zwischen Tutzing und Herrsching

Mainburger Straße, Mittersendling, *1922
Nach Mainburg in Niederbayern

Maisinger Platz, Obersendling, *1921
Nach Maising, einem Ort mit gleichnamigem See und Schlucht südwestlich von Starnberg nördlich von Pöcking

Malmedystraße. Obersendling, *1931
Nach Malmedy, der Stadt in der Provinz Lüttich

Marbachstraße, Mittersendling, *1903
Nach Marbach, einem Ortsteil der Gemeinde Fischbachau östlich von Schliersee; die Besitzer des Edelsitzes Marbach beteiligten sich 1705 am Aufstand der bayerischen Bauern gegen die österreichische Besatzung.

Margaretenplatz, Untersendling, *1899
Nach der hl. Margareta von Antiochia, Schutzpatronin der Sendlinger Stadtpfarrkirche

Margaretenstraße, Untersendling, *1899
s. Margaretenplatz

Maria-Reisinger-Weg, Untersendling, *1981
Maria Reisinger (1907–1981), Mitglied der SPD-Fraktion des Stadtrates der LHM

Marienstern, Obersendling, *1930
Die Bezeichnung ging aus dem Volksmund hervor, da in diesen Platz mehrere Straßen sternförmig einmünden.

Maronstraße, Untersendling, *1899
Franz und Camilla Maron waren ein Privatiers-Ehepaar, das 1888 eine Stiftung für die Bekleidung armer Kinder einrichtete.

Martin-Behaim-Straße, Untersendling, *1907
Martin Behaim (1459–507), Reisender, Kaufmann, Kosmograph

Mauthäuslstraße, Obersendlung, *1925
Nach dem Mauthäusl, einem ehemaligen Gasthaus über der Weißbachschlucht bei Bad Reichenhall

Max-Seidl-Weg, Westpark-Mittersendling, *1992
Max Seidl (1908–1987) war von 1950 bis 1984 Mitglied des Bezirksausschusses des heutigen 7. Stadtbezirks

Meglingerstraße, Obersendling, *1958
Die Meglinger waren ein altbayerisches Grafengeschlecht aus der Nähe von Gars am Inn

Meindlstraße, Untersendling, *1878
siehe Seite 32f.

Millauerweg, Mittersendling, *1956
1) Abraham Millauer (1680–1758), Baumeister
2) Philipp Millauer (1710–1753), Baumeister; Sohn von 1)

Millöckerstraße, Obersendling, *1926
Karl Millöcker (1842–1899), österr. Operettenkomponist

Mittenwalder Straße, Mittersendling, *1904
Nach Mittenwald, dem oberbayerischen Kurort

Mülhauser Straße, Obersendling, *1930
Nach Mülhausen, der französischen Stadt im Oberelsaß

Münsinger Straße, Obersendling, *1929
Nach Münsing bei Ammerland am Starnberger See

Murnauer Straße, Mittersendling, *1904
Nach Murnau am Staffelsee

Nelkenweg, Obersendling, *1919
Nach den Nelken, einer Wiesenblume

Nestroystraße, Sendling, *1926
Johann Nepomuk Nestroy (1801–1862), österr. Schriftsteller und Schauspieler

Netzegaustraße, Untersendling, *1937
Nach dem Netzegau, einer alten Bezeichnung der Landschaft an der Netze im heutigen Polen

Neuhofener Platz, Mittersendling, *1901
Nach einem 1697 erbauten ehemaligen Schlößchen bei Sendling mit Namen Neuhofen

Novalisstraße, Untersendling, *1923
Novalis, eigentl. Georg Philipp Friedrich Freiherr von Hardenberg (1772–1801), bedeutendster deutscher Dichter der Frühromantiker.

Oberauer Straße, Mittersendling, *1934
Nach Oberau an der Loisach bei Ettal

Oberländerstraße, Untersendling, *1890
siehe Seite 32f.

Öcklweg, Mittersendling, *1956
Wilhelm Öckl (Eckl, Egkl, Egckl, Oeggl, Oeckl; um 1520–1588), Baumeister

Ötschmannweg, Mittersendling, *1955
Michael Ötschmann (1670–1755), Barockbaumeister und Zeichner

Oetztaler Straße, Untersendling, *1934
Nach dem Oetztal (Ötztal) in Tirol (Österreich)

Ohlenschlagerstraße, Mittersendling, *1937
Friedrich Ohlenschlager (1840–1916), Philologe, Gymnasialdirektor und Archäologe; bedeutender bayerischer Vorgeschichtsforscher

Ohlstadter Straße, Untersendling, *1922
Nach Ohlstadt, nordöstlich von Garmisch-Partenkirchen.

Oppenrieder Straße, Obersendling, *1929
Nach Oppenried, einem Dorf bei der Gemeinde Magnetsried

Ortenburgstraße, Obersendling, *1914
Nach Ortenburg, einem Markt mit gleichnamigem Schloss bei Aidenbach in Niederbayern

Ortlerstraße, Untersendling, *1956
Nach dem höchsten Berg der Ortlergruppe, einem Gebirgsmassiv der Zentralalpen im italienischen Südtirol.

Osterseenstraße, Mittersendling, *1929
Nach den Osterseen südlich des Starnberger Sees

Ostmarkstraße, Mittersendling/Waldfriedhof, *1925
Bayerische Ostmark ist eine ehemalige Bezeichnung für das dem bayerischen Stammland im Osten

Pählstraße, Mittersendling, *1925: Nach Pähl, südöstlich vom Ammersee

Partenhauserweg, Mittersendling, *1955
Familie von Barockbaumeistern, die in München und im bayerischen Oberland beheimatet waren

Partenkirchner Straße, Mittersendling, *1904
Nach Partenkirchen, dem Ortsteil von Garmisch-Partenkirchen.

Partnachplatz, Untersendling, *1926
Nach der Partnach, einem rechten Nebenfluß der Loisach

Partnachstraße, Obersendling, *1926
s. Partnachplatz.

Passauerstraße, Unter-/Mittersendling, *1903
siehe Seite 32f.

Paul-Meisel-Weg, Sendling, *1986
Paul Meisel (1897–1958), Priester; er war von 1942 bis 1958 Pfarrer von St. Margaret in Sendling, 1943 bis 1945 in Gestapo-Haft und im Konzentrationslager Dachau; nach dem Zweiten Weltkrieg setzte er sich für den Wiederaufbau der Kirche St. Margaret ein.

Paumannstraße, Untersendling, *1923
Conrad Paumann (um 1410–1473), Organist

Penzberger Straße, Untersendling, *1931
Nach Penzberg, der Stadt an der Loisach

Perchastraße, Obersendling, *1921
Nach Percha am Nordostende des Starnberger Sees

Perchtinger Straße, Obersendling, *1980
Nach Perchting, westlich von Starnberg

Pfaffenwinkel, Mittersendling, *1957
Nach der gleichnamigen Landschaftsbezeichnung für das Gebiet des ehemaligen Bistums Staffelsee, zwischen Lech und Ammer

Pfeuferstraße, Untersendling, *1897
Siegmund Heinrich Freiherr von Pfeufer (1824–1894), Regierungspräsident und Staatsminister; ab 1862 Polizeipräsident von München, 1866 Regierungspräsident bei der Regierung von Schwaben; 1867 bis 1871 Regierungspräsident der Pfalz; von 1871 bis 1881 bayerischer Innenminister, ab 1881 Regierungspräsident von Oberbayern; Ehrenbürger der Stadt München

Philipp-Reis-Straße, Obersendling, *1977
Philipp Reis (1834–1874), Lehrer und Physiker; er konstruierte das erste Gerät zur Übertragung von Tönen durch elektromagnetische Wellen (1861).

Pichtstraße, Obersendling, *1956
Oskar Picht (1871–1945), Pädagoge, Blindenlehrer

Pidinger Straße, Obersendling, *1925
Nach Piding bei Bad Reichenhall

Pilsenseestraße, Mittersendling, *1928
Nach dem Pilsensee im oberbayerischen Fünfseenland

Pirkheimerstraße, Untersendling, *1907
Willibald Pirkheimer (Pirckheimer; 1470–1530), Humanist

Plinganserstraße, Unter-/ Mittersendling, *1878
siehe Seite 32f.

Pollinger Straße, Mittersendling, *1904
Nach dem Kloster Polling bei Weilheim an der Ammer

Portenstraße, Obersendling, *unbekannt
Nach dem Portenhof, einem ehemaligen Okonomiegut an dieser Straße.

Radlkoferstraße, Untersendling, *1887
Jakob Radlkofer (1788–1862), Magistratsrat in München

Ramsauer Straße, Obersendling, *1952
Nach Ramsau bei Berchtesgaden.

Ramungstraße, Untersendling, *1923
Ramung hieß ein Münchner Patriziergeschlecht des 14./15. Jh.

Rappenseestraße, Obersendling, *1925
Nach dem Rappensee am Rappenseekopf

Rattenberger Straße, Untersendling, *1926
Nach Ratttenberg am Inn bei Kufstein in Tirol

Ratzingerplatz, Obersendling, *1931
Moritz Ratzinger (1849–1930), Generalleutnant

Rauheckstraße, Untersendling, *1921
Nach dem Rauheck (2.385 m), einem Berg in den Allgäuer Alpen

Reichersbeurer Straße, Untersendling, *1904
Nach Reichersbeuern, einem Ort mit Schloß zwischen Bad Tölz und Gmund am Tegernsee bei Waakirchen

Reismühlenstraße, Obersendling/Solln, *1921
Nach der Reismühle, einer Einöde bei der Gemeinde Gauting

Reutberger Straße, Untersendling, *1904
siehe Seite 32f.

Riegseestraße, Obersendling, *1929
Nach dem Riegsee mit gleichnamiger Ortschaft östlich des Staffelsees im Kreis Garmisch-Partenkirchen.

Rießerseestraße, Mittersendling, *1925
Nach dem Rießersee südöstlich von GarmischPartenkirchen

Rohrauerstraße, Obersendling, *1949
Alois Rohrauer (1843–1923), Mitbegründer und erster Präsident der SPD-nahen Organisation „Die Naturfreunde"

Roter-Turm-Platz, Untersendling, *1958
Nach dem Roten Turm, einem ehemaligen Vorwerk des Isartors am Westufer der Isar; er wurde 1705 von den Bauern des bayerischen Oberlandes vorübergehend besetzt, 1796 von den anrückenden Franzosen beschossen, und mußte abgebrochen werden.

Rubihornweg, Untersendling/Laim, *1972
Nach dem Rubihorn in den Allgäuer Alpen

Rudolf-Camerer-Straße, Mittersendling, *1983
Rudolf Camerer (1869–1921), Professor für Maschinenbaukunde an der TH München

Rüdesheimer Straße, Untersendling, *1933
Nach Rüdesheim am Rhein

Rupert-Mayer-Straße, Obersendling, *1947
Rupert Mayer (1876–1945), Jesuitenpater; wirkte ab 1912 in München als Volksprediger, erhielt 1937 von den Nationalsozialisten Rede- und Predigtverbot, wurde mehrfach inhaftiert und war 1939 sieben Monate im KZ Sachsenhausen-Oranienburg; er ist in der Münchner Bürgersaalkirche beigesetzt und 1987 seliggesprochen.

Saalachseestraße, Obersendling, *1925
Nach dem Saalachsee, einem Stausee der Saalach

Saarbrücker Straße, Obersendling, *1959
Nach Saarbrücken an der Saar, Hauptstadt des Saarlandes

Saargemünder Straße, Obersendling, *1930
Nach Saargemünd in Lothringen

Sachsenkamstraße, Mittersendling, *1923
siehe Seite 32f.

Salzachstraße, Obersendling, *1959
Nach der Salzach, dem größten rechten Nebenfluss des Inns

Sappelstraße, Mittersendling, *1955
Lorenz Sappel (Sappl; 1705–1779), Baumeister

Schaidlerstraße, Obersendling, *1956
Anton Schaidler (1866–1938) war Direktor der Landesblindenanstalt in München.

Scharnitzstraße, Untersendling, *1904
Nach Scharnitz an der Isar

Schertlinstraße, Obersendling, *1926
Sebastian Schertlin (Schärtlein) von Burtenbach (1496–1577), Landsknechtsführer und Feldhauptmann

Schieggstraße, Obersendling/Solln, *1927
Ulrich Schiegg (1752–1810), Benediktiner, Mathematiker und Astronom

Schinnaglstraße, Mittersendling, *1955
Marx (Markus) Schinnagl (1612–1681), Kunstschreiner und Baumeister; ab 1654 Hofbaumeister, 1675 Hofbrunnenmeister

Schlegelstraße, Mittersendling, *1927
Nach 1) August Wilhelm von Schlegel (1767–1845), Schriftsteller, Übersetzer, Sprach- und Literaturwissenschaftler 2) K. W. Friedrich von Schlegel (1772–1829), Bruder von 1), Kulturphilosoph und Dichter

Schmied-Kochel-Straße, Untersendling, *1878
siehe Seite 32f.

Schmuzerstraße, Untersendling, *1958
Schmuzer (Schmutzer) hieß eine Stukkatoren- und Baumeisterfamilie aus Wessobrunn

Schneemannstraße, Mittersendling, *1945
Karl Schneemann (1812–1850), Arzt; 1830 Privatdozent

Schochenbergstraße, Untersendling, *1976
Nach dem Schochen im Allgäu südöstlich von Oberstdorf

Schöttlstraße, Mittersendling, *1898
siehe Seite 32f.

Schondorfer Straße, Mittersendling, *1921
Nach Schondorf am oberen Westufer des Ammersees

Schongauer Straße, Mittersendling, *1904
Martin Schongauer (um 1450–1491), Maler und Kupferstecher

Schottenloher Weg, Mittersendling, *1981
Karl Schottenloher (1878–1954), Bibliothekar

Schuckertstraße, Obersendling, *1952
Johann Sigismund Schuckert (1840–1895), Industrieller; gründete als Mechaniker eine kleine Elektro-Werkstätte, aus der sich die späteren Schuckertwerke in Nürnberg entwickelten; sie vereinigten sich 1903 mit der Starkstromabteilung der Siemens & Halske AG zur Siemens-Schuckertwerke GmbH, 1966 gingen diese Werke in der Siemens AG auf.

Schulenburgstraße, Mittersendling, *1937
Johann Matthias Graf von der Schulenburg (1661–1747), Feldmarschall

Schwaneckstraße, Sendling, *1930
Nach der Burg Schwaneck im Isartal

Seefelder Straße, Mittersendling, *1925
Nach Seefeld, dem österreichischen Ferienort und Wintersportplatz in Tirol südlich von Mittenwald

Seehauser Straße, Mittersendling, *1936
Nach Seehausen, einem Ort am Ostufer des Staffelsees

Sendlinger Kirchplatz, Untersendling, *1897
Nach der alten Sendlinger Pfarrkirche St. Margareth

Senserstraße, Untersendling, *1878
siehe Seite 32f.

Sentilostraße, Obersendling, *1936
Sentilo war der mutmaßliche Gründer Sendlings; die Sippe des Sentilo wird schon im 6. Jahrhundert, ihre Siedlung „ad Sentilingas" um 782 erstmals erwähnt.

Severinstraße, Obergiesing, *1897
Hl. Severinus (gest. 482), Mönch; Patron der Bayern und Österreicher

Siegenburger Straße, Untersendling-Westend, *1922
Nach Siegenburg, südlich von Abensberg in Niederbayern

Siemensallee, Obersendling, *1959
Werner von Siemens (1816–1892), Erfinder und Unternehmer, Mitbegründer der Elektrotechnik; er gründete 1847 mit dem Mechaniker J. G. Halske die Firma Siemens & Halske

Slevogtstraße, Mittersendling, *1937
Max Slevogt (1868–1932), Maler und Graphiker

Sollner Straße, Obersendling/Solln, *1924
Nach Solln, dem Stadtteil im Süden von München

Sonnenlängstraße, Mittersendling, *1937
Nach einem alten Flurnamen; mit Sonnenläng wurden häufig Felder längs der Mittagssonne', also genau in Nord-Süd-Richtung bezeichnet.

Spindlerplatz, Obersendling, *1926
Karl Spindler (1796–1855), Schriftsteller

Spitzwegstraße, Untersendling, *1890
Karl Spitzweg (1808–1885), Münchner Apotheker, Maler

Staltacher Straße, Mittersendling, *1919
Nach dem Gut Staltach der Gemeinde Iffeldorf

Steinerstraße, Obersendling, *um 1905
Joachim Steiner war ein Wohltäter der früheren Landgemeinde Thalkirchen.

Steinmetzstraße, Obersendling, *1919
Joseph Steinmetz (1835–1924), Möbelfabrikant

Straßlacher Straße, Obersendling, *1935
Nach Straßlach, südlich von Grünwald bei München

Streiflacher Straße, Obersendling, *1945
Nach Streiflach, einem ehemaligen Weiler der Gemeinde Unterpfaffenhofen

Südendstraße, Obersendling, *1935
Nach der Lage der Straße am Südende der Stadt

Surheimer Weg, Obersendling, *1979
Nach Surheim an der Salzach nördlich von Freilassing

Sylvensteinstraße, Mittersendling, *1964
Nach dem Sylvenstein, südwestlich von Lenggries

Taubenhofweg, Mittersendling, *1966
Der 1885 abgebrochene Taubenhof (auch: „Zum Tauber") war eines der schönsten Anwesen in Mittersendling

Teschener Straße, Obersendling, *1955
Nach Teschen, einer ehemals österreichischen Kreisstadt in Schlesien

Tölzer Straße, Obersendling, *1901
Nach Bad Tölz, der Kur- und Kreisstadt an der Isar

Traubinger Straße, Obersendling, *1921
Nach Traubing, westlich von Feldafing

Trautmannstraße, Untersendling, *1907
Karl Trautmann (1857–1936), Kulturhistoriker und Stadtgeschichtsforscher

Treffauerstraße, Obersendling, *1946
Nach dem Treffauer, einem Berg im Kaisergebirge

Trischbergerweg, Mittersendling, *1955
Balthasar Trischberger (1721– 1770), Baumeister; 1766–1768 Führer der Maurerzunft

Tübinger Straße, Westend/Untersendling, *1952
Nach Tübingen, der Großen Kreisstadt am Neckar

Tulpenweg, Obersendling, *1919
Nach den Tulpen, einem Liliengewächs

Uffinger Straße, Obersendling, *1929
Nach Uffing, einem Ort am Nordufer des Staffelsees

Uttinger Straße, Mittersendling, *1921
Nach Utting, der Gemeinde am Westufer des Ammersees

Valleyplatz, Sendling, *1904
siehe Seite 32f.

Waakirchner Straße, Obersendling, *1901
siehe Seite 32f.

Wackersberger Straße, Sendling, *1904
siehe Seite 32f.

Walchstadter Straße, Mittersendling, *1934
Nach Walchstadt, einem Ortsteil der Gemeinde Wörthsee

Wallmenichstraße, Mittersendling, *1955
Karl von Wallmenich (1854–1929), Oberstleutnant, Militärschriftsteller

Walther-Meißner-Straße, Mittersendling, *1983
Walther Meißner (1882–1974), Physiker

Weichselgartenstraße, Obersendling, *1928
Nach dem Weichselgarten, einem Flurnamen für einen Waldstreifen zwischen Großhadern und Fürstenried

Weilheimer Straße, Mittersendling, *1904
Nach Weilheim, der Kreisstadt südlich vom Ammersee

Weißkirchner Straße, Obersendling, *1935
Nach Weißkirchen, der Stadt im Banat

Welserstraße, Untersendling, *1907
Nach den Welsern, dem im 15. und 16. Jahrhundert neben den Fuggern bedeutendsten Augsburger Kaufmannsgeschlecht

Wessobrunner Platz, Mittersendling, *1904
Nach Wessobrunn, der Gemeinde im Kreis Weilheim-Schongau in Oberbayern

Wessobrunner Straße, Mittersendling, *1904
s. Wessobrunner Platz

Winkstraße, Untersendling, *1930
Christian Wink (Winck; 1738–1797), Maler und Radierer; seit 1760 kurfürstlicher Theatermaler in München

Wolfratshauser Straße, Obersendling/Solln, *1900
Nach Wolfratshausen, der Kreisstadt an der Loisach

Zaberner Straße, Obersendling, *1931
Nach Zabern (franz. Saverne), der Stadt im Unterelsaß im französischen Departement Bas-Rhin

Zechstraße, Mittersendling, *1901
Zech hieß eine Familie, die die Hofmark Neuhofen besaß

Zegginstraße, Mittersendling, *1937
Zeggin (Seggin, Sekin, Söckhein) hieß eine Münchner Goldschmiede- und Medailleurfamilie des 16. und 17. Jh.

Zeismeringer Straße, Obersendling, *1921
Nach Ober- und Unterzeismering, zwei Ortschaften an der Ilkahöhe bei Tutzing am Westufer des Starnberger Sees

Zielstattstraße, Obersendling, *1901
Nach der früher an dieser Straße gelegenen neuen Schießstätte der „Privilegierten Hauptschützengesellschaft München"

Zillertalstraße, Untersendling, *1926
Nach dem Zillertal in Nordtirol (Österreich) mit den Hauptorten Mayrhofen und Zell am Ziller; ein Hauptgebiet des Tiroler Fremdenverkehrs.

Zwergerweg, Mittersendling, *1956
Zwerger hieß eine oberbayerische Familie von Maurermeistern und Stukkateuren, die am Bau vieler Münchner Kirchen wesentlich beteiligt waren.

Literatur zu Sendling

Andersen, Arne, Falter, Reinhard: Die „Rauchplage". Großtechnologie und frühe Großstadtkritik, in: München – Musenstadt mit Hinterhöfen, Die Prinzregentenzeit 1886 bis 1992, München 1988

Assél, Astrid; Huber, Christian: München und das Bier, München 2009

Bähr, Johannes / Erker, Paul: Netzwerke, Die Geschichte der Stadtwerke München, München, Berlin, Zürich 2017

Basiner, Paul und Katrin: 150 Jahre Rank, Fünf Generationen, 1862–2012, München 2012

Bauer, Helmut / Götz, Roland / Heimers, Manfred Peter / Huber, Brigitte / Murr, Karl Borromäus: Memento 1705, Die Sendlinger Mordweihnacht, Hefte zur Bayerischen Geschichte und Kultur, Band 32, Herausgegeben vom Haus der Bayerischen Geschichte, Augsburg 2004

Bauer, Richard und Graf, Eva (Hrsg.): Zu Gast im alten München, Erinnerungen an Hotels, Wirtschaften und Cafés, München 1982

Bauer, Richard: Das alte München, Photographien 1855–1912. Gesammelt von Karl Valentin, München 1982

Bauer, Richard: Ruinenjahre, Bilder aus dem zerstörten München 1945–1949, München 1983

Bauer, Richard: Stadt im Überblick, München im Luftbild 1890–1935, München 1986

Bauer Richard (Hrsg.): Ansichten und Einsichten, Hans Grässels Fotosammlung zur Architekturgeschichte Münchens 1860–1945, München 1994

Bauer Richard (Hrsg.): Links und rechts der Isar, Bilder aus dem groß- und kleinbürgerlichen München, München 1991

Bauer, Richard: Fliegeralarm, Luftangriffe auf München 1940–1945, München 1987

Bayerischer Architekten- und Ingenieurverein (Hrsg.): München und seine Bauten, München 1912

Bildhauer, Maximilian: Munich Boazn, Band 2, Sendling, München 2013

Biller, Josef H. / Rasp, Hans-Peter: München – Kunst und Kultur, München 2003

Caspari, Stefan: Menschen in Sendling, München 1996

Caspari, Stefan: Menschen in Sendling, München 2015

Chevalley, D. A. / Weski, T.: Denkmäler in Bayern, Landeshauptstadt München, Südwest, München 2004

Clemens, Wolfgang J. / Schmidt, Gerhard: Herbergssuche in der Großstadt, Aus der Geschichte der evangelischen Gemeinde in Sendling, Herausgegeben von der Ev. Himmelfahrts-Kirchengemeinde München-Sendling, München 1987

Doenges, Reinhard: Sendling, Vergangenheit – Gegenwart –Zukunft, Im Auftrage der „Freien Vereinigung für den XIX. Stadtbezirk", München 1908

Dürr, Kajetan: Historische Entwicklung der Münchner Stadtbezirke, Herausgegeben vom Münchner Forum, Berichte und Protokolle Nr. 103, München 1991

Dollinger, Hans: Die Münchner Straßennamen, Zu Fuß durch die Geschichte unserer Stadt, München 1995

Dorn, Hubert: Die Schlacht von Sendling 1705, Chronologie einer bayerischen Tragödie, München 2005

Ehrmann, Andreas: Hermann Leitenstorfer, Katalog zur Ausstellung an der Technischen Universität München, Herausgegeben vom Lehrstuhl für Entwerfen und Denkmalpflege, Prof. Dr. Otto Meitinger, München um 1992

Erdmannsdorfer, Karl: Das Bürgerhaus in München, Tübingen 1972

Fisch, Stefan: Stadtplanung im 19. Jahrhundert, Das Beispiel München bis zur Ära Theodor Fischer München 1988

Frey, Julius: München Ratzingerplatz, Henriette und Moriz Ratzinger, Ihr Leben und Ihre Zeit, Frankfurt a. Main 1992

Geipel, R., Hartke, W., Heinritz, G.: München. Ein geographischer Exkursionsführer. Münchner Geographische Hefte Nr. 55/56, München 1987

Goeke, Simon / Rühlemann, Martin W. / Strnad, Maximilian (Hrsg.): Sendling *arisiert*, Enteignung und Vertreibung jüdischer Nachbarn im Nationalsozialismus, Im Auftrag der Initiative Historische Lernorte Sendling, Katalog zur Ausstellung in der Sendlinger Kulturschmiede, München 2016

Gribl, Dorle: Villenkolonien in München und Umgebung, Der Einfluß Jakob Heilmanns auf die Stadtentwicklung, München 1999

Gribl, Dorle: Obersendling und Thalkirchen in den Jahren 1933–1945, München 2007

Haertle, Karl-Maria: Münchens „verdrängte" Industrie, in: München – Musenstadt mit Hinterhöfen, Die Prinzregentenzeit 1886 bis 1992, München 1988

Heusler, Andreas: Zwangsarbeit in der Münchner Kriegswirtschaft 1939–1945

Klühspies, Karl: München nicht wie geplant, Stadtpolitik, Bürgerwille und die Macht der Medien, Herausgegeben vom Münchner Forum, München 2015

Kühn, August: Der Bayerische Aufstand 1705, Sendlinger Mordweihnacht, München 2015

Lanzhammer, Hans: Alt-Sendling und seine Beziehungen zu München, Ein Beitrag zur Orts- und Schulgeschichte Sendlings, München-Sendling 1926

Lerch-Stumpf, Monika (Hrsg.): Für ein Zehnerl ins Paradies, Münchner Kinogeschichte 1896 bis 1945, München 2004

Laturell, Volker D.: Volkskultur in München, Herausgegeben vom Kulturreferat der Landeshauptstadt München, München 1997

Mattiesen, Heinz / Bierl, Max / Gerstl, Werner / Bürnheim, Hermann: 100 Jahre Münchner Straßenbahn, 1876–1976, Vom Groschenwagen zur Untergrundbahn, Herausgeg. vom Stadtarchiv München, München 1976

Megele, Max: Baugeschichtlicher Atlas der Landeshauptstadt München, 3 Bände, München 1951, 1956, 1960

Nerdinger, Winfried (Hrsg.): Bauen im Nationalsozialismus, Bayern 1933–1945, München 1994

Nerdinger, Winfried (Hrsg.): Ort und Erinnerung, Nationalsozialismus in München, Salzburg – München 2006

Oelwein, Cornelia: Max Littmann (1862–1931), Architekt, Baukünstler, Unternehmer, München 2013

Ongyerth, Gerhard: Münchner Bergführer, 100 Stadtberge, Bergl und Berganstiege, München 2015

Pasinger Fabrik GmbH (Hrsg.): Wirtshäuser in München um 1900, München 1997

Peschel, Wolfgang: Sendling, 111 Gründe, warum ein Münchner Stadtteil der Nabel der Welt ist, Freising 1992

Piorkowski, Curt: Deutsche Großbetriebe, Band 42, Druckerei und Kartonnagen vorm. Gebrüder Obpacher AG, Leipzig 1938

Probst, Christian: Lieber bayrisch sterben. Der bayerische Volksaufstand der Jahre 1705 und 1706, München 1978

Rädlinger, Christine: Geschichte der Münchner Brücken. Brücken bauen von der Stadtgründung bis heute, München 2008

Rädlinger, Christine: Geschichte der Münchner Stadtbäche, München 2004

Rädlinger, Christine: Wohnen in der Genossenschaft, 100 Jahre Verein für Volkswohnungen e.G. München 1909–2009, München 2009

Rädlinger, Christine / Graf, Eva: Sendling: Zeitreise ins alte München, Herausgegeben vom Stadtarchiv München, München 2010

Rädlinger, Christine: Neues Leben für die Isar. Von der Regulierung zur Renaturierung der Isar in München, München 2011

Rädlinger, Christine: Geschichte der Isar in München, München 2012

Rädlinger, Christine: 175 Jahre Flaucheranlagen und Stadtgärtnerei. Die Entwicklung des kommunalen Grüns in München, Herausgegeben von der Landeshauptstadt München, München 2014

Rasp, Hans-Peter: Eine Stadt für tausend Jahre, München – Bauten und Projekte für die Hauptstadt der Bewegung, München 1981

Schaden, Adolph: München, wie es trinkt und ist, wie es lacht und küßt, Heft 1, München 1835

Schalm, Elisabeth / Bösl, Elsbeth (Hrsg.): Sendling 1944–1945, Herausgegeben von der Initiative Historische Lernorte Sendling, München 2005

Schattenhofer, Michael: Wirtschaftsgeschichte Münchens, Von den Anfängen bis zur Gegenwart, München 2011

Schattenhofer, Michael: Die alten Münchner Märkte und Dulten. In: Oberbayerisches Archiv, Bd. 109, München 1984

Schiermeier, Franz: Stadtatlas München. Karten und Modelle von 1572 bis heute, München 2003

Schmid, Alois: Geschichte des Binderbundes der Zimmerleute in der Vorstadt Au, dessen heldenmüthiger Kampf in der Schlacht bei Sendling für Fürst und Vaterland und der daraus entsprungene Pilgergang nach dem Berge Andechs, München 1899

Schoßig, Bernhard: Konsumgenossenschaften zwischen „Selbsthilfe" der kleinen Leute und Modernisierung des Handels, in: München – Musenstadt mit Hinterhöfen, Die Prinzregentenzeit 1886 bis 1992, München 1988

Stahleder, Helmuth: Von Allach bis Zamilapark, Namen und historische Grunddaten zur Geschichte Münchens und seiner eingemeindeten Vororte, Herausgegeben vom Stadtarchiv München, München 2001

Strom, Martin: Elektrizität, Telephon, Großmarkthalle – innovativer Wandel einer Großstadt, in: München – Musenstadt mit Hinterhöfen, Die Prinzregentenzeit 1886 bis 1992, München 1988

Termolen, Rosa: Sendling 1977, 100 Jahre Eingemeindung, Eine Festschrift von Sendlingern für Sendlinger, München-Sendling 1977

Termolen, Rosa (Red.): Sendlinger Bilderbogen, Ein Beitrag zur 1200 Jahr-Feier 1982, Herausgegeben in Zusammenarbeit mit dem Bezirksausschuss des 19. Stadtbezirks, München-Sendling1982

Vogel, Hanns: Sendling 1705–1955, Der Bauernaufstand, Ein heimatliches Mosaik in Text und Bild, Mit Zeichnungen von Hans Döllgast, Herausgegeben von der Stadt München, München 1955

Warnecke, Klaus: Die Sendlinger Mordweihnacht am 25. Dezember 1705 und Woher die Sendlinger Straßen ihren Namen haben, München 2005

Weyerer, Benedikt: München zu Fuß, 20 Stadtteilrundgänge durch Geschichte und Gegenwart, Hamburg 1988

Weyerer, Benedikt: München, 1919–1933, Stadtrundgänge zur politischen Geschichte, Herausgegeben von der Landeshauptstadt München, München 1993

Wolfrum, Sophie / Block, Alexandra / Lanz, Markus / Schiermeier, Franz: Theodor Fischer Atlas, Städtebauliche Planungen München, München 2012

Stichwortverzeichnis

Sendling in Zahlen

Statistische Werte

Daten: Statistisches Amt der Landeshauptstadt München. Stand 2017/2018

Stadtbezirke	Stadtbezirk 6 Sendling	Stadtbezirk 7 Sendling-Westpark	Stadtbezirk 19 Obersendling Thalkirchen u.a.	Landeshauptstadt München gesamt
Fläche in Hektar (ha)	393	781	1.776	31.071
davon Gebäude inkl. Freiflächen in ha	157	415	1.003	13.747
Wohnflächen in ha	100	318	725	
Erholungsflächen in ha	86	193	255	4.896
Einwohner	40.682	59.386	95.554	1.526.056
Einwohnerdichte Einwohner/ha	103	76	54	49
Anteil Bewohner über 65 Jahre	5.829 14,3 %	10.795 18,2 %	20.199 21,1 %	265.133 17,4 %
Anteil Bewohner 15–64 Jahre	30.292 74,5 %	30.967 52,1 %	62.927 65,8 %	1.063.806 69,7 %
Anteil Bewohner unter 15 Jahre	4.561 11,2 %	7.624 12,8 %	12.482 13,1 %	197.117 12,9 %
Ausländische Bewohner Anteil in Prozent	26,6	28,4 %	26,8 %	27,6 %
Geburten	469	678	1.082	17.629
Sterbefälle	271	498	862	11.374
Zuzüge ins Stadtviertel 2017	5.286	7.204	11.484	113.311
Wegzüge aus dem Stadtviertel 2017	6.076	7.219	12.386	137.439
Tageseinrichtungen für Kinder	39	59	76	1.457
Betreute Kinder	1.783	3.160	4.148	75.697
Grund- und Hauptschulen	8	9	15	218
Realschulen	3	0	2	38
Gymnasien	4	2	3	55
Berufliche Schulen	6	5	6	37
Bibliotheken	3	0	4	107
Museen	0	0	0	46
Theater	0	0	1	47
Kinosäle	0	1	2	82
Kraftfahrzeuge KFZ je 1.000 Einwohner	16.468 405	30.030 505	50.660 530	821.005 538

Einwohner, historische Entwicklung

Daten: Doenges, Lanzhammer, Rädlinger/Graf, Termolen

Jahr	Einwohner	Häuser u.a.	Gebiet
1850 Volkszählung	787	77 Häuser	Unter-, Mitter- und Obersendling
1875	5.805	126 Häuser	(vor der Eingemeindung: inkl. Teile des Westends)
1890	5.590	450 Milchkühe	Stadtbezirk Sendling
1900	11.808		
1910	15.498	643 Häuser	
1925	ca. 30.000		

Wohnsituation, Straftaten und Stadtratswahl

Münchner Bürgerinnen- und Bürgerbefragung 2010, Statistisches Amt der Landeshauptstadt München 2017

		Stadtbezirk 6 Sendling	Stadtbezirk 7 Sendling-Westpark	Stadtbezirk 19 Obersendling Thalkirchen u.a.	Landeshauptstadt München gesamt
Einpersonenhaushalte		40,8%	36,7%		33 %
Haushalte mit Kindern		14,3 %	16,6 %	17,6 %	17,4 %
Haushalte mit Alleinerziehenden		3,17 %	3,01 %	3,02 %	3,30 %
Straftaten in den Stadtbezirken		1.794	2.180	2.984	87.416
pro 1.000 Einwohner		44	36	30	57
(einschließlich der Straftaten nach dem Aufenthaltsgesetz, Asylverfahrensgesetz und Freizügigkeitsgesetz EU)					
Stadtratswahl 2014 in Prozent	CSU	22,6	32,6	37,4	32,5
	SPD	33,1	33,0	30,2	30,8
	FDP	2,3	2,6	3,7	2,7
	Grüne	22,2	15,7	13,9	16,6
	FW	2,4	2,5	2,7	3,4
	Linke	3,7	2,5	1,9	2,4
	AFD	2,1	2,4	3,0	2,5
	ÖDP	2,5	2,4	2,0	2,5
	Rosa Liste	3,5	1,8	1,3	1,9
	Sonstige	5,6	4,6	4,0	4,7

Zufriedenheit der Einwohner

Befragung 2010, Statistisches Amt der Landeshauptstadt München (Prozentanteile sehr zufrieden und zufrieden)

	Stadtbezirk 6 Sendling	Stadtbezirk 7 Sendling-Westpark	Stadtbezirk 19 Obersendling Thalkirchen u.a.	Landeshauptstadt München gesamt
Parkmöglichkeiten für PKW	41 %	62 %	55 %	
Kulturangebot	63 %	48 %	57 %	
Einkaufsmöglichkeiten	77 %	76 %	76 %	
Versorgung mit Wohnungen	22 %	23 %	86 %	
Begegnungseinrichtungen für Familien und Nachbarn	66 %	39 %		
Attraktivität der Grün- und Freiflächen	79 %	79 %	80 %	
Erreichbarkeit der Grünflächen	93 %	90 %		
Versorgung mit Sportanlagen	78 %	64 %	64 %	
Angebot an niedergelassenen Ärzten	85 %	84 %	83 %	
Anbindung an öffentlichen Nahverkehr	99 %	88 %	89 %	
Abstellmöglichkeiten für Fahrräder	59 %	67 %	65 %	
Verkehrssicherheit für Fußgänger/Radfahrer	65 %	65 %	69 %	
Sicherheit im Wohnumfeld	88 %	87 %	84 %	
Sozialstationen Ambulante Dienste	73 %	75 %		

Bildnachweis • Impressum

Architektursammlung der TUM: 116ol.
Bayerische Staatsbibl. München/Bildarchiv: 50ul, 89o (2).
Deutsches Museum, Archiv: 61mr.
Feuerwehr München, Branddirektion: 194m.
Münchner Stadtmuseum: 20ul (Inv.-Nr. 57/786), 111o (G-2011/11), 144o (Inv.-Nr. II h/610), 144m, 145m.
Siemens Historical Institute: 21ur, 228m.
Staatsarchiv München: 140ul (OFD 12628).
Stadtarchiv München: 7ul (Stb-Vororte Neuhofen), 9o (Pk-Stb 09560), 15 (Pett1-3630), 16 (Pett2-1651), 18o (Luftangriff am 7.9.1943), 20ur (DE-1992-FS-NL-WEIN-0511), 34o (NS-01834), 45o (Pett2-3754), 46o (FS-Stb-1497-02M), 46u (DE-1992-FS-NL-WEIN-0483), 50o (Pett1-2796), 52u (Pett1-2797), 58o (Pett1-2799), 62 (Stb-Stadtans-Luft Sendling), 63o (Slg. Weinberger 503), 73u (HB XVI 364), 75m (Stb-Vororte Sendling), 82o (Str+Pl Am Harras), 86o (Pett1-0869), 87o (Pett1-2801), 87ml (HB IIc 512a), 88m (Slg. Weinberger 516), 91m (Pett1-2808), 92ol (Pett1-2804), 108o (CHBB C 1902136), 108ur (CHBB C 1902140), 109ol (Fotoslg. Hochbau IV 217), 110o (Pk Stb-10290), 110m (Stb-Märkte-0114), 111m (Fotoslg. Märkte 0135), 122 (LBK 199/III), 134o (HB Va 533), 140o (FS-Stb-0558), 141o (FS-Stb-1008), 147m, 148ur, 158ol (DE-1992-FS-ERG-P-0223), 168o (PK-Stb-06798), 168m (Slg. Valentin 0578), 187m (DE-1992-FS-PK-STB-08622), 210o (Pett1-2793), 223ur (DE-1992-FS-PK-STB-13527), 238o (DE-1992-FS-PK-STB-10860), 241o (Stb-Firmen, Schuhe).
Karten des Bayerischen Landesamts für Digitalisierung, Breitband und Vermessung, Bayerische Vermessungsverwaltung 2019 Uraufnahme München 1808: 40, 72,
Verein für Volkswohnungen: 135o, 135u.

Berger Bau SE, Passau: 174m.
Die Bergschmiede: 57ur.
Andreas Bock: 51m.
Matthias Castorph: 116ur.
Weronika Nina Demuschewski/Susanne und Ulin Sanberger: 114 (4), 115 (3).
Axel Enderlein: 42-43, 74, 98-99, 116, 128-129.
Fritsch + Tschaidse, Architekten: 101m.
Gasteiger Architekten Partnerschaft: 176ul
gmp Architekten von Gerkan, Marg und Partner: 138.
Grob-Werke GmbH & Co. KG: 238mr.
Grundschule Fernpaßstr./Daria Sniatkova: 171ur.
Lissy Hofmann: 96o, 97o, 153u.
Jürke Architekten: 191m.
Sammlung Alexander Klotz: 243o.
Meili, Peter Architekten: 230o.
Gerhard Ongyerth: 9ul, 29m, 87ur, 89m.
Peter Remmers, radiomuseum.org: 193(3).
Rühl, Reinhold: 37 (7), 57or.
Viktor Schüle: 115o.
Anja Uhlig, realitaetsbüro: 116u (2).
Stefanie Unruh, Georg Szabo Photography: 192u.
Julia Schambeck, Schambeck-Schmitt Fotografie GbR: 132ur.
Sebastian Winkler, Bildarchiv + Verlag: 105o, 219o, 219m,

Aus Publikationen:
Basiner, Paul und Katrin: 150 Jahre Rank, Fünf Generationen, 1862–2012, München 2012: 244o.
Bauer, Helmut u.a.: Memento 1705, Die Sendlinger Mordweihnacht, Augsburg 2004: 27o, 30m.
Bauer, Richard: Fliegeralarm, Luftangriffe auf München 1940–1945, München 1987: 18u (S. 63).
Bauer, Richard: Stadt im Überblick, München im Luftbild 1890–1935, München 1986: 155ur.
Caspari, Stefan: Menschen in Sendling 1994: 37ul.
Caspari, Stefan: Menschen in Sendling 2015: 37u.
Denkmäler in Bayern,Landeshauptstadt München, Südwest, München 2004: 10 (3), 11 (2), 109or, 109m, 109u, 140ur, 141u, 170 (3), 178ml, 179ol, 237o, 244 (3).
Deutsche Bauzeitung, XXXIV. Jahrgang, Okt. 1900: 118 (3).
Deutsche Heil- und Pflegeanstalten für Psychischkranke in Wort und Bild; Bd. 2: 166 (4), 167 (2), 232 (4).
Dietz-Will, Adelheid (Red.): 20 Jahre Westpark, München 2005: 160o, 161m, 162u.
Eymold, Ursula u.a.: Täglich Frisch, Großmarkthalle München, München 2012: 109o.
Frey, Julius: München Ratzingerplatz, Frankfurt a. Main, 1992: 192m (2).
Gribl, Dorle: Obersendling und Talkirchen in den Jahren 1933–1945: 216o, 220o, 235o, 239m.
Henle, Ernst: Die Wasserversorgung der K. Haupt- und Residenzstadt München: 139o, 139m.
Kreis der Freunde Alt-Münchens: München im Wandel der Jahrhunderte, München 1958: 73m.
Kreis der Freunde Alt-Münchens: Schönes Altes München, München 1965: 60o, 80o
Klühspies, Karl: München nicht wie geplant, München 2017: 54 (2), 55o
Linhof Informationen 1–4, München 1951/52: 240m (2).
Lerch-Stumpf, Monika: Für ein Zehnerl ins Paradies: 81u, 105m, 224m, 224ur.
Mattiesen, Heinz u.a.: 100 Jahre Münchner Straßenbahn, 1876–1976, Vom Groschenwagen zur Untergrundbahn, München 1976: 220u.
Megele, Max: Baugeschichtlicher Atlas der Landeshauptstadt München, 3 Bände, München 1951, 1956, 1960: 19o, 20o (2), 21o (2).
München und seine Bauten 1912: 154-155, 186-187, 204-205, 225 (3), 236 (3).
München und seine Bauten 1972: 93o, 93m, 117o (2), 138m, 145u, 171o, 171m, 181u (2), 228u.
Peschel, Wolfgang: Sendling, Freising 1992: 86u
Perutz Photowerke: Denkschrift zum 75-jährigen Perutz-Jubiläum: 243u (2).
Piorkowski, Curt: Deutsche Großbetriebe, Gebr. Obpacher A.G., Leipzig 1938: 215 (3).
Stahleder, Helmuth: Von Allach bis Zamilapark, München 2001: 23o.
Schiermeier, Franz: Stadtatlas München: 6, 7m.
Schiermeier, Franz: Panorama München, München 2009: 28-29 (S.80-81).
Termolen, Rosa: 100 Jahre Eingemeindung Sendling, München-Sendling 1977: 17u, 58m.
Termolen, Rosa: Sendlinger Bilderbogen, München-Sendling 1982: 41o, 57ol, 61o, 75u, 77m, 129ur.
Vogel, Hanns (Hrsg.): Sendling 1705–1955. Der Bauernaufstand: 112m, 223mr, 233o.
Zell, C.: Geschichte der Elektrizitätsversorgung Münchens: 142 (3).

Übersichtskarten, Stand 2018, Basisdaten: Open street maps/Verlag, www.openstreetmap.org
Google Maps: 131ur.
Open Street Map (Bearbeitung): 5, 44-45, 68, 76, 94, 100-101, 124-125, 130-131, 150-151, 156-157, 164-165, 182-183, 188-189, 200-201, 206-207, 246.
Wikimedia Commons: 24(5), 113m, 209o.

Alle anderen Abbildungen:
Franz Schiermeier Verlag München

In einigen Fällen gelang es nicht, die Rechteinhaber einzelner Abbildungen zu ermitteln. Der Verlag bittet daher diese oder eventuelle Rechtsnachfolger um Benachrichtigung.

Impressum

Franz Schiermeier
Sendling, Reiseführer für Münchner

Gestaltung: Edgar Hohl, Franz Schiermeier
Gesetzt aus der Univers von Adrian Frutiger
Druck: Druckservice Brucker

München, im Juni 2019
ISBN 978-3-943866-80-3

www.franz-schiermeier-verlag.de

Führungen zur Au, zum Auer Mühlbach, den Stadtbächen links der Isar, zur Flößerei, zum Westend, zum Alten Südlichen Friedhof und zu vielen anderen interessanten Themen der Stadt. Anfragen unter: franz.schiermeier@web.de

Mit Liebe gemacht
(ziemlich Muehe auch)

MAX VOR STADT

HAID HAU SEN

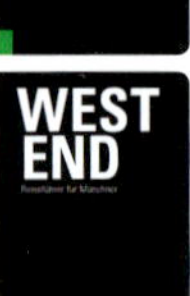

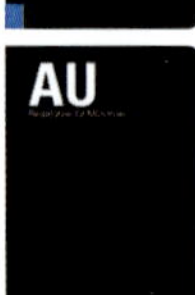

Die kleinen Schwarzen – Reiseführer für Münchner – entstehen in Zusammenarbeit mit dem Hirschkäfer Verlag.